区域法治与地方立法研究文丛
丛书主编　石佑启

中国地方立法蓝皮书

中国地方立法发展报告（2014）

ZHONGGUO DIFANG LIFA FAZHAN BAOGAO（2014）

主编　石佑启　潘高峰　朱最新

SPM 南方出版传媒
全国优秀出版社
全国百佳图书出版单位
广东教育出版社
·广州·

图书在版编目（CIP）数据

中国地方立法发展报告. 2014 / 石佑启，潘高峰，朱最新主编. —广州：广东教育出版社，2015. 8

（区域法治与地方立法研究文丛 / 石佑启主编）

ISBN 978-7-5548-0793-4

Ⅰ. ①中… Ⅱ. ①石… ②潘… ③朱… Ⅲ. ①地方法规—立法—研究报告—中国—2014 Ⅳ. ①D927

中国版本图书馆CIP数据核字（2015）第173868号

责任编辑：邓祥俊 梁 岚

责任技编：杨启承

封面设计：周 芳

广 东 教 育 出 版 社 出 版 发 行

（广州市环市东路472号12-15楼）

邮政编码：510075

网址：http://www.gjs.cn

广州佳达彩印有限公司印刷

（广州市黄埔区茅岗环村路238号101房）

787毫米×1092毫米 16开本 20.5印张 410 000字

2015年8月第1版 2015年8月第1次印刷

ISBN 978-7-5548-0793-4

定价：58.00 元

质量监督电话：020-87613102 邮箱：gjs-quality@gdpg.com.cn

购书咨询电话：020-87615809

总　序

经济全球化与区域经济一体化是当今世界并行不悖的两大时代潮流，已经深深地影响和制约着各国的经济社会发展进程。在我国，实行区域经济一体化，是推动区域经济协调发展的客观要求，是我国经济发展的一种战略选择。与区域经济一体化的发展要求相适应，需要打破传统“行政区行政”的樊篱，实现区域治理的范式变革，建构一种新的治理模式与制度安排，推进区域治理进入法治化轨道。

2010年，为了服务于国家经济发展战略，加强对区域经济一体化中的法治问题研究，在全国政协原副主席罗豪才教授的提议下，广东外语外贸大学成立了校级研究基地——区域一体化法治研究中心。

2013年，为了进一步发挥高校在地方立法中思想库和智囊团的作用，推进科学立法、民主立法，创新地方立法机制，提高地方立法质量，为地方立法提供智力支持和专业咨询服务，广东外语外贸大学与广东省人大常委会合作建立了“广东省地方立法研究评估与咨询服务基地”这一省级重点研究基地。

2014年，为了加强信访制度研究、促进信访法治、推进国家治理体系和治理能力的现代化，广东外语外贸大学与北京市委市政府信访办联合建立了“中国信访法治与国家治理研究中心”。

三个中心（基地）下设学术委员会、地方立法研究所、法治政府研究所、区域能源合作与法制研究所、区域合作与软法研究所和中国自由贸易试验区法治研究所。我们以区域一体化法治研究中心、广东省地方立法研究评估与咨询服务基地、中国信访法治与国家治理研究中心为平台，本着“国际视野、服务决策、推进法治”的理念，整合了许多法学资源，聚集了一批学术力量，在区域法治、地方立法和涉外法治方面进行了一系列研究，先后承担了教育部重大课题攻关项目2项（首席专家石佑启教授、杨解君教授），国家社科基金重点项目1项（主持人杨解君教授），国家社科基金一般项目7项（主持人石佑启教授、杨桦教授、朱最新教授、彭未名教授、程永林副教授、邵任薇副教授、王达梅副教授），省部级项目30余项，其他纵横向项目50余项；先后在人民出版社、商务印书馆、北京大学出版社、中国人民大学出版社、广东教育出版社等出版了《珠三角一体化的政策法律问题研究》（石佑启、朱最新）、《区域合作与软法研究》（石佑启、朱最新）、《社会转型与法学教育变革》（石佑启、朱最新）、《珠三角一体化中府际合作的法律问题研究》

（石佑启、陈咏梅）、《行政体制改革及其法治化研究》（石佑启、陈咏梅）、《论部门行政职权相对集中》（石佑启、杨治坤）、《我国大部制改革中的行政法问题研究》（石佑启、黄新波）、《国家赔偿法新论》（石佑启、刘嗣元、朱最新、杨桦）、《宪法学》（朱最新、杨桦）、《涉外行政法理论与实务》（刘云甫、朱最新）、《中国法律体系化的探索：行政法与相关部门法的交叉衔接研究》（杨解君）、《欧共体竞争法的国际合作与协调》（袁泉）、《食品安全国际合作法律机制研究》（韩永红）、《区域合作、制度绩效与利益协调》（程永林）等著作60余部。通过以问题为导向、以项目为载体，积极开展合作研究，科研创新团队正在形成，研究合力不断增强，影响力日益扩大。

为了进一步推进团队合作，增强协同攻关的能力，促进区域法治、地方立法和涉外法治研究的繁荣，我们决定在原来分散出版的基础上组织编写“区域法治与地方立法研究文丛”。本丛书拟采取开放式的出版方式，围绕这一主题陆续出版著作，以此为推进区域经济社会的协调发展以及法治中国与法治广东建设提供法律咨询服务和理论支持，努力将中心（基地）打造成为国内外知名的法学研究、法律咨询、法律服务的新型智库。

石佑启

2015年3月

目　录

序　言

改革开放以来，我国地方立法取得了长足发展。1979年7月，五届全国人大二次会议制定的《中华人民共和国地方各级人民代表大会和地方各级人民政府组织法》（以下简称《地方组织法》），明确规定省级地方人大及其常委会根据具体情况和实际需要，在不与国家法律、政策相抵触的前提下，可以制定和颁布地方性法规，首次赋予了省级地方人大及其常委会立法权。1982年12月，五届全国人大五次会议通过的《中华人民共和国宪法》，以国家根本法的形式对此予以确认。1986年12月，六届全国人大常委会第八次会议通过了《地方组织法》修正案，赋予了省、自治区人民政府所在地的市和经国务院批准的较大的市的人民代表大会常务委员会的立法权。2000年3月，《中华人民共和国立法法》〔以下简称《立法法（2000）》〕的制定，标志着我国地方立法制度进入了规范化、制度化、法制化的道路。2015年3月，十二届全国人大二次会议对《立法法（2000）》进行了修改。新修改的《中华人民共和国立法法》〔以下简称《立法法（2015）》〕赋予了设区的市的人民代表大会及其常务委员会地方立法权，我国地方立法逐步纳入法治的快车道。

地方立法自恢复以来，全国地方各级人民代表大会和地方各级人民政府依据《立法法》的授权，在遵循“不抵触、有特色、可操作”原则的基础上，结合本地实际，制定了一系列行之有效、地方特色鲜明的地方性法规、规章，积累了丰富的地方立法经验，有效地保障了宪法、法律和行政法规在本行政区域的贯彻执行，促进了各地因地制宜地自主解决本地事务，从而有力地推动了中国特色社会主义法律体系的形成。地方立法也由此成为了我国立法体制总体框架中不可或缺的重要组成部分。法律是治国之重器，良法是善治之前提。党的十八届四中全会也明确提出，建设中国特色社会主义法治体系，必须坚持立法先行，发挥立法的引领和推动作用，抓住提高立法质量这个关键。要恪守以民为本、立法为民理念，贯彻社会主义核心价值观，使每一项立法都符合宪法精神、反映人民意志、得到人民拥护。然而，现实中由于各种因素的影响，地方立法存在诸多问题，如与上位法相抵触立法、以立法谋取部门利益、借立法卸责扩权、重复立法、法不可依等。提高地方立法质量已成为当代中国需要认真对待的一个问题。

为了落实党的十八届三中全会、四中全会精神，适应全面深化改革、全面推进依法治国的要求，总结2014年全国各地地方立法情况，深入探讨新形势下进一步完善地方立法制度、提高地方立法质量的有效途径，积极推进地方立法工作的改革创新，充分发挥地方立法的引领和推动作用，广东外语外贸大学区域一体化法治研究中心（即广东省地方立法研究评估与咨询服务基地）组织了一批校内外专兼职研究员通过网络、各种媒体、实地调研等多种途径收集各地的立法文献，开展对中国地方立法发展状况的专门研究，探寻各地地方立法的经验与教训，撰写了《中国地方立法发展报告（2014年度）》。

基于“一国两制”和两岸仍未统一的现实，《中国地方立法发展报告（2014年度）》没有将港澳台地区的立法状况纳入其中。同时，基于研究便利的需要，《中国地方立法发展报告（2014年度）》以省级地方人大及其常委会和省级人民政府立法为主，以地级市人大和政府立法、民族自治地方立法为辅展开对各省、自治区立法发展状况的研究。由于第一手材料有限，本研究成果的材料大多来源于各地人大、政府网站、报纸、杂志、新闻网等媒体以及人大、政府2015年工作报告。为便于给读者更清晰、准确的认识，我们在采用相关数据、信息时尽可能做到真实、精准、详细，但由于某些方面因素影响，如有些地方立法信息公开不到位、不及时，作者研究能力、认识能力有限等，都会使相关数据、信息存在不够准确的问题，加之写作时间较短、编辑仓促等原因，本书难免会出现这样那样的问题。我们设想，《中国地方立法发展报告》今后每年出版一辑、连续出版。欢迎社会各界，尤其是全国各地方立法机关对《中国地方立法发展报告（2014年度）》存在的疏漏、问题与不足提出批评指正，也敬请社会各界，尤其是全国各地方立法机关继续对《中国地方立法发展报告》的研究提供更多的支持与帮助。

第一编　总报告

第一章　2014年度中国地方立法发展总报告

石佑启　潘高峰[①]

摘　要：2014年全国各级地方人大和政府立法机关紧紧围绕立法中心工作，着力服务社会大局，全面推进科学立法、民主立法，为发挥立法在社会生活中的引领和推动作用，进行了积极有效的探索和实践。各地立法机关把加快立法体制机制创新，以立法解决社会热点、难点和民生问题作为工作的重中之重。重点加强了大气污染、水污染防治和生态环境保护立法，推进了创制性立法建设，在地方性法规和规章的制定上取得了较好的成绩。总体来看，我国地方立法存在重视生态环境保护立法、重视民生领域立法、重视立法工作机制创新等亮点，同时也存在政府部门主导立法、立法地方特色不突出等问题。展望未来，我国地方立法应在加快立法机制创新、重视立法地方特色、加快立法人才队伍建设等方面有所突破和发展。

关键词：中国地方立法　年度报告　依法治国　立法机制创新

一、2014年度中国地方立法发展状况

（一）2014年度中国地方立法的总体评述

2014年，党的十八届四中全会胜利召开，中共中央作出了全面推进依法治国、建设社会主义法治国家的重大战略部署，使我国的法治事业迎来了新的春天。《中共中央关于全面推进依法治国若干重大问题的决定》指出："建设中国特色社会主义法治体系，必须坚持立法先行，发挥立法的引领和推动作用，抓住提高立法质量这个关键。要恪守以民为

①石佑启，法学博士，广东外语外贸大学副校长，教授，博士生导师。研究方向：行政法、地方立法。潘高峰，法学博士，广东外语外贸大学广东省地方立法研究评估与咨询服务基地研究员，副教授。研究方向：行政法、地方立法。

本、立法为民理念，贯彻社会主义核心价值观，使每一项立法都符合宪法精神、反映人民意志、得到人民拥护。”

2014年，在中共中央和全国人大的英明领导下，全国各级地方人大和政府立法机关紧紧围绕立法中心工作，着力服务社会大局，在地方党委的决策部署和支持下，立足地方立法实际，发挥地方特色，求真务实、审时度势，全面推进科学立法、民主立法，为发挥立法在社会生活中的引领和推动作用，进行了积极有效的探索和实践，取得了辉煌的成就。

2014年，是我国各地立法机关比较忙碌的一年，也是我国地方立法工作大发展的一年。这一年，在中央全面推进依法治国、建设社会主义法治国家精神指引下，推进科学立法、民主立法成为时代强音，发挥立法的引领和推动作用成为各地共识，加快立法机制体制创新，以立法解决社会热点、难点和民生问题成为各地工作的重心。

2014年，在中央精神的指引下，各省、自治区、直辖市党委纷纷召开本省区市的党委全委会研究如何推进依法治国、加快地方法治建设。地方立法工作得到地方党委的高度重视。《中共广东省委贯彻落实〈中共中央关于全面推进依法治国若干重大问题的决定〉的意见》强调：“凡地方立法涉及重大体制和重大政策调整的，必须报同级党委讨论决定。建立地方立法重大事项报告制度，立法规划和立法计划的编制与调整、法规规章制定与修改的重大问题，分别由人大常委会党组、政府党组向同级党委报告。”江苏省委出台了《中共江苏省委关于坚持完善人民代表大会制度推动人大工作与时俱进的意见》，提出了加强和改进人大工作的一系列新举措。《中共吉林省委关于贯彻落实党的十八届四中全会精神全面推进依法治省的实施意见》强调：“加强党对立法工作的领导，完善党委对地方立法工作中重大问题决策的程序，凡立法涉及重大体制和重大政策调整的，必须报省委讨论决定。”

这一年，人大常委会在地方立法中的主导地位得到了加强。河北省人大常委会通过《河北省人大常委会关于省重大发展战略法制化的决定》，在全国首创以直接立法的形式将重大发展战略法制化。强调河北省重大发展战略经省人大及其常委会依法确认后，有关国家机关应当贯彻执行，非经法定程序，不得调整。根据黑龙江省人大常委会2015年工作报告显示，省人大常委会调整五年立法规划，立法项目新增16件、删除22件，常委会主动点题并确定的立法项目达到了30%。浙江省人大常委普遍推行立法起草小组制度，重要法规草案由人大组织起草，建立立法基层联系点制度，首次召开立法协商会。广东省人大常委会敢于主动解决热点突出问题，在没有立法先例可以借鉴的情况下，在全国率先出台了《广东省信访条例》，决心以法治的方式处理信访突出问题，为了搞好法规实施，人大常委会亲自抓《广东省信访条例》的宣讲工作，在全省选取了十个县市开展条例的实施试点工作，并派出十个工作组对试点工作进行指导。贵州省人大常委会改进立法方式，发挥主导作用，专门成立了立法领导小组和起草小组，探索自主立法，制定出了全国第一部省级生态文明建设地方性法规——《贵州省生态文明建设促进条例》。

这一年，地方立法工作机制创新得到了加强。在立法与社会公众沟通上，上海市人大常委会创新立法听证会方式，选择立法中的焦点问题举行公开听证，首次进行电视、广播、网络、微博全程直播，并请专家同步点评、解答提问。上海市消费者权益保护条例立法听证会全程4小时电视直播，在全国尚属于首次。江苏省人大常委会开通了全国首家由省级人大开通的政务微信平台“江苏人大发布”。江西省人大常委会提出“阳光立法”，坚持将所有法规草案通过网络、报纸等公开征询意见。在人大代表参与立法工作上，浙江省人大常委会在全国率先推出省人大代表分专业有重点参与立法工作机制。浙江省人大常委会高度重视代表有关立法议案、建议的办理，邀请代表参与立法调研、论证评估或列席省人大常委会会议。海南省人大常委会修订《海南省人民代表大会常务委员会联系省人民代表大会代表办法》，加强省人大常委会同省人大代表的联系。宁夏人大常委会组织人大代表参加重点立法项目调研，参加常委会审议活动。在专家参与立法工作上，山西省、福建省、江西省、海南省、四川省人大常委会首次成立了立法咨询专家库，山东省人民政府建立政府法律顾问制度，首次遴选出102名法律人才纳入“山东省法律专家库”。湖北、广东、重庆、陕西等省市人大常委会则分别与华中科技大学、中南财经政法大学、中山大学、广东外语外贸大学、西南政法大学、西安交通大学、西北政法大学等高校和科研机构合作开展立法的起草、评估和法规清理工作。

2014年，各地创制性立法有了新的突破。河北省人大常委会制定的《河北省环境保护公众参与条例》，是我国首部专门就环境保护公众参与作出规定的地方性法规，《河北省地下水管理条例》是全国首部专门针对地下水管理进行立法的地方性法规，也是一部非常重要的环境资源保护法规。上海市人大常委会制定的《中国（上海）自由贸易试验区条例》是我国第一部关于自由贸易试验区的地方性法规，这部条例集实施性法规、自主性法规、创制性法规三类法规性质于一身。江苏省人大常委会制定的《江苏省社区矫正工作条例》，是我国第一部规范社区矫正工作的地方性法规，制定的《江苏省保护和促进香港澳门同胞投资条例》，是我国第一部关于港澳地区投资保护的地方性法规。浙江省人大通过了《浙江省社会养老服务促进条例》，是我国首部由省级人民代表大会通过的社会养老服务地方性法规。安徽省人大常委会通过的《安徽省治理货物运输车辆超限超载条例》，是我国第一部省级专门规范超限超载治理工作的地方性法规。江西省人大常委会制定的《江西省医疗纠纷预防与处理条例》，是我国首个省级医疗纠纷预防与处理的地方性法规。贵州省人大常委会通过的《贵州省交通建设工程质量安全监督条例》，是我国第一部规范交通建设工程质量安全监督的地方性法规；通过的《贵州省信息基础设施条例》，是全国第一部信息基础设施法规；通过的《贵州省生态文明建设促进条例》，是我国第一部省级生态文明建设地方性法规。湖北省人大常委会制定的《湖北省行政事业单位国有资产监督管理条例》，被称为“全国此类地方性法规的首创之举”；湖北省人民政府制定的《湖北省社会救助实施办法》，是全国第一部省级社会救助地方政府规章；通过的全国首部《湖北省全民阅读促进办法》地方政府规章，获得国家新闻出版广电总局专门贺电肯定。

在回应社会热点立法上，2014年各地重点修改了本省区市的《人口和计划生育条例》，落实“单独二孩”政策。针对人口老龄化带来的养老问题，北京市起草了《北京市居家养老服务条例》，天津市制定《天津市养老服务促进条例》，上海市制定《上海市养老机构条例》，浙江省制定《浙江省社会养老服务促进条例》，山东省修订《山东省老年人权益保障条例》，海南省制定《海南省养老机构管理条例》，陕西省修订《实施〈中华人民共和国老年人权益保障法〉办法》，推进养老服务业和养老机构的快速健康发展。针对大气污染、水污染带来的严峻问题，各地把整治大气污染、水污染、保持良好自然生态环境作为立法的重点工作。北京市、天津、吉林、上海、安徽、郑州、乌鲁木齐等省市制定或修改了本地的大气污染防治条例，陕西省制定《陕西省放射性污染防治条例》、宁夏回族自治区制定《宁夏回族自治区污染物排放管理条例》，河南、湖南等省人大常委会则开展大气污染防治的执法检查和专题询问。湖北省出台的《湖北省水污染防治条例》，被称为“史上最严格的治水法典”。为保护生态环境，天津市制定了《天津市绿化条例》，河北省修订了《河北省风景名胜区管理条例》《河北省环境保护公众参与条例》《河北省地下水管理条例》，安徽省制定了《安徽省气候资源开发利用和保护条例》《巢湖流域水污染防治条例》和《黄山风景名胜区管理条例》，福建、山东、云南等省制定了水土保持条例，江西、河南、湖北、贵州、四川、西藏、青海、新疆等省区也不同情况地制定或修改了本省区的有关生态环境保护的相关法规。此外，针对职工和企业的合法权益的维护问题，广东省修订了《广东省企业集体合同条例》，贵州省制定了《贵州省企业工资集体协商条例》，青海省制定了《青海省企业工资集体协商条例》，天津市修订了《天津市失业保险条例》。针对医疗纠纷的防范和化解问题，天津市制定了《天津市医疗纠纷处置条例》，江西省制定了《江西省医疗纠纷预防与处理条例》。这些立法具有很强的现实性、针对性，有助于社会热点问题的化解和矛盾的解决，有利于较好发挥立法的引领和推动作用，促进社会和谐进步。

在省会城市和较大市的立法上，各地地方人大和政府立法机关能够根据本地实际开展地方性法规和政府规章的制定工作。各省会城市和较大市的人大常委会根据本地社会热点问题和国家立法发展动向，制定并通过了至少一件地方性法规。各地政府大都制定了城市管理、公共服务等政府规章。这些立法中，最为典型的内容是关于污染防治和生态环境保护的立法特别多。如，石家庄制定的《石家庄市城市排水管理条例（试行）》，邯郸市制定的《邯郸市节约能源条例》《邯郸市水网建设与保护条例》《邯郸市减少污染物排放条例》，太原市制定的《太原市古树名木保护条例》、修改的《太原市森林防火条例》，大同市制定的《大同市气象设施和探测环境保护条例》、修改的《大同市城市绿化条例》，包头市制定的《包头市赛汗塔拉城中草原保护条例》，长春市制定的《长春市城市绿化条例》《长春市燃放烟花爆竹安全管理条例》，厦门市制定的《厦门经济特区生态文明建设条例》，南昌市制定的《南昌市水资源条例》，洛阳市制定的《洛阳市城市绿化条例》，南宁市制定的《南宁市邕江流域水污染防治条例》，成都市制定的《成都市饮用水水源保护条例》，等等。这些都是2014年度各地人大常委会制定的重要地方性法规，为推动当地自然资源和生态环境保护打下良好的法治基础。在政府规章制定方面，海口市政府围绕“城市管理年”开展立法活动，以生态环境综合整治、道路交通秩序、保障社区网格化管理、治理违法建筑等作为工作重点。广州市政府制定的《广州市建设项目雨水径流控制办法》，深圳市政府制定的《深圳市碳排放权交易管理暂行办法》，珠海市政府制定的《珠海经济特区横琴新区诚信岛建设促进办法》，汕头市政府制定的《汕头经济特区制度廉洁性评估办法》，在立法的创新性、特色性方面都走在全国的前列。

在民族自治地方立法上，自治地方制定的自治条例和单行条例得到新的发展。全年全国自治地方共制定、修改自治条例和单行条例共53件，自治州制定、修改单行条例共26件，自治县制定、修改自治条例和单行条例共27件，废止《长阳土家族自治县预算外资金管理条例》《云南省大理白族自治州禁止赌博条例》《昌吉回族自治州硅化木保护管理条例》3件。五个自治区没有制定自治条例和单行条例。

（二）2014年度中国地方性法规发展状况

2014年，我国地方各级人大常委会把地方性法规的制定作为工作的重中之重。

在地方性法规的数量上，所有省级人大及其常委会完成了至少5件以上地方性法规的制定和修改工作，天津、上海、浙江、安徽、广东、湖南、四川等省市制定和通过的地方性法规达到10件以上。

在地方性法规涉及的内容上，对大气污染、水污染进行立法规制以及加强生态环境保护立法是本年度地方性法规的一个非常重要的内容。北京、天津、河北、上海、江苏、安徽、河南、湖北等省市加强了大气污染、水污染的防治立法，江西、贵州、四川、西藏、青海、新疆等省区市加强了生态环境保护的法规制定。关注社会热点和民生问题是2014年地方性法规的另一个重要内容。在计划生育、养老事业建设、社会救助、医患纠纷、企业集体合同、未成年人保障、车辆超载等方面，地方性法规都有较多涉及。

在法规的修改与清理方面，湖北、湖南、广东、重庆、陕西等省市对地方性法规进行了集中清理，对认为可以继续有效的法规经过修改后继续有效，对已经失去时效或无存在价值和意义的法规，予以废止。其中湖北、广东、重庆、陕西四省市还委托高校等科研机构开展法规的清理论证评估工作。

在创制性立法上，河北、上海、江苏、安徽、江西、福建、广东、贵州等省市地方性法规在环境保护公众参与、自由贸易试验区、社区矫正、医疗纠纷与处理、信访、生态文明建设等方面都创建了全国首部立法，为各地方立法主体自助开展立法活动、创新立法方式方法提供了良好示范借鉴作用。

在法规的制定程序及机制创新上，各省市人大除积极培养专门立法队伍和立法人员外，还充分发动高校、社科院等科研机构参与立法的起草、论证、评估等工作。同时，各地人大还从建立立法听证制度、论证制度、立法联系点制度、立法协商制度、立法意见征求及信息反馈制度等方面完善法规制定程序，创新法规制定工作机制。

不过，值得注意的是，2014年在地方性法规的制定上，还存在个别人大常委会立法不积极，立法主动意识、竞争意识不强等问题。个别市级人大一年仅制定法规一两件，没能较好发挥地方立法的功能和作用。

全国各省区市2014年度省级人大地方性法规制定、修改统计表①

省区市	立法数目	省区市	立法数目
北京	审议法规8件，表决通过7件	湖北	制定修改10件地方性法规和法规性决定，审议了3件法规草案，批准了武汉市5件地方性法规和“一州两县”人大制定、修改、废止的5件自治条例、单行条例、法规性决定
天津	审议地方性法规和法规性决定案20件，表决通过14件	湖南	制定、修改和废止法规13件，审查批准长沙市地方性法规和民族自治地方单行条例3件，对2件法规进行了初步审议
河北	制定法规11件、修订2件，批准较大市和自治县法规9件，备案审查规范性文件12件，清理废止7件，“打包”修改11件	广东	审议地方性法规草案14件，通过10件，审查批准较大市的地方性法规10件、自治县单行条例1件
山西	制定、修改地方性法规6件，集中清理、修改地方性法规11件，废止8件	海南	审议22件地方性法规或法规性决定草案，通过和批准21件
内蒙古	制定、修改地方性法规5件，审议4件，批准地方性法规、单行条例10件，作出批准修改部分地方性法规的决议1件，批准废止1件	广西	审议地方性法规11件，通过9件；审查南宁市地方性法规和自治县自治条例9件，批准7件
辽宁	制定、修改地方性法规28件，废止3件，批准地方性法规17件、单行条例5件	重庆	制定和修改地方性法规9件，废止3件，审查批准单行条例1件
吉林	制定、修改地方性法规6件，审议地方性法规6件，批准地方性法规和民族自治地方制定的单行条例13件	四川	制定、修改地方性法规14件，批准成都市地方性法规和民族自治地方自治条例、单行条例10件
黑龙江	制定地方性法规7件、修改2件，审查批准地方性法规及相关决定6件	贵州	制定和修改11件规范性文件

①所有数据来自各省区市人大常委会2015年工作报告。

（续表）

省区市	立法数目	省区市	立法数目
上海	审议法规草案20件，表决通过其中的13件	云南	制定和修改地方性法规17件，废止2件；批准制定和修改地方性法规4件、废除3件；批准民族自治地方制定和修改单行条例14件、废除2件
江苏	制定和修改12件地方性法规，初审3件法规，批准有立法权的市报批的17件法规	西藏	制定法规6件，审查批准1件
浙江	制定、修改和废止地方性法规46件，批准报批法规13件，审查规范性文件129件	陕西	审议省地方性法规草案11件、通过8件，审查批准西安市地方性法规7件，审查备案政府规章11件、规范性文件50件
安徽	审议法规案15件，通过11件，批准合肥、淮南两市法规6件	甘肃	制定、修改地方性法规8件，审议批准兰州市和民族自治地方的法规、自治条例、单行条例6件
福建	审议法规草案16件，通过9件；审查批准福州、厦门法规6件；审查规章和其他规范性文件137件	青海	审议地方性法规10件，其中通过6件、废止1件；批准西宁市地方性法规和自治州县单行条例9件
江西	制定、修改法规13件，批准南昌市法规5件，对191件规范性文件依法备案审查	宁夏	审议通过地方性法规8件，废止4件，批准银川市法规4件
山东	制定、修改地方性法规11件，通过法规性决议1件，审查批准三市法规12件	新疆	审议通过、批准法规和法规性决定15件
河南	制定、修改法规7件，审查批准法规6件		

（三）2014年度中国地方政府规章发展状况

2014年，我国各级政府立法机关积极开展立法活动，在地方性法规草案的起草和规章的制定上取得了较好的成绩。各省市政府以政府法制办为立法的主要组织、协调、起草部门，除了向省级人大常委会提交地方性法规草案供审议外，还在自身职权范围内开展规章的制订活动。

从规章的数量来看，各省级市人民政府至少制定了1件政府规章，北京、辽宁、黑龙江、福建、山东、湖北、四川等省制定和修改的规章都在10件以上。山西、吉林、黑龙江、湖南、云南、西藏、甘肃、青海等省制定规章相对较少。

从规章的内容来看，各省市政府规章所涉及内容广泛，凡属于政府行政管理事项范围内的业务都有相关规章出台。对社会民众关注较多的电梯安全、饮用水安全、生活垃圾处理、医患纠纷、社会救助、物业管理等问题，各地政府都在谋求通过立法予以回应和解决。为了推进法治政府建设、加强依法行政，绝大多数政府较为重视行政权行使的自我立法规制，对信息公开、机关事务管理、规范性文件制定、执法等环节和内容以政府规章的形式予以规范。其中江苏省在全国率先出台参与式行政程序制度规范，天津、江西、四川等省以及南京、武汉、广州、珠海等市加强执法领域的立法规制，纷纷出台行政执法监督办法、行政责任追究办法、行政执法协调办法等，重点加强对执法领域的权力约束。

从政府立法计划的执行来看，绝大多数政府都能按照原计划开展立法活动。其中一些省市政府还对执行立法计划做了详细具体的规定和要求。其中北京、湖北、青海等省市除了提出计划立法项目外，还提出预备项目，以便各政府部门提早做好规章草拟的准备。

从规章的社会参与来看，除少数省区市政府外，绝大多数省区市政府都较为重视规章制定的社会参与。吉林、山东、重庆等省市建立政府法律专家库制度，适时邀请相关专家参与立法工作。浙江省要求所有的规章草案全部上网公开征求意见，90%以上的政府规章项目要召开专家论证会。江西省建立所有立法项目面向社会公开征求意见制度，同时建立立法建议的反馈制度，鼓励社会公众提出立法建议。合肥、厦门市政府建立立法协商沟通机制，邀请人大代表、政协委员参与立法协商。

尽管2014年各地政府立法取得了较好的成绩，但规章制定上还存在公众参与度不够、部门主导立法、同类规章相互抄袭、规章制定信息公开不及时与不透明等问题和不足，需要在以后立法时逐步克服和改进。

全国各省区市2014年度省级政府规章制定、修改统计表①

省区市	立法数目	省区市	立法数目
北京	提请审议通过地方性法规草案6件，制定、修改、废止政府规章22件	湖北	提请审议地方性法规草案10件，制定和修改政府规章11件
天津	制定规章5件，修改13件	湖南	制定政府规章5件
河北	制定规章14件，修改32件，废止4件	广东	提请审议地方性法规11件，制定修改政府规章8件
山西	提请审议地方性法规草案6件，废止6件，修正9件，制定政府规章4件	海南	提请审议地方性法规12件，制定政府规章6件
内蒙古	提请审议地方性法规8件，制定、修改和废止行政规章12件	广西	提请审议地方性法规7件，制定政府规章10件
辽宁	制定政府规章和提请审议地方性法规草案13件	重庆	提请审议地方性法规草案6件，制定行政规章9件
吉林	提请审议地方性法规草案6件，制定政府规章5件	四川	提请审议地方性法规草案10件，制定政府规章12件
黑龙江	制定政府规章2件	贵州	提请审议地方性法规草案10件，制定政府规章6件

①绝大部分省区市数据来源于各省区市2015年政府工作报告，少部分省区市数据来自网络相关资料。

（续表）

省区市	立法数目	省区市	立法数目
上海	制定政府规章5件，修改11件，废止4件	云南	制定政府规章6件
江苏	提请审议地方性法规12件，制定省政府规章10件	西藏	提请审议地方性法规草案3件，制定政府规章3件
浙江	提请审议地方性法规7件，制定省政府规章10件	陕西	提请审议地方性法规草案7件，制定政府规章5件
安徽	提请废止和修订地方性法规14件，废止和修订政府规章34件	甘肃	提请审议地方性法规8件，制定政府规章2件
福建	提请审议地方性法规20件，制定省政府规章17件，全面清理现行的省政府规范性文件，废止164件	青海	提请审议地方性法规4件，制定政府规章5件
江西	提请审议地方性法规9件，制定和修改政府规章6件	宁夏	提请审议通过地方性法规5件，制定政府规章9件
山东	提请审议地方性法规10件，制定政府规章9件，修改18件，废止8件	新疆	制定政府规章、提请自治区人大常委会审议地方性法规11件，清理政府规章、地方性法规269件
河南	提请审议地方性法规5件，制定和修改政府规章7件		

二、2014年度中国地方立法的特色和亮点

（一）地方人大立法中的特色和亮点

2014年度，全国各级地方人大立法机关围绕地方实际和当地特色，以解决实际问题为导向，以立法引领、推动、服务地方经济和社会发展为主线，充分发挥地方特色和立法主动性，取得了较好的成效和业绩。总体看来，各地人大立法中的特色和亮点主要有：

1. 普遍重视生态环境保护立法

加强生态环境保护是2014年全国地方立法中最显著的一个亮点。这一年，几乎所有的省级人大立法都加强了对生态环境的保护和对污染物的防控治理。在受雾霾、大气、水污染影响比较严重的京津冀、长三角等中东部地区，地方人大立法侧重于大气污染防治条例、污染物防治条例制定。如，北京市制定《北京市大气污染防治条例》《北京市控制吸烟条例》，天津市修订《天津市大气污染防治条例》，上海市修订《上海市大气污染防治条例》，安徽省制定《巢湖流域水污染防治条例》，山东省制定《山东省辐射污染防治条例》等。在自然环境秀美、生态环境保持较好的省区市，地方人大重点加强了生态环境保护立法。如，贵州省制定了全国第一部省级生态文明建设地方性法规《贵州省生态文明建设促进条例》，青海省制定《青海省生态文明建设促进条例》，厦门市制定《厦门经济特

区生态文明建设条例》，云南省制定《云南省水土保持条例》，西藏自治区修改《西藏自治区环境保护条例》，新疆维吾尔自治区制定《新疆维吾尔自治区煤炭石油天然气开发环境保护条例》，等等。为了鼓励公众参与环境保护，河北省人大常委会制定了《河北省环境保护公众参与条例》，就公众参与环境保护作出专门规定。总的来看，全国各地人大立法机关，无论是省级还是地市级人大立法机关都普遍加强了环境保护立法，对提高全民的环保意识、加强环境保护和治理奠定了良好的法律基础。

2．重视民生领域立法

2014年，主动倾听民众呼声、重视和加强民生领域立法是各地人大立法工作的又一突出亮点。这一年，各地人大普遍加强了计划生育、养老、未成年人保护、社会救助、医患纠纷、物业管理、企业集体合同、电梯安全、住房保障等民生领域立法。

为落实好国家放开“一方是独生子女的夫妇，可生育两个孩子”的政策，各省市人大常委会大多第一时间修订了本省市的人口与计划生育条例，对优化人口结构、提高单独家庭生育能力具有积极重要的意义；针对老年人养老的社会问题，各地注意加强了养老事业的建设立法。北京、天津、上海、浙江、山东、海南、陕西等省市制定了有关养老服务、养老机构管理、老年人权益保障等内容的地方性法规。其中，2015年1月，浙江省十二届人大三次会议高票通过了《浙江省社会养老服务促进条例》。这是全国首部由省级人民代表大会通过的社会养老服务地方性法规。与养老有关的地方性法规的通过，对强化社会养老事业的发展、养老机构管理以及老年人权益保障具有积极的推动和促进作用；同时，在社会救助、医患纠纷、企业集体合同等方面各地人大立法也给予了特别的关注。天津市修订的《天津市失业保险条例》，浙江省制定的《浙江省社会救助条例》，天津市制定的《天津市医疗纠纷处置条例》，江西省制定的《江西省医疗纠纷预防与处理条例》，广东省制定的《广东省企业集体合同条例》，贵州省制定的《企业工资集体协商条例》，青海省制定的《青海省企业工资集体协商条例》，等等，对加强社会救助、解决医患纠纷、推进企业职工工资协商等工作有了较好的制度建构。

3．重视立法工作机制创新

不断完善和创新地方立法工作机制是做好地方立法工作的根本要求。2014年各地人大加强了立法的起草、论证、协调、审议、评估、社会参与等环节的机制完善与创新。特别是在我国全面深化改革、全面推进依法治国的新形势下，党的十八届四中全会的召开为立法工作的完善与创新指出了更为明确具体的方向，各地人大立法机关纷纷探索适合本地需要的立法工作体制和机制。北京、天津、山西、浙江、江西、四川、贵州等省市在人大立法工作中都强调要加强立法工作机制创新，实现科学立法、民主立法。天津市着力推动开门立法，修改完善了《天津市人民代表大会常务委员会公示地方性法规案办法》《天津市制定地方性法规听证办法》，要求正在审议的法规草案全部公示以及草案中群众普遍关心的问题召开听证会；上海市创新立法听证会方式，选择立法中的焦点问题举行公开听证，同时进行电视、广播、网络、微博全程直播，并请专家同步点评、解答提问；浙江省强调要健全人大主导的立法体制，完善立法起草、调研、论证、协调、审议机制。普遍推行立法起草小组制度，重要法规草案由人大组织起草。试行立法前评估制度，健全专家参与立法的工作机制。坚持二审和隔次审议制度，对涉及面广、利益关系复杂的法规草案实行多审。建立省人大代表分专业有重点参与立法工作制度，依托人大代表联络站、网络平台等载体，推动人大代表全程深度参与立法。安徽省在全国省级人大率先实施了立法协商制度；省人大常委会要求将所有法规草案及各次修改稿向社会公布，重要法规草案寄送全体人大代表，广泛征求意见。湖北省强调要加强立法工作组织协调，充分发挥常委会在立法工作中的主导作用；健全、完善立法协商机制、立法中评估机制，完善立法新闻发布制度；出台地方性法规立项工作规定、制定地方性法规技术规范等多项制度，为立法工作提供制度保障。广东省强调要注重发挥人大代表、政府有关部门、地方立法基地、专家学者和社会公众在法规起草、征求意见、论证、表决前评估等工作中的作用；探索第三方起草法规草案工作；组建地方立法社会参与和评估中心，委托其开展相关法规的立法后评估。宁夏回族自治区制定了进一步加强和改进立法工作的意见，开展“立法质量年”活动；组织部分人大代表参加重点立法项目调研，参加常委会审议活动；针对法规草案中争议较大、需要统筹兼顾的重大问题，首次召开法规草案论辩会。

4．重视创制性立法

2014年，各省市人大立法机关在立法上尽可能摆脱过去地方立法中出现的抄袭、雷同现象，纷纷根据各地实际有针对性地开展创制性立法活动。为保障公众对环境保护的知情权、参与权和监督权，河北省率先在全国制定了《河北省环境保护公众参与条例》。上海市在我国没有自由贸易试验区相关立法经验的情况下，把制定《中国（上海）自由贸易试验区条例》作为年度工作的重中之重，按照“大胆闯、大胆试、自主改”的要求研究立法中的重大问题，历经三个月，九易其稿，成功制定并通过《中国（上海）自由贸易试验区条例》。为解决信访突出问题，广东省在全国没有立法先例的情况下，广泛开展社会调研，委托立法研究基地起草法规草案，制定通过了《广东省信访条例》，并由省人大常委会牵头开展立法的宣讲、实施试点工作，以法治的方式解决信访问题，起到了良好的规制促进作用。经过半年多的实施，收到了良好效果，广东省全省信访突出问题得到基本解决，《广东省信访条例》的制定也为其他省份开展同类立法提供了较好经验和样本示范作用。2014年，贵州省的创制性立法工作值得称赞。同年1月9日省人大常委会通过了《贵州省交通建设工程质量安全监督条例》，该条例是我国第一部规范交通建设工程质量安全监督的地方性法规，也是目前全国规范交通建设工程质量安全监督立法中法律效力最高的一部法规；同年3月19日通过了《贵州省信息基础设施条例》，该条例是我国首部对信息基础设施和信息产业发展进行规制的法规。此外，为加强生态环境保护，推动生态文明先行示范区建设，在国家层面没有生态文明上位法的情况下，贵州省自行开展生态文明立法，制定《贵州省生态文明建设促进条例》。省人大常委会以敢为人先的气魄，增强创新意识，改进立法方式，成立专门立法领导小组和起草小组，从2013年8月到2014年5月，历经十个月，多次调研、九易其稿，最终于5月17日通过了《贵州省生态文明建设促进条例》，该条例是全国第一部省级生态文明建设地方性法规，对推动贵州全省生态文明建设和其他省份开展相似立法具有重要的借鉴作用和意义。

5．区域立法协作有了新发展

随着区域经济一体化的快速推进，各地发展中出现的相关问题和矛盾不容忽视，在区域需要协调发展的大背景下，加强区域立法协作共同应对相关问题显得非常必要。在区域立法协作上，各经济区由于区域经济发展程度不同，省市之间的关系远近不同，立法协助与合作状况也有较大的不同。在地方人大的立法协作中，成效相对较好的是长三角各省市的协作立法。2007年9月24日，江苏、浙江、上海两省一市的人大常委会法制工作委员会、政府法制办公室和法学会负责人在上海共同签署了《苏浙沪法制协作座谈会会议纪要》，明确要通过立法统一协调区域经济社会共同发展，标志着长三角两省一市立法协调工作正式拉开序幕。2009年5月12日，苏浙沪三省市首届人大常委会主任座谈会在浙江省淳安县召开，强调要加强各地人大交流和立法协作。主任座谈会的召开标志着长三角地区的人大立法协作工作进入新阶段，之后每年苏浙沪皖四省市的人大常委会主任座谈会都会定期召开。2014年，提议多年的长三角地区区域立法协作终于修成正果。7月25日，上海市人大常委会高票通过了《上海市大气污染防治条例》，该条例对“长三角区域大气污染防治协作”以专章的形式予以规定，是沪苏浙皖长三角区域大气污染防治立法协作后首个通过的地方性法规，是区域立法协作在全国地方人大立法实践中的首次尝试。与此同时，江苏、安徽两省也加强了环境保护和大气污染防治立法，江苏省9月26日制定通过了《江苏省气候资源保护和开发利用条例》，2015年2月1日制定通过了《江苏省大气污染防治条例》；安徽省7月17日修订了《巢湖流域水污染防治条例》，9月26日制定通过了《安徽省气候资源开发利用和保护条例》，2015年1月31日制定通过了《安徽省大气污染防治条例》。不过，值得注意的是，从全国来看，区域立法合作或协作还未能引起各省市足够重视。近两年在中央推动下，京津冀三省市加强了各项工作合作与协调，但由于缺乏更进一步的合作机制，区域性的立法协作未能引起足够的重视。其实，在中央的协调指挥下，京津冀地区在应对雾霾、污染物排放、产业等布局最有可能展开立法合作或协作。

（二）地方政府立法中的特色和亮点

2014年，地方政府立法在取得较好成绩的同时，立法中也呈现出鲜明的特色和亮点，具体体现为：

1．重视行政权行使的自我立法规制

为了强化依法行政、建设法治政府，从制度、程序等方面规范行政权的行使，较多省市政府把加强行政权行使的自我立法规制作为2014年度立法工作中的一项重要内容。在信息公开方面，北京、山西、安徽、福建等省市制定了《政府信息公开规定》或《政府信息公开办法》，来推进政府信息公开、建设阳光政府。在机关事务管理方面，江苏、海南、四川、云南等省制定了《机关事务管理办法》，来加强对机关事务的管理。在规制规范性文件制定方面，一些省市对抽象性文件的制定、管理进行规定，如，江苏省政府出台了《关于完善政府立法工作中法规规章审查程序的规定》，浙江省政府出台了《政府立法项目前评估规则》，福建省政府出台了《福建省人民政府法规草案和政府规章制定程序规定》，湖北省政府出台了《湖北省行政规范性文件管理办法》，贵州省政府出台了《贵州省规范性文件制定程序和监督管理规定》，青海省政府出台了《青海省人民政府规章制定办法》，西宁市政府出台了《西宁市行政规范性文件制定和备案办法》。为进一步规范行政权行使，在行政程序方面，内蒙古自治区政府起草了《内蒙古自治区行政权力监督管理办法》《内蒙古自治区重大行政决策程序规定》，加强对行政权力行使的控制。在行政程序方面，江苏省政府发布了《关于进一步推动参与式行政程序建设的意见》，并于2015年1月通过《江苏省行政程序规定》，率先在全国出台参与式行政程序建设的制度规范。在行政执法方面，天津市政府制定了《天津市街道综合执法暂行办法》《天津市行政执法监督规定》，同时还修改了《天津市行政执法违法责任追究暂行办法》；江西省政府制定了《江西省行政许可事项目录管理办法》《江西省行政执法监督办法》；四川省政府制定了《四川省规范行政执法裁量权规定》。此外，还有太原市政府制定了《太原市行政复议规定》，南京市政府制定了《南京市行政执法监督办法》，武汉市政府制定了《武汉市行政过错责任追究办法》，珠海市政府制定了《珠海市行政执法争议协调办法》以及广州市政府制定了《广州市专利行政执法办法》等。各省市政府自我立法规制，不仅有利于强化依法行政，规范行政权行使，而且与建设法治政府、推进法治中国建设的要求遥相呼应，有利于在全社会营造良好的法治环境及形成全民守法意识。

2. 重视立法的社会参与和信息公开

立法的社会参与和信息公开是确保立法生命力的关键环节。2014年，各省市政府更加重视立法的社会公众参与和信息公开，通过各种渠道和方式邀请公众参与到立法中来，实现政府立法的科学化、民主化。为了推动政府信息公开，北京、山西、安徽、福建等省市制定《政府信息公开规定》或《政府信息公开办法》，对科学、规范、有效地开展政府信息公开，保障公众知情权，促进政府与公众及时沟通奠定了良好的制度基础。在推动社会参与政府立法和立法机关与社会沟通上，浙江省政府做到所有的规章草案全部上网公开征求意见，积极委托第三方起草行政程序立法草案；90%以上的政府规章项目都召开了专家论证会，同时还建立了11个政府立法工作基层联系点，并根据情况召开立法听证会，探索立法协商制度。合肥市政府颁布实施《合肥市政府立法协商工作规则》，强调建立立法协商制度，该规则明确规定，凡是围绕政府立法工作的计划编制及政府立法起草、调研、论证等工作，市政府法制办公室与政协社会法制委员会组织开展协商活动；同时要求市政府法制办应当充分考虑市政协提案内容以及市政协委员的相关立法建议，共同协商。厦门市则由市政府法制局与市政协社法委建立相对固定的立法协商沟通机制，有计划地开展协商交流活动；在政府立法计划的编制、重点专项立法、立法后评估等活动中建立协商机制，通过召开立法协商座谈会、论证会、开展立法后评估等方式邀请市政协委员参与到立法的协商工作中去。江西省政府立法实现了所有立法项目通过主要媒体向社会公开征求意见，同时建立立法建议反馈制度，凡是人民群众提出的立法建议，认真给予答复和解释，完善立法听证制度，对与人民群众权益关系密切的立法项目，在书面征求意见的基础上，全部进行听证。山东省政府为加强立法的社会参与，省政府办公厅专门印发《关于建立政府法律顾问制度的意见》和《山东省政府法律顾问工作规则》，向全省高等院校、科研单位、法律事务所等法律研究服务机构遴选出102名法律人才。湖南省在《湖南省实施〈工伤保险条例〉办法》的修订工作中，省政府法制办公室除书面征求民政、公安、物价、卫生、财政、工商行政管理等省级政府部门和省高级法院、总工会、工商联、省政协法制委等单位及各市、州政府的意见外，还专门选取经济发展水平较高、经济发展水平中等、经济发展水平较落后各市州县进行考察和立法调研。同时邀请市、县两级有关政府部门、职工代表、律师代表、司法机关、企业代表等深入讨论，召开了7场座谈会，并在省政府门户网、省政府法制网公布征求意见稿，征求公众对意见稿的修改意见，尽可能使社会公众参与到立法中来，确保公众立法参与权、知情权的实现。

3．重视立法工作按年度计划行事

立法工作规划和计划是一定时期立法工作任务的设想和部署。立法工作能不能按规划和计划行事，一方面是衡量立法规划、计划编制的科学性、有效性的重要尺度，另一方面也是衡量具体工作部门能否按照既定要求行事、确保立法严肃性、权威性的重要内容。2014年，各省市在政府立法上基本是按照年度立法工作计划行事，有计划、分步骤、有针对性地开展立法活动，除少数省市外，绝大多数省市都按照计划完成了工作任务。如北京市制定的《北京市政府2014年立法工作计划》明确提出："市政府2014年共安排55件立法项目。其中，力争年内完成项目12件，包括拟提请市人大常委会审议地方性法规项目5件，拟出台政府规章项目7件；抓紧工作、适时提出项目共15件，包括地方性法规项目6件，政府规章项目9件；调研项目共28件，包括地方性法规项目10件，政府规章项目18件。"事实上，2014年度，北京市政府提请审议通过地方性法规草案6件，制定、修改、废止政府规章22件，超额完成12件的原定立法计划。对执行立法工作计划的问题，北京市文件明确要求各相关部门要严格执行政府立法工作计划："确定力争年内完成的项目，要尽早完成起草和审查工作，报请市政府会议审议；对抓紧工作、适时提出的项目，要积极推动、加快进度；对调研项目，要抓紧研究论证，及时提出意见建议。"湖北省政府制定《湖北省人民政府2014年立法计划》中要求："对《湖北省人民政府2014年立法计划》中的计划项目，各起草单位要将其纳入年度目标责任制和依法行政考核范围，制定具体方案，明确工作进度，落实责任人员，按时完成起草任务并做好相关工作。要保持立法计划的严肃性，因特殊原因需要变更立法计划项目的，须报省政府分管领导同意。”湖北省2014年度计划起草立法项目7件，预备项目22件，实际完成制定和修改政府规章13件，圆满完成工作计划。青海省政府立法工作计划是由省政府法制办负责草拟交省政府常委会表决通过而成的；法制办在每年的9月份开始征集下一年度立法项目建议，广泛征求省委、省人大常委会、省政协、省政府等内设各部门、各市州人民政府和有关社会团体、大专院校、科研单位以及省政府法律顾问委员会成员的意见后，拟定年度立法工作计划（草案）交省政府常务会议通过；2014年2月，青海省政府在召开省政府21次常务会议研究审议《青海省人民政府2014年立法工作计划（草案）》时认为："立法工作计划是省政府立法工作的重要遵循依据，编制好立法工作计划，对统筹全年的立法工作意义重大，政府立法是一项重要的行政决策活动，省政府各部门一定要把这项工作抓紧抓实抓好，切实把实施政府立法计划的过程作为提升依法行政能力的过程、作为推进法治政府建设的过程、作为深化行政体制改革和转变政府职能的过程。"①会议通过的2014年度的立法工作计划，共安排拟提请省人大常委会审议的地方性法规4件，安排拟由省政府审议的政府规章5件，起草调研项目15件，酝酿论证项目14件。事实上，从最后的执行来看，青海省政府全年共提请省人大常委会审议地方性法规4件，制定政府规章5件，圆满完成了全年立法任务。

4．重视社会热点问题立法

与地方人大立法稍微有些不同，地方政府立法更多涉及的是政府为执行法律、行政法规、地方性法规需要制定规章的事项以及属于本行政区域的具体行政管理事项。这些事项多是电梯安全、公共场所管理、水资源管理、节能、生活垃圾处理、医患纠纷调解、机动车管理、社会救助、物业管理等涉及社会民生、社会热点等方面的立法。这些立法和老百姓的日常生活息息相关，多是群众注意力较为集中的领域。在回应社会热点问题上，由于政府所管理业务较多的缘故，各地政府立法所涉内容繁多，种类多样，除几个省市2014年度加强了对电梯的管理立法、制定《电梯安全管理办法》外，其他内容的立法没有太多的相似性。各地都是根据本地的实际，结合本地特色和社会热点、民生问题开展相关立法的。这些地方政府规章的出台，对加强当地社会管理、促进经济发展和社会稳定打下了良好基础。

---

①《青海郝鹏省长强调政府立法工作要确保质量　按期完成　坚持科学民主立法》，http://www.chinalaw.gov.cn/article/dfxx/dffzxx/qh/201402/20140200394918.shtml，访问时间：2015年4月1日。

三、2014年度中国地方立法的不足与未来展望

（一）2014年度中国地方立法中的问题和不足

尽管2014年度在中央全面深化改革、全面推进依法治国的号召下，我国地方立法工作取得了较大的成绩，但同时我们也要清醒地看到我国地方立法工作中还存在较多的问题和不足。这些问题和不足影响着地方立法功能和作用的发挥，是我国今后加强和完善地方政府立法工作必须着重强调的地方。这些问题和不足主要有：

1. 政府部门主导立法倾向亟待扭转

在地方立法工作中，受以往立法习惯的影响，一般地方性法规和政府规章的规划、起草往往由政府部门根据其对立法的实际需求来开展。当行使职权需要相关法规、规章保障时，则由政府部门提出立法需求报立法机关进行立法；当行使职权不需要相关法规、规章保障或者对本部门行使职权不利时，则政府部门不提出立法需求，结果是该立的法没立出来，不该立的法反而可能越来越多。这种带有部门利益倾向的立法模式显然已不能适应社会发展的根本需要。加强地方立法机制创新，改变政府部门主导立法的状况为地方人大来主导，改变由政府部门主要负责起草法规规章为重要行政管理法规规章由政府法制部门负责起草，才能破除立法中的部门利益保护，制定出更好地符合社会发展需要的法规和规章。尽管党的十八届四中全会强调要发挥人大和人大常委会在立法工作中的主导作用，但我们还是看到一些省市全年地方性法规和规章的起草仍然由政府部门负责。有些省市的年度立法计划明确列明绝大多数法规和规章是由政府部门负责起草。这种由政府部门负责法规规章起草的模式，无法避免地方性法规和规章的出台多要受到部门利益的影响和制约，降低了地方立法的科学性、公正性。因此，在新的社会形势下，这种政府部门主导立法的倾向亟待扭转。

2. 立法的地方特色不够突出

地方立法的生命力在于立法的地方特色。立法只有与地方特色相结合，与本地实际相适应，才能发挥出其应有的作用。地方立法中，根据地方实际和地方特色，有针对性地开展立法工作，能使所立之法具有更多的活力和现实适应性。2014年，由于立法观念、人员、技术、工作主动性等因素的制约，地方立法中立法的抄袭、模仿现象较为普遍。同类立法，各地文本内容大同小异。应该体现的地方特色、本地特色体现不出来，较大程度上束缚着立法功能的发挥。2014年，在立法的地方特色彰显上，贵州、青海两省人大立法做得比较好。为了保持好本省生态环境，两省人大常委会在省委的领导下自主开展生态文明建设立法工作，贵州省制定的《贵州省生态文明建设促进条例》，青海省制定的《青海省生态文明建设促进条例》《青海湖景区管理条例》都是立足于地方社会发展实际需要，结合地方特色的立法成果。但纵观全国，绝大多数地方立法的地方特色都不够突出，缺乏更多的立法针对性和灵活性。

3．少数立法主体存在懒政现象

开展立法活动，行使立法权，既是拥有立法权的地方人大和政府的一项重要权力，同时也是一项重要职责。行使好立法权就是要让各级立法机关能够根据法定授权，立足于本地立法实际需求，积极、主动地开展相关法律制订活动。“法律是治国之重器，良法是善治之前提。建设中国特色社会主义法治体系，必须坚持立法先行，发挥立法的引领和推动作用。”立法工作是各项工作的助推器、引领器。搞好法律创制活动是每个地方立法机关义不容辞的义务和光荣职责。然而，我们遗憾地看到，少数地方人大和政府立法机关存在懒政现象。个别地方出现人大全年制定通过的地方性法规寥寥无几，地方立法多靠政府制定规章的状况。个别人口较多、经济发展总量较大的省市，人大立法更多是象征性地开展一些活动，对一些能够解决社会热点问题、化解社会矛盾的开创性、适用性强的立法制定较少，立法状况明显与经济发展水平、社会发展现状不相匹配。相反，经济社会相对不太发达的贵州，2014年人大立法却成绩斐然，创制性立法取得突破性进展，连续制定了三部全国首例的地方性法规。此外，观察其他省市政府在人大会上所作的2014年度政府工作报告，我们发现，天津、河北、河南、湖北、湖南、江苏、浙江、上海、云南等省市的政府工作报告对全年政府立法活动的开展情况并未涉及。网上搜索相关立法信息，有些也很难搜到。这些省市政府对立法工作重视程度有待加强。

4．立法的社会参与度不够

广泛的社会参与，是实现科学立法、民主立法的根本保障。只有社会公众尽可能多地参与立法活动，才能使所立之法更能反映社会现实的需要，更具有活力和更接地气。地方立法中，尽可能地邀请社会公众参与立法的起草、论证、评估等环节，能使公众通过自己的亲身感受去理解立法、支持立法，同时，尽可能多的社会公众参与立法活动，可以不断提高地方立法的质量，提升立法科学化、民主化水平。实践中，社会公众参与立法的途径和方式很多，绝大多数省市人大和政府立法机关都在探索如何扩大立法的社会参与，在地方性法规和政府规章的调研起草、审议表决、立法后评估等环节都尽可能地通过网络、座谈会、论证会、旁听等形式邀请公众参与其中，但总体来看，目前我国地方立法公众参与覆盖面还较小，公众能够参与的范围还较窄，参与的体制机制还不完善，公众参与立法的氛围还不浓。

5．立法合作较少

按照我国现有的立法体制，地方立法机关是和行政区的设置相一致的，立法机关根据各自立法权限在所辖行政区内进行立法，可以不涉及与其他立法机关合作的问题。但随着区域经济一体化的逐步推进，经济区面临的共同问题又成为了立法机关立法时要考虑解决的问题。在区域合作背景下，加强各行政区的立法合作成为地方立法工作的一个重要内容。2014年，我们欣喜地看到，长三角地区的立法合作经过多年的积累和酝酿已经迈出实质性的一步，7月25日，上海市人大常委会通过了《上海市大气污染防治条例》，该条例对

“长三角区域大气污染防治协作”以专章的形式予以规定，这是长三角地区决定加强区域大气污染防治立法协作后首次通过的地方性法规，也是区域立法协作在全国地方人大立法实践中的首次尝试。但我们看到，区域性的立法合作还相对较少，就合作条件和基础较好的东北地区而言，其立法合作也仅限在政府立法的合作上；在经济相对发达、合作基础较好的珠三角、京津冀地区，我们也没有看到有更多的立法合作成果。

6．创新型立法相对较少

创制性立法是发挥地方立法的积极性、主动性的重要标志，它是在没有上位法和其他同类法可以借鉴的情况下开展的立法活动。创制性立法往往立法操作难度大、立法周期较长、立法技术要求高。在立法工作中，创制性立法也最能体现出立法者的立法水平。对地方立法而已，地方立法不是中央立法的重要补充，而是我国立法的重要组成部分。只有地方立法充分发挥其工作的积极性、主动性，才能使中国特色的社会主义法律体系更加完善。因此，在没有上位法存在的情况下，地方各级立法机关也应发挥其工作的积极性、主动性，开展创制性法规、规章的制定。纵观我国2014年地方立法，我们发现，上海、江苏、广东、贵州等省市根据各自的立法工作要求开展《自由贸易试验区条例》《信访条例》《生态文明建设促进条例》等创制性立法，制定的法规效果良好，但从全国范围来看，这种创制性立法数量还相当少，与我国众多的地方立法主体相比是不相匹配的。因此，充分发挥好地方立法的功能和作用，地方立法机关必须重视开展创制性立法工作。

7．立法发展不平衡

从2014年我国地方立法的总体情况来看，尽管地方立法有较大的发展，但立法发展的总体不平衡性值得关注。地方立法发展的不平衡具体体现为：（1）人大立法与政府立法的不平衡。较多省市包括地级市的人大和政府立法由于缺乏统一的立法规划，人大和政府立法之间存在立法数量上的不平衡、立法质量上的不平衡、立法内容上的不衔接等问题，有的地方人大立法在立法数量上、质量上占明显优势，有的地方政府立法在立法数量上、质量上占优势。（2）各省市立法数量、质量、内容上的不平衡。通过对各省市立法进行比较，我们发现，有的省市由于重视程度较高，制定的法规和规章在数量和质量上都较好，有的省市由于不够重视，所立之法在数量和质量上往往不尽如人意；在立法内容上，如果某个区域污染比较严重，那么这个区域的省市立法机关则比较重视大气污染、水污染防治方面的立法；如果某个省份认为生态环境问题受到挑战和威胁，那么这个省份就加紧制定生态环境方面的法规或规章，可以说立法是随着这个省市的热点问题和社会矛盾而展开，而没有从整体方面来规划和权衡一定时期内应当如何按程序、分批次立法，使立法简单地沦为解决社会热点问题和矛盾的工具，而不是构建和完善中国特色社会主义法律体系的重要环节和组成部分。（3）立法与经济、社会发展的不平衡。从理论上讲，立法受经济发展、社会发展等因素的制约，一般经济和社会发展条件好、社会矛盾大的地区，对立法的需求就多、要求就高。但实际工作中，我们发现一些经济发展水平较高或者人口较多、社会矛盾较多的省份地方立法却表现得很一般，立法数量和质量上都不理想；相反，一些经济欠发达地区，重视程度高，地方立法却呈现出良性发展态势。

（二）中国地方立法的未来展望

展望未来，我们对我国地方立法的发展充满期待，也急盼我国地方立法能有更好发展。在2015年及以后的地方立法工作中，我们认为，各地立法应重点在以下几个方面取得突破和发展。

1. 推动地方立法由政府主导向人大主导方向转变

立法主导是决定地方立法发展动向的问题。党的十八届四中全会强调，要加强党对立法工作的领导，健全人大对立法工作的主导，完善公众参与立法的体制机制。与中央精神相适应，今后各地立法应强化地方人大在立法工作中的主导和推动作用。通常情况下，在确保立法主体自主开展立法活动的前提下，由地方人大特别是省级人大常委会对全省立法工作进行统筹，组织、指导各地开展立法活动，将是地方立法工作今后的主要发展方向。我们认为，根据党的十八届四中全会会议精神，今后地方立法活动的开展大致可以这样处理：第一，全省立法工作由省委领导、省人大常委会主导。全省五年立法规划，由省人大常委会会同省政府及有关单位共同拟定人大立法和政府立法项目，省人大常委会和省政府确定后报省委审议通过，后由省人大常委会和省政府分别发布实施。第二，全省年度立法工作计划，由省人大常委会法制工作部门会同省政府有关部门进行商讨、拟定，交由人大常委会和省政府全体会议或常务会议审议通过后实施。第三，各地市的立法工作规划和立法计划由各市人大常委会确定经所在地市委同意后，报省人大批准后实施。

2. 加快地方立法机制创新

地方立法机制创新是地方立法打破旧有樊篱、实现机制变革的一种发展动向。地方立法的机制创新有利于打破旧有立法模式的束缚，创造一种适合时代发展需要的新模式。当今社会，一地与一地的竞争，除了体现为产业发展、人才、资源的竞争外，还更多体现为法律制度、人文环境、体制机制等方面的竞争。通过立法为地方发展创造一种更加公平、公正的制度环境，将为本地经济和社会发展竞争中获得先发优势。加快地方立法机制的创新将为推进地方法制建设、促进法治环境创建起着推波助澜的作用。近几年，各地立法机关已认识到加快立法机制创新对推进地方立法的重要作用，并纷纷探索和创新适合本地实际需要的立法体制机制。我们认为，随着我国全面推进依法治国步伐的加快，加快地方立法机制创新将成为各级地方立法机关的共识。特别是在立法的人大主导机制以及立法的起草、论证、评估、社会参与等环节中，如何加快机制创新将是地方立法机制创新的重要内容。

3. 增进立法的社会参与，创新立法沟通方式

增进立法社会参与，创新立法沟通方式，是立法民主的重要体现。地方立法只有让更

多的民众参与进来，才能使立法获得更多的关注与支持；只有不断创新沟通方式，强化立法与公众的沟通，才能使立法获得更多的理解和拥护。在今后各地的立法工作中，增进立法的社会参与，不断创新立法与公众的沟通方式将是地方立法工作中需要关注的一个重要方面。如何增进立法的社会参与以及立法机关与社会的沟通，我们认为，除了通过网站、座谈会、论证会、立法联系点以及邀请人大代表、政协委员、专家等参与立法活动外，还可以进一步放开公众参与立法活动的各种限制，让每个公民随时可以有机会参与到立法活动中来，必要时，可以创新立法表决机制，对一些重要的法律案让普通的民众也能有机会参与表决，甚至在适当的时候，对一些法律案能否通过，可以采用立法机关所辖地全民进行表决的方式。

4. 重视立法的地方特色

立法的地方特色是地方立法的灵魂和生命所在。没有了地方的特色，地方立法就失去了存在的意义和价值。因此，尽可能地使立法与地方特色相结合，尽可能地使立法与现实情况相符合，才能使制定出来的法规、规章更有现实生命力，发挥更大的作用。在今后的地方立法中，重视立法的地方特色将是立法着重考虑的因素。结合本地的实际和特色制定各种内容的地方性法规和规章，也将是今后在地方立法实践中着重加强的方面。同时，假如今后要对地方立法工作进行考核和量化，那么，立法是否具有创制性和地方特色将是评价地方立法工作的重要指标。

5. 继续加强社会热点问题和民生领域立法

立法及时回应社会热点问题和民生问题，是立法发挥其对社会引领和推动作用的重要体现。通过把社会热点问题和民生问题及时上升为法律，能够为社会矛盾和民生问题的解决提供更加科学化的法治治理方式，推动、促进社会问题和民生问题的及时有效解决，同时，加强对社会热点问题和民生领域立法，也是实现立法为民、发挥立法功能的基本要求。当前，我国各项事业迅猛发展，但各种社会问题和矛盾也呈现复杂化和多样化趋势，强化通过立法途径解决社会问题和社会矛盾是依法治国方略的具体落实。可以说，继续加强社会热点问题和民生领域立法应是当前和今后一定时期内地方立法的中心工作。不过需要注意的是，加强社会热点和民生领域立法，一方面既需要政府部门和社会各界积极提供相关立法线索；另一方面也需要立法机关主动作为，敢于回应社会关注问题，积极开展法规、规章订制活动。

6. 加快立法人才队伍建设

加快立法人才队伍建设是当前和今后一定时期内地方立法工作的一项重要内容。在现有立法工作队伍中，受旧有体制机制的限制，专门立法人才队伍建设一直是地方立法工作的瓶颈问题。不像执法、司法人员要通过专业资格考试之后才能从事法律专业活动，立法工作者无需通过专业资格考试就能上岗，导致立法工作队伍人员素质参差不齐，专业、非专业人员遍布其中，立法质量难以保证。在立法工作改革中，提升立法人员政治和业务素质、规范立法人员从业资格，建立专门立法人才队伍，应是改革大方向。同时，需要注意的是，《中华人民共和国立法法》把立法权扩大到全部设区的市，意味着各地市需要大量的专门立法人才充实到立法队伍中。可以说，推进地方立法工作开展特别是新授予立法权的市立法工作开展，首要解决的问题就是要加强立法队伍建设和专门立法人才培养，使立法专业队伍建设和人才培养能够和立法工作相适应，不断满足立法工作发展的需要。应当说，加快立法人才队伍建设将是当前和今后一定时期内我国地方立法发展中的一项重要工作任务和内容。

第二编　华北地区立法报告

第二章　北京市2014年度立法发展报告

乔亚南[①]

摘　要：北京市2014年度的地方立法，立足首都，重视重点领域立法，注重立法格局的完善和立法机制的创新，同时，推进立法科学化和民主化的进程。在地方性法规方面，最具代表性的是《北京市大气污染防治条例》《北京市控制吸烟条例》及《北京市动物防疫条例》的制定出台；在地方政府规章方面，《北京市政府信息公开办法》和《北京市实施国家重大活动保障措施的若干规定》的出台，引起了社会的广泛关注，突显首都特色、回应热点问题，但其中折射出的不足方面也亟待提升。

关键词：北京市　立法发展报告　大气防治

一、北京市2014年度立法发展状况

（一）北京市2014年度立法状况总体评述

北京市有北京市人大和北京市政府两个立法主体。

2014年，北京市人大及其常委会在党的领导下，认真贯彻落实党的十八大和十八届三中、四中全会，以及北京市委十一届三次、四次全会和北京市十四届人大二次会议决议精神，在科学立法、民主立法精神的指引下，着眼于全面深化改革，加强重点领域立法，破解北京作为首都的特大城市可持续发展难题，发挥立法服务社会、推动改革的功能，共审议了8件地方性法规，表决通过了《北京市大气污染防治条例》《北京市控制吸烟条例》《北京市轨道交通运营安全条例》《北京市人民代表大会代表建议、批评和意见办理条例》《北京市实施〈中华人民共和国全国人民大表大会和地方各级人民代表大会代表法〉

①乔亚南，南华工商学院法律系副教授，中国人民大学法学院博士生。研究方向：行政法学。

办法》《北京市动物防疫条例》6件地方性法规，修订了《北京市人口与计划生育条例》，起草《北京市居家养老服务条例》并向社会征求意见，该条例于2015年1月29日在北京市第十四届人民代表大会第三次会议通过。其他列入2014年度立法计划并进行审议的条例草案还包括《北京市老年人权益保障条例（修订）》（北京市人大内务司法委员会提请审议）、《北京市基本住房保障条例》（北京市人民政府提请审议）、《北京市建设工程质量管理条例》（北京市人民政府提请审议）、《北京市水土保持条例》（北京市人民政府提请审议）4件，列入立法计划的起草项目包括《北京市统计管理条例（修订）》等4件，立法论证项目包括《北京市公园条例（修订）》等6项，立法后评估项目为《北京市精神卫生条例》1项，法规预案研究项目为《北京市行政程序条例》和《北京市物业服务条例》2项。在上述25项立法项目中，其中有关社会方面的立法16件，经济方面的立法6件，行政方面的立法3件，涉及区域立法0件，民族立法0件。

在2014年度中，北京市人民政府共制定和修改了21项政府规章，其中包括《北京市机动车市场管理暂行规定》《北京市劳动就业服务企业管理实施办法》在内的13项规章部分条款的修改是以北京市人民政府令（2014年第259号）集中进行的。在上述20项政府规章中，有关社会方面的11件，有关经济方面的6件，有关行政方面的3件，无区域立法和民族立法。《北京市政府信息公开规定》和《北京市实施国家重大活动保障措施的若干规定》是其中的亮点所在。在法规清理方面，废止了《北京市渔业资源增殖保护费征收办法》。

北京市2014年度地方立法继往开来，呈现出平稳有序、扎实推进的状况：从关注领域来看，重点关注环境、健康、交通及就业等关乎民生的重点领域，对北京作为首都在深化改革发展、应对特大城市发展中所遇到的问题做出了积极回应；从具体的立法工作来看，立法工作格局不断完善，立法工作机制持续创新，立法的民主性和科学性得以持续增强。

（二）北京市2014年度地方性法规发展状况

在北京市2014年度的人大立法进程中，最引人关注的是3月1日《北京市大气污染防治条例》的颁布实施，该条例的出台是对近年来北京雾霾围城、大气污染严重这一情况的积极回应，也是党的十八届四中全会《中共中央关于全面推进依法治国若干重大问题的决定》所提到的要加强重点领域立法“用严格的法律制度保护生态环境，加快建立有效约束开发行为和促进绿色发展、循环发展、低碳发展的生态文明法律制度，强化生产者环境保护的法律责任，大幅度提高违法成本”的重要体现。

《北京市大气污染防治条例》的一大特点是对于“全民参与”和“共同防治”的重视，从立法原则和具体制度设计上都充分体现了公共治理理念和推动公共领域立法的法治思维。如《北京市大气污染防治条例》第三条明确规定了“大气污染防治坚持以人为本、环境优先、政府主导、全民参与、科学有效、严防严治的原则”，第六条明确规定：“防治大气污染应当建立健全政府主导、区域联动、单位实施、全民参与、社会监督的工作机制。”《北京市大气污染防治条例》在国内首次明确将“降低大气中的细微颗粒物（PM2.5）浓度”作为重点目标纳入立法，全面推进压减燃煤、控车减油、治污减排、清洁降尘等84项重点任务，进一步规定了公布企业违法行为、纳入企业信用系统等新手段，增加了对同一单位两次以上违法行为实行加倍处罚等条文。

环境保护、公众健康和公共卫生安全是北京市2014年度地方立法发展的重要领域，《北京市控制吸烟条例》也是此方面的重要立法，该条例最早是由中国政法大学应松年教授在2011年1月的北京市十三届人大四次会议上领衔提出议案。2013年，在前期法规预案研究和向社会各界公开征求意见的基础上，北京市人大常委会将制定《北京市控制吸烟条例》确定为立项论证项目。2014年7月1日，北京市十四届人大科教文卫体委员会第七次（扩大）会议对北京市政府提交的《北京市控制吸烟条例（草案）》进行了初审，参会委员和会议代表认为：“《北京市控制吸烟条例（草案）》符合立项论证提出的指导思想和基本思路，体现了控制吸烟的公共治理理念和减少烟草侵害的立法宗旨，明确了政府与社会共同治理、管理与自律相结合的控烟工作原则，突出了北京特色，具有较强的前瞻性和针对性。”历时四年，《北京市控制吸烟条例》于2014年11月28日在北京市第十四届人大常委会第十五次会议上正式通过，并于2015年6月1日起施行。

《北京市控制吸烟条例》的整个立法过程是北京市地方性法规发展状况的一个缩影，立法过程中，从代表提议到立法预案研究、立法论证，再到条例的起草、征求意见和审议，每一步都很精细、科学，并且充分重视公众参与。内容上，诸如关于室内和室外禁烟场所的范围划定的许多条文都经过了反复博弈和商讨；既对控烟形势做出有力的应对，也立足实际情况，注重立法的可操作性，坚持“从严控制、循序渐进”的工作思路，实现立法先行，并在实践中逐步加大执法力度，积极为公众创造无烟环境。

本年度有关公众卫生安全的又一项立法则是2014年5月23日北京市十四届人大常委会第十一次会议通过，并于2014年10月1日起施行的《北京市动物防疫条例》。其中一项重要规定是“实施犬只狂犬病强制免疫”，犬只饲养者携带犬只在户外活动，应当为犬只佩戴狂犬病免疫标识；犬只饲养者不得携带未佩戴狂犬病免疫标识的犬只在户外活动。另外，在黄浦江死猪漂浮事件发生后，病死动物的无害化处理也成为公众关注焦点。对此，《北京市动物防疫条例》就动物、动物产品的无害化处理做出了有针对性的规定：动物饲养活动中死亡的动物，动物诊疗、科学教研活动中死亡的动物和产生的病理组织，染疫的动物和动物产品，经检验对人体健康有危害的动物和动物产品，其他可能造成动物疫病传播的动物和动物产品这五类动物、动物产品须进行无害化处理，任何单位和个人不得随意处置，再者则是对禁止在市场上销售活畜禽方面做出了更严格的规定，在市场销售活畜禽的处罚上，增加了对市场开办者的处罚内容。

除《北京市大气污染防治条例》《北京市控制吸烟条例》及《北京市动物防疫条例》外，《北京市人民代表大会代表建议、批评和意见办理条例》和《北京市实施〈中华人民共和国全国人民代表大会和地方各级人民代表大会代表法〉办法》的出台也为人大代表更好地履职以及北京市人大工作机制的健全及立法工作的推进提供了进一步的保障。《北京市轨道交通运营安全条例》的出台，则以问题为导向，立足北京实际，对北京作为首都，作为拥有2100万常住人口的特大城市现状及拥有527公里轨道交通网络及日均1000万人次的巨大客流量压力所可能引发的问题作出积极回应与预警。

（三）北京市2014年度地方政府规章发展状况

在北京市2014年度制定和修改的地方性法规中，最引人注目的是经2014年5月21日北京市人民政府第四十二次常务会议审议通过，并于2015年1月1日起施行的《北京市政府信息公开规定》。政府信息公开是建设阳光政府、透明政府的必然要求和基本途径，此次出台的《北京市政府信息公开规定》扩大了主动公开的范围，缩短了主动公开的时间，明确了“涉密”的范围，便捷了信息获取的渠道。例如第十四条明确规定，除依照《中华人民共和国信息公开条例》和国家有关规定主动公开政府信息外，根据北京市的实际情况，行政机关还应重点公开包括“三公经费”“食品安全标准、食品生产经营许可”“环境状况公报和重特大突发环境事件”等在内的12项政府信息，以满足公众对于政府信息公开的需要；同时，《北京市政府信息公开规定》将政府主动公开信息的时限由《中华人民共和国政府信息公开条例》规定的20个工作日减为15个工作日，还规定对自然灾害、事故灾难、公共卫生和社会安全等重大突发事件，主管部门应当及时公开初步核实情况，并根据事态发展和处置情况，持续公开工作进展和政府应对措施等政府信息，从而可以使公众尽早地了解到相关事件的发展动态。

此外，针对北京作为首都、经常举办国家重大活动的实际情况而制定的《北京市实施国家重大活动保障措施的若干规定》于2014年7月10日经北京市人民政府第四十八次常务会议审议通过后，自2014年10月21日起公布实施，为诸如2014年APEC北京会议等重大活动的举行提供了保障。此项规定中明确了“国家重大活动”是指在北京市行政区域内举行的具有重大国际影响的国事活动、国际交往活动、国家庆典；“保障措施”是指为保障国家重大活动的顺利举行，针对可能存在的风险和影响，在采取常规管理措施不能满足需要的情况下，参照有关法律、法规采取的预防性、临时性专项行政管理措施。同时规定了在国家重大活动举办期间以及前后延展的合理期限内，北京市在社会秩序、道路交通、生产经营、环境保护等方面采取的措施，应在实施前至少15天向社会公布，而且政府应当严格执行批准的保障措施，不得擅自调整实施机关、扩大适用范围、变更管理措施、延长适用期限，保障措施适用期限届满，已采取的保障措施自动失效，从而将保障措施限制在必要的范围之内。

就“生态环境保护”这一重点领域而言，在《北京市人民政府关于修改〈北京市机动车市场管理暂行规定〉等13项规章部分条款的决定》中，对于《北京市人民政府关于对使用煤炭质量的监督规定》相关条文的修改正是基于大气污染防治的考虑，严格了对煤炭质量的要求，同时也与2014年9月3日，由发改委、环境保护部、商务部、海关总署、国家工商总局、国家质监总局联合发布的《商品煤质量管理暂行办法》中的“贯彻落实国务院《大气污染防治行动计划》，强化商品煤全过程质量管理，提高终端用煤质量，推进煤炭高效清洁利用，改善空气质量”之立法目的相契合，体现了在2014年度北京市政府立法中对于大气环境保护的重视。

二、北京市2014年度地方立法的特色和亮点

（一）地方人大立法中的特色和亮点

2014年，北京市特别重视地方立法与中央立法、与中央方针政策的衔接，立足北京作为首都的实际情况，面对自身良好形象建设，首都职能承担等目标，针对北京市在改革发展中所面临环境污染严重、人口膨胀，交通拥堵等压力，坚持以目标和问题为导向，同时注重精细化立法和公众参与，做到首都特色和问题导向相结合，科学立法与民主立法相统一。2014年北京市地方人大立法中的特色和亮点具体表现为：

1. 注重重点领域的立法

《中共中央关于全面推进依法治国若干重大问题的决定》中提到，要加强重点领域的立法，其中明确将保护生态环境作为一个重点领域，指出要“用严格的法律制度保护生态环境，加快建立有效约束开发行为和促进绿色发展、循环发展、低碳发展的生态文明法律制度，强化生产者环境保护的法律责任，大幅度提高违法成本”。《北京市大气污染防治条例》的出台便是该领域的重要体现。“加快保障和改善民生、推进社会治理体制创新法律制度建设。依法加强和规范公共服务，完善教育、就业、收入分配、社会保障、医疗卫生、食品安全、扶贫、慈善、社会救助和妇女儿童、老年人、残疾人合法权益保护等方面的法律法规。”这是党的十八届四中全会报告所提及的重点立法领域。2015年1月29日通过的《北京市居家养老服务条例》、正在审议的《北京市老年人权益保障条例（修订）》《北京市基本住房保障条例（草案）》都体现了对改善民生的关注，也是注重加强民生重点领域立法的具体实践。

2. 注重立法格局的完善和立法机制的创新

“健全有立法权的人大主导立法工作的体制机制，发挥人大及其常委会在立法工作中的主导作用”，这是党的十八届四中全会报告就立法工作所提出的重要要求。2014年度，北京市人大十分重视完善立法工作格局，形成了由市委领导、人大主导、政府发挥基础作用、统筹协调的地方立法工作格局。在工作机制的创新方面，则将法规立项论证、立法后评估、法规预案研究机制及立法听证和专家咨询顾问制度等渐次地纳入立法程序，以《北京市控制吸烟条例》的制定为例，其制定过程经历了法规预案研究、法规立项论证等步

骤。从立法实践看，无论是立法格局的完善还是立法机制的创新，都为深入推进北京市民主立法和科学立法创造了条件。

3. 注重立法民主化的深入推进

重视与加强立法民主化的深入推进亦是北京市2014年度地方人大立法的一大特征和亮点所在。立法民主化，是指立法机关行使立法权的民主化，既包括立法主体的民主化也包括立法内容和立法过程的民主化。①所谓深入推进是指在原先重视公众参与、重视通过听证会、座谈会等听取公众意见的基础上又有新的发展，突出表现在立法预案研究和法规立项论证等机制的适用。2014年度北京地方人大立法的立法内容民主化则表现在《北京市大气污染防治条例》和《北京市控制吸烟条例》等法规中，对于社会公共领域的共同治理和公众参与的重视。

4. 注重立法科学化的深入推进

立法的民主化和科学化是相辅相成的，北京市人大2014年度立法对于立法民主化的深入推进，进一步增加了立法程序的公开性、交涉性和技术性，这些都在一定程度上有助于实现立法的理性化。立法的科学化，正是指立法者运用科学的手段、方法和技术进行立法活动，从而使最终的立法成果具有科学性和合理性的过程。②立法的科学化包括立法观念的科学化、立法制度的科学化、立法决策的科学化及立法技术的科学化，其中在立法观念的科学化方面，北京市人大摒弃片面追求立法数量和立法规模而忽视立法质量和效益的立法观念，进一步树立了重视社会公共领域立法及服务型立法的观念。在立法制度的科学性方面，则重视立法权在地方内部的优化配置，2014年度《北京市大气污染防治条例》的通过，是北京市人大会议13年来首次在会议召开期间通过的地方性法规，这既是一种突破，也是立法科学化推进的表现。

（二）地方政府立法中的特色和亮点

地方政府立法作为宪法、地方组织法和立法法赋予地方政府的重要职权，在保证国家法律实施、管理地方性事务、促进地方各项事业全面发展等方面发挥着重要作用。2014年北京市地方政府立法，在上位法的指导下，立足地方特色。具有以下的特点：

1. 注重突出首都特色

地方特色是包括地方政府立法在内的地方立法所应有的特质。“所谓地方特色，首先是区别于中央立法而言的。地方立法应根据本地区实际情况来解决自己的特殊问题。其次是相对其他地区而言的。我国幅员辽阔，地区之间地理气候、文化风俗、历史传统差异很大，经济文化发展也很不平衡。因此，推进地方立法的科学化，应从地区的实际出发，充

①参见李林：《立法理论与制度》，中国法制出版社，2005年，第56页。

②参见朱力宇主编：《地方立法的民主化与科学化问题研究——以北京市为主要例证》，中国人民大学出版社，2011年，第16页。

分把握本地区的特点和规律，使地方立法真正符合本地区实际情况，体现本地区特色。”[①] 北京作为国家首都，有其特殊的地位，并且承载着特殊的职能，北京市2014年度的地方政府立法充分体现了注重突出首都特色的特点。例如2014年度北京市政府颁布实施的《北京市实施国家重大活动保障措施的若干规定》，正是基于北京作为首都，需要经常性地举办国家重大活动这一特点而制定的。

2. 注重回应热点问题

环境保护作为北京市一段时期以来面对的突出问题，既是地方人大立法的重点领域，也是地方政府立法的热点所在，《北京市人民政府关于修改〈北京市机动车市场管理暂行规定〉等13项规章部分条款的决定》中对于《北京市人民政府关于对使用煤炭质量的监督规定》部分条文的修改便是基于对环境保护这一热点领域的关注。同时，在全面推进依法治国的今天，政府信息公开的重要意义更加凸显，党的十八届四中全会报告中提到：“全面推进政务公开。坚持以公开为常态、不公开为例外原则，推进决策公开、执行公开、管理公开、服务公开、结果公开。各级政府及其工作部门依据权力清单，向社会全面公开政府职能、法律依据、实施主体、职责权限、管理流程、监督方式等事项。”2014年度制定的《北京市政府信息公开办法》，正是对公众政府信息做出的积极回应。

三、北京市2014年度地方立法的不足与未来展望

（一）北京市2014年度地方立法的不足

北京市地方立法在2014年度尽管取得了不错的成绩，但仍然存在一些不足和差距。具体体现在以下四个方面：

1. 在立法的理念上仍然存在偏差

尽管北京市在立法观念的科学化上已经有了很大的进步，如前所述，已经树立了质量立法和效益立法的观念，逐渐摒弃片面追求立法数量和立法规模而忽视立法质量和效益的立法观念，并且开始树立重视社会公共领域立法及服务型立法的观念，但“重管理、轻服务”的立法观念依然存在，这种立法观念以政府为中心，以权力为本位的，限制社会、企业和公民自由选择的权利与机会，相对片面强调公民一方的服从和对秩序的维护。这种问题在北京市2014年度的地方立法中亟待解决，例如《北京市实施国家重大活动保障措施的若干规定》中相关条文的规定。

2. 对公众参与地方立法的保障措施仍然不足

“公众参与地方立法，具体地说就是各类社会公众在地方立法机构的指引和组织下，依法定程序和法定形式有序参与地方立法机构制定、修改、废止规范性法律规则活动，充

①曹胜亮：《论地方立法的科学化》，载《法学论坛》2009年第3期。

分表达民意和公众利益诉求，并对地方立法机构活动实施全过程监督。”[①]对于与公众利益以及地方发展关系更为密切相关的地方立法而言，保障公众参与地方立法，既有利于提高立法效果、防止地方立法脱离社会实际，也有利于维护法制的统一、避免地方立法的利益部门化，同时还有助于提升公民意识、培育公民精神。然而从北京市2014年度地方立法来看，虽然在实践中公开征求立法意见、立法公示、立法听证等制度已经逐渐成熟，但在公众参与地方立法的保障方面仍然不足，尤为制度层面的保障缺失严重。

3. 在立法技术上仍然相对滞后

立法技术的功能和作用集中表现在：可以使立法成为科学的立法，使立法臻于较高的水平，使立法正确调整社会关系和准确、有效、科学地反映立法者、执政者的意愿，可以从一个重要侧面保障整个法制系统有效地运行，从而充分满足国家、社会和公民对立法提出的各种需求。[②]然而从全局看，目前我国尚没有专门规范立法技术的法律，仅在《立法法》中对少量的立法技术做了原则性规定，在《全国人民代表代表大会常务委员会议事规则》及《行政法规制定程序条例》等法律、行政法规中也仅有部分涉及立法技术的规范。从2014年度北京市的地方立法看来，立法技术仍然相对滞后，需要采取一定措施进行提升。

4. 简单重复中央立法和其他地方立法的现象依然存在

“有的法律、行政法规的实施条例或者实施办法，基本上是把法律及其配套的行政法规抄下来，再加上几条根据本地实际情况和实际需要做出的规定，洋洋洒洒一篇，真正带有地方特点的东西只有那么几条”[③]，不仅是简单重复中央立法，简单重复其他地方立法的现象也非常普遍，而这种做法则割裂了其他地区先进经验与本地特殊需求两者之间的关系，需要在今后的不断努力中进一步改善。

（二）北京市地方立法的未来展望

1. 进一步坚持科学化的立法观

任何立法活动都离不开立法理念，立法理念对立法活动具有根本性的影响。[④]针对不足之处，北京市在今后的地方立法中，要摒弃“以政府为中心，以权力为本位”的立法理念，并且要进一步树立“以公众为中心、以权利为本位”的理念，在立法理念中更加注重服务。北京作为国家首都，在承担重要职能、应对发展压力与改革挑战的同时，也应该通过立法理念的完善，促使北京成为首善之地。同时，北京应进一步坚持科学化的立法观，

①吴兴国：《论我国公众参与地方立法的完善路径》，载《江西社会科学》2013年第7期。

②参见周旺生：《立法学》，法律出版社，2004年，第85页。

③杨景宇：《加强地方立法工作，提高地方立法质量》，载《求是》2005年第14期。

④参见朱力宇主编：《地方立法的民主化与科学化问题研究——以北京市为主要例证》，中国人民大学出版社，2011年，第218页。

在立法实践中把握并处理好经验立法与超前立法、立足本土与学习借鉴等关系。

2. 要进一步完善地方立法中的公众参与

完善地方立法中的公众参与既是民主立法的重要体现，也是保障和促进立法科学化的重要措施。北京市在今后进一步完善地方立法的公众参与的过程中，应该从加大立法信息公开力度、改进公开征求立法意见的方式、完善立法决策中的民意采纳机制等几个方面入手。首先，在加大立法信息公开力度方面，要尽可能地扩大立法信息公开的对象范围，建立更加完善的信息沟通和反馈机制，实现立法者与公众之间的信息对称；[①]此外，应摸索建立公开征求立法意见和完善立法决策中的民意采纳机制，善于使用互联网、微博、微信等技术手段，改进公开征求意见的形式，拓展公开征求意见的环节，正确反映和兼顾各方意见，以促使"公众参与活动"更好地贯穿于立法过程的始终。

3. 要更加注重提高地方立法技术

如前所述，立法技术具有重要作用，又鉴于目前北京市地方立法在立法技术方面仍有继续提升空间这一情况，在统一的、规范立法技术和标准的法律尚未出台之前，北京市应该以科学、严肃的态度对待地方立法技术，从立法的结构体例、立法的内容逻辑和法律术语的规范使用等方面入手促进北京地方立法技术的提高。[②]重视专家学者在立法过程中的作用以及加强立法监督和完善工作，及时补救立法技术缺陷等，以期能够切实提高立法质量和立法的科学性。

4. 要进一步促进科学立法和民主立法相结合

在北京市今后的地方立法中，要进一步坚持国家法制统一之下的立法民主性和立法科学性的有机结合，科学立法与民主立法作为《立法法》的两大法定原则，两者是相辅相成的。一方面，在现阶段立法任务繁重、民主化程度欠缺，需要通过科学立法机制来整合资源、完善程序，降低参与成本，加快立法的民主化进程；另一方面，科学立法也应该建立在广泛的民主基础上，只有在公众的普遍参与、民意的充分表达和利益的较量整合的基础上，才能产生效率和公平兼顾的问题解决方式，才能产生真正切合需要并且真正做到以人为本的立法，也只有这样才能与《中共中央关于全面推进依法治国若干重大问题的决定》所提出的"深入推进科学立法、民主立法"的要求以及公众对于优质的地方立法的需求更加相契合。

---

①参见朱力宇主编：《地方立法的民主化与科学化问题研究——以北京市为主要例证》，中国人民大学出版社，2011年，第219页。

②参见曹胜亮：《论地方立法的科学化》，载《法学论坛》2009年第3期。

第三章　天津市2014年度立法发展报告

叶昌富　周新军[①]

摘　要：2014年，天津市地方立法坚持科学立法、民主立法的原则，紧紧围绕天津市市委、市政府工作的重点、经济社会发展的难点和人民群众关注的热点，按照全面深化改革、建设法治政府的新要求，加强重点领域立法，增强立法的针对性、及时性和实效性，着力提高立法质量，充分发挥立法对全面深化改革的引领、推动和保障作用，为加快建设美丽天津、推进京津冀协同发展提供法律支撑。

关键词：天津市　地方立法　发展报告

一、天津市2014年度立法发展状况

（一）天津市2014年度立法状况总体评述

天津市作为直辖市，其地方立法主体相对简单，只有市人民代表大会及其常委会和市人民政府两个省级立法主体。

2014年，天津市人大及其常委会、天津市政府在中共天津市市委的领导下，认真贯彻落实中共中央十八大和十八届三中、四中全会精神以及天津市委十届三次、四次全会精神，高举中国特色社会主义伟大旗帜，以邓小平理论、“三个代表”重要思想、科学发展观为指导，深入贯彻习近平总书记系列重要讲话精神，全面落实天津市市委各项决策部署，按照全面深化改革、建设法治政府的新要求开展地方立法工作。

天津市人大常委会审议通过了《天津市绿化条例》《关于批准划定永久性保护生态区域的决定》《天津市制定地方性法规听证办法》《公示地方性法规案办法》《天津市农民专业合作社促进条例》《天津市促进中小企业发展条例》《天津市房地产交易管理条例》等14件地方性法规，主要涉及生态环境保护、促进社会经济发展、完善地方立法工作机制等重点领域。

①叶昌富，广东外语外贸大学副教授，硕士生导师。研究方向：中国法制史、地方立法。周新军，广东外语外贸大学教授，硕士生导师。研究方向：国际经济法、地方立法。

天津市政府制定《天津市行政执法监督规定》《天津市街道综合执法暂行办法》《天津市高层建筑消防安全管理规定》《天津市控制地面沉降管理办法》《天津市危险房屋管理办法》5件地方政府规章，修改《天津市轨道交通管理规定》《天津市烟花爆竹管理办法》《天津市城市建设档案管理规定》《天津市行政执法违法责任追究暂行办法》等13件地方政府规章。

2014年度天津市的地方立法为全面深化改革，建设法治政府，发展社会经济，保护生态环境，加快建设美丽天津，提供了强大的法律支撑，推动了天津市法制建设的进程。

（二）天津市2014年度地方性法规发展状况

2014年，在中共天津市委的领导下，天津市人大及其常委会认真贯彻落实党的十八大和十八届三中、四中全会精神，高举中国特色社会主义伟大旗帜，以邓小平理论、“三个代表”重要思想、科学发展观为指导，深入贯彻习近平总书记系列重要讲话精神，全面落实天津市委各项决策部署，坚持党的领导、人民当家做主、依法治国有机统一，紧密围绕中心，全力服务大局，认真履行宪法和法律赋予的职责，一年来，共审议地方性法规和法规性决定案20件，表决通过14件①，为全面深化改革、推动京津冀协同发展、建设美丽天津做出了积极贡献。

2014年，天津市人大及其常委会通过的地方性法规主要是：《天津市绿化条例》《天津市人民代表大会常务委员会关于批准划定永久性保护生态区域的决定》《天津市房地产交易管理条例》《天津市促进中小企业发展条例》《天津市制定地方性法规听证办法》《天津市农民专业合作社促进条例》《天津市人民代表大会常务委员会公示地方性法规案办法》《天津市电力设施保护条例》《天津市医疗纠纷处置条例》《天津市预防未成年人犯罪条例》《天津市养老服务促进条例》《天津市实施〈中华人民共和国国防动员法〉办法》。这一年天津市人大常委会修订了《天津市人口与计划生育条例》和《天津市失业保险条例》等地方性法规；天津市人大常委会特别重视防治大气污染的地方立法，多次审议《天津市大气污染防治条例》，最终在2015年年初的天津市第十六届人民代表大会第三次会议获得通过，为天津市大气污染防治制定了最权威、最严厉的地方性法规。天津市人大常委会还为《天津滨海新区条例》的修订工作做了大量的调研、起草、审议等工作。

（三）天津市2014年度地方政府规章发展状况

2014年，天津市人民政府立法工作以邓小平理论、“三个代表”重要思想、科学发展观为指导，认真贯彻落实党的十八大和十八届三中、四中全会以及天津市委十届三次、四次全会精神，紧紧围绕市委市政府工作的重点、经济社会发展的难点和人民群众关注的热点，按照全面深化改革、建设法治政府的新要求，加强重点领域立法，增强立法的针对

①《2015年天津市人民代表大会常务委员会工作报告》，载《天津日报》2015年2月3日。

性、及时性和实效性，着力提高立法质量，充分发挥立法对全面深化改革的引领、推动和保障作用，为加快建设美丽天津、实现中央对天津定位提供有力的制度保障。

除由政府部门主持起草的地方性法规文件以外，在地方政府规章制定方面，2014年天津市人民政府制定的地方规章主要有：《天津市行政执法监督规定》《天津市街道综合执法暂行办法》《天津市高层建筑消防安全管理规定》《天津市控制地面沉降管理办法》《天津市危险房屋管理办法》等5件地方政府规章。修改的政府规章主要有：《天津市生活废弃物管理规定》《天津市粮食流通管理办法》《天津市非国家所有档案管理规定》《天津市电磁辐射环境保护管理办法》《天津市防止拆船污染环境管理实施办法》《天津市房地产抵押管理规定》《天津市实施〈中华人民共和国教师法〉办法》《天津市取水许可管理规定》《天津市体育竞赛管理办法》《天津市行政执法违法责任追究暂行办法》《天津市城市建设档案管理规定》《天津市烟花爆竹管理办法》《天津市轨道交通管理规定》等13件地方政府规章。

二、天津市2014年度地方立法的特色和亮点

（一）天津市地方人大立法中的特色和亮点

2014年，天津市人大常委会坚持把科学立法、民主立法作为提高法规质量的根本途径，立足天津改革发展稳定的实际，及时把实践中形成的成熟经验、办法和制度上升到法律层面，通过立法凝聚社会共识，推动制度创新，引领改革发展，形成了天津地方立法特色。特别重视地方立法与中央立法、与中央方针政策的衔接，注重把立法与深化改革结合起来，注重发挥立法对社会重大热点问题的引领和主动回应，重视当前立法工作与长远立法工作的衔接，重视现有立法工作和未来立法对立法人才需求培养的衔接。人大立法中的特色和亮点具体表现为：

1. 注重经济立法，力推转型升级，深化经济体制改革

天津市人大常委会紧紧围绕天津市委确定的全市工作中心开展地方立法，使立法工作服从、服务于全市改革发展稳定的大局。天津市人大常委会主动适应“转方式促发展”的需要，制定了《天津市促进中小企业发展条例》，就天津市中小企业的创业扶持、创新驱动、服务保障等作出了具体规定，着力推动中小企业转型升级、提质增效，改善中小企业的发展环境。制定《天津市农民专业合作社促进条例》，旨在促进天津市农民专业合作社发展，对提高农业生产经营组织化水平、增加农民收入产生了积极的影响。这是全国首部旨在“促进农民专业合作社发展”的地方性法规，是天津市“三农”工作的重要举措。为保障天津市电力设施的安全运行，制定《天津市电力设施保护条例》，明确了天津市电力设施建设的规划要求、保护范围和保护措施。修改《天津市房地产交易管理条例》，全面规范天津市房地产交易行为，维护房地产市场秩序，促进了行业的健康发展。

随着中国（天津）自由贸易试验区的设立，天津市的改革开放进入新的发展阶段。为了进一步深化改革，扩大开放，加快政府职能的转变，依法推进中国（天津）自由贸易试验区的建设，根据《全国人民代表大会常务委员会关于授权国务院在中国（广东）自由贸易试验区、中国（天津）自由贸易试验区、中国（福建）自由贸易试验区以及中国（上海）自由贸易试验区扩展区域暂时调整有关法律规定的行政审批的决定》和国务院批准的《中国（天津）自由贸易试验区总体方案》，通过了《天津市人民代表大会常务委员会关于在中国（天津）自由贸易试验区暂时调整实施本市有关地方性法规规定的决定》，将台湾同胞投资者在本市兴办企业领取营业执照前的审批改为备案管理，并对其他有关地方性法规的实施作相应的调整。

2. 强化生态环保立法，保护和改善生态环境，建设生态宜居城市

环境污染问题一直困扰着天津市的发展，天津市人大及其常委会的地方立法工作也一直为解决环境污染的困局而努力，2014年，天津市人大及其常委会进一步强化生态环保立法，为保护和改善生态环境，建设生态宜居城市，打造美丽天津提供法制保障。2014年1月，天津市第十六届人民代表大会第二次会议表决通过了《天津市绿化条例》，这是三十多年来天津市人民代表大会通过的首部实体性地方性法规。该条例对于贯彻落实党的十八大和十八届三中、四中全会精神以及天津市委关于加快建设美丽天津的重大部署，进一步发展天津市绿化事业、保护和改善生态环境、建设生态宜居城市都具有重要意义。根据《天津市绿化条例》的要求，天津市人大常委会作出了关于批准划定永久性保护生态区域的决定，在省级行政区域内率先以立法的形式确定了生态保护红线和黄线，将四分之一的市域面积划定为永久性保护生态区域，为天津市可持续发展提供了有力的法治保障。划定永久性保护生态区域，对加快美丽天津建设、实现天津城市定位意义重大，功在当代、利在千秋。

加强大气污染防治，是京津冀协同发展的重要内容，是“四清一绿”行动（清新空气行动、清水河道行动、清洁村庄行动、清洁社区行动、绿化美化行动）的首要任务。天津市人大常委会着力推动《天津市大气污染防治条例》的修订工作，强化政府责任和社会共同治理责任，建立区域联防协作机制，多措并举，加大违规处罚力度，进一步加强扬尘、燃煤、机动车尾气等重点大气污染物防治。通过立法，使大气污染防治成为全体天津市人民的共同意志，为美丽天津建设提供法律支撑。

3. 重视社会立法，关注民计民生

天津市人大常委会高度关注民计民生，及时修改《天津市人口与计划生育条例》，确保中央“单独二孩”政策在天津市顺利实施。在医疗纠纷引起社会普遍关注的背景下，天津市人大常委会主动回应社会重大热点问题，制定了《天津市医疗纠纷处置条例》，推行公立医疗机构医疗责任保险，完善人民调解机制，依法处置医疗纠纷，及时化解医患矛盾，为保证正常医疗秩序，保护患者、医疗机构和医务人员的合法权益提供了法律依据。为积极适应天津市人口老龄化快速发展的趋势，天津市人大常委会制定《天津市养老服务促进条例》，推动构建以居家养老为基础、以社区养老服务为依托、以机构养老为支撑的

养老服务体系，满足日益增长的养老服务需求。为了完善社会保险制度，天津市人大常委会修订《天津市失业保险条例》，降低了用人单位缴费比例，规范失业保险基金支出范围，有利于保障失业人员的基本生活和促进再就业。此外，天津市人大常委会还制定了《天津市预防未成年人犯罪条例》《天津市实施〈中华人民共和国国防动员法〉办法》，审议了《天津市学校安全条例（草案）》《天津市实施〈中华人民共和国突发事件应对法〉办法（草案）》《天津市人民代表大会常务委员会关于鼓励促进改革创新的决定（草案）》《天津市客运公共交通管理条例（草案）》等。

4. 为规范自身立法工作而立法，切实完善科学立法、民主立法的工作机制

天津市人大常委会主动适应改革发展需要，自觉规范立法程序，进一步完善科学立法、民主立法的工作机制，努力提高法规质量。在2014年的立法工作中，主要体现在四个方面：一是完善制定地方性法规听证、公示地方性法规案的办法，着力推动开门立法、民主立法，修改完善了《天津市制定地方性法规听证办法》《天津市人民代表大会常务委员会公示地方性法规案办法》，要求全部公示正在审议的法规草案，就草案中群众普遍关心的问题召开听证会，广泛吸纳社会各方面的意见建议，增强了法规的针对性、实效性和可操作性。二是注重发挥立法主导作用，加强对制订立法计划、组织法规草案起草和审议修改的统筹协调，增加了自主起草和联合起草的比重。例如针对《天津滨海新区条例》的修订工作，天津市人大常委会就加大组织推动力度，全过程参与，广泛听取各方面意见，推动该条例迅速进入审议程序。三是坚持法规案一审前情况说明会制度，天津市人大常委会组成人员就大气污染防治条例、农民专业合作社促进条例、医疗纠纷处置条例等法规案，深入了解相关工作情况，解疑释惑，有效提高了人大常委会审议法规案的效率和质量。四是通过多种方式推动法规实施，对天津市常委会新通过的地方性法规，召开新闻发布会、动员会、座谈会，在新闻媒体上深度解读，培训相关执法人员，努力夯实法规实施的社会基础。

（二）天津市地方政府立法中的特色和亮点

1. 规范政府执法权，推动法治政府建设

建设法治国家的前提是建设法治政府，建设法治政府的首要任务在于控权。为了防止行政人员滥用公权力，防止人民的私生活被行政机关过度干涉，在2014年，天津市人民政府加大了行政执法方面的立法力度，秉着执法为民的理念，规范和限制执法者执法行为和执法权限，出台了《天津市街道综合执法暂行办法》《天津市行政执法监督规定》，同时，还修改了《天津市行政执法违法责任追究暂行办法》，这三部行政执法方面的规章的制定和完善，使得政府的权力界限更加明确，也减小了行政执法人员的自由裁量的空间，使行政执法人员在做出任何一个具体行政行为时，有着十分明确的依据，同时，也使行政相对人能够更好地维护自己的权利，在合法利益受到不法侵害时，能知道用什么方式维护自己的权利。这三部行政执法方面的规章的制定和完善，标志着天津市政府向法治政府又前进了一大步。

2. 防治环境污染，加强生态文明建设

随着时代的发展，科技的进步，工业产业的增加虽然带给了我们许多生活便利，但与此同时，人们也在承受着它们的负面影响。针对日益严重的环境污染，在2014年，天津市人民政府修改了《天津市烟花爆竹管理办法》《天津市生活废弃物管理规定》《天津市电磁辐射环境保护管理办法》《天津市防止拆船污染环境管理实施办法》《天津市取水许可管理办法》等一系列的政府规章，实施更为严厉的防治环境污染措施，加强生态文明建设，保障天津市人民的居住环境，推动美丽天津的建设。

3. 加强社会立法，保障和改善民生

天津市人民政府为了加强高层建筑消防安全管理，预防火灾和减少火灾危害，保护人身、财产安全，根据《中华人民共和国消防法》《天津市消防条例》等法律、法规的规定，制定《天津市高层建筑消防安全管理规定》。为加强天津市危险房屋的管理，保障居住和使用安全，根据国家有关规定制定《天津市危险房屋管理规定》。为了加强本市轨道交通建设和管理，保障运营安全和运营秩序，维护轨道交通运营单位和乘客的合法权益，根据国家有关规定，修改了《天津市轨道交通管理规定》，明确提出所有进入轨道交通乘车区域的人员均应配合进行安检，不得携带可能影响公共安全的物品进站。

此外，天津市人民政府还修改了《天津市城市建设档案管理规定》《天津市非国家所有档案管理规定》《天津市房地产抵押管理规定》《天津市粮食流通管理规定》《天津市实施〈中华人民共和国教师法〉办法》《天津市体育竞赛管理办法》等政府规章，保障和改善民生，发展社会事业。

4. 广泛听取民众意见，贯彻民主立法精神

天津市人民政府在2014年的立法中，坚持民主立法，进一步完善立法工作者、实际工作者、专家学者和人民群众共同参与的立法工作机制，拓宽公众有序参与立法的途径，把立法的过程作为倾听民声、了解民意、凝聚民心、汇集民智的过程。对涉及群众切身利益的立法项目，采取听证会、论证会、座谈会等形式广泛征求社会公众意见。除依法需要保密的以外，所有地方性法规草案和政府规章草案都通过天津市政府法制信息网对外公布，公开征求社会公众意见，并建立和完善意见采纳情况反馈制度。

三、天津市2014年度地方立法的不足与未来展望

（一）天津市2014年度地方立法的不足

天津市地方立法在2014年度尽管取得了不错的成绩，但也仍然存在一些不足，不足之处在以下方面：

1. 地方立法中行政主导现象比较严重，存在部门利益法律化的倾向

在我国，政府行政部门提出立法意向、主持起草文本、主导立法的现象普遍存在，天

津市地方立法也不例外。纵观天津市政府法制办的立法计划和工作总结，不难发现一个明显现象：天津市制定的地方性法规大多是由市政府法制办主持或者委托政府部门调研、起草草案，然后提交人大常委会审议通过的。虽然有一些地方性法规是人大提出立法意向并组织起草审议的，但不足以改变行政主导立法的格局，大量的地方性法规仍然由政府行政部门提出立法意向、主持起草法规草案。政府行政部门主导立法势必引发部门利益法律化的倾向。一般而言，参与立法活动的主体可能都存有追求自身利益最大化的冲动，如果缺乏相应的制约和监督，造成权力与责任的割裂，就会导致执法者抛弃立法宗旨、违背立法目的、走向制度反面的尴尬境地。

2. 地方性环保法规规章不断推出，但实施的效果不容乐观

近些年，天津市地方立法制定了相当多的环境保护与防治的地方性法规和政府规章，几乎每年都有有关环保的新法规出台，对天津市的环境保护和防治发挥了重大作用，但是天津市目前仍然是我国环境污染现象比较突出的地区，事实说明天津市地方性环保法规规章实施的效果不容乐观。为了净化环境，保护生态，建设美丽天津，天津市环境保护的地方性法规规章应该在立法中进一步加强针对性和操作性，在执法时更为严厉，更好地做到有法必依，执法必严，有令必行，有禁必止。

3. 在立法实践中，存在着立改废释不及时、不到位的现象

随着天津市改革开放、经济建设和社会发展稳步推进，天津市地方立法需要不断面对地方性法规、规章的立改废释等工作。在立法实践中，天津市地方立法在立改废释等各个方面都取得不错的成绩，但也确实存在立改废释不及时、不到位的现象。该立的不及时立，就会造成无法可依的局面；该释的不及时释，就会给执法实务带来困惑；该改的不及时改，就会影响到立法的效果；该废的不及时废，就会产生恶法现象。要配合地方性法规、规章的立改废释工作的开展，就必须积极开展地方性法规、规章的清理工作，通过地方性法规、规章的清理工作，有序推进地方性法规、规章的立改废释工作。

4. 科学立法、民主立法的机制有待进一步完善

尽管天津市地方立法都是在坚持科学立法、民主立法的原则下进行的，但天津市地方立法的科学立法、民主立法的机制仍然存在需要进一步完善的地方，诸如立法项目的选定机制、草案的起草机制、听证论证座谈会的代表选定机制、审议表决机制、立法评估机制等，都有待进一步完善。

（二）天津市地方立法的未来展望

1. 继续坚持以深化改革为导向开展地方立法

我国的改革已经进入到全面深化改革的发展阶段，当前的改革不同于以往的改革。以往的改革，是摸着石头过河，很多时候是不得不先改革后立法。当前的改革，坚持顶层设计与摸着石头过河相结合，强调重大改革都要于法有据，确保在法治的轨道上推进改革。

为深化改革提供立法保障，必须处理好改革决策和立法决策的关系，把深化改革与完善立法有机结合起来。党委、政府研究部署改革方案、出台新改革措施，都要一并考虑涉及的立法工作。为了推动和促进天津市的深化改革工作，天津市地方立法必须从天津发展的大局出发，从人民群众的根本利益出发，全面准确地反映人民群众的意志，使立法更好地引领改革、推动改革。根据天津市委的战略部署，今后一个时期，天津市地方立法将紧密围绕推进投资与服务贸易和生活服务两个便利化，全力打造经济和城市两个升级版等重点任务，突出地方特色，立改废释并举，使立法工作与经济社会发展相适应，实现立法决策与改革决策相衔接，确保改革发展各项工作于法有据、有序进行。为此，天津市计划尽早出台《天津市人民代表大会常务委员会关于鼓励促进改革创新的决定》，明确鼓励改革创新的基本原则和主要内容，依法设定相关免责条款，充分调动全社会改革创新的积极性。

2．继续为发展经济、保护环境、保障民生而开展地方立法

天津市地方立法将继续加强经济领域立法，研究制定或修改预算审查监督、企业国有资产监督管理、不动产登记、促进快递业发展等法规，为天津的经济发展保驾护航。围绕美丽天津建设，天津市地方立法将继续研究制定或修改环境保护、湿地保护、水资源综合利用、水污染防治等法规，加大对环境污染的防治力度，促进环境生态根本好转，为天津市的碧水蓝天助力。推进民生和社会领域的立法，天津市地方立法正在计划研究制定或修改学前教育、城市道路管理、安全生产等法规，改善民生，建设幸福天津宜居城市。

3．为推进滨海新区和中国（天津）自由贸易试验区建设而开展地方立法

天津市滨海新区是天津市下辖的副省级区、国家级新区和国家综合配套改革试验区，是中国北方对外开放的门户、高水平的现代制造业和研发转化基地、北方国际航运中心和国际物流中心、宜居生态型新城区，被誉为“中国经济的第三增长极”。推进天津滨海新区开发开放，是党中央、国务院从我国经济社会发展全局出发作出的重大战略部署。2006年5月，国务院《关于推进天津滨海新区开发开放有关问题的意见》批准滨海新区为全国综合配套改革试验区。国务院《关于天津滨海新区综合配套改革试验总体方案的批复》要求，滨海新区应该率先建成完善的社会主义市场经济体制，推动新区不断提高综合实力、创新能力、服务能力和国际竞争力，使新区在带动天津发展、推进京津冀和环渤海区域经济振兴、促进东中西互动和全国经济协调发展中发挥更大的作用，为全国发展改革提供经验和示范。为了保障滨海新区的开发建设，加快滨海新区经济发展，天津市人大常委会于2002年制定《天津滨海新区条例》，经过多年的建设，天津滨海新区开发开放已经发展到更高水平和层级，天津市人大常委会正在抓紧新的《天津滨海新区条例（草案）》的修改和完善，争取尽快审议通过。

中国（天津）自由贸易试验区是中国政府设立在天津的区域性自由贸易园区，属中国现有四个自由贸易区试验区之一。该试验区于2014年12月经国务院正式批准设立，其中包括天津港片区、天津机场片区和滨海新区中心商务片区。在天津自由贸易园区，以我国最

早设立的上海自贸试验区试点内容为主体，结合地方特点充实新的试点内容。为了依法推进自贸区建设，天津市人大常委会已经出台了《天津市人民代表大会常务委员会关于在中国（天津）自由贸易试验园区暂时调整实施本市有关地方性法规规定的决定》，随着天津自贸区建设的深入推进，服务于自贸区建设的天津地方性法规、规章将会陆续出台。

4．为推动京津冀协同发展而开展地方立法

2014年2月，习近平总书记在北京主持召开座谈会讲话强调，从加强顶层设计、加大对协同发展的推动、加快推进产业对接协作、调整优化城市布局和空间结构、扩大环境容量生态空间、构建现代化交通网络系统、加快推进市场一体化进程等七个方面着手，大力推进京津冀协同发展，标志着京津冀协同发展正式上升为重大国家战略。随着京津冀协同发展的国家战略的确立，天津市地方立法再也不能只考虑天津市自己一家的利益，还要照顾到北京和河北等邻居的利益。在推动京津冀协同发展中，加强地方立法的协同与合作至关重要，不利于京津冀一体化发展的地方性法规、规章要及时废止和修改，同时还要紧密结合京津冀协同发展的需要，抓紧出台一批新的地方性法规和规章，为推进京津冀一体化发展而立法。天津市不仅要通过自己的地方立法推进京津冀协同发展，而且还要加强与北京市、河北省地方立法工作的对接合作，协同立法，从法治上推进京津冀协同发展的进程。

5．进一步完善科学立法、民主立法工作机制

尽管天津市地方立法都是在坚持科学立法、民主立法的原则下进行的，但科学立法、民主立法永无止境，天津市地方立法的科学立法、民主立法的工作机制仍然存在需要进一步完善的地方。天津市地方立法将继续优化健全起草、论证、协调、审议机制，建立完善法规、规章表决前和实施后评估、重要条款单独表决、立法情况说明会、基层立法联系点、人大代表分专题参加立法工作等制度，从体制机制和程序上保证立法质量。要充分发挥人大立法主导作用，加强统筹协调，逐步提高人大自主起草、牵头起草、联合起草法规草案的比重，防止部门利益法制化倾向。要充分发挥人民代表大会的立法职能，实现大会立法的常态化。加强统一审议，把握立法节奏，采取常委会分组审议等形式，切实提高审议质量。坚持把法制宣传教育与法治实践紧密结合起来，通过多种方式，推动地方性法规、规章的有效实施。天津市地方立法还需进一步改进立法方式方法，加强立法调研，强化项目论证，更好地协调利益关系，推进立法精细化，增强法规、规章的可操作性和有效性。坚持民主立法，积极拓展和进一步完善公众有序参与立法工作的途径和机制，充分发挥人大代表、政协委员、专家学者、法律工作者和人民群众的作用，就地方性法规、规章的可行性、出台时机、实施后社会效果以及实施中可能出现的问题，广泛听取意见，充分协商、审慎决策，确保每一项法规、规章立得住、行得通，务实、简便、管用。坚持把党的群众路线贯穿立法工作全过程，加强立法调查研究，着眼于解决现实突出问题，深入实际、深入基层、深入群众，增强制度设计的针对性、实用性和操作性。要不断提高立法技术水平，使地方性法规草案和政府规章草案布局详略得当、结构合理、逻辑严密、条理清楚、表述准确，努力避免与上位法重复。

第四章　河北省2014年度立法发展报告

周新军　叶昌富[①]

摘　要：2014年，河北省委高度重视和全力部署人大立法工作。针对人大工作专门作出《关于进一步改进和加强人大工作的决定》，河北省人大常委会贯彻落实河北省委的战略部署，制定《关于河北省重大发展战略法制化的决定》，在全国率先完成重大发展战略法制化的立法。河北省各个地方立法主体紧紧围绕生态环保、绿色经济、改善民生、文化教育、依法行政、法治政府等领域，为河北省的社会进步、经济发展，建设美丽河北，实现绿色崛起提供法制保障。

关键词：河北省　地方立法　发展报告

一、河北省2014年度立法发展状况

（一）河北省2014年度立法状况总体评述

河北省地方立法省级立法主体为省人大及其常委会、省人民政府，地级市立法主体有石家庄市、唐山市、邯郸市，民族自治地方立法主体有围场满族蒙古族自治县、丰宁满族自治县、宽城满族自治县、孟村回族自治县、大厂回族自治县、青龙满族自治县等。

2014年，河北省委高度重视地方立法工作，特别作出《关于进一步改进和加强人大工作的决定》，明确要求加强党对地方立法工作的领导，进一步加强和改进地方立法工作。在河北省委的领导下，河北省各级地方立法主体认真贯彻落实十八届三中、四中全会精神，高举中国特色社会主义伟大旗帜，以邓小平理论、“三个代表”重要思想、科学发展观为指导，深入贯彻习近平总书记系列重要讲话精神，紧紧围绕河北省委和政府工作的重点、经济社会发展的难点和人民群众关注的热点，按照全面深化改革、建设法治政府的新要求，加强重点领域立法，增强立法的针对性、及时性和实效性，着力提高立法质量，充分发挥立法对全面深化改革的引领、推动和保障作用。河北省人大常委会通过《关于河北

①周新军，广东外语外贸大学教授，硕士生导师。研究方向：国际经济法、地方立法。叶昌富，广东外语外贸大学副教授，硕士生导师。研究方向：中国法制史、地方立法。

省重大发展战略法制化的决定》，在全国率先完成重大发展战略法制化的立法。

为了加强生态环保、发展绿色经济，河北省地方立法制定了《河北省环境保护公众参与条例》《河北省地下水管理条例》《河北省达标排污许可管理办法（试行）》《河北省用能和排污计量监督管理办法》《河北省水功能区管理规定》等法规规章。

为了加强经济立法，促进经济发展，改善民生，河北省地方立法制定了《河北省农民合作社条例》《河北省电力条例》《河北省老年人优待办法》《河北省铁路安全管理规定》等法规规章。

为了推进依法行政，规范政府的行政管理，建设法治政府，河北省地方立法制定了《河北省行政许可条例》《河北省行政许可目录管理办法》《河北省行政机关行政应诉办法》等法规规章。

为了促进文化教育的发展，保护非物质文化遗产，河北省地方立法制定《河北省非物质文化遗产条例》《河北省终身教育促进条例》等法规规章。

总体而言，2014年度河北省地方立法为河北省的社会进步、经济发展、生态环境保护，建设美丽河北，实现绿色崛起提供了强大的法制保障。

（二）河北省2014年度地方性法规发展状况

2014年，河北省人大及其常委会发挥立法服务社会、推动改革的功能，在科学立法、民主立法精神的指引下，河北省人大常委会坚持立法决策与改革决策相衔接，与形势发展相适应，与群众关切相呼应，着力增强地方性法规的针对性、可操作性。全年制定法规11件、修订2件，批准较大市和自治县法规9件，备案审查规范性文件12件，清理废止7件，“打包”修改11件。

河北省人大常委会2014年制定的地方性法规主要有：《河北省终身教育促进条例》《河北省电力条例》《河北省非物质文化遗产条例》《河北省行政许可条例》《河北省农民合作社条例》《河北省人民代表大会常务委员会关于省重大发展战略法制化的决定》《河北省环境保护公众参与条例》《河北省地下水管理条例》《河北省实施〈中华人民共和国水土保持法〉办法》《河北省人民代表大会常务委员会关于地方性法规设定行政处罚的若干规定》等。河北省人大常委会2014年修订的地方性法规主要有：《河北省人口与计划生育条例》《河北省风景名胜区管理条例》《河北省奖励和保护见义勇为条例》《河北省计量监督管理条例》《河北省地方铁路条例》《河北省科学技术进步条例》《河北省新闻工作管理条例》《河北省实施〈中华人民共和国森林法〉办法》《河北省土地管理条例》《河北省基本农田保护条例》《河北省封山育林条例》《河北省水污染防治条例》《河北省邮政条例》《河北省实施〈中华人民共和国文物保护法〉办法》等。河北省人大常委会决定废止的地方性法规主要是：《河北省经济信息市场管理条例》《河北省科学技术社会团体条例》《河北省乡镇财政管理条例》《河北省支持和鼓励个体工商户私营企业发展条例》《河北省酒类商品监督管理条例》《河北省个体工商户条例》《河北省人民代表大会常务委员会关于禁止以不正当价格行为牟取暴利的决定》等。

河北省人大常委会2014年批准较大市和自治县法规主要有：2014年3月，河北省十二届人大常委会第七次会议审议批准《邯郸市水网建设与保护条例》《邯郸市职业教育校企合作促进条例》。2014年5月，河北省十二届人大会常委会第八次会议审议批准《石家庄市城市排水管理条例（试行）》《邯郸市减少污染物排放条例》《邯郸市节约能源条例》《围场满族蒙古族自治县城镇市容和环境卫生条例》。

河北省具有立法权的地级市2014年制定、修改的地方性法规主要有：石家庄市人大常委会制定《石家庄市城市排水管理条例（试行）》《石家庄市城乡规划条例》《石家庄市教育设施规划管理条例》，唐山市人大常委会制定的《唐山市公路条例》《唐山市防震减灾管理条例》，邯郸市人大常委会制定的《邯郸市节约能源条例》《邯郸市水网建设与保护条例》《邯郸市减少污染物排放条例》《邯郸市职业教育校企合作促进条例》等，废止了《邯郸市归侨侨眷权益保护条例》。在河北省地级市的立法主体中，邯郸市人大常委会2014年度制定的地方性法规相对较多，表现出了地级市立法主体的立法主动性。

河北省民族自治地方2014年制定并得到批准的单行条例只有围场满族蒙古族自治县人大常委会制定的《围场满族蒙古族自治县城镇市容和环境卫生条例》。

（三）河北省2014年度地方政府规章发展状况

2014年河北省人民政府制定《河北省建筑工程造价管理办法》《河北省铁路安全管理规定》《河北省退役士兵安置办法》《河北省消防技术服务监督管理规定》《河北省优待老人办法》《河北省节能减排办法》《河北省社会科学普及规定》《河北省古树名木保护办法》《河北省口岸服务办法》《河北省达标排污许可管理办法（试行）》《河北省用能和排污计量监督管理办法》《河北省行政机关行政应诉办法》《河北省水功能区管理规定》《河北省行政许可目录管理办法》等14件政府规章。河北省人民政府2014年修改了《河北省人民政府关于加强城市市政公用设施建设的暂行规定》《河北省盐业管理实施办法》《河北省航道管理实施办法》《河北省矿产资源补偿费征收管理实施办法》《河北省总会计师管理实施办法》《河北省卫星电视广播地面接收设施管理办法》《河北省大中型水利水电工程水土保持办法》《河北省蓄滞洪区管理办法》《河北省无线电管理规定》《河北省电影发行放映管理办法》《河北省地震监测设施和地震观测环境保护办法》《河北省医疗机构管理实施办法》《河北省传统工艺美术保护办法》《河北省流动人口计划生育管理办法》《河北省中介服务收费管理暂行办法》《河北省罚没财物管理暂行办法》《河北省林木采伐管理办法》《河北省实施〈电力设施保护条例〉办法》《河北省木材经营加工运输管理办法》《河北省捐资助学办法》《河北省防雷减灾管理办法》《河北省河道采砂管理规定》《河北省实施〈军人抚恤优待条例〉办法》《河北省消防安全责任制实施办法》《河北省人工影响天气管理规定》《河北省水能资源开发利用管理规定》《河北省城市园林绿化管理办法》《河北省抗旱规定》《河北省餐厨废弃物管理办法》等32件省政府规章。其中《河北省实施〈军人抚恤优待条例〉办法》在2014年内作了二次修订。河北省人民政府2014年废止了《河北省减轻企业负担暂行规定》（已被新的省政府规章代替）、《河北省散装水泥管理办法》（已被新的地方性法规代替）、《河北省县乡公路管理规定》（已被新的法律法规代替）、《河北省农产品市场准入办法》（已被新的法律、法规代替）。

石家庄市人民政府2014年制定了《石家庄市测绘地理信息管理办法》《石家庄市暴雪大风寒潮大雾高温灾害防御办法》《石家庄市节约用水办法》《石家庄市公共资源交易监督管理办法（试行）》《石家庄市公共资源交易运行规则（试行）》《石家庄市国有企业财务预算等重大信息公开暂行办法》《石家庄市国有企业负责人经营投资责任追究暂行办法》等政府规章；唐山市人民政府制定《唐山市市区河道管理办法》；邯郸市人民政府制定的地方规章有《邯郸市居民卡管理办法》《邯郸市残疾人保障办法》《邯郸市物业管理办法》《邯郸市市政设施管理条例实施细则》等。

二、河北省2014年度地方立法的特色和亮点

（一）地方人大立法中的特色和亮点

2014年，河北省人大常委会特别重视地方立法与中央立法的衔接，注重把立法与深化改革结合起来，重视当前立法工作与长远立法工作的衔接，注重发挥立法对社会重大热点问题的引领和主动回应，地方立法取得了骄人的成绩。地方人大立法中的特色和亮点可以概括为：

1．河北省委高度重视和部署人大立法工作

2014年9月，河北省委《关于进一步改进和加强人大工作的决定》，明确要求加强党对立法工作的领导，进一步加强地方立法工作，充分发挥地方立法引领、推动和保障改革的作用。各级党委在领导全面深化改革的各项工作中，要善于把改革决策与立法决策结合起来，善于使党的主张经过法定程序转变为国家意志和人民的自觉行动。人大的立法工作要围绕中心、服务大局，接受党委的领导，服从党委的部署和安排，根据党委的中心工作进行立法。《河北省人大常委会关于省重大发展战略法制化的决定》的制定出台就是在河北省委的决策部署下完成的重大立法成果。

2．率先完成重大发展战略法制化的立法

2014年11月，河北省十二届人大常委会第十一次会议通过《河北省人大常委会关于省重大发展战略法制化的决定》，该决定首创性地以立法的形式将重大发展战略法制化。该决定共分四个方面十三项，主要包括河北省重大发展战略的界定、法制化程序、实施和变

更、实施情况的监督等内容。其中规定，河北省重大发展战略是省本级以实现本行政区域科学发展为目标，在一定时期内对本地经济社会发展方向、发展路径、发展重点和发展能力的重大选择及规划，主要包括在本省行政区域内经济、政治、文化、社会和生态文明建设中带有全局性、长远性的重大发展战略决策以及基础性、根本性的重要民生事项决策。河北省重大发展战略法制化，是指河北省人大及其常委会通过法定程序将省重大发展战略予以确认，并对贯彻执行情况实施监督检查。河北省重大发展战略经省人大及其常委会依法确认后，有关国家机关应当贯彻执行，非经法定程序，不得调整。省人民政府应当制订贯彻落实省重大发展战略的实施方案和具体措施，将执行情况纳入年度考核范围。上级机关及其有关部门应当检查、督促下级机关及其有关部门对省重大发展战略的正确实施。河北省重大发展战略因制定的依据、条件、客观情况发生重大变化等原因，确须修改或者部分调整的，应当经河北省人大或者常委会通过法定程序予以修改或者部分调整。河北省人大及其常委会应当建立省重大发展战略贯彻落实情况的监督检查制度，并依照法定形式，定期听取本级人民政府关于省重大发展战略实施情况的报告，可以采取执法检查、代表视察、质询、特定问题调查等多种监督方式，加强对省重大发展战略执行情况的监督检查。监督检查情况和处理结果应当向公众公开，接受公众监督。

3. 生态环保立法成果突出

近些年，河北省经济发展迅猛，但空气污染、地下水枯竭、环境恶化现象严重，生态环保的压力越来越突出。治理大气污染，保护水资源，加强生态修复成为河北省的重点工作领域，加强重点领域的立法随之成为河北省地方立法的工作重点。修改《河北省实施〈中华人民共和国水土保持法〉办法》，修订《河北省风景名胜区管理条例》《河北省环境保护公众参与条例》《河北省地下水管理条例》，制定《石家庄市城市排水管理条例（试行）》《邯郸市水网建设与保护条例》《邯郸市减少污染物排放条例》《邯郸市节约能源条例》《围场满族蒙古族自治县城镇市容和环境卫生条例》等都是河北省生态环保方面的重大立法成果，占据河北省2014年地方立法相当大的比重，成为一道亮丽的风景。其中，最为吸引眼球的是《河北省环境保护公众参与条例》，该条例是全国首部专门就环境保护公众参与作出规定的地方性法规。该条例规定参与环境保护的公众依法享有包括获取环境信息、对环境决策和行政许可及环境执法表达意见建议、对环境违法行为和环境保护中不依法履行职责的行为进行举报、寻求行政或者司法救济等权利。便于公众监督的信息公开是公众参与环境保护的前提和基础。重点排污单位环境信息强制公开，负有环境保护监管职责的部门应当依法公开环境信息，包括环境质量、环境监测、突发环境事件、重点排污单位和违法企业名单、生态环境保护目标完成情况的考核结果等。公众可以采取信函、传真和电子邮件等书面形式，向负有环境保护监督管理职责的部门申请提供政府环境信息。该条例还规定违反信息公开将按日处罚，重大环境影响项目召开听证会。首次对公益诉讼进行了具体探索，规定符合法定条件的社会组织对污染环境、破坏生态、损害社会公共利益的行为，向人民法院提起诉讼获取的赔偿、补偿资金，应当用于环境治理、生态恢复和诉讼救济等。为了便于公众集体参与环境保护，该条例鼓励发展环保组织。

《河北省地下水管理条例》是全国第一部专门针对地下水管理进行立法的法规，也是一部非常重要和突出的环境资源保护的重要法规。该条例共六章五十条，包括总则、利用与保护、节约与治理、监督管理、法律责任和附则六章，重点规范了五个方面的内容。一是首次在地方性法规中确立地下水水量和水位双控制制度。对地下水取用水总量或者地下水水位接近控制指标的行政区域，限制审批建设项目新增取用地下水；对地下水取用水总量或者地下水水位已经达到或者超过控制指标的行政区域，暂停审批建设项目新增取用地下水。二是进一步完善规划水资源论证制度。县级以上人民政府制定国民经济和社会发展规划，应当充分考虑当地水资源条件，保障经济社会发展和水资源承载能力相适应。政府及其有关部门编制城市总体规划、工业园区规划以及重大建设项目布局，应当组织开展规划水资源论证。三是针对地热水、水源热泵无序开采，缺乏有效规范手段的现状，规定开采矿泉水、地热水和建设地下水源热泵系统的单位或者个人应当进行建设项目水资源论证，还应当凭取水许可证向地质矿产行政主管部门办理采矿许可证。四是为从源头控制非法开凿取水井现象，对凿井施工单位也作出了相应规范。五是强化政府对饮用水水源地的管理职责。规定设区的市、省直管县（市）人民政府应当组织编制地下水饮用水水源保护区划定方案，经省人民政府批准后划定，并在地下水饮用水水源保护区的边界设立明确的地理界标和明显的警示标志。该条例还就鼓励有限使用再生水等非常规水、健全地下水监测体系制度、京津冀协同管理地下水、强化诚信体系建设在地下水管理中的作用等内容进行了明确。

4. 重视文化教育立法

河北省2014年地方立法中文化教育方面的法规有：《河北省非物质文化遗产条例》《河北省终身教育促进条例》《石家庄市教育设施规划管理条例》《邯郸市职业教育校企合作促进条例》。为了加强非物质文化遗产保护、保存工作，继承和弘扬本省优秀传统文化，根据《中华人民共和国非物质文化遗产法》等法律法规的规定，制定《河北省非物质文化遗产条例》。为健全终身教育体系，建设学习型社会，满足公民终身学习需求，促进人的全面发展，根据《中华人民共和国教育法》及其他有关法律法规而制定《河北省终身教育促进条例》。为加强教育设施规划建设管理，保证教育设施规划建设与社会发展、人口增长相适应，促进全市教育事业优先、均衡发展，根据《中华人民共和国教育法》《中华人民共和国城乡规划法》等有关法律、法规，制定《石家庄市教育设施规划管理条例》。这几部地方性法规都有利于促进河北省文化教育事业的健康发展和非物质文化的保护传承。

5. 规范政府的行政许可，促进依法行政

为了规范行政许可的设定、实施和监督，保护公民、法人和其他组织的合法权益，强化权力运行制约和监督体系，根据《中华人民共和国行政许可法》等有关法律、行政法规，制定《河北省行政许可条例》。河北省是继广东省之后全国第二个出台类似地方性法规的省份，《河北省行政许可条例》的通过，对解决河北省行政审批存在的设定主体混乱、项目繁杂、多头审批、自由裁量权过大、权责不一致等问题有很大的意义，标志着河北省在构建权力运行制约和监督法制体系的进程中又迈出重要一步。该条例规定，设定行政许可应当坚持有利于发挥市场在资源配置中的决定性作用和更好发挥政府作用的原则。为了配合《河北省行政许可条例》的实施，加强行政许可目录管理，促进依法行政，维护公民、法人和其他组织的合法权益，河北省人民政府相应制定《河北省行政许可目录管理办法》。

6. 加强经济立法，促进经济发展

为了支持、引导农民合作社的发展，规范农民合作社的组织和行为，保护农民合作社及其成员的合法权益，促进农业和农村经济发展，根据《中华人民共和国农民专业合作社法》《中华人民共和国农村土地承包法》等法律法规的规定，制定《河北省农民合作社条例》。该条例“农民合作社”的概念比“农民专业合作社”的适用范围更广，是一个创新。《河北省农民合作社条例》明确规定了多种扶持农民合作社发展的相关举措。鉴于目前农民合作社违规操作非法吸储放贷的现象，《河北省农民合作社条例》回应社会热点问题，规定了农民合作社可以依照国家有关规定在本社成员内部开展信用合作，不得改变信用合作资金的农业生产经营用途，不得吸收存款、发放贷款的内容。

为了维护供电、用电秩序以及社会公共安全和公共利益，保障电力用户和电力企业合法权益，促进经济社会发展，根据《中华人民共和国电力法》等有关法律、行政法规的规定，河北省制定《河北省电力条例》。该条例明确规定保障电力用户合法权益，在电力用户权益保障方面，明确要求供电企业应当履行普遍服务义务，禁止物业服务企业以收取物业费、热费、水费等其他费用作为供电的前置条件，明确电力用户享有优质用电、明白消费的权利，对供电企业中断供电有异议的，可以向县级以上人民政府电力行政管理部门投诉等。

（二）地方政府立法中的特色和亮点

1. 规范政府的行政管理，着力推进法治政府建设

2014年，河北省在全国率先制定《河北省行政许可目录管理办法》和《河北省行政机关行政应诉办法》，分别用于对政府的行政许可实行权力清单管理，规范政府部门应对行政相对人提起的行政诉讼。为加强行政许可目录管理，促进依法行政，维护公民、法人和其他组织的合法权益，根据《中华人民共和国行政许可法》和《河北省行政许可条例》等法律法规的规定，制定《河北省行政许可目录管理办法》。《河北省行政许可目录管理办法》将《河北省行政许可条例》要求建立的行政许可目录管理制度落实到政府的实操之

中，把行政许可的事项列入目录中，未纳入目录的不得实施行政许可。2014年10月，按照《河北省人民政府办公厅关于做好国务院取消调整行政审批事项和省政府部门2014年第二批取消下放行政审批事项衔接落实工作的通知》进行动态调整后，河北省政府部门保留实施的行政审批事项共计688项，省政府部门2001年至2014年，共取消行政审批事项近1700项，下放行政审批事项410项。今后，没有纳入《河北省政府部门行政审批事项汇总清单》的事项，市民可以不用再办理审批。

为了适应《行政诉讼法》修改的新要求、新规定，规范行政机关行政应诉行为，提高行政应诉水平，促进依法行政，根据《行政诉讼法》《行政复议法》和《行政复议法实施条例》等法律法规的规定，制定《河北省行政机关行政应诉办法》。该办法明确规定，按照"谁承办被诉行政行为、谁负责行政应诉"的原则，政府法制工作机构主要办理对行政复议决定不服形成的诉讼案件，其他案件由承办被诉行政行为的行政机关或者机构办理。发生重大行政诉讼案件，被诉行政机关的负责人必须出庭应诉。行政机关可以委托一至两名机关工作人员作为诉讼代理人参加诉讼。《河北省行政机关行政应诉办法》的出台，将从制度上杜绝行政机关缺席不出庭应诉行政诉讼的现象。

2. 保护生态环境，发展绿色经济

为实施排污许可制度，促进污染源达标排放，保护和改善环境，根据《中华人民共和国环境保护法》等法律法规的规定，制定《河北省达标排污许可管理办法（试行）》。该办法要求排污单位必须取得排污许可证并按照许可证的要求排放污染物，未取得许可证的不得排放污染物。必须取得排污许可证的单位包括排放大气污染物的（不含机动车、铁路机车、船舶、航空器等移动污染源排放大气污染物），排放工业废水、医疗污水和餐饮污水的，集中处理生活污水、工业废水的，从事畜禽养殖达到省政府确定规模标准的单位，申领排污许可证的重要条件之一是污染物排放达到国家、本省有关标准，化学需氧量、氨氮、二氧化硫、氮氧化物等重点污染物排放符合总量控制指标的要求。

为了规范用能和排污计量行为，保证计量数据真实准确，促进节能减排，根据《中华人民共和国计量法》和《河北省计量监督管理条例》等法律法规，制定《河北省用能和排污计量监督管理办法》，将用能和排污用计量的方法纳入政府的监督管理。该办法要求，重点用能和重点排污单位加强计量基础设施建设，合理配置计量器具，在新建、改建、扩建项目时应当将用能、排污计量基础设施与其他基础设施同时设计、同时施工、同时投入使用。重点用能单位将用能计量数据接入质量技术监督主管部门在线监测平台，重点排污单位将污染物自动监测数据接入环境保护主管部门在线监控平台，实现用能计量和污染物自动监测数据在线采集。

为加强水功能区管理，合理开发利用和有效保护水资源，推进水生态文明建设，根据《中华人民共和国水法》和《中华人民共和国水污染防治法》等有关法律法规的规定，制定《河北省水功能区管理规定》。该规定旨在加强水功能区管理，合理开发利用和有效保护水资源，推进水生态文明建设。规定水功能区划经批准后不得擅自调整，饮用水源区内禁止新建、扩建与供水设施和保护水源无关的建设项目。

河北省境内古树名木较多，古树名木也是生态环境的组成部分，为加强对古树名木的保护，促进生态文明建设，根据《中华人民共和国森林法》和《城市绿化条例》等法律法规的规定，制定《河北省古树名木保护办法》。古树名木是大自然和祖先留给我们的宝贵财富，是重要的物种资源、景观资源和生态资源，承载着传统文化，记载着历史变迁。保护好古树名木对弘扬传统文化、促进生态文明建设、开展科学研究、普及科学知识，具有十分重要的意义。专门制定一部古树名木保护的政府规章，推动古树名木保护管理工作走上了法制化道路。

3. 注重公共安全，保障和改善民生

为加强铁路安全管理，保障铁路运输安全和畅通，保护人民群众人身安全和财产安全，根据国务院《铁路安全管理条例》的有关规定，制定《河北省铁路安全管理规定》。《河北省铁路安全管理规定》是继国务院《铁路安全管理条例》公布实施以来，全国第一个出台的地方政府规章，除对国务院《铁路安全管理条例》中的内容进行细化外，还根据铁路发展与河北省实际情况新增一些规定，进一步明确和细化了河北省地方各级人民政府在铁路安全工作方面的职能和职责，并对广大民众关心、关注的铁路工程建设等相关事项作出了细化规定，对依法确保铁路安全具有十分重要的现实意义和指导意义。

河北省曾以规范性文件形式下发《河北省老年人优待办法》。2014年出台的新《河北省老年人优待办法》是以省政府令颁布的政府规章，其约束力、权威性更强，涉及的优待幅度更宽，惠及的范围更广，对老年人医、食、住、用、行、娱等方面都作出了比较具体的规定。该办法规定：设区市、县（市、区）按照国家和省有关规定，并根据本地实际，对80周岁以上老年人发放高龄津贴，百岁以上老年人的高龄津贴每人每月不少于300元；70周岁以上老年人乘坐城市公共交通车辆应当给予免费优待，博物馆、美术馆、科技馆等公共文化设施，免费向老年人开放。

为规范退役士兵安置工作，保障退役士兵合法权益，根据《中华人民共和国兵役法》和《退役士兵安置条例》等有关法律法规的规定，制定《河北省退役士兵安置办法》。规定建立健全以扶持就业为主，自主就业、安排工作、退休、供养等多种方式相结合的退役士兵安置制度，并及时协调解决退役士兵安置工作中的重大问题，妥善安置退役士兵。县级以上人民政府应当将退役士兵自主就业一次性经济补助、自主就业退役士兵职业教育和技能培训、符合安排工作条件的退役士兵待安排工作期间的生活补助、城镇退役士兵自谋职业一次性经济补助等安置工作所需经费列入财政预算，并及时、足额拨付。

邯郸市人民政府为了维护残疾人的合法权益，保障残疾人平等充分地参与社会生活，共享社会物质文化成果，根据《中华人民共和国残疾人保障法》《河北省实施〈中华人民共和国残疾人保障法〉办法》《河北省扶助残疾人规定》等有关法律法规和规章，制定

《邯郸市残疾人保障办法》，对残疾人的医疗康复、教育、就业、社保等方面的权益作了具体规定。建立完善残疾人康复救助制度。对贫困残疾人（贫困残疾人，指纳入城乡最低生活保障范围的残疾人）康复训练、辅助器具适配等给予补贴，对六周岁以下残疾儿童免费提供抢救性康复。根据需要在普通学校附设特殊教育班，或者以随班就读的方式对残疾适龄儿童、少年实施义务教育。国家机关、企业事业单位、社会团体、民办非企业单位应当按照不低于在职职工总人数1.5%的比例安排残疾人就业，并为其提供适当的工种和岗位。对无劳动能力，无生活来源，无法定赡养、抚养、扶养义务人或者法定赡养、抚养、扶养义务人不具有赡养、抚养、扶养能力的残疾人，应当分别纳入城乡居民最低生活保障、农村五保供养或者集中供养。对靠父母或者其他亲属供养的成年精神、智力和其他重度残疾人，经本人或者其供养人申请应当单独纳入城乡居民最低生活保障范围。

三、河北省2014年度地方立法的不足与未来展望

（一）河北省2014年度地方立法的不足

1．地方立法中行政主导现象比较严重

综观河北省市政府法制办的立法计划和工作总结，不难发现一个明显现象：法制办自己主持或者委托政府部门调研、起草地方性法规、规章的草案。政府部门或机构主持起草地方性法规，就意味着地方性法规立不立、立什么、怎样立，基本上由政府说了算，人大只是审议、表决通过而已。虽然有一些地方性法规是人大提出立法意向并组织起草审议的，但不足以改变行政主导立法的格局，大量的地方性法规仍然由政府行政部门提出立法意向、主持起草法规草案。政府行政部门主导立法势必引发部门利益法律化的倾向。由于立法资源多集中于政府，绝大部分的法规草案由政府部门起草，一些政府部门对于立法项目有利则争，无利则推，不利则阻，他利则拖，分利则顶，提出的法规草案部门利益色彩浓厚。

2．立法体例和内容上抄袭重复国家法律法规的问题比较突出

地方立法在体例和内容上重复国家法、上位法的情况在我国比较普遍存在，河北省也存在这种现象。小法抄大法，形成中央、省、地市“三世同堂”“四世同堂”现象，缺乏地方特色，缺少创新内容。重复立法、简单抄袭，必然造成立法资源的浪费，影响立法机关的权威和形象。

3．地方人大与地方政府之间的立法权限不够清晰

从理论上看，地方人大制定地方性法规，地方政府制定地方规章，地方人大与地方政府之间的立法权限已经划分清晰，而且《立法法》对此也有明确的规定，但是实务中地方人大与地方政府之间的立法权限并非有如理论上那么简单、清晰。对相关立法事项，该制定地方性规定的却只是制定政府规章，该制定政府规章的却制定成地方性法规。当行政

主导地方立法时，在政府的强势推动作用下，相关立法事项到底应该归属地方性法规还是政府规章，就更难以区分界限了。地方人大与地方政府之间的立法权限应该回归问题的本源，按照职权分工，人大是立法机关，政府是执行机关，应该树立人大的权威，人大制定地方性法规，政府制定地方规章落实执行地方性法规。

4．地方环境法规施行的效果不够理想

近些年，河北省一直都是我国自然环境恶化比较严重的省份，河北省地方立法也制定了相当多的环境保护和防治的地方性法规和政府规章，但这些地方性法规和政府规章施行的效果不够理想，河北省的环境污染情况依然比较严重，甚至波及到京津地区。造成河北省环境保护和防治成绩不佳的原因是多方面的，就法制方面的原因主要有三点：一是立法有缺失，就现有的立法情况来看，环境保护的法规规章已经相当多，即使有部分缺失，也不是至关重要的；二是立法的操作性不强，处罚的力度不够严；三是所立之法没有得到严格执行，有法不依，执法不严。依我们的判断，后两个原因是最根本的，我们认为河北省的环境法规规章还应该在可操作性上多下功夫，加大违法行为的处罚力度，行动上真正做到有法必依、严于执法，不能拿法规规章当装饰品。法既贵立也更贵行。

（二）河北省地方立法的未来展望

1．继续围绕党委的重大决策部署开展立法工作

河北省委《关于进一步改进和加强人大工作的决定》充分体现了河北省委对人大工作的高度重视，奠定了河北省人大立法工作的政治方向，加强了党委对人大立法工作的领导和部署。《河北省人大常委会关于省重大发展战略法制化的决定》出台后，河北省委关于河北省发展的重大决策部署将会更加及时地实现河北省重大发展战略的法制化。随着河北省重大发展战略的法制化不断实现，河北省地方立法工作与党委的中心工作和重大决策部署的关联程度将会更加紧密联系在一起，在地方立法工作中，切实把坚持党的领导贯彻落到实处。

2．继续努力为河北绿色崛起搞好立法保障

实现绿色崛起，是河北的必然选择，是人民群众的强烈期盼。河北省地方立法虽然为河北省的环境保护、绿色发展做了不少的工作，制定出台了相当多的地方法规和规章，但河北省的环境污染现象依然比较严重，特别是大气污染情况，是全国大气污染最严重的省份，甚至影响到周边省市和地区。在环境、市场、政策的倒逼下，河北省必须进一步加强环境保护，节能减排，压减过剩产能、调整产业结构，实行绿色发展和崛起。河北省要实现绿色发展和崛起的目标，既需要各级党委、政府大力度地往前推，又需要广大干部群众一股劲地拼命干，也需要从法治上提供有力保障、创造良好环境。河北省地方立法工作，就是围绕绿色崛起搞好服务，为实现绿色崛起而立法。比如，推动产业结构调整，过去许多时候是依靠行政推动，这样做虽然有一定效果，但从长远看，还是法治手段更稳固、更

可靠、更具权威性，也容易为市场主体所接受，真正把构建绿色、循环、低碳的现代产业体系纳入法治轨道。

3．继续为深化改革提供立法保障

我国的改革已经进入到全面深化改革的发展阶段，当前的改革不同于以往的改革。以往的改革，是摸着石头过河，很多时候是不得不先改革后立法。当前的改革，坚持顶层设计与摸着石头过河相结合，强调重大改革都要于法有据，确保在法治的轨道上推进改革。依法推进改革的要求，实际上把人大的立法工作也推向了改革的第一线，赋予了人大在全面深化改革中更多更大的责任。为深化改革提供立法保障，必须处理好改革决策和立法决策的关系，把深化改革与完善立法有机结合起来。各级党委、政府研究部署改革方案、出台新改革措施，都要一并考虑涉及的立法工作。改革必然涉及利益调整，包括调整不合理的权力格局和部门利益。因此，在制定改革方面的法规时，既要发挥相关部门的作用，也要克服部门利益的影响，不能让法规带有那么多的部门色彩。为了推动和促进河北省的深化改革工作，河北省地方立法必须从河北发展的大局出发，从人民群众的根本利益出发，全面准确地反映人民群众的意志，使立法更好地引领改革、推动改革。

4．为推进京津冀一体化发展而立法

以往河北省的地方立法大多只是考虑河北省本省的地方利益，为河北省的自我发展而立法。随着京津冀协同发展的国家战略的确立，河北省的地方立法不再只考虑河北省一省的利益，还要顾及京津地区的利益，在推动京津冀协同发展中，加强地方立法的协同与合作至关重要，不利于京津冀一体化发展的地方性法规和规章要及时废止和修改，同时还要紧密结合京津冀协同发展的需要，抓紧出台一批新的地方性法规和规章，为推进京津冀一体化发展而立法。通过地方立法，河北省应该努力为推进京津冀一体化发展做出更大的贡献。

5．根据问题导向推进立法，着力增强法规的实效性

提高立法质量，必须强化问题导向。找准了问题，就等于成功了一半。一些地方性法规规章，之所以影响力不大、约束力不强，主要原因就在于缺乏针对性，与现实生活和群众关注点结合得不紧。地方立法既要研究法律专门问题，更要研究实际问题，只有把两方面结合好，才能确保地方立法目标准、质量高。同时，要健全地方立法起草、论证、协调、审议机制，使立法工作严格依法按程序进行，实现程序民主和实质民主的有机统一。要树立为人民立法、靠人民立法的理念，始终把人民群众的根本利益作为工作的出发点和落脚点，使立法成果充分反映群众的意愿，充分体现人民的要求。要扩大群众对立法工作的有序参与，认真吸纳各方面群众的立法意见。地方立法虽然任务很重，但仍然需要强调加强科学立法、民主立法，着力增强法规的实效性。

第五章　山西省2014年度立法发展报告

黄丽萍[①]

摘　要：山西省人大和政府在科学立法、民主立法精神指引下，发挥立法服务社会、推动改革的功能，在2014年制定、修订和废止了一系列地方法规和规章，推动了山西省社会经济发展。山西省的地方立法具有针对性和有效性，回应了社会重大热点问题，注重听取群众意见，立法质量较高。同时也存在地方立法行政主导明显、创制性立法不足等问题，期待在今后立法中加强科学规划，完善立法程序，增强创制性立法，进一步提高立法质量。

关键词：山西省　立法发展报告　未来展望

一、山西省2014年度立法发展状况

（一）山西省2014年度立法状况总体评述

山西省共有省人大、省政府两个省级立法主体，及太原市、大同市两个地级市立法主体。

2014年，在科学立法、民主立法精神的指引下，山西省人大及其常委会发挥立法服务社会、推动改革的功能，先后制定了《山西省土地整治条例》《山西省电力设施保护条例》《山西省建设工程抗震设防条例》《山西省企业工资集体协商条例》4件地方性法规，修改《山西省专利实施和保护条例》《山西省人口和计划生育条例》2件地方性法规，集中修改了《山西省职工劳动权益保障条例》等11件地方性法规，其中涉及社会方面的立法10件，经济方面的立法5件，行政方面的立法2件。废止《山西省行政事业性收费管理条例》等8件地方性法规。同时还起草了《山西省城镇住房保障条例（草案）》《山西省城市公共客运条例（修订草案）》等地方性法规6件。

山西省人民政府共制定了《山西省政府信息公开规定》《山西省政府投资项目竣工验

①黄丽萍，法学博士，广东外语外贸大学法学院教授，硕士生导师。研究方向：地方立法、民商法。

收办法》《山西省专职消防队伍建设管理办法》《山西省涉案财物价格鉴证办法》4件政府规章，这些规章的制定引起了社会的较大关注和反响。

太原市人大常委会制定和修改了5件地方性法规，一次性“打包”废止了10件地方性法规。大同市人大常委会制定了《大同市气象设施和探测环境保护条例》，一次性“打包”修改了13件地方性法规，废止了《大同市献血条例》。

太原市人民政府2014年制定了《太原市电梯安全监督管理办法》《太原市行政复议规定》《太原市消防安全责任制实施办法》和《太原市扬尘污染防治管理办法》等4件规章。大同市人民政府2014年制定了《大同市流动人口服务管理办法》，修订了《大同市畜禽屠宰管理办法》，废止了《大同市城市基础设施配套费征收办法》等6件规章。

总的而言，2014年度山西省地方立法呈现出注重以地方立法形式巩固改革成果，重视经济发展与民生建设，积极制定新的法规并及时修订、废止原有的与形势发展不相适应的法规的总体状况。

（二）山西省2014年度地方性法规发展状况

在山西省人大立法方面，2014年度山西省人大常委会特别重视《山西省土地整治条例》的制定，该省是继贵州省之后，在全国第二个出台《土地整治条例》的省份。该条例从起草、评估到表决都下了很大功夫。从2013年列入立法计划，到2014年5月29日审议通过，条例起草小组先后赴省内外多地进行调研，召开了多种类型的座谈会、论证会。2014年4月28日，山西省人大法制委组织召开了条例（草案）表决前评估座谈会，这也是山西省人大法制委第一次对地方立法进行立法表决前评估。该条例内容带有明显的山西特色，例如明确规定“对农村集体建设用地复垦形成的新增耕地指标，优先用于农村发展和建设”，从法律层面上落实最严格耕地保护制度。又如该条例考虑到山西省矿产资源丰富的实际情况，特别规定任何人不得以土地整治的名义开采矿产资源。这既从法律层面上保护了有限的矿产资源，又打击了非法采矿，维护良好矿业秩序。此外，该条例在资金筹措和指标管理上也凸显山西特色，注重整合政府土地整治相关资金，提高资金综合使用效益，鼓励土地权利人自筹资金和其他民间资本参与土地整治，保障发展用地需求，明确市场机制，规定了新增耕地指标管理要求。

《山西省电力设施保护条例》是山西省人大2014年制定的又一部重要地方性法规。山西省全面贯彻由“输煤”向“输电与输煤并举”的能源发展战略，需要有利于改善电力设施建设和运行的法制环境，以有效解决电力设施保护中的诸多问题，因此迫切需要出台《山西省电力设施保护条例》，将全省电力设施保护工作纳入法制化、规范化轨道。该条例也凸显了山西特色：一是将风力、光伏发电设施和电力交易设施纳入保护范围，明确了特高压线路保护区的范围；二是明确了电力设施保护与矿产企业的关系；三是规定了电力突发事件应急处置的具体措施。

在地方性法规的制定上，太原市人大常委会制定了《太原市献血条例》《太原市法律援助条例》《太原市城市桥梁管理条例》《太原市发展新型墙体材料条例》、修改了《太原市森林防火条例》等5件地方性法规。其中《太原市献血条例》的制定引起了社会极大关注，民众期望以地方立法形式对无偿献血工作加以规范。该条例明确太原市实行无偿献血制度，并规定了献血者优先用血、献血后单位准予带薪休假、设立献血关爱公益性专项资金等具体措施，这些措施将有助于提升公众无偿献血的积极性，解决长期困扰医疗救治的献血量不足等问题。而《太原市森林防火条例》是自1990年制定该条例以来的第四次修订，此次修订对森林防火中的组织与保障、火灾的预防、火灾的扑救、法律责任等方面都作了新的规定，明确划定了森林防火区和森林防火重点区，并确定森林防火期、森林防火重点期和森林防火特险期，这些修改大大提升了该条例的操作性和针对性。此外，太原市人大常委会还废止了《太原市劳动就业管理条例》《太原市社会保险管理条例》《太原市汽车维修业管理条例》《太原市矿山企业安全生产监督管理办法》《太原市发展私营企业条例》《太原市查处传销和变相传销办法》《太原市体育经营活动管理办法》《太原市城市房屋权属登记办法》《太原市燃气管理条例》《太原市水土保护条例》等10件地方性法规，这些法规被废止的原因主要是可操作性不强、不适用现阶段太原市的实际情况等。

大同市人大常委会制定了《大同市气象设施和探测环境保护条例》，该条例标志着大同市气象设施及其探测环境保护工作进入依法管理的新阶段，该条例明确禁止侵占、损毁、擅自移动气象设施或者侵占气象设施用地等5类危害气象设施的行为，并规定了这些行为的法律责任，以及其他相应措施。此外，大同市人大常委会还修改了《大同市人民代表大会议事规则》《大同市人民代表大会常务委员会议事规则》《大同市人民代表大会常务委员会人事任免办法》《大同市人民代表大会常务委员会监督工作条例》《大同市农村公路养护管理条例》《大同市城乡规划条例》《大同市建筑安全生产监督管理条例》《大同市建筑节能条例》《大同市城市绿化条例》《大同市城市房地产交易管理条例》《大同市煤炭资源保护办法》《大同市建设项目预防性卫生监督管理办法》《大同市城市供热条例》等13件地方性法规，并废止了《大同市献血条例》。

（三）山西省2014年度地方政府规章发展状况

在省级政府规章制定方面，2014年山西省人民政府特别重视政府投资项目的竣工验收管理，提高建设质量和投资效益，制定出台了《山西省政府投资项目竣工验收管理办法》。该办法明确了政府投资项目的验收主体，规定了验收条件，并规范了验收程序，力争提高政府投资项目的建设质量和投资效益。《山西省政府信息公开规定》是2014年山西省政府制定的又一部重要规章，明确对自然灾害、事故灾难、公共卫生和社会安全等重大突发事件和社会关注的政府信息，行政机关应当及时公开初步核实情况，并根据事态发展和处置情况，持续公开工作进展和政府应对措施。除行政机关外，教育、医疗卫生、供水、供电、环保等与群众利益密切相关的公共企事业单位也纳入了该规定的调整范围。

太原市人民政府2014年制定了《太原市电梯安全监督管理办法》《太原市行政复议规定》《太原市消防安全责任制实施办法》和《太原市扬尘污染防治管理办法》等4件地方政府规章。《太原市电梯安全监督管理办法》明确了电梯的生产、使用、检测检验、监督管理及各方法律责任，以规范和约束电梯施工、维保和使用单位的行为，有效防止和减少电梯安全事故发生。尤其是针对实际问题，提出了应对办法，重在解决具体问题。《太原市消防安全责任制实施办法》从消防工作领导、消防规划编制、公共消防设施建设、消防经费投入、多种形式消防队伍建设、消防安全治理共八个方面，细化各级人民政府的消防安全工作职责。《太原市扬尘污染防治管理办法》细分责任部门管控污染，同时对建筑工地、市政工程、园林绿化、道路等有可能产生扬尘污染的领域，明确防尘规则。

大同市人民政府2014年制定了《大同市流动人口服务管理办法》，加强对流动人口的管理，规定年满16周岁拟在居住地居住30日以上的流动人口，应当在到达居住地10日内申报居住登记的同时，申领《山西省流动人口居住证》。居住证是流动人口在大同市行政区域内的居住证明及享受有关待遇和服务的凭证。

二、山西省2014年度地方立法的特色和亮点

2014年，山西省人大和政府特别重视地方立法与中央立法、中央方针及政策的衔接，注重把立法与深化改革结合起来，注重发挥立法对社会重大热点问题的引领和主动回应，重视当前立法工作与长远立法工作的衔接，重视现有立法工作和未来立法对立法人才需求培养的衔接。人大和政府立法中的特色和亮点具体表现为：

（一）人大立法中的特色和亮点

1. 注重地方立法的针对性和有效性

山西省人大坚持从本地的实际出发，遵循客观现实，切实以本地的政治和经济发展背景为归依，创制本地所需的地方性法律，立足解决中央立法不能解决且应当由地方立法解决的问题，尤其是本地政治经济发展中急待解决的问题。具体体现在：一方面充分发挥地方立法在法治山西建设和反腐败斗争中的治本作用，针对容易滋生腐败和权力寻租的重点领域和关键环节，通过地方立法和规范性文件备案审查，进一步明晰权力边界，规范政府与市场关系，织密、编紧、扎牢制度的笼子。另一方面根据山西省经济发展的现状，以提高本地经济实力和公民的生活水平和保障公民合法权益为基点创制有地方针对性的法律。例如针对山西省经济发展中急需解决的土地等问题，加强针对性立法，审议通过《土地整治条例》《电力设施保护条例》，修订《专利实施和保护条例》等，为推进全面深化改革提供有力支撑和保障。

2．注重对社会重大热点问题主动做出立法回应

山西省人大注重对社会重大热点问题的立法回应，例如，针对人民群众关心的生命财产安全问题，审议通过《建设工程抗震设防条例》，规范建设工程设防行为，提高建设工程抗御地震灾害能力，以保障人民群众的生命财产安全；针对人民群众关心的就业和劳动权益保护问题，审议通过《企业工资集体协商条例》，保障职工工资分配话语权，保证企业、职工利益共享，构建和谐劳动关系，以促进就业和劳动权益保护。此外还修改了《职工劳动权益保障条例》《农民工权益保护条例》，进一步规范和完善劳动争议处理、克扣拖欠工资处罚、女职工特别保护、劳动者安全保护共八个方面内容，有效维护职工合法权益。

3．重视地方立法的质量

把提高地方立法质量摆在突出位置，积极创新立法体制机制，加强对法规内容的廉政评估和审查，制定、修订的法规草案全部向社会公开征求意见，并开展立法表决前评估工作，以及委托第三方对法规进行立法后评估，建立立法咨询基地和由省内外法律专家学者组成立法咨询专家库，并委托起草法规草案，切实防止立法中的部门利益倾向。例如《山西省土地整治条例》的起草、评估、表决等方面山西省人大都下了很大功夫，条例起草小组先后赴山西省内多个市县以及贵州、湖北等已出台土地整治地方性法规和政府规章的省份进行调研，在起草过程中召开了多种类型的座谈会、论证会，并组织召开了条例（草案）表决前评估座谈会，这也是山西省人大法工委第一次对地方立法进行立法表决前评估。

（二）政府立法中的特色和亮点

1．科学确定政府行政立法规划

山西省行政立法工作紧紧围绕省委、省政府中心工作和人民群众关心的热点难点问题，围绕本省经济社会发展的实际需要选定立法项目，坚守经济发展和民生建设并重的思路，遵循经济发展和立法的规律，从本省经济发展阶段需求出发，充分把握立法时机，科学民主地编制省政府立法规划。

2．积极回应社会公众关注的热点重点问题

山西省政府把立法作为回应公众关注的热点重点问题的重要途径，使行政立法反映公民的意志，体现公民当家做主。例如，针对社会公众对政府信息知情的意愿日益提升，山西省政府制定《山西省政府信息公开规定》，规范政府信息公开工作，促进政府依法行政，并接受社会监督。该规定将教育、医疗卫生、供水、供电、环保等与群众利益密切相关的公共企事业单位也纳入了调整范围，使公众对与其利益相关的各种公共信息能够充分知情。

3．坚持开门立法，充分听取各方意见

公开省政府的立法规划和政府规章草案，保障公民对政府立法信息的知情权，并积

极收集各界对立法计划和草案的意见和建议，积极采纳合理的建议。坚持到基层开展实地调研，听取各方的诉求和建议。例如在《山西省突发事件应急预案管理办法》的修订过程中，专门到忻州召开座谈会，省政府相关部门领导与十一个地市的相关负责人进行面对面的座谈，集众智使《突发事件应急管理办法》更加符合新形势、新任务的要求，进而推动山西省应急管理工作迈上新的台阶。

三、山西省2014年度地方立法的不足与未来展望

（一）山西省2014年度地方立法的不足

山西省地方立法在2014年度尽管取得了不错的成绩，但仍然存在一些不足和差距。存在的不足主要有：

1. 立法中的行政主导现象比较普遍

地方立法实践中，多由政府及其部门负责完成起草工作，由政府主导的地方立法固然有其优势：熟悉部门业务、了解实际情况、经费充分等，但是在起草综合性法案时候，对所调整的社会关系往往缺乏周密的调查，对相关的其他法律法规的掌握不全面，因此所起草的法规草案存在针对性不强、法规之间冲突等现象。此外，由于地方性法规是地方政府部门行使管理职权的依据，单靠政府部门起草地方性法规草案，容易受到部门利益影响，地方政府部门往往通过地方立法这一途径来扩张本部门的行政职权，导致一些政府部门提出的法规草案部门利益色彩浓厚，不能严守法律的公正性，从而削弱了地方法规的权威性。

2. 立法体例上抄袭国家法的问题比较突出

地方立法在体例和内容上重复国家法、上位法的情况普遍存在，小法抄大法，形成“三世同堂”“四世同堂”，缺乏地方特色。但是如果不重复上位法的相关内容，往往又担心法规文本过于单薄。其实地方立法是中央立法的补充，决定了其“小而精”的特质，如果地方在立法过程中片面追求体例上的完整性，将本来可以简明扼要注明的事项弄成章、节、条、款、项样样具备的大篇幅法规，这样看似周全，其实充斥着操作性很难的原则性、口号性的规定，没有可操作性或是不具可行性的地方性法规立反而不如不立，因为这既浪费立法资源，也会导致本需要法律调整的社会关系在无操作性的法规掩盖下而被忽视。地方立法具有自己独立的立法空间，应当着眼于发挥地方立法对中央立法“查漏补缺”的作用，在坚持“不抵触”的前提下，以本地方的客观实际为出发点，将中央立法明细化、具体化，注重解决实际问题，不片面追求体例完整，将原来“大而全”“小而全”的立法模式改为“少而精、抓重点、求实效”的立法模式。

3. 科学立法、民主立法尚待进一步加强

实践中，地方法规的起草主体和方式比较单一，主要依靠地方政府部门起草，委托高

校和研究机构起草地方法规的方式还不普遍，少数地方邀请学术机构参与立法，实际运作情况也不够理想，专家起草的条款在最终通过的文本中所占比例不高，与专家学者合作起草法案的方式值得在今后的地方立法中更多地采用和完善。在立法程序方面也有进一步完善的空间，例如立法表决前评估工作还处于尝试阶段，在2014年的立法中只有《山西省土地整治条例》开展了立法表决前评估工作。立法表决前评估工作和委托第三方对法规进行立法后评估都有待在今后的立法工作中得到普遍采用。

4. 创制性的地方立法不足

山西省人大和政府的地方立法主要是针对国家法律法规进行对应的补充立法，创制性地方立法较为欠缺。地方人大和政府在没有对应上位法的情况下，从本地实际情况出发，在与国家法律、行政法规的基本精神和原则不相违背的情况下，创造性地提出解决问题之道是非常必要的。创制性法规应当是地方性法规的重要组成部分，地方人大和政府应当根据本地的政治经济社会发展情况和需要，在“哪些需要创制”和“创制什么”等方面进行一些有益尝试和积极探索，进而创制相应的法规，促进本地的经济和社会进步。

（二）山西省地方立法的未来展望

上述山西省地方立法存在的不足和差距须要在以后的工作中通过改变立法观念，完善立法规划和程序，最终提高立法质量和水平。

1. 坚持党的领导和立法为民，进一步调整完善立法规划和计划

要坚持党的领导、立法为民、与时俱进、突出特色、注重质量、引领推动的理念，加强人大常委会对立法工作的组织协调，发挥主导作用。坚持把立法与深化改革结合起来，主动回应社会重大热点问题，发挥立法对社会发展的引领作用。坚持根据改革发展的需要，积极关注民生，制定科学合理的立法规划，广泛听取民意，使地方立法过程成为汇集民意、凝聚共识的有效载体，坚持以法治思维和法治方式推动山西省地方立法的发展。据此，山西省人大规划了2015年的立法目标：立法项目19件，其中正式项目10件、预备项目9件。10件正式项目是，制定和修订实施水土保持法办法、城市公共客运管理条例、无线电管理条例、城镇住房保障条例、国有土地上房屋征收与补偿条例、女职工劳动保护条例、法律援助条例、备案审查条例、环境保护条例、监督司法工作办法等。

2. 充分发挥人大在地方立法中的主导作用，防止部门利益和地方保护主义法制化

省人大和有立法权的地级市人大要强化地方立法的组织工作，主导综合性、全局性、基础性的重要地方性法规草案的起草工作，改变过去交由地方政府部门全盘负责法规草案的起草工作，避免政府部门将部门利益凌驾于公共利益之上，偏离立法为民的宗旨，影响地方法规的公正性和权威性。在必要的情况下，应当实行“立法回避”制度，存在利害关系的政府部门或个人不能直接参与有关法规、规章草案的起草工作，交由无利害关系的第三方负责有关草案的起草工作，以更好地平衡各方利益。

3. 坚持地方立法的针对性和可操作性，凸显地方特色

地方立法要坚持从本地实际出发，立足本地社会经济发展中存在的突出问题，解决国家法律不能解决应由地方立法“查漏补缺”的问题，而不是抄袭、重复国家法、上位法的规定，应避免出现看似周全，实则无用的地方法规。无论是制定立法规划，还是具体的立法过程，都应深入地开展调研活动，充分掌握制定有关法规规章的必要性和可行性，对于专业性较强的法规，还应当充分征询有关专业领域的专家意见，在草案的评议和修改过程中还应听取法律专家的意见，以确保地方法规在具有鲜明的地方特色的同时，不与上位法冲突，避免越权立法。

4. 进一步完善立法程序，提高立法质量

从草案的起草、提出、审议、通过到颁布，整个的地方性法规立法程序都要增强社会各界的参与度，实现开门立法。草案的起草人员要多元化，吸收各方面专家学者和立法机构人员共同完成法规的起草，同时应深入基层、深入群众，广泛运用座谈会、论证会和听证会等形式，广泛听取社会各界的意见和建议，充分协商各方面的利益。还应加强立法表决前评估和立法后评估工作，使之成为立法过程中不可或缺的手段和程序，以有效控制立法质量。

5. 进一步调动立法积极性，加强创制性地方立法

地方人大和政府应当充分认识法律法规对改革发展的保驾护航作用，根据本地社会经济发展的需要，适时制定地方性法规规章，将立法资源转化为发展优势。尤其是要勇于创新，在没有对应的上位法规定的情况下，从本地实际需要出发，在与国家法、上位法不相抵触的前提下，大胆出台地方性法规规章，促进本地社会经济发展。

总之，山西省人大及政府坚持立法为民，与时俱进的理念，以不抵触、有特色、可操作的原则，通过地方性立法引领和推动山西省的改革和发展，有针对性地解决山西省社会经济发展中存在的实际问题，及时有效地回应社会热点重点问题，走出一条具有自身特色的地方立法之路。

第六章　内蒙古自治区2014年度立法发展报告

杨治坤[1]

摘　要：2014年，内蒙古自治区紧紧围绕全面落实“8337”发展思路，加强民生经济等领域立法彰显地方性，运用立法立项调研、立法后评估与执法检查等手段和建立人大代表双联系制度，夯实科学、民主立法基础。但也存在立法计划落实不到位、立法开放性不够和立法不均衡的问题，这是应当完善的方向，同时应进一步健全建立“一改一废”的动态立法机制。

关键词：内蒙古自治区　立法发展报告　地方特色

一、内蒙古自治区2014年度立法发展状况

（一）内蒙古自治区2014年度立法状况总体评述

内蒙古自治区共有自治区人大、自治区人民政府两个省级立法主体，有呼和浩特市、包头市两个地级市立法主体，有鄂伦春自治旗、鄂温克族自治旗、莫力达瓦达斡尔族自治旗三个民族自治地方立法主体。

2014年，内蒙古自治区人大及其常委会紧紧围绕“8337”发展思路，积极推动民主政治建设和法治内蒙古建设，按照围绕大局、强化职能、完善方式、增强实效的思路推进工作，制定了《内蒙古自治区动物防疫条例》《内蒙古自治区人民代表大会常务委员会询问和质询的规定》，修改了《内蒙古自治区人口与计划生育条例》《内蒙古自治区实施〈中华人民共和国招标投标法〉办法》《内蒙古自治区科学技术进步条例》共5件地方性法规，废止了1件地方性法规。先后就《内蒙古自治区民族教育条例》《内蒙古自治区非物质文化遗产条例》、全国人大常委会教科文卫委员会起草的《公共文化服务保障法（草案稿）》进行了立法调研和征求意见。

2014年，内蒙古自治区人民政府共制定、修改和废止政府规章共12件，其中制定的有

①杨治坤，法学博士，副研究员，广东外语外贸大学外国语言文学博士后科研流动站在站博士后研究人员。研究方向：行政法、地方立法。

《内蒙古自治区地名管理规定》《内蒙古自治区企业国有资产转让管理办法》《内蒙古自治区公共安全视频监控图像信息系统管理办法》《内蒙古自治区火灾高危单位消防安全管理规定》《内蒙古自治区民用机场管理办法》等，修改了《内蒙古自治区耕地占用税实施办法》，废止了《内蒙古自治区信用信息管理办法》《内蒙古自治区女职工劳动保护规定实施办法》、《内蒙古自治区劳动合同规定》等规章。

在自治区首府和较大市制定地方性法规上，呼和浩特市人大常委会制定了《呼和浩特市科学技术进步促进条例》，修改了《呼和浩特市城市房地产交易管理条例》；包头市人大常委会制定了《包头市气象灾害防御条例》《包头市志愿服务条例》《包头市老年人权益保障条例》3件地方性法规，集中修改了《包头市清真食品管理条例》等13件地方性法规，废止了《包头市城市房屋拆迁管理条例》。

在自治区首府和较大市政府规章制定上，呼和浩特市人民政府制定了《呼和浩特市肉类蔬菜流通追溯管理办法》《呼和浩特市市政消火栓管理办法》2件政府规章；没发现包头市人民政府制定新的规章。

在民族自治地方立法上，鄂伦春自治旗人大制定了《鄂伦春自治旗鄂伦春民族民间传统文化保护条例》，鄂温克族自治旗人大制定了《鄂温克族自治旗河道管理条例》，莫力达瓦达斡尔族自治旗人大没有制定自治条例或单行条例。

总体而言，内蒙古自治区2014年度地方立法呈现社会管理和民生立法比重超过立法总数一半以上的状况，立法中制定、修改、废止三者并重。

（二）内蒙古自治区2014年度地方性法规发展状况

在地方性法规的制定方面，自治区人大特别重视人大履行职能的制度化建设，在制定和修改的5件地方性法规中，《内蒙古自治区人民代表大会常务委员会询问和质询的规定》就是专门规范自治区人大履行职能方面的法规。自治区人大常委会在对《内蒙古自治区人口与计划生育条例》进行修订的过程中，在审议全区人口与计划生育工作情况报告的基础上开展首次专题询问，8位委员围绕自治区贯彻落实“单独二孩”政策发表意见、提出询问。这是自治区人大常委会丰富监督方式、增强人大监督实效的有益探索。为将询问和质询制度化，早在2012年4月，自治区法制工作委员会受常委会主任会议的委托，开始着手《内蒙古自治区人民代表大会常务委员会询问和质询的规定（草案）》的起草工作，将规定（草案）稿印发全区各级人大常委会及相关国家机关征求意见，通过媒体向社会公开听取了意见，自治区人大常委会专门进行了立法调研。2013年7月，召开了立法论证会，组织有关专家学者进行了研究论证。根据立法调研、论证和征集到的各方面意见、建议，法制工作委员会又做了进一步研究修改，就有关问题赴全国人大常委会法工委进行了请示汇报，最终形成了提请常委会主任会议审定的规定（草案）。2014年2月28日，自治区十二届人大常委会第二十三次主任会议审议通过了这个规定（草案）。2014年7月31日，常委会审议通过了《内蒙古自治区人民代表大会常务委员会询问和质询的规定》，为依法开展询问和质询工作提供了制度保证。5月9日和9月27日，自治区人大常委会还根据上位法的变化，分别通过了对《内蒙古自治区实施〈中华人民共和国招标投标法〉办法》《内蒙古自治区动物防疫条例》的修订。

呼和浩特市人大将《呼和浩特市科学技术进步促进条例》纳入2014年立法议题中，致力于完善地方科技法律体系，在坚持法制统一原则的基础上适应科技创新规律，突出地方特色，广泛听取各方面包括专家意见，人大有关委员会也多次对草案进行集体研究，并于2014年10月10日人大常委会第十三次会议通过。呼和浩特市人大还将《呼和浩特市户外广告管理条例》（修改）、《呼和浩特市私营企业权益保护条例》（修改）、《呼和浩特市旅游管理条例》（修改），《呼和浩特市物业管理条例》（制定）和《呼和浩特市邮政通信管理条例》（评估）列入年度立法调研项目。

2014年度，包头市人大共制定、修改了《包头市老年人保护条例》《包头市清真食品管理条例》等16件地方性法规。自2014年10月下旬，为深入了解《包头市养犬管理条例》的实施绩效，摸清立法和执法存在的问题，市人大常委会向社会发放条例立法后评估调查问卷，开展立法后评估。为提高立法质量，增强条例的针对性和可操作性，包头市人大常委会对《包头市气象灾害防御条例（草案）》《包头市老年人保护条例（修订草案）》进行初次审议后，再次向社会征求修改意见和建议，之后这两部草案都顺利通过立法审议程序并公布。

（三）内蒙古自治区2014年度地方政府规章发展状况

2014年，自治区人民政府共制定、修改和废止政府规章共12件。在这些规章中，有关经济和社会民生方面立法占较高的比例。此外，自治区人民政府还就《内蒙古自治区高速公路条例（草案）》进行了审议。

自治区人民政府制定的规章主要有：《内蒙古自治区地名管理规定》《内蒙古自治区企业国有资产转让管理办法》《内蒙古自治区公共安全视频监控图像信息系统管理办法》《内蒙古自治区火灾高危单位消防安全管理规定》《内蒙古自治区民用机场管理办法》等。自治区人民政府重点修改了《内蒙古自治区耕地占用税实施办法》，废止了《内蒙古自治区信用信息管理办法》《内蒙古自治区女职工劳动保护规定实施办法》《内蒙古自治区劳动合同规定》等不符合社会发展需要的规章。

在自治区首府和较大市政府规章制定上，呼和浩特市制定了《呼和浩特市肉类蔬菜流通追溯管理办法》《呼和浩特市市政消火栓管理办法》2件政府规章。

包头市人民政府在2014年度紧紧围绕“发展、民生、生态”三大主题，全力落实“建设包头及发达地区产业转型升级承接地、包头市精品卫星城、绿色生态屏障、如期实现脱贫致富”四大目标工作任务来开展各项工作。但遗憾的是，通过查找相关资料，我们没发现包头市有制定新的规章情况。

二、内蒙古自治区2014年度地方立法的特色和亮点

（一）地方人大立法中的特色和亮点

2014年，自治区人大特别重视中央政策和文件的地方化，就贯彻落实《内蒙古自治区党委贯彻落实〈中共中央关于全面深化改革若干重大问题的决定〉的意见》进行研究并提出了实施意见，进一步加强和改进地方立法工作，发挥立法的引领和推动作用，抓住提高立法质量这个关键，完善立法体制机制，深入推进科学立法、民主立法，加强重点领域立法，实现立法和改革决策相衔接，确保自治区重大改革和经济社会发展在法治轨道上前进。人大立法中的特色和亮点具体表现为：

1. 彰显立法的地方性，保证法律规范的引领与推动作用接地气

内蒙古自治区位于中纬度，全区总面积118.3万平方公里，其中高原约占总面积的53.4%，山地占20.9%，丘陵占16.4%，平原与滩川地占8.5%，河流、湖泊、水库等水面面积占0.8%，气候复杂多样，农业畜牧业发达。在2014年度，两级人大针对自治区的产业经济、环境保护、人文气候等区情立法，如《内蒙古自治区动物防疫条例》《呼和浩特市水土保持条例》《包头市赛汗塔拉城中草原保护条例》《包头市湿地保护条例》《包头市社会市面蒙汉两种文字并用管理条例》《包头市奶牛良种繁育管理条例》《包头市清真食品管理条例》《包头市气象灾害防御条例》等，彰显地方立法调整对象的地域特色。其他根据上位法修改或区情变化而新制定或修改制定的地方性法规，如《内蒙古自治区实施〈中华人民共和国招标投标法〉办法》《包头市老年人权益保障条例》等，更加注重地方性法规对中央立法的细化和可操作性，以此来规范和引领自治区的经济社会事务发展。

2. 立法重心向社会民生领域倾斜

社会民生无小事。社会民生也是近几年中央和地方政府最为关注的领域。2014年度自治区享有立法权的地方人大加大向社会立法、民生立法转型，将民生问题置于法律的框架之下，解决群众最关心、最直接、最现实的利益问题，以立法引领改革。在已制定的法规中，社会民生领域立法占绝大部分，如《内蒙古自治区动物防疫条例》规范了疫病预防和病死动物的无害化处理，确保百姓吃上“放心肉”；《内蒙古自治区科学技术进步条例》规定了科技创新保障资金的来源，鼓励自主创新；《呼和浩特市水土保持条例》则从规划、预防、治理、检测与监督等环节规定了各类主体的职责，以共同预防和治理水土流失，保护和合理利用水土资源。

3. 创新立法工作机制，提升立法质量

2014年，自治区人大和地方人大通过多种途径，以反映本区的经济社会发展需要、规范各方主体行为、协调相关利益关系为立法主旨，创新立法工作机制，提升立法质量。一是建立人大主导下的多方参与立法机制。通过扩大立法参与主体范围，将政府部门、人大代表、专家、组织和社会公众纳入其中，充分广聚民智，共同在立法机关的主导下参与地

方立法。二是破解地方立法部门化难题。通过完善法规起草、论证、协调、审议机制，化解部门主导立法草案起草的弊端，多形式多层次协商，保证立法规范的可执行性和可操作性。如呼和浩特市人大围绕立法计划，在常委会审议前安排相关的法制讲座，宣讲立法项目涉及领域的相关法律法规和国家政策，增强审议的针对性，提高审议效率。三是健全民主开放包容的立法工作机制。重视网络民意表达，采用多样化的信息手段，如网络互动平台、电子信箱、传统平面媒体等形式，从立法项目的立项、论证、公布等环节，向专家、社会公众征求意见，完善意见反馈机制，以引导公民有序参与立法工作。

4. 运用立法后评估、质询等形式，建立立法—质询、执法检查—修订的环形动态机制，实现科学立法

自治区人大常委会立足科学立法、民主立法，出台了立法后评估工作规定，就《内蒙古自治区蒙医药中医药条例》等法规开展了立法后评估。包头市人大为摸清《包头市养犬管理条例》在立法和执法方面存在的问题，确保评估结果的客观准确，向社会发放条例立法后评估调查问卷，在此基础上进行立法评估。2014年10月，包头市人大常委会还就食品安全提前向广大市民征集专题询问问题，后以联组会议形式，围绕社会各界普遍关注的食品安全工作的热点难点问题，先后向市农牧局、市工商食药监局、市卫计委、市城管执法局主要负责人进行了专题询问；包头市人大常委会组成以副主任为组长，部分常委会组成人员、农牧委委员和3名市区两级人大代表为成员的执法检查组，于4月下旬至6月上旬，对全市贯彻实施《包头市湿地保护条例》的情况开展了执法检查。莫力达瓦达斡尔族自治旗人大对已出台的《莫力达瓦达斡尔族自治旗尼尔基水利枢纽下游内蒙古灌区管理条例》等进行执法检查，促进条例的贯彻落实。通过运用评估效果、质询意见、执法检查等，发现问题，总结经验，对现行地方性法规进行修订，不断增强地方性法规的可执行性和可操作性。

5. 人大代表双联系制度化、规范化，促进民主立法

2014年，自治区人大常委会出台了《内蒙古自治区人大常委会组成人员联系本级基层人大代表制度》和《关于加强自治区人大代表与人民群众联系的若干意见》，并发出《关于开展自治区人大代表回选举单位述职的通知》。这是自治区人大常委会加强组成人员和基层人大代表联系，密切代表与人民群众联系的具体举措。自治区人大常委会组织人大代表通过参加代表小组活动、参加选举单位会议、参加“人大代表之家”活动、向选区选民或者选举单位述职等形式，密切人大代表与人民群众的联系，实现代表联系群众的常态化、规范化。莫力达瓦达斡尔族自治旗人大本着“先试点、后推开”的原则，以“人大代表之家”规范化建设为抓手，以乡镇为单位开展“人大代表之家”建设工作，充分发挥代表与群众密切联系的桥梁和纽带作用，以人大代表广聚民智，做到立法反映民情民意，提升立法质量。

（二）地方政府立法中的特色和亮点

1. 立足区情，为地方经济社会发展保驾护航

内蒙古自治区两级人民政府制定的规章，多是反映地方社会管理、民生问题的相关规定。如《内蒙古自治区地名管理规定》《内蒙古自治区企业国有资产转让管理办法》《内蒙古自治区公共安全视频监控图像信息系统管理办法》《内蒙古自治区火灾高危单位消防安全管理规定》《内蒙古自治区民用机场管理办法》等规章，以及《呼和浩特市肉类蔬菜流通追溯管理办法》《呼和浩特市市政消火栓管理办法》等规章，都是涉及相关社会管理、社会发展中急需解决的重要问题，相关规章的出台能够为当地经济社会发展提供良好的保驾护航作用。

2. 地方立法中制定、修改、废止并重

2014年，自治区两级人民政府加大立法力度，以立法引导改革，以法律规范保障社会经济持续性发展。针对国家层面的立法和政策变化，开展与国家法律法规相配套的执行性立法；对适应区情，实践证明行之有效的政策措施，及时上升为地方立法；对不适应区情改革要求的地方政府规章及时修改和废止，形成了制定—修改—废止并重的有破有立的立法态势，保证了立法的地方性、适应性，充分发挥立法对经济社会发展的引领和推动作用。

3. 规定政府规章有效期，凸显时效性与地方适应性

在政府规章文本中明确规定规章执行的有效期。明确政府规章效力存在的具体期限，对各方主体的行为有明确的指引功能，期满后规章将失去法律效力，除非在有效期届满前经过评估并作出继续适用的决定。这凸显了政府对规章规范社会关系的责任性，防止政府立法领域中的懒政和不作为，改变以前有些“试行”“暂行”规定或办法执行时间过长，早已无法有效调整社会关系而得不到及时修订或废止的状况。

三、内蒙古自治区2014年度地方立法的不足与未来展望

（一）内蒙古自治区2014年度地方立法的不足

尽管自治区各立法机关在2014年度颁布了不少的地方性法规规章，完善了地方法律规范体系，但也存在一些共性的问题，主要表现在：

1. 人大和政府机构主导了地方立法的立项、草案起草、法律解释，开放立法的空间有待提升

在地方立法中，自治区的人大和政府还是未能走出传统的由人大和政府包揽立项、起草、解释的窠臼。其一，立法项目来源呈现单一化。从民主立法的形式上看，立法项目立项启动者包括人大常委会及其工作机构、政府及其职能部门、人大代表、社会公众，甚至有地方政协提案和地方领导的立法建议与批示等。但是，最后是否立项、立什么项由享

有决定权的人大和政府机构或职能部门定夺而对征求立项建议无反馈机制，如自治区人大立法项目就是由人大常委会办公厅在官方网站上征求立项建议，自治区人民政府规章立项是由自治区政府法制办向社会公开征集项目立法建议。其二，立法草案起草是一项专门技能，而基于信息与资源的占有，人大机构与政府职能部门具备这些优势，故在立法草案起草的实践中，绝大部分的法规规章草案由人大机构或政府部门起草，这难免从管理便利出发，甚至是小团体利益、部门利益裹挟其中，最终草案与实际立法需求脱节，直接影响到地方立法质量。其三，人大机构或政府职能部门不仅主导了草案起草，甚至草案通过后将法规规章的解释权赋予了人大机构或政府职能部门，使得地方立法的草案起草—执行—解释整个链条都由相关政府职能部门把持，地方立法呈现部门化倾向。

2．年度立法计划落实工作有待进一步加强

自治区人大2014年初的立法规划中拟制定、修改《自治区国有土地上房屋征收与补偿条例》等法规11件，对自治区政府性债务管理等共13件立法项目开展前期调研，但实际上本年度自治区人大制定、修改地方性法规共5件，与2014年立法规划存在较大差距。根据2014年3月呼和浩特市人大常委会的立法议题安排，本年度需要制定、修改《呼和浩特市科学技术进步促进条例》和《呼和浩特市城市房地产交易管理条例》，对《呼和浩特市户外广告管理条例》（修改）、《呼和浩特市私营企业权益保护条例》（修改）、《呼和浩特市旅游管理条例》（修改）、《呼和浩特市物业管理条例》（制定）、《呼和浩特市邮政通信管理条例》（评估）进行立法调研，但实际立法制定工作只完成了一半。莫力达瓦达斡尔族自治旗根据立法工作计划安排，重点开展对《莫力达瓦达斡尔族自治旗森林草原防火条例（草案）》等条例的筹备和起草工作，至2015年2月亦无任何新闻信息对该草案的筹备与起草调研工作进行报道。

3．地方立法权行使不均衡

围绕地方立法需求实际，用好立法资源，以法律引导和规范社会经济文化发展，是各级人大和政府的权力，更是职责。总体来说，自治区内地方立法权行使不均衡存在两个方面：一是享有立法权的人大与政府之间不均衡，地方政府立法其他规范性文件的制定和颁布上数量占绝对优势；二是地区立法权行使不均衡，呼和浩特市人大立法仅制定、修改3件地方性法规，而包头市人大制定、修改了27件地方性法规，呼和浩特市与包头市的人大立法数量差距较大。鄂温族自治旗、鄂伦春自治旗各制定1件单行条例，莫力达瓦达斡尔族自治旗则无制定。个别立法主体存在懒政或立法不作为之嫌。

（二）内蒙古自治区地方立法的未来展望

1．编制好立法规划和计划，狠抓立法项目落实

在以往编制年度立法计划中，一般由人大专委会或地方政府职能部门提出，立项论证的基础材料非调研所得和掌握的第一手材料，在此基础上的开会集中研究难免仍有“闭门

造车”之嫌，这种项目汇总和集中研究所确立的立法项目不是社会立法的直接需求。针对这些问题，立法立项责任部门应进一步加大宣传力度，通过当地报纸、电视台、官方网站等媒体，扩大社会知情面；走出机关，直接到与立法项目相关的职能部门、企业、社区等基层单位，开展面对面沟通，改变“听汇报—归纳汇总”模式，进一步做实基层调研，在调研中捕捉社会立法需求。同时，年度立法计划一旦确定，应当将立项工作分解，制定工作推进程序表，明确具体推进的责任单位和时效，以及相应的责任机制与保障机制，狠抓立项落实工作。

2. 创新立法机制，拓展开放立法空间

立法立项是基础，草案起草是关键。一是改变人大机构或职能部门闭门起草，建议由人大机构或职能部门代表、基层单位、有关专家学者、行业协会、相关单位人员组成起草小组承担草案起草工作。二是可以积极探索委托第三方起草与人大机构或政府职能部门主导起草相结合。第三方起草比较中立，运用专业知识，但往往注重应然层面而可操作性较弱；人大机构或政府职能部门起草难以避免从管理便利和小团体或部门利益出发。可以尝试这两种方式分别独立起草草案，在此基础上对两种草案进行综合权衡，整合成第三份草案作为公开征求意见和审议的母本。三是改革草案征求意见程序，起草前应当对拟将起草立法事务进行前期调研，吸纳民情民意，进行立法前评估，在此基础上开展起草工作；待草案完成后向社会公布，“以脚走向社会去获取信息，而不是在办公室用耳朵听取信息”，通过面对面访问、座谈会等再次广泛听取社会各方面意见，对分歧意见大的可召开立法听证会，对专业性较强的可进行专家咨询与论证，同时要建立公开征求意见、听证会意见和咨询意见采纳情况反馈机制。通过创新民意吸收机制，引导和扩大公民有序参与，使地方立法充分反映本地社会经济文化发展的实际需求。

3. 加强立法后评估、执法检查效果的运用，建立立、改、废的动态立法机制

立法后评估、执法检查、质询等形式，本身不是目的，而是发现现行地方立法在执行中面临哪些执行阻碍的一种有效手段，也是对现行地方立法就社会关系调整是否存在真实需求关系以及需求多大的检测手段。建议自治区各级人大和政府加大对既有地方立法开展立法后评估、执法检查或咨询工作，了解法规实施过程中的问题。对因上位法和国家政策变动，当地经济社会发展呈现新态势而导致的地方立法与新出台的上位法规定不一致、明显不能适应本地经济社会发展需要的地方立法，要制度化的启动废止、修改程序，保障地方性立法的合法性、可操作性，对地方有立法需求而又无上位法调整的，需要根据区情及时立法，从而建立一套适合本地经济社会发展的立、改、废的动态立法机制，以地方立法引领社会发展。

第三编　东北地区立法报告

第七章　辽宁省2014年度立法发展报告

杨　帆[①]

摘　要：2014年，辽宁省立法工作取得了丰硕的成果，制定了一系列充满地方特色、符合社会发展需求的地方性法规和规章。辽宁省立法工作存在重视立法调研、注重立法化解社会突出问题和矛盾等亮点，但也暴露出一些立法工作中需要改进的地方。辽宁省地方立法工作要继续保持在全国的优势地位，必须在总结成功经验的同时，针对实际中存在的问题，完善立法工作的不足，为辽宁的发展提供法制保障。

关键词：辽宁省　立法发展报告　立法评述　立法特色

一、辽宁省2014年度立法发展状况

（一）辽宁省2014年度立法状况总体评述

辽宁省共有省人大、省政府两个省级立法主体，有沈阳市、大连市、鞍山市、抚顺市、本溪市五个较大市立法主体，有喀喇沁左翼蒙古族自治县、阜新蒙古族自治县、新宾满族自治县、岫岩满族自治县、清原满族自治县、本溪满族自治县、桓仁满族自治县、宽甸满族自治县八个自治县立法主体。

2014年是辽宁省人大常委会立法数量较多的一年，也是立法质量明显提高的一年。辽宁省人大和常委会牢固树立立法为民的理念，把关系人民群众切身利益、社会普遍关注的热点难点问题作为立法重点，从辽宁省经济社会发展实际出发，制定了《辽宁省自主创新促进条例》《辽宁省城市供热条例》《辽宁省水土保持条例》《辽宁省大伙房饮用水水源保护条例》《辽宁省非物质文化遗产条例》《辽宁省公共安全技术防范条例》《辽宁省养

①杨帆，广东外语外贸大学法学院副院长，教授，硕士生导师。研究方向：宪法、地方立法。

犬管理规定》等7件地方性法规，修改了《辽宁省矿产资源管理条例》《辽宁省人口与计划生育条例》等2件地方性法规，废止了《辽宁省促进企业技术进步规定》《辽宁省实施〈中华人民共和国国家赔偿法〉若干规定》等3件地方性法规。为了适应时代发展的需求，辽宁省人大常委会在2014年1月9日对《辽宁省城乡集贸市场管理条例》《辽宁省宗教事务条例》等17件法规一次性“打包”做了部分修改，9月26日对《辽宁省盐业管理条例》《辽宁省农业投资条例》等20件法规一次性“打包”做了部分修改。[①]

2014年，辽宁省政府的立法工作也取得不错的成绩，共制定了《辽宁省税收征管保障办法》《辽宁省简化市场主体住所登记条件暂行规定》《辽宁省城市地下管线管理办法》《辽宁省农村水利资产管理办法》《辽宁省电梯安全管理办法》5件规章，一次性“打包”修改了《辽宁省幼儿园管理实施办法》《辽宁省草原管理实施办法》等17件规章，废止了《辽宁省土地复垦实施办法》《辽宁省地方港口建设费征收管理办法》等7件规章。

这些法规、规章的出台与修订为振兴辽宁老工业基地和构建和谐辽宁提供了法制保障。

同时，辽宁省的五个有地方立法权的较大市也紧跟时代步伐，以建设法治政府、法治社会为立法目标，开展相关立法活动。

沈阳市人大常委会制定了《沈阳市学前教育条例》《沈阳市集体合同条例》2件法规，废止了《沈阳市劳动力市场管理条例》《沈阳市人才市场管理条例》2件法规；大连市人大常委会制定了《大连市体育经营活动管理条例》《大连市邮政条例》《大连市志愿服务条例》等3件法规；鞍山市人大常委会制定了《鞍山市人民代表大会常务委员会规范性文件备案审查条例》；本溪市人大常委会制定了《本溪市水利工程管理条例》；抚顺市人大常委会制定了《抚顺市城市供热条例》《抚顺市非税收入管理条例》2件法规，修改了《抚顺市地方铁路管理条例》，废止了《抚顺市拥军优属条例》。

沈阳市人民政府制定了《沈阳市城市节约用水管理办法》《沈阳市按比例安置残疾人就业办法》《沈阳市生态保护红线管理办法》《沈阳市国有土地上房屋征收与补偿办法》《沈阳市罚没财物管理办法》《沈阳市拥军优属规定》《沈阳市低收入居民家庭经济状况核对办法》等7件规章；大连市人民政府制定了《大连市地方税收保障办法》，废止了《大连市引进国外人才工作管理办法》等19件规章；鞍山市人民政府修改了《鞍山市城市污水处理费征收办法》，废止了《鞍山市洗浴业管理暂行办法》《鞍山市机动车配件经销行业管理暂行办法》2件规章；本溪市人民政府制定了《本溪市木材流通管理办法》《本溪市国有土地上房屋征收与补偿办法》《本溪市禁止居住区违法建设若干规定（试行）》《本溪市城市道路地下检查井管理规定》《本溪市医疗纠纷预防与处置办法》5件规章；抚顺市人民政府制定了《抚顺市城市公园管理办法》《抚顺市拥军优属规

① 本数据与《辽宁省人民代表大会常务委员会工作报告（2015）》有差异，差异主要由于统计方法和标准不同。

定》2件规章，修改了《抚顺市机动车停泊管理办法》，废止了《抚顺市国家行政机关工作人员处分权限的暂行规定》等12件规章，一次性修改《抚顺市开展全面义务植树运动的实施细则》等18件规章。

在地方性法规的制定上，大连市、抚顺市人大立法数量领先于其他地市，在政府规章的制定上，沈阳市和本溪市政府取得的立法成果较多。

在民族自治地方立法方面，2014年，新宾满族自治县修订了《新宾满族自治县县城市容和环境卫生管理条例》，清原满族自治县修订了《清原满族自治县县城市容和环境卫生管理条例》，其他自治县没有相关立法。

总体而言，辽宁省2014年度地方立法呈现出立、改、废共同繁荣的景象。这些法规、规章从不同层面对辽宁省经济与社会的发展起到了保驾护航的作用。

（二）辽宁省2014年度地方性法规发展状况

从2014年辽宁省人大已经出台的地方性法规来看，辽宁省人大特别注重有关社会和民生的立法，大部分的立法工作都是围绕此展开的。例如，为了保障全省人民群众身体健康，加强对大伙房饮用水水源保护，实现“碧水工程”，制定了《辽宁省大伙房饮用水水源保护条例》。为了控制人口数量，提高人口素质，优化人口结构，保证地方人口政策与国家人口政策相适应，实现人口与经济、社会、资源、环境的协调发展，修订了《辽宁省人口与计划生育条例》。此外，《辽宁省非物质文化遗产保护条例》的制定在社会上引起了一致的好评，该法规的出台不仅显示了辽宁省对国家大政方针的积极响应，而且说明了辽宁省注重对非物质文化遗产的保护，这对继承和弘扬各民族优秀传统文化具有深远意义。

辽宁省几个较大市人大的立法也有诸多亮点，出台许多值得关注的法规，一些法规的制定可谓具有标志性的意义。比如《沈阳集体合同条例》，该条例使得工资集体协商迈进了法制化的发展轨道。《沈阳集体合同条例》在制定过程中，调研了市总工会最近几年在有关行业与地区集体协商的成功做法与经验，并且在聘任集体协商指导员以及协商顾问等方面进行了不少前瞻性的探索，最终将其中的有益经验固化为法规条文。另一项具有深远意义的法规就是《大连市志愿服务条例》，它使大连市的志愿服务制度化建设往前迈出了一大步，也为今后大连市志愿者开展志愿服务活动提供了法律保障和依据。志愿服务活动对于开展精神文明建设工作，塑造热爱奉献的社会风气具有推动作用。该条例在志愿者的权利和义务、政府相关部门、志愿服务组织应承担的职责及活动保障和风险防范等方面都作出了明确的规定，充分体现了大连充满活力的国际化大都市特色。2014年鞍山市虽然只有《鞍山市城乡规划条例》一项法规出台，但这项法规却事关生活环境的建设。在现代社会，城乡规划是政府指导和调节城乡建设与发展的主要方式之一，也是政府实现经济调整、加强社会管理和履行公共服务职能的重要依据。鞍山市人大充分认识到制定城乡规划条例的必要性和重要性，因此，在2014年把主要的立法工作都放在了该条例的制定上。

（三）辽宁省2014年度地方政府规章发展状况

辽宁省政府在安排制订2014年度规章计划时，全面贯彻党的十八大和十八届三中、四中全会精神，并依照省委、省政府2014年工作的总体部署和主要任务，明确了省政府2014年的立法重点：以社会主义法治理念为指导，着力安排推动社会改革、调整多元化经济结构、保障和改善民生及维护社会稳定等方面的立法项目。同时坚持立、改、废共同实施的方针，清理不适应社会发展需要以及与上位法相冲突的省政府规章。依照预先制订的立法计划，辽宁省政府2014年共制定了5件规章，其中多是关于社会公共安全的立法，这也是对最近几年辽宁省出现的多起安全事故的立法回应。生命重于一切，这些规章的出台对提升社会安全指数，保护人民生命财产，构建和谐社会起到了保障作用。为了深入推行行政权下放、工商业登记制度的改革，辽宁省政府对有关规章进行了清理，其中对17件规章进行了与时俱进的部分修改，废止了《辽宁省地方港口建设费征收管理办法》等7件省政府规章。

五个有立法权的较大市在2014年的规章制定工作中虽然各有侧重，但共同的宗旨保持一致，那就是促发展、保民生。沈阳市政府为了有效实施社会贫困救助、社会福利发放等制度，制定了《沈阳市低收入居民家庭经济状况核对办法》，该办法的出台标志着对于沈阳市申请社会救助的低收入居民家庭经济状况的核对工作走上制度化、确定化的道路，也为政府开展社会救助工作提供法律依据。税收是政府财政收入的主要方式，也是调节居民收入分配差距，推动经济发展，建设和谐社会的主要手段之一。大连市政府为了促进地方税收的征收管理工作，保护纳税人的合法权益，在2014年制定了《大连市地方税收保障办法》，该办法一方面为大连市的综合治税工作开启了新的起点，另一方面也为调动社会各方的力量，有效地整合和利用信息资源提供了制度保障，从而可以有针对性地开展税收征管工作，提升工作效率，降低税收征收的成本。

二、辽宁省2014年度地方立法的特色和亮点

（一）地方人大立法中的特色和亮点

是否具有地方特色是评价地方立法的一个最重要标准，也是地方立法的灵魂。地方立法的主要任务，就是通过立法的方式解决应当由地方自己解决的问题。地方立法要具有地方特色已成为各省市立法工作中的共识。至于什么是“地方特色”，总的来说就是“要符合本地实际和需要”。具体来说，就是地方的立法要注重本地的文化、风俗、政治、经济等各种因素对立法的需求程度，并且地方立法要有具体的针对性，将立法工作与本地实际问题结合起来，着力解决在本地突出但国家立法却没能解决的问题。

2014年，辽宁省人大常委会不断加强和改进地方立法工作，努力提升立法质量，把突出地方特色作为立法工作的主要目标之一，不断增强立法工作的针对性和可实施性，较好地完成了年度立法工作。新的一届省人大常委会，注重发挥立法在深化改革中的引领作用，重视立法委托高校、科研机构等社会组织起草和重视立法调研，注重对社会重大热点问题主动做出立法回应。辽宁省人大立法的特色与亮点具体表现在以下几个方面：

1．以深化改革为立法的首要任务

2014年是辽宁省经济发展具有突破性的一年，省人大和人大常委会尤其重视立法在深化改革中的作用，为此出台了《辽宁省自主创新促进条例》等法律法规。各级人大和政府部门也各司其职，通过提请人大立法，充分发挥其在深化改革进程中扮演的角色与作用。

为简化市场主体住所登记条件，激活社会投资动力，省人大根据国务院有关规定，并结合辽宁省实际情况，制定了《辽宁省简化市场主体住所登记条件暂行规定》。该规定明确了市场主体在其住所地县域内增设不需要前置行政许可的经营场所，应当向所在地县工商登记机关备案，任何单位和个人均可免费查询。这些立法措施一方面降低了行政机关对于市场经济主体的干扰，方便了老百姓；另一方面，对提高政府的信息公开度有着深刻的意义，也为辽宁省的经济、政治改革提供了法律上的支持。

2．注重立法化解社会突出的问题和矛盾

为了及时对辽宁省区域内出现的热点社会问题做出回应，化解潜在的社会矛盾，构建和谐辽宁，省委群众路线教育实践活动领导小组印发了《关于推进食品药品安全工程的实施方案》，各地、各部门认真贯彻落实。省政府食品安全委员会办公室制定了《辽宁省食品安全工作规划》《辽宁省关于加强食品安全工作的决定》，通过政府立法扎实推进各项专项整治工作和机制建设，及时回应社会热点问题，确保按时完成食品安全监管各项工作任务。

针对近期出现的矿难事件，辽宁省人大和人大常委会删除《辽宁省小煤矿安全生产管理规定》第十四条、第三十一条第一项中的“煤炭生产许可证”，把第三十一条第三项修改为：“未达到安全生产条件开采煤炭资源的，责令限期整顿；逾期仍未达到规定条件的，由县以上人民政府按照国务院规定的权限依法予以关闭；有关部门应当依法吊销其有关证照。”

此外，有些具体立法建议中涉及的问题虽然没有单独立法解决，但却通过另外某些法规中条款的增设与修订来解决相关问题。例如曾有民众提出立法建议，反映辽宁省有些城市在已经有水库供水的情况下，还抽取地下水资源的问题。这条建议就在后来的水资源保护立法中得到了体现，回应了民众的相关诉求。

3．拓宽起草主体的多元化

辽宁省人大和常委会委托省立法研究会起草法规草案，借助省法学会的平台有效地开展工作。辽宁省法学会作为辽宁省法学界、法律界的学术团体，拥有广泛的法学和法律方面的人力资源，是辽宁省人大、政府立法的“立法大脑”，省地方立法研究会与省法学会的联系非常紧密，对市人大和常委会的立法予以协助，提出专业的意见。同时，人大委托高校起草有关法规草案，广泛听取社会各个阶层公众的意见，使提请审议和最终通过的法规真实反映相关群体的利益诉求。

4．重视立法调研

深入开展立法调研工作。在调研的对象上，在听取主管部门意见的同时，要更多地听取相关部门、人大代表、行政管理相对人和服务对象的意见；在调研的主体上，人大有关专门委员会和法制委员会开展立法调研时，要吸收更多的常委会组成人员、专门委员会成员、人大代表参与立法调研，人大有关专门委员会和法制委员会可以相互邀请参加立法调研；在调研的方式上，采取座谈会、论证会、听证会、公布草案等方式听取意见，掌握第一手资料和真实情况；在调研成果的运用上，要把调研成果吸收到法规的起草、审议、修改各个环节和常委会、专委会审议之中。辽宁省人大常委会开展奖励和保护见义勇为人员条例评估时，委托省地方立法研究会负责具体实施，邀请了辽宁大学法学院、辽宁省见义勇为基金会、辽宁社会科学院社会学研究所、东北大学文法学院和省统计局调查队等单位参与立法后评估工作。

5．重视立法后评估工作

2014年省人大特别重视立法的评估工作。每一个法规草案在常委会会议第二次审议以后、第三次会议表决通过前增加了立法中评估环节，邀请立法工作机构以外的专家学者、管理相对人等有关方面对法规条文的科学性、制度设计的廉洁性、立法的社会影响等进行评估，避免出现立法决策失误和瑕疵。政府立法后的评估内容既注重实施绩效，更关注立法的质量，政府立法后评估要求提出继续执行、修改或者废止等意见。

（二）地方政府立法中的特色和亮点

2014年，辽宁省政府规章的制定任务也圆满完成，各级政府不断加强立法的科学性和实效性，以做好保障民生、促进经济增长方式转变和社会管理创新为立法工作的宗旨。立法工作也都各具特色和亮点，主要有以下几个方面：

1．立法具有预见性，注重潜在问题的解决

一般的立法只注重解决社会突出问题，对一些潜在的问题没有立法意识，但2014年辽宁省的立法工作却有一定的前瞻性。例如，省卫计委2014年立法计划项目包括3部地方性法规，其中力争年内完成的项目为《辽宁省生活饮用水卫生监督管理条例》，这是社会所急需的法规。预备项目为《辽宁省精神卫生条例》和《辽宁省公共场所控制吸烟条例》，目前省卫生计生委已将立法计划项目报送省政府法制办审查。虽然目前饭店、网吧以及卫生间都是公共场所吸烟的重灾区，市民抱怨被迫吸二手烟，但却没有办法阻止这种现象的发生，立法的规制或许能解决此问题。此外，为了保障地下管线的有序建设和安全运行，实现地下空间资源的可持续利用，辽宁省在2014年1月3日召开的第十二届人民政府第十六次常务会议审议通过《辽宁省城市地下管线管理办法》。这些法规对社会的稳定、经济的发展都起着积极的作用。

2．积极推进民主立法，引导人民群众参与立法进程

良法就是能体现和维护大多数人的利益的法律，良法的制定要依靠人民的智慧。2014年辽宁省不断完善立法民主的机制，引导各方面都有序、公平地参与到立法的博弈中去，使社会公众更加广泛、更加深入参与立法过程。同时还拓宽立法项目的来源，在公布草案和征求意见环节，更重视公民和社会团体的建议，努力完善意见反馈机制，倾听公众意见并及时作出回应。①

打开“辽宁法制网”，可以看到《辽宁省旅游条例（修订草案）》正在征求民众意见。近几年，辽宁省开始探索“开门立法”，部分法规的“雏形”来自人民群众。群众的参与热情也很高涨，每次征求意见期间，辽宁省普通公民可以通过电话、邮件、信件等方式对法规草案提出修改意见，省政府法制办都会收到许多立法建议。事实证明，这一做法提高了立法质量。倾听民意已经成为辽宁省立法工作必不可少的一环。

3．加强了社会管理公共安全的立法，凸显了对人民生命财产的保护

古人云，居安思危。这句话给后世的警示是，即使身处安逸的时代也不可忘记危险的存在，身边的意外随时都有可能发生。党和政府也深刻认识到这一点，因此，2014年省政府十分重视关于社会管理和公共安全的立法，从法律的角度提升社会的安全度。从辽宁省已经出台的规章可以看出，面对不断发展变化的社会形势，辽宁省对于社会管理公共安全的立法在这一年里也取得了长足的发展。2014年通过的涉及社会管理公共安全的省级规章就有两项，分别是《辽宁省电梯安全管理办法》《辽宁省城市地下管线管理办法》，并对《辽宁省幼儿园管理实施办法》等规章进行修改。这些规章的制定为辽宁省公共安全体系的建设提供了法律支撑，对社会公众安全意识的提高也有着积极的作用。

4．与时俱进，对一些不合时宜的规章进行删改和废止

随着全面深化改革的推进，辽宁省许多法规已不能适应经济社会发展的需要。2014年辽宁省各级立法机关严格按照法定程序主动修改、废止与全面深化改革不相适应的地方政府规章。对17件省政府规章的部分条款予以修改，将《辽宁省幼儿园管理实施办法》第十条修改为：“幼儿园实行按质定级，按级收费。幼儿园定级标准和办法由省教育行政部门制定。公办幼儿园收费标准由各市政府核定；民办幼儿园收费标准报办园审批机构及同级价格部门备案。”将《辽宁省科学技术奖励办法》第十三条修改为：“省政府所属各部门不再设立科学技术奖。”对《辽宁省城市园林绿化管理办法》《辽宁省人民政府关于对外商投资企业缓征河道工程修建维护费的决定》等7件省政府规章进行了废止。

---

①参见高玉杰:《论立法过程的公众参与》，载《公民与法》2014年第2期。

三、辽宁省2014年度地方立法的不足与未来展望

（一）2014年度辽宁省地方立法的不足

总体来看，在2014年，辽宁省地方立法工作取得了实质性的进展，但取得成绩的同时也暴露出了一些需要改进的地方。辽宁省必须在总结成功经验的同时，找出存在的问题与差距，为今后的立法工作指明方向。2014年度辽宁省地方立法存在的不足主要有：

1. 行政机关“各自为政”的现象比较普遍

由于立法资源多集中于政府，绝大部分的法规草案由政府部门起草，一些政府部门对于立法项目有利则争，无利则推，不利则阻，他利则拖，分利则顶，提出的法规草案部门利益色彩浓厚。这往往导致立法需求与立法实践出现脱节，部门间职能不衔接，部门权力与公民权利不够平衡，影响到地方立法的质量。

目前，党组织和立法机关的关系在一些地方尚未完全理顺，如何及时把党的政策转化为辽宁省法规规章的机制还没有真正形成，重政策、轻立法的现象仍较为明显，使立法很难介入经济改革和社会变革的深层面。此外，还要注意防止行政“立法腐败”，所谓行政立法腐败，一般表现为立法者在行政法律法规规章起草、制定、修改或解释过程中未能忠实地履行职责，而是利用立法权力谋取私利，使公共利益或他人利益受到损害。[①]由于在一定条件下行政立法权主体与执法权主体具有重合性，因而行政立法腐败既可能发生在行政立法的形成环节，又可能发生在执法环节中涉及法律适用时进行解释的环节。所以，既要树立行政立法为民的立法目的，也要减小行政立法中的主导力量，更好地发挥人大和人大常委会的作用。

2. 一些法规特色不明显，抄袭问题比较严重

地方立法与中央立法重复，原因在于地方立法机关的抄袭。抄袭既包括抄袭法律、行政法规和部门规章，也包括下位地方立法“抄袭”上位地方立法，还包括“抄袭”其他同级其他省市的地方立法，有时甚至还可以在上位地方立法中发现下位地方立法的影子。辽宁省立法也或多或少出现了重复立法的现象，一些立法地方特色不够突出，创新性的法规很少。“抄袭”使得地方立法缺少了针对性和实用性，没有针对地方实际的创制性立法，这会在一定程度上降低法律本身所应该具有的理性力量，同时也造成制定出的地方性法规缺少地方特色，直接影响了地方性法规的地位与实施。[②]

3. 科学立法、民主立法理念需要进一步深入

法规的起草制度还须进一步探索与完善，实践中，委托高校和研究机构起草的方式并

---

①参见冯英：《政府过程视角下的行政立法腐败问题分析》，载《中国行政管理》2012年第10期。

②参见周伟：《论我国地方立法存在的问题及其解决》，载《河南财经政法大学学报》2013年第2期。

不十分理想，最终通过的文本中，草案能够保留下来则更加少，今后应该更多地探索与专家学者合作的方式起草法案。此外，民主立法的手段还不是很多。一些地方组织虽然组织了立法听证会，但大多没有制定关于听证会的程序性规范，对公众意见的反馈也没有制度化。地方立法的科学化的核心是立法内容的科学化，也包括立法理念的科学化、立法技术的科学化。而地方立法民主化的重点是立法过程的民主，也就是要让人民通过多种途径参与立法过程，充分表达自己的意见，其合理意见应该体现在法规中。

4．个别法规的修改和废止遇到的困难、阻力较大

对法规清理，多数地方没有机制性的规定。这一方面是由于立法是政绩，而修改和废止则不是，法规清理的积极性远不如立法的积极性高；另一方面，法规的修改和废止涉及对部门利益的调整或者废除，存在着现实的阻力，加之立法机关人员和资源上的不足，因此，地方法规清理工作的推进难度较大。就行政部门而言，在行政处罚权、行政许可权、行政强制权已为国家立法所规范的情况下，地方部门主要是通过在地方人大制定贯彻实施相应法律的细则中巩固和强化法律已设立的本部门权力，同时争抢边界权力，为部门利益谋取寻求权力基础。因而，法规的清理必然会触动某些部门的既得利益，招致反对与阻碍，致使一些法规的清理工作无法按进度进行，影响地方立法的发展。

（二）辽宁省地方立法的未来展望

1．更新立法理念

地方立法的得失成败很大程度上取决于所设定的理念恰当与否，作为地方立法，一定要结合地方的实际，要有地方法律独特的理念，避免大而空和缺乏适用性。地方立法的目标、理念必须要与社会现实相契合，既不能过高，也不能过低，并且能够随着现实的发展适时调整。社会在不断地发展变化，因此立法理念也应当适时转变。[①]因而，要创建和谐辽宁新形势，辽宁省的地方立法要用改革的思路来不断适应社会主义市场经济的发展，在未来的立法工作中，立法机关要把握时代发展的需求，结合辽宁省实际，树立科学的立法理念。

2．加强立法工作的规划

加强立法工作规划计划的编制与实施。加大向社会公开征求立法项目建议的力度，积极回应社会关注度较高的问题。科学选定立法项目，加强立法项目必要性、可行性的论证和评估。完善对立法工作规划计划实施情况的督促指导，将年度立法工作计划项目分解到常委会具体会次，协调、督促提案单位按计划在常委会会议一个月前报送法规方案。

3．进一步完善东北区域立法合作机制

与区域经济一体化发展的国家政策相协调，为全方位开展东北区域立法合作，辽宁省应与其他省份探索构建区域立法合作机制，为经济社会的全面发展提供良好的法治环境。

---

①参见刘振刚：《地方立法理念与方法的若干思考》，载《行政法学研究》2013年第4期。

具体可以从三个方面展开:

（1）共同就制定区域法律法规进行调研和讨论。通过立法的形式，在法律制度上明确区域内各级政府在区域经济发展方面的权利、义务与责任，使各级政府做出的区域发展的综合规划与政策措施有法可依。

（2）完善区域立法专门委员会制度，设立长期、稳定、权威的组织机构，由区域各参与方选派专门的工作人员，形成稳定的工作制度，负责区域立法活动的组织协调、决策制定与监督执行。建立完善多渠道、多层面的立法信息交流机制，节约区域立法资源，避免区域立法冲突。

（3）建立立法评价与考核机制。为了保证区域立法的效力得以实现，应建立具有可实施性的检查机制，对执行情况予以监督，对拒不执行协调结论或裁决结果的应报请全国人大常委会或者国务院裁决。①

4. 健全立法人才的培养机制

立法是一种充满智慧的复杂工作，要求立法者具有渊博的专业知识、较强的社会责任感和富有理性的法律思维。目前，辽宁省对立法人才的培养和重视程度还不够，在今后的工作中，如何打造一支高素质的立法人才队伍，是辽宁省各级政府必须做好的一项的工作。基于这一目标的完成，可以从以下几方面努力:

（1）与高校合作建设地方立法基地。辽宁省可根据当前自身的实际需要，结合辽宁省的高校教育资源，培养从本科到博士的系统的立法专业学科人才，为辽宁省地方立法提供保障。

（2）建立立法助理机制。立法助理是协助立法机关及其组成人员履行立法职责、完成立法工作的具有立法专门知识的人员。建立地方立法助理制度，可以有效地克服地方立法抄袭现象，防止地方立法本位主义，防止地方立法脱离实际，使地方性法规规章更加具有科学性。

（3）建设高素质的立法工作队伍。要健全立法工作机构，强化立法工作人员的教育培训，注重立法工作人员的思想政治、能力素质的提升，建设一支政治理想坚定、工作业务精通、组织纪律严明的高素质的立法工作队伍。

高质量的法律是建设法治政府、法治国家、法治社会的基础，在今后的立法工作中，辽宁省各级立法机关都须以立法服务人民、保障经济发展为目标，一步一个台阶，为实现中国梦提供立法的支持。

---

①参见刘星显：《东北区域法律合作机制的发展与完善》，载《吉林省教育学院学报》2013年第11期。

第八章　吉林省2014年度立法发展报告

杨　帆[①]

摘　要：地方立法是我国立法体系的重要组成部分，随着社会文明的不断进步，地方立法在经济社会的发展过程中发挥着越来越重要的作用。2014年，吉林省立法工作取得了优异的成绩，许多地方性法规的先后出台并形成地方性特色。但在取得成绩的同时也显现一些薄弱环节，需要在今后的立法中加以完善。重视人才培养、提升立法技术，将是吉林省今后立法工作努力的方向与重点。

关键词：吉林省　立法发展报告　立法特色

一、吉林省2014年度立法发展状况

（一）吉林省2014年度立法总体评述

吉林省共有省人大、省政府两个省级立法主体，有长春市、吉林市两个地级市立法主体，延边朝鲜族自治州、前郭尔罗斯蒙古族自治县、长白朝鲜族自治县和伊通满族自治县等四个民族自治地方立法主体。

2014年，在以人为本、科学立法精神的指引下，吉林省人大常委会发挥立法服务社会、推动改革的功能，制定了《吉林省学前教育条例》《吉林省无线电管理条例》2件地方性法规，修改了《吉林省实施〈中华人民共和国道路交通安全法〉办法》《吉林省农村水利管理条例》《吉林省地方水电管理条例》《吉林省人口与计划生育条例》等4件地方性法规，批准地方性法规和民族自治地方制定的单行条例13件。

吉林省人民政府共制定5件政府规章，分别是《吉林省交易场所监督管理暂行办法（试行）》《吉林省规范涉及企业行政执法行为若干规定》《吉林省商品条码管理办法》《吉林省地理信息公共服务办法》《吉林省禁止生产销售和提供一次性不可降解塑料购物袋、塑料餐具规定》，其中《吉林省禁止生产销售和提供一次性不可降解塑料购物袋》《吉林

①杨帆，广东外语外贸大学法学院副院长，教授，硕士生导师。研究方向：宪法、地方立法。

省规范涉及企业行政执法行为若干规定》等规章的制定是对社会反应比较强烈的一些热点问题的立法回应，体现了党和国家以人为本、构建法治政府的立法宗旨。

在地方性法规和规章制定上，长春市人大常委会制定了《长春市邮政条例》，修改了《长春市城市绿化条例》《长春市燃放烟花爆竹安全管理条例》《长春市人民代表大会常务委员会议事规则》《长春市人民代表大会议事规则》《长春市地名管理条例》等5件地方性法规，其中《长春市城市绿化条例》《长春市燃放烟花爆竹安全管理条例》的制定不仅体现了政府对环境保护的重视，也体现了立法以社会为基础的原则。

吉林市人大常委会制定了《吉林市无偿献血条例》，修改了《吉林省地方水电管理条例》。

长春市人民政府制定了《长春市计划用水管理办法》《长春市人工影响天气管理办法》《长春市电子档案远程利用管理暂行办法》《长春市城市排水与污水处理管理办法》《长春市火车站地区管理规定》《长春市机动车驾驶员培训管理办法》等6件政府规章，其中《长春市城市排水与污水处理管理办法》《长春市人工影响天气管理办法》等规章受到了群众的一致好评，凸显了对人民生活环境的关切和重视。

吉林市人民政府制定了《吉林市信息化促进办法》《吉林市房地产交易和房屋登记管理规定》2件政府规章，修改了《吉林市烟火类观赏品施放管理办法》。

四个民族自治地方立法机关在2014年没有制定新的自治条例和单行条例。

总体而言，吉林省2014年度地方立法呈现一个全面发展的态势。这些法规规章的出台从各方面推动了当地的经济发展和社会进步。同时，地方性立法对保障和改善民生，推进城市基础建设，发展教育卫生事业也发挥着积极的作用。

（二）吉林省2014年度地方性法规发展状况

从吉林省人大的立法情况可以看出，2014年有关社会、民生方面的立法数量有增加，社会、民生立法为重中之重，这与国家立法趋向相一致。为做好省人大常委会制定《吉林省气象灾害防御条例》的准备工作，省人大常委会领导带队前往吉林市、四平市，就《吉林省气象灾害防御条例》开展专门的立法调研。在调研期间，在两市分别召开了有市人大农业与农村委员会、市政府所属的部门以及部分县市区人大常委会负责人参加的调研会，听取了与会人员对条例的意见和建议。与会人员还结合工作实际，围绕如何进一步完善条例积极建言献策，提出了应进一步明确有关部门在气象灾害防御中的职责，对有关条款给予具体明确和细化，增强可操作性等意见和建议。

长春市人大及其常委会本着突出重点，急需先立的原则，将城市绿化条例、防震减灾条例、邮政条例、残疾人保障若干规定、轨道交通条例、精神卫生条例纳入2014年立法计划。将大气污染防治办法、养犬管理规定、学前教育管理条例、城市客运出租汽车条例、水土保持条例、人民防空工程条例、信息化促进条例、志愿服务事业促进条例、地下空间管理条例确定为2014年的立法调研项目，为2015的立法工作奠定基础。2014年完成了制定《长春市邮政条例》地方性法规1件，修改了《长春市城市绿化条例》等地方性法规5件。

2014年，吉林省四个民族自治地方虽然没有制定新的自治条例和单行条例，但延边朝鲜族自治州人大2013年制定的《延边朝鲜族自治州外国人管理条例》、前郭尔罗斯蒙古族自治县人大2013年制定的《前郭尔罗斯蒙古族自治县草原管理条例》《前郭尔罗斯蒙古族自治县矿产资源管理条例》获得了吉林省人大常委会的批准通过。

（三）吉林省2014年度地方政府规章发展状况

在省级政府规章制定方面，2014年吉林省人民政府加大了在经济方面的立法力度。为规范交易场所的行为，防范和化解有关金融风险，促进交易场所健康发展，省政府制定了《吉林省交易场所监督管理暂行办法》。为规范涉及企业行政执法行为，保护企业合法权益，优化经济发展环境，在2014年也完成了《吉林省规范涉及企业行政执法行为若干规定》的立法工作。省政府这一系列规章的出台对经济的发展提供了制度支撑，为有关经济行为的有法可依提供了保障。

在地级市政府规章制定方面，吉林市和长春市虽然各有侧重，但也有相似之处。长春市人民政府为加强城市排水与污水处理管理和人工影响天气工作的管理，分别制定了《长春市城市排水与污水处理管理办法》和《长春市人工影响天气管理办法》。吉林市人民政府为了保障房地产市场发展的有法可依，参照有关法律，完成了《吉林市房地产交易和房屋登记管理规定》这部社会关注度较高的规章的制定工作。两市的相似之处是都开始有关自然资源的立法，这反映了当今社会的一个重要问题，那就是能源资源在不断枯竭，立法之目的在于教育人们节约资源，以保障自然资源的永续利用，以实现社会的可持续发展。

二、吉林省2014年度地方立法的特色和亮点

（一）地方人大立法中的特色和亮点

地方立法要突出地方特色是一直都在不断探讨的话题，也是中国特色社会主义法律体系形成后的重点研究课题。按照全国人大常委会的解释，所谓地方特色就是从本地的具体情况和实际需要出发，需要规定什么就规定什么，使地方性法规有针对性和可操作性，真正对地方的改革、发展、稳定工作起到促进和保障作用。2014年，吉林省人大常委会将地方立法与国家立法以及国家的大政方针相衔接，用全局的眼光推动人大的立法工作，注重发挥立法对人民群众关心的重大热点问题的引领和主动回应。回顾吉林省人大常委会2014年的立法工作，每一个立法项目都紧紧围绕着科学发展来谋划和组织，将立法与促进经济发展和保障人民生活健康紧密结合，为经济社会发展保驾护航。人大立法中的特色和亮点具体表现为：

1. 树立立法的理念，明确了立法目的

（1）树立了精细化的立法理念，努力增强法规的可执行性和可操作性。2014年省人大常委会特别重视法规的可执行性和可操作性问题，明确提出，制定地方性法规一定要管用、有效，项目上是急需的或者必须的，内容上注重地方特色、注重解决实际问题，法规的主要条款能够细化的一定细化，防止执行中出现歧义。

（2）树立了立法为民的理念。省人大常委会在立法工作会议中明确提出，要把党的群众路线教育实践活动的成果体现在立法工作中，进一步扩大人民群众参与立法的途径，使制定的法规符合广大人民群众的根本利益。

（3）树立了立行并重的理念，做好法律法规实施的监督工作。如2014年8月11日，省人大常委会副主任李龙熙带领执法检查组到吉林市，对《吉林省宗教事务条例》贯彻实施情况进行执法检查，通过检查监督，确保法律法规的真正落实。

2. 积极推动特色产业立法的发展

吉林省是全国乃至世界的人参主要产区，人参产量分别占全国和世界的85%和70%，人参产业是传统的资源型优势产业。吉林省委、省政府高度重视人参产业发展，但从全省人参产业发展总的形势看，特别是面对新形势下竞争激烈的国际市场，一些严重制约和影响人参产业发展的新情况、新问题急需尽快加以解决。因此，必须从法律层面给予规范，为全面推进产业发展提供有力的法律支撑。

2012年开始，吉林省立法机构已经开始了《吉林省人参管理条例》的制定准备工作，并计划尽快出台，该条例如能发布施行，将对加强该省人参产业的全面规范化管理，大力提升产品质量和市场竞争力，促进人参产业的快速稳定可持续发展起到十分重要的作用。

3. 探索创新多元化的起草机制

（1）在地方立法的起草主体上，目前存在的一个共同问题是主体比较单一。其现状是以政府为主、人大为辅，由人大牵头起草的项目太少。鉴于此问题，省人大开始注重人大在地方立法起草工作中的主导作用。

（2）完善了由人大专门委员会、法制办、政府有关部门联合起草的机制，该起草机制可以互相取长补短，有利于提高法规草案的起草质量。

（3）充分发挥了相关方面专家学者在起草过程中的作用。在地方立法中，很多事项涉及专业知识和技术问题，仅具有一般的法律知识和经验是不够的，因此在2014年的立法过程中，省人大就充分发挥了专家学者、民间团体、协会的作用。①

4. 推行立法评估机制

做好地方立法评估工作，对于提高立法质量，发挥地方性法规在经济建设和社会发展

①参见肖萍、周娟、辛振宇：《论地方立法起草主体法律规制的完善》，载《江西社会科学》2013年第12期。

的引领和保障作用具有十分重要的意义。[①]我国的地方立法评估还处于起步和探索阶段，因此省人大根据国家立法评估制度的相关规定，结合本省的具体情况，借鉴了国内外比较先进的立法质量评估体系，制定了本省的立法评估标准、方法和程序。该机制的健全为本省制定符合社会发展的法规奠定了基础。

（二）地方政府立法中的特色和亮点

1. 实施特约研究员制度

为了整合吉林省行政法制理论研究资源，发挥省内相关专家学者的理论优势，为法治政府建设提供理论支撑，省政府法制办、行政法制研究所实施了特约研究员聘任制度。特约研究员来自吉林大学、东北师范大学、长春理工大学、省委党校、省社会科学院等院校及研究单位。

聘任的专家都长期从事行政法制理论研究工作，有的在法学研究领域著述颇丰，有很高的造诣。聘任专家作为政府法制特约研究员，既可以发挥专家在行政法理论研究领域的作用，又能推进该省行政法制理论研究工作。

2. 加强生态环境与资源保护的立法

生态保护对于促进人类与自然关系的和谐，实现社会可持续发展具有深远的意义。吉林省许多地区拥有丰富的自然资源，属于资源密集型城市，但是进入21世纪以来，随着该省工业化进程的不断推进，各地的资源消耗大幅增长，环境破坏越来越严重，为使生态环境得到持久保护，该省每年都注重从制度方面完善对环境和资源的保护。2014年该省为环保做出的立法成果有《延边朝鲜族自治州生态环境保护条例》《吉林省农村水利管理条例》《长春市城市绿化条例》等各类法规。目前，该省生态环境保护法规体系已经形成一定规模，从城乡规划管理、建设到环境保护、生态平衡在内的法律体系基本形成。

3. 立法关注社会热点，关注群众呼声

以往该省地方立法模式较为死板，大都是参照中央给出的立法体系。这种立法模式的弊端是不关注实际社会需求，把一些现实意义不大的法规立出来，而那些体现特色、社会迫切需要的法规却总被忽略。在2014年的立法工作中，该省秉持“问题立法”的原则，对一些急需解决问题进行了立法，突出了该省立法的特色。例如《吉林省学前教育条例》《吉林市房地产交易和房屋登记管理规定》等，都是针对关系到人民群众根本利益、与人民群众日常生活息息相关的事项进行的立法。因此，这些法规的出台在社会上也赢得了较高的赞誉，取得良好的社会效益。

4. 完善了立法公开机制

立法公开的理念虽然提出了多年，但在大多数省份都没能得到有效的落实。2014年吉林省政府根据全国人大和国务院提出的有关立法公开的理念，并根据该省的情况，完善了

①参见李文慧：《创新立法工作机制的探索与实践》，载《中国人大》2014年第20期。

立法公开机制，并主要从以下几方面做了努力：

（1）规范了法规草案征求意见机制，在利用报纸、网络等媒体广泛征求社会各方面意见的同时，也委托了各级人大、专业组织、利益群体等征求意见，充分听取行政相对人、利益关系人的意见。

（2）公开立法进程，积极促进民众对立法过程进行监督。省立法机构在立法过程中，从草案的提出、审议，到最终规章的出台，都及时公布每一个立法进程，严格按照立法程序进行相关立法活动。

（3）创立新的有效的民主立法机制。例如开设网络“立法论坛”等，通过专门的立法网络，搭建与常委会组成人员、人大代表、政府有关部门、立法顾问、基层联系点、社会公众以及其他省市立法机构等的互动和沟通平台。①

三、吉林省2014年度地方立法的不足与未来展望

（一）吉林省2014年度地方立法的不足

2014年，吉林省地方立法工作虽然取得了长足的进步和发展，但仍然有一些地方需要改进，立法是一项严谨、科学的工作，正是这项工作性质的特殊性，督促着吉林省地方立法机关在以后的工作中不断完善工作方式，提高立法质量和水平。存在的不足主要有：

1．立法内容多样性需要进一步加强

吉林省当前的立法，由于受到经济和社会条件制约，立法内容更多地侧重于城乡规划、管理和环保等方面，但是在有关社会保障、基层自治管理等方面的立法远远不能满足现实发展的需求。在未来五年的立法计划中，有关这些方面的立法都应在该计划中有所体现。

吉林省是资源大省，工业化发展程度在全国居于领先地位，因此，立法既要体现区域特色，也需要在新兴产业等领域进行立法规制。促进地区经济发展是地方立法的首要目标，吉林省的经济发展相对滞后，因此立法要在健全经济发展环境，促进各种性质的经济发展等内容上有所突破和创新。

2．立法的自主性不足，比照上位法的现象较明显，立法技术需要进一步提高

在当前的立法体系下，吉林省立法过程中较多地强调对国家立法的补充和细化功能，对地方立法的相对独立性重视不够，地方立法的自主性并没有发挥应有的作用。另外，立法机关在立法过程中对于相关项目的前期调查研究不够深入，立法的思路和法规的内容受主观因素影响比较多，或者拘泥于上位法抑或同位法，吉林省地方立法的针对性和科学性还需要进一步提高。地方立法的技术水平可能会受到我国整体立法技术水平的影响，我国

①参见丁祖年、吴恩玉：《立法公开的规范化与实效化探讨》，载《法治研究》2013年第3期。

《立法法》规定了统一的立法程序以及主要技术，为地方立法提供了标准化、一体化的技术规范。地方立法必须严格按照《立法法》的要求来展开。综观吉林省的地方性立法，需要注意的是：对于立法的内容结构、法规规章的行为模式和法律后果应当恰如其分，不得与上位法和同位法相互抵触；地方立法的语言技术还有待于进一步的准确和精当；权利和义务的设置需要相一致和相协调；地方立法大多数是根据本地实际生活的需要而产生，与广大人民的生活最为贴近，应当具有通俗性和可操作性，且易为人们所理解和掌握。①

3．立法人才缺失严重，立法工作者素质亟待提高

吉林省立法高层次人才缺乏，人才结构分布存在的缺陷与人才培养培训缺失，严重不适应科学立法的要求以及该省地方立法的需求，影响并制约着立法质量的提高与科学立法的实现。

立法高层次人才培养功在当代，利在千秋，因此吉林省应该加强地方立法高层次人才培养，组织在全省启动地方立法高层次人才培养规划的调查研究，并可以到人才培养走在前列的省市吸取经验，在调研的基础上做好地方立法高层次人才培养规划。

4．公众参与地方立法的效果有待提高

立法工作的专业化程度较高，因而使得公众参与的难度增加，在实践中也往往呈现为走过场的形式，这样的话就难以满足社会公众的切实需求，尤其是处于社会生活底层的弱势群体，他们更关注的是自身生存问题，对立法参与缺乏热情，即使勉强参与，由于自身条件的制约，也很难提出具有实施性的建议和意见，这显然会影响到公众参与立法的总体效果。从另一个方面来讲，由于参与途径和自身文化程度的限制，非理性化的参与时有发生，如抵制性参与、过激参与等，这些都将对民主政治建设乃至政治稳定产生消极的影响。因此，随着社会主义政治文明的逐步发展，如何培养公众对地方立法的参与能力，需要引起我们的重视，公众参与地方立法的程度亟待提高。②

（二）吉林省地方立法的未来展望

上述对吉林省地方立法存在问题的总结，也将为下一步吉林省地方立法工作的发展指明方向。未来几年，吉林省的地方立法应从以下几个方面进行完善：

1．加强社会管理立法，为社会管理体制的创新提供制度的保障

随着吉林省经济、社会的不断发展，在发展的过程中各种新情况、新问题也会层出不穷。相信随着中国特色社会主义法律体系的形成和不断完善，立法者的法治思维和法律素养的不断提高，在执行地方立法工作过程中也必将更加谨慎，以社会管理体制创新为重点

①参见王世波：《东北城市立法发展进程中的问题及其对策》，载《当代法学理论新视野》2013年第10期。

②参见田喜荣：《完善地方立法机制，推进地方民主立法》，载《人民代表报》2014年3月15日。

的立法工程也应相继展开。2014年的立法中，一些地方性法规和规章的出台已经突出了这一重点，例如《吉林省交易场所监督管理暂行办法》《吉林省禁止生产销售和提供一次性不可降解塑料购物袋》等。此外，还有多部相关的地方性法规也开始了调研论证，如《吉林省促进中小微企业发展条例》《吉林省网络商品交易监督管理条例》等，无论是已出台的还是正在调研论证的，都可以从中看出该省立法有加强社会管理体制创新立法的倾向。

2．立法要综合考量不同社会群体的需求

近年来，党和国家一直以人民群众是否满意作为衡量各项工作的基本出发点和立脚点，立法工作作为其中重要的一项，也应当以此为标准。社会调查显示，公众对吉林省立法工作和法治建设取得的成绩给予了肯定，但在某些方面，许多群体也表达了自己的诉求，例如有关老年人权益、食品卫生安全方面立法保护力度不够，应该进一步加强。

法治建设要关注不同群体的不同需求。例如，弱势群体、流动人口对于社会公平表现出强烈需求，因为这些群体在社会、经济快速发展的时代潮流中处于劣势地位，对城市的归属感意识薄弱，因而迫切需要来自政府和社会的保护和帮助。还有一类群体就是律师，他们拥有一定的经济和社会地位，对于政治参与和政治表达也有强烈的需求，希望可以通过以类似民主协商的方式参与立法进程，用他们自身的智慧为社会管理制度的创新和进步贡献一份力。因此，在今后的立法中，要对不同利益需求的群体进行分类划分、特色引导。

3．加强区域立法协作

区域一体化的立法是符合当今社会发展潮流的。珠江三角洲、长江三角洲立法的一体化所带来的经济发展一体化，是东北地区区域一体化发展的良好模板。从历史条件来看，东北地区有着较为相似的社会习俗习惯，类似的发展产业，可以一体化发展的农业和经济。东北的城市分布也相对比较密集，高速铁路的发展带动了区域的共同发展与信息的共享，这为实现区域一体化立法提供了现实的社会条件。在第二届东北四省区行政首长联席会议上，达成了东北东中部战略性新兴产业经济带与蒙古东部地区产业带的多重链接。区域立法一体化是东北地区发展的重要指明灯，也会是一次带有变革性的立法新突破。

4．深入推进科学立法、民主立法

首先，要发挥省人大对立法工作的引领作用，健全立法的立项起草、论证调研以及审议三大机制。要创新一些立法工作制度，例如基层立法联络点制度，努力推进立法工作向精细化的方向发展。要不断完善立法起草工作向人大代表征求意见的制度，同时要增加人大代表参加人大常委会会议的人数，从各方面努力，充分发挥人大代表在立法进程中的作用。

其次，完善立法机关和社会公众沟通机制，在立法过程中进行民主协商，发挥政协委员、民主党派以及其他社会组织在立法协商中的作用。探索建立有关国家机关、社会团体、专家学者等对于在立法中所涉及的重大利益进行调整的论证咨询机制。开拓公民有序参与立法活动的方式，健全法规规章草案的公开征求意见及意见采纳情况公开机制，广泛征求各方意见。

5. 加强立法人才的培养，提高立法工作者素质

地方性法规规章的清理、修改、废止要求立法工作人员不仅要有立法为民的负责态度，还要有丰富的法律知识和较高的立法技术，有良好的法律素养。立法是一门科学，很难指望没有立法知识和技术的人员能制定出高质量的法律。立法程序中最重要的问题是如何确保决定者的素质和提出合理的立法意见。为此，吉林省立法机关应该努力提高立法工作人员的素质。

提高立法工作人员的素质，首先，目前最合理的方式是人才引进。近些年，随着法学教育的发展，宪法学和行政法学的研究生越来越多，各地进行法制建设的专业人员也不断增多，从不同的地方引进具有高学位并富有实践经验的立法人员是最便捷的方法。其次，要组织地方立法的工作人员参加法律专业知识讲座，加强业务学习和研讨，使立法工作人员能学到最新的法律知识，熟悉相关领域的理论发展动态，提高立法专业水平。①

展望吉林省立法工作的未来，依然是任重道远，正所谓“路漫漫其修远兮”。随着法治进程的不断推进，各方面的法规皆会竞相出台，法规的冲突也会不断出现，如何解决这些冲突、如何将这些庞大的法规形成具有地方特色的体系，这都是以后要解决的问题，也是真正考验立法者水平的地方。不过我们要坚信随着立法技术的革新，立法者素质的提高，吉林省的法制建设定会紧随经济的发展，实现共同繁荣。

---

①参见周伟：《论我国地方立法存在的问题及其解决》，载《河南财经政法大学学报》2013年第2期。

第九章　黑龙江省2014年度立法发展报告

杨治坤[①]

摘　要：2014年，黑龙江省人大和政府立法机关，结合省情，围绕“五大规划”发展战略和东部陆海丝绸之路经济带建设，以及建设农业、工业和生态大省，以立法引领重大改革事项和社会民众热点关注问题，创新细化立法内容，建立立法审议和立法清理新机制。不过，黑龙江地方立法也存在一些不足，需要从完善人大和政府立法项目征集与论证制度、健全科学民主立法机制、完善立法评估制度几个方面进行制度机制创新。

关键词：黑龙江省　立法发展报告　立法引领　机制创新

一、黑龙江省2014年度立法发展状况

（一）黑龙江省2014年度立法状况总体评述

黑龙江省共有省人大、省人民政府两个省级立法主体，哈尔滨市、齐齐哈尔市两个地级市立法主体，杜尔伯特蒙古族自治县一个民族自治地方立法主体。

2014年，黑龙江省人大及其常委会围绕“五大规划”发展战略和东部陆海丝绸之路经济带建设，结合省情实际，紧扣重大改革事项和社会民生关注的聚焦领域，加强地方性法规制定工作，制定地方性法规7件、修改2件，审查批准地方性法规及相关决定6件。制定7件地方性法规分别为：《黑龙江省安全生产条例》《黑龙江省道路交通安全条例》《黑龙江省规范行政许可条例》《黑龙江省城乡规划条例》《黑龙江省科学技术进步条例》《龙凤山区域大气本底站气象设施和气象探测环境保护条例》《黑龙江省城市清除冰雪条例》；修改《黑龙江省人民代表大会常务委员会议事规则》《黑龙江省人口与计划生育条例》2件地方性法规；废止《黑龙江省行政许可监督条例》和《黑龙江省实施〈中华人民共和国城市规划法〉办法》2件地方性法规。

黑龙江省人民政府2014年度共制定了《黑龙江省新增集中供热热源及热网工程管理办

①杨治坤，法学博士，副研究员，广东外语外贸大学外国语言文学博士后科研流动站在站博士后研究人员。研究方向：行政法、地方立法。

法（试行）》和《黑龙江省地方志工作规定》2件政府规章。

在省首府所在市和较大市制定地方性法规上，哈尔滨市人大常委会制定了《哈尔滨市妇女权益保障条例》《哈尔滨市城市环卫作业人员安全保障条例》2件，修改了《哈尔滨市城市绿化条例》，一次性“打包”修改《哈尔滨市历史文化名城保护条例》等12件，一次性废止《哈尔滨经济技术开发区条例》等5件地方性法规；齐齐哈尔市人大及其常委会制定了《齐齐哈尔市防震减灾条例》和《齐齐哈尔市城乡规划条例》2件地方性法规，废止1件地方性法规。

在地方政府规章立法上，哈尔滨市人民政府制定了《哈尔滨市行政执法档案管理办法》，修改了《哈尔滨市松花江湿地旅游管理办法》《哈尔滨市高层建筑和重点区域临街建筑楼体灯饰设施管理规定》《哈尔滨市地下管线管理暂行办法》《哈尔滨市经济适用住房管理办法》等6件政府规章，通过集中清理，对不再适应社会发展的43件政府规章进行了废止；齐齐哈尔市人民政府制定了《齐齐哈尔市医疗纠纷处置办法》《齐齐哈尔市非机动车管理暂行办法》《齐齐哈尔市存量房网上交易和交易资金监督管理办法（试行）》等3件政府规章，修改了《齐齐哈尔市军人抚恤优待办法》。同时，齐齐哈尔市人民政府还对政府规章做了一次性清理，保留继续有效的为44件，个别条款待修改的20件，废止21件。

2014年，杜尔伯特蒙古族自治县没有制定新的自治条例或单行条例。

总体而言，黑龙江省2014年度地方立法呈现出社会管理和民生立法比重较大，立法中立、改、废并重的良好状况。

（二）黑龙江省2014年度地方性法规发展状况

在省人大立法方面，2014年度省人大寄予厚望的《黑龙江省科学技术进步条例》圆满完成修订工作。该条例修订历时三年，通过多次调研、修改、论证，在新条例中对各方主体的权利、义务进一步明确，制度安排上将更贴近省情，促进科技进步的有效措施纳入了立法，这是该省落实创新驱动发展战略、促进科技进步的一部重要法规。

根据中央有关人口和生育政策变化，省人大积极推动“单独二孩”政策在省内的落实，组织完成了对全省人口形势分析、相关调研测算、风险评估及基层工作研判等立法准备工作，修订了《黑龙江省人口和计划生育条例》。

《黑龙江省道路交通安全条例》在制度上回应了社会民众对与自身有切身利益的居民区周边停车收费问题的关注。

黑龙江省人大结合省情和地域、气候特色，起草《黑龙江省城市清除冰雪条例》草案。经过省人大常委会多次审议，于8月14日召开的十二届第十三次会议表决通过，该条例的施行，使清除冰雪工作由常态性、群众性、政府主导性向制度化、法制化转变。

针对黑龙江省城乡规划立法需要，省政府法制办、省人大及省住建厅组成的《黑龙江省城乡规划条例》立法调研组，早在2011年10月24日就去鹤岗市进行立法调研，鹤岗市规划局、建设局、发改委等相关部门负责人参加座谈，提出许多建设性的意见；2014年10月28日至29日，省人大常委会法制工作委员会再次就城乡规划条例立法到黑河市调研，并召开行政管理部门座谈会、相关单位和人大代表座谈会，调研组还到黑河城市规划体验馆进行实地调研。调研组对调研过程中获取的关于城乡规划的制定与执行、更改规划的限制和处罚、农村集体土地上房屋规划审批程序、临时建筑等与规划相关的热点问题资料，对《黑龙江省城乡规划条例（草案）》的完善具有重要参考意义。2014年12月17日，黑龙江省第十二届人民代表大会常务委员会第十六次会议通过该规划条例。

哈尔滨市人大常委会在2014年度共制定、修改了15件地方性法规，一次性废止了5件地方性法规。为了制定《哈尔滨市妇女权益保障条例》，早在2013年10月，哈尔滨市人大常委会组成哈尔滨市妇女权益保障立法调研组，深入尚志、延寿开展妇女权益保障和老年权益保障情况调研，通过召开座谈会的形式，听取相关部门对妇女权益保障立法以及制定《哈尔滨市妇女权益保障条例》的意见和建议。该条例后经哈尔滨市第十四届人民代表大会常务委员会第十五次会议于2014年6月20日通过，黑龙江省第十二届人民代表大会常务委员会第十三次会议于2014年8月14日批准后公布。2014年4月28日，哈尔滨市人大常委会第十四次会议对《哈尔滨市城市道路管理条例》《哈尔滨市历史文化名城保护条例》等12件地方性法规进行集中审议通过，经黑龙江省第十二届人民代表大会常务委员会第十一次会议于2014年6月13日批准后颁布实施。

齐齐哈尔市人大常委会2014年共制定了《齐齐哈尔市防震减灾条例》《齐齐哈尔市城乡规划条例》2件地方性法规。根据齐齐哈尔市人大常委会2014年立法工作计划，齐齐哈尔市人大教科文卫委员会于7月17日召开专门委员会会议，对齐齐哈尔市政府提请的《齐齐哈尔市防震减灾条例（草案）》进行了审议；市人大常委会于8月8日召开《齐齐哈尔市防震减灾条例（草案）》征求意见座谈会，明确条例（草案）重点应放在“防”和“减”这两个点上，市直各相关单位和部门人员参加会议，并对具体条款展开讨论，提出相应修改建议；8月15日，市人大常委会再次召开会议，向市地震局、各县（市）、区科技（工信）局主管地震工作的负责人征求意见；8月20日，市人大常委会召开《齐齐哈尔市防震减灾条例（草案）》专家论证会；9月19日，齐齐哈尔市第十五届人民代表大会常务委员会第二十四次会议审议通过了《齐齐哈尔市防震减灾条例》。

（三）黑龙江省2014年度地方政府规章发展状况

在省级政府规章制定方面，2014年黑龙江省人民政府共制定《黑龙江省新增集中供热热源及热网工程管理办法（试行）》《黑龙江省地方志工作规定》2件政府规章。

为推进基础设施建设领域改革，提高集中供热建设、管理及服务水平，2014年9月11日黑龙江省政府第三十一次常务会议审议通过了《黑龙江省新增集中供热热源及热网工程管理办法（试行）》，该办法对《黑龙江省城市供热条例》不涉及的新增集中供热热源及热网工程投资经营主体市场化招标政策作出规定，使投资经营主体招标有法可依、有章可循，为鼓励公平竞争、拓宽市场化融资渠道、提高供热项目管理和经营水平创造了条件。该办法要求全省供热主管部门和相关部门科学、合理地划定供热分区，每个供热分区在满足供热需求的前提下只能有一个主热源，以维持供热的一贯性。

为了规范地方志编纂工作，科学、合理地开发利用地方志资源，服务经济社会发展，2014年9月11日，黑龙江省政府第三十一次常务会议审议通过《黑龙江省地方志工作规定》，标志着该省地方志工作的法制化建设达到了一个新高度。该规定从该省地方志工作实际出发，就地方志工作的任务要求、组织保障、审查验收、编纂出版、管理使用等作出了具体规定，对人员经费、资料收集等修志工作中的突出问题提出了明确要求。该规定重申了各级政府的修志职责，强调："县级以上人民政府应当将地方志工作纳入国民经济和社会发展规划，所需经费列入本级财政预算。"为进一步规范修志工作，该规定对地方志书、地方综合年鉴的编纂主体、时间进度、稿件质量、出版使用等都提出了具体要求，突出了地方志的社会服务功能。

2014年，哈尔滨市人民政府共制定、修改6件政府规章。其中，2014年4月4日市人民政府第三十六次常务会议集中修订了《哈尔滨市高层建筑和重点区域临街建筑楼体灯饰设施管理规定》等4件规章。针对该市存在各部门行政执法档案管理混乱、归档范围和标准不统一等问题，为促进行政执法部门规范执法，规范执法档案管理，2014年8月28日，市人民政府第四十一次常务会议通过《哈尔滨市行政执法档案管理办法》。该办法对行政执法档案的收集整理、立卷归档、保管鉴定以及行政执法档案工作者违法违纪情况给予了明确规定，对行政执法档案数字化工作提出新要求。

2014年，齐齐哈尔市人民政府共制定3件、修改1件政府规章，并对全部政府规章做了一次清理。这些规章对医疗纠纷、非机动车管理、存量房网上交易、军人抚恤优待等进行规定，着重解决社会的热点难点问题，反映了社会的立法需求。

二、黑龙江省2014年度地方立法的特色和亮点

2014年，黑龙江省两级立法主体围绕建设农业大省、工业大省、资源大省以及海上丝绸之路经济带，特别加强了经济发展与社会民生领域立法，以地方立法引领、回应经济发展和民生热点问题，创新立法内容和立法机制，探索提高立法审议质量新制度，创新地方立法清理机制。可以说，该省2014年地方立法中，不乏特色与亮点之处，具体表现为：

1. 以立法引领经济发展和回应社会民生问题

2014年，黑龙江省尤为重视以立法引领经济发展，以立法回应社会民生热点问题，在已制定的法规规章中，经济管理和社会民生立法占了大部分。如黑龙江省人大常委会第

十三次会议表决通过的《黑龙江省城市清除冰雪条例》，以立法规范和引领冰雪清理工作，该条例是国内首个省级清除冰雪条例，属创制性立法。

为鼓励科技创新，该省历时三年，完成了《黑龙江省科学技术进步条例》修订工作。该条例进一步明确了政府、企业、科研机构、大学、科技人员等促进科技进步相关主体的权利、义务与责任，创新改革评价与激励机制，如改革科技人员职称评价标准，明确科技人员以智力要素参与分配的比例下限，规定对科技人员宽容失败等，这些体制机制创新将极大地激发科技人员创新创业热情。

没有了黑土地，就不是名副其实的黑龙江了。由于保护力度不够，原来几十厘米厚的耕地层仅剩十几厘米，黑土层在变薄，盐碱化加剧。省人大已将“耕地质量”问题列入2015年立法计划，《黑龙江省耕地质量条例》初稿已完成，拟通过地方立法，规定建设项目占用耕地，要妥善安置黑土层，对在黑土地上直接开发行为予以处罚，对辖区耕地质量进行动态监测、耕地质量详查，建立耕地质量等级评价和耕地质量档案等制度。

在交通领域，校车安全、停车收费问题直接关系到千千万万的社会民众。对这些民众高度关注的民生问题，省人大机关经过实地调研等多种形式，广泛征求各方意见，不断修改完善，在《黑龙江省道路交通安全条例》中对校车安全管理、发展公共交通、设立交通事故救助基金、划定路内停车泊位与免收费等热点问题进行明确，回应了社会民众的公共需求。

消费者维权是一个老生常谈却又沉重的话题，针对消费维权难度大、重点领域消费投诉量居高不下，霸王条款时有发生以及网络购物带来的消费维权新问题，黑龙江省人大组成检查组，在多地开展调研和执法检查，为下一步修订完善《黑龙江省消费者权益保护条例》打好基础，切实做到以法律规范、指导消费者维权。

2．创新、细化立法内容，提高法规规章的可执行性

2014年黑龙江省地方立法中，在内容上无论是创新还是细化，不乏可圈可点之处。如《黑龙江省城市清除冰雪条例》在管理体制机制、权利义务配置方面的规定有一定创新性，还结合省情地域实情和气候特色，坚持清雪绿色环保原则，对融雪剂使用范围、技术规范和违反责任进行明确，细化清扫时限，修改前以天为计算单位，现修改为以小时为单位，使得法律规范更具有可操作性。

市民高度关注的《黑龙江省道路交通安全条例》从七个方面进行修改细化，如细化各部门的道路交通安全责任，强化重点车辆和重点驾驶人的管理，完善道路通行条件内容，对突出的道路交通违法行为提出管控措施，完善交通事故处理程序，加强执法监督、严格规范执法，调整法律责任条款和罚款标准。

为了加强龙凤山区域大气本底站气象设施和气象探测环境保护，确保气象探测信息的代表性、准确性、连续性和可比较性，10月23日，黑龙江省人大常委会审议通过了我国第一部大气本底站探测环境保护地方性法规《龙凤山区域大气本底站气象设施和气象探测环境保护条例》。该条例对本底站管理体制机制、保护技术规范、具体管理制度等方面进行规范。

《黑龙江省新增集中供热热源及热网工程管理办法》则从推进基础设施建设领域改革，提高集中供热建设、管理及服务水平着手，合理划定供热分区，规定每个供热分区在满足供热需求的前提下只能有一个主热源，以维持供热的一贯性。

3. 借助外脑，探索建立提高立法审议质量的新制度

为提高立法审议效果，黑龙江省人大常委会举办第四次专题讲座，邀请专家讲授关于创新驱动发展战略相关问题，协助省委常委会组成人员和各方面相关人员加深对党的十八大提出的创新驱动发展战略精神的理解，为《黑龙江省科学技术进步条例（修正案）》做好审议准备工作。

省人民政府法制办起草下发《关于建立政府法律顾问制度的意见（征求意见稿）》，要求省政府工作部门、市级政府及工作部门应当在2015年6月底前建立政府法律顾问制度，县级以上政府应当建立政府法制机构人员为主体、吸收专家和律师等参加的法律顾问队伍。

哈尔滨市人大常委会推行法律助理制度，首批选拔出50名市人大常委会法律助理上岗，法律助理仅在法规草案一审前为常委会组成人员开展立法审议工作提供一对一的专业法律服务。这是该市人大常委会坚持科学立法、提高立法审议质量的重要探索。

4. 积极清理地方立法，创新地方立法立、改、废工作机制

2014年，省人大非常重视地方立法清理工作，委托第三方清理地方性法规，创新立法清理机制。为增强地方性法规的可执行性和可操作性，扫除制度性障碍，充分发挥立法的引领和推动作用，10月17日，省人大常委会召开全面清理地方性法规及决议、决定工作会议，与五个受委托高校（所）签订委托清理地方性法规协议，正式启动该省全面清理地方性法规工作。采取委托形式清理地方性法规，是科学立法、民主立法的一次创新机制，在该省立法史上尚属首次。委托清理地方立法，要求对该省现行有效的地方性法规和具有法规性质的决议、决定进行一次综合性检查，查找问题，为地方性法规的立、改、废、释提出针对性完善建议。

省人民政府也非常重视开展对既有立法的清理工作，为此专门颁发《关于开展地方性法规、政府规章和规范性文件清理工作的通知》。齐齐哈尔市人民政府也组织相关部门对2013年12月20日以前以该市政府及市政府办公厅名义制发的规范性文件进行了全面清理，共清理规范性文件270件，并将清理情况经市政府常务会议讨论通过后向社会公布。

三、黑龙江省2014年度地方立法的不足与未来展望

（一）黑龙江省2014年度地方立法不足

尽管2014年度黑龙江省地方立法取得了不错的成绩，但立法活动本身也反映或暴露出一些共性问题。主要表现在：

1．人大与政府立法权限界分模糊，存在人大立法懒政和政府立法权越位之嫌

根据《立法法》的相关规定，地方性法规和地方政府规章都有执行法律、行政法规的功能，其中地方性法规立法范围为地方性事务，政府规章立法范围为本行政区域的具体行政管理事项，这两者本身存在一定交叉重叠，《立法法》对地方人大与地方政府立法权限规定过于原则、模糊。同时，在立法程序上，制定政府规章程序相对简洁，便于审议通过，加之行政牵涉面广，管理的及时性、灵活性和效率性等优势可让行政部门最先感知社会立法需求；人大对政府立法的路径依赖和部门利益法制化冲动，很容易导致出现两种倾向，一是一些本应制定地方性法规规定的事项，可能制定政府规章降格规制，二是本应由地方政府规章规定的事项，上升为地方性法规调整。比如说《龙凤山区域大气本底站气象设施和气象探测环境保护条例》是省人大制定的地方性法规，但从其调整对象而言，就是定位于"龙凤山区域大气本底站气象设施和气象探测环境保护"，无论是规范涉及的地域效力范围，还是规范的具体调整范围，都是相对比较单一，可能制定政府规章调整也未尝不可；另如，在哈尔滨，有关城市道路管理、粉煤灰综合利用管理、城市绿化管理、殡葬管理、地名管理、养犬管理、节约用水管理等，都是通过该市人大制定相应的管理条例，由地方性法规来调整，而从法律调整事项而言，这些既属于地方性事务，也属于相对比较单一的具体行政管理事项，如果制定政府规章调整，也是可行的。相反，涉及住房、社会保险等直接关系社会民众生存的事项，由地方性法规调整比政府规章调整更为妥当。出现这种情况，在一定程度上存在人大立法懒政或不作为，以及政府越权立法之嫌，甚至造成立法真空地带或立法滞后现象。

2．民主立法、科学立法还浮于形式，立法机制有待创新

2014年，黑龙江省人大和地方立法程序上，遵循传统手段和模式，尽管在民主立法、科学立法形式上做到了保证立法工作的征求意见、透明度，但缺乏具体的机制创新，直接影响到地方立法质量。如在制订年度立法计划上，主要是由政府确定立法需求，没有立项前的民意调研；在公布立法草案环节，人大和地方立法都是只在其官方网站上公布草案，如《黑龙江省城乡规划条例（草案）》《黑龙江省安全生产条例（草案）》都在人大官网公布，电子回复邮件，渠道比较单一，公布时间也比较短，一般规定7日至10日，无法满足民众多样化获取地方立法资讯的需求，同时也没有对征求意见是否采纳的反馈机制和说明理由制度；在草案起草环节，政府职能部门负责起草立法草案占绝对比重，没有第三方参与立法草案起草，没有专家咨询；在审议环节，地方人大立法在程序上比政府立法相对复杂，从公开资料开，地方人大对立法草案审议表达出不同的修改完善建议，而政府规章则审议相对顺利，送审的议案没有不通过的。这些常规性的立法程序在一定程度上浮于形式，立法的具体机制、制度需要结合省情进行创新。

3．行政主导立法草案起草现象比较普遍

地方人大主导地方性法规制定工作，地方人民政府主导政府规章制定工作，本无争

议。但是，社会立法需求往往由行政职能部门最先发现，行政职能部门也最为熟悉现实待决问题和实际情况，拥有信息、经验的比较优势，因此，由行政职能部门负责地方立法草案起草工作具有一定的现实针对性与合理性。但是，行政职能部门在起草法规规章草案时，难免从部门立场和管理便利出发，甚至将部门利益裹挟其中，扩大权力或减轻责任，忽视权利保障。这些倾向或行为不仅背离了社会对地方立法的公正需求初衷，也严重危害了法律的权威。以2014年黑龙江省级地方立法为例，省人大通过的9件地方性法规中，有7件是由政府职能部门负责起草的，这7件分别为：《黑龙江省安全生产条例》《黑龙江省道路交通安全条例》《黑龙江省规范行政许可条例》《黑龙江省城乡规划条例》《黑龙江省科学技术进步条例》《黑龙江省城市清除冰雪条例》《黑龙江省人口与计划生育条例》。

（二）黑龙江省地方立法的未来展望

1．完善人大和政府立法项目征集与论证制度

《立法法》对地方人大和地方政府的立法权限规定过于原则，存在一定模糊性，立法事项有一定交集。对地方人大和地方政府立法权的法律规制，属于宪法保留范畴，应当由宪法性法律调整。因此，在现行《宪法》《立法法》对二者立法权限没有进一步完善的情况下，地方人大和地方人民政府可以在健全地方人大和地方人民政府主导立法的体制机制上下功夫，完善人大和政府立法项目征集与论证制度。地方人大和地方人民政府可以联合协同，向法定提案主体、社会各界征集立法建议项目，在此基础上，召集有人大各专委会、政府相关职能部门、法律专家、行业代表、律师、社会民众代表参加的立法建议项目立项评估论证会，以确定拟立法事项采用地方性法规或地方政府规章加以规范的合适性。这一制度可在一定程度上减少现实立法实践中地方人大和地方人民政府存在的立法越权、立法懒政、立法不作为，或立法争权现象。

2．继续加强对热点问题的立法回应

地方立法作为地方经济社会文化等各领域协调发展的制度安排，既是调节社会利益关系的有效途径和载体，也是凝聚省区社会共识、协调经济社会文化均衡发展、分担社会风险的有效形式。黑龙江省需要继续推动实施“两大平原”现代农业综合配套改革，以此为契机，加快发展现代农业，加强经济转型与发展，推动有关民众切身利益的教育、社会保障、住房、公共文化和健康等领域的地方立法，以立法回应社会热点问题，通过立法来引领改革方向、推动改革进程。

3．继续加强民主、科学立法机制创新，着力提高立法质量

民主、科学的立法机制，得益于立法过程中开拓新渠道、新方式，把各个基本环节工作做实。（1）在地方立法草案起草环节，必须进一步强化地方人大主导立法工作。主导立法不是部门（机构）立法，不是封闭立法，恰恰是要打破部门立法。具体地说就是要扩大人大牵头组织起草法规草案范围，对于综合性、全局性、基础性的法规草案，建议由人大

相关专门委员会和常委会法制工作机构组织有关部门、法律专家、律师、行业代表等组成草案起草小组；重要行政管理地方政府规章由政府法制机构牵头，组织有关部门、法律专家、律师、行业代表等组成草案起草小组。起草小组应当深入基层，丰富调研方式，综合运用蹲点调研、跟踪典型案例、座谈访谈、问卷调查等多种调研方法，尽量多地掌握第一手立法需求材料。（2）完善公布法律草案征求意见机制，拓宽公布渠道，适应不同人群对立法资讯的获取，如广播、电视、网络、电台、报纸等多种传输方式并举，辅以对被采纳的意见或建议予以一定的激励，健全公众意见采纳情况反馈机制，积极回应社会关切。（3）在草案审议环节，可以建立国家法律与政策的宣讲学习制度，增强参会审议人员对地方立法相关背景的宏观把握；另外，可以借助外脑，建立法律顾问或法律助理制度，直接为审议人员提供法律咨询或服务。对那些审议中存在较大分歧的重要立法事项，引入第三方评估制度，以充分听取各方意见。

4．完善立法评估制度，善用立法评估效果

通过建立或完善立法前、立法后评估制度，把正向思维和逆向思维结合起来，善用立法评估效果，既重视法律利害关系主体、专家学者的意见，也要便于地方管理部门有动力、有效力执行。（1）探索建立地方立法出台前评估制度。在地方立法草案提请审议表决前，可以邀请部分地方人大代表、政府相关管理部门代表、专家学者、行业代表、民众代表参加座谈会，对地方立法草案内容的可行性、合法性、立法出台时机以及实施后的积极效果预测、消极效果评价及其对策等进行综合评估，为立法审议决策提供参考。（2）完善地方立法后评估制度。对已经实施的地方立法，可以邀请部分地方人大代表、政府相关管理部门代表、专家学者、行业代表、民众代表参加座谈会，或者是委托第三方，对地方立法执行实施情况进行综合评估。利用立法后评估效果，完善对既有地方立法进行立、改、废的动态监测与修订机制。

第四编　华东地区立法报告

第十章　上海市2014年度立法发展报告

陈　俊①

摘　要：2014年，上海市人大及其常委会、市政府以科学立法、民主立法精神为指引，围绕促进改革开放、为上海当好全国改革开放排头兵和科学发展先行者，认真依法履职。共审议地方性法规草案20件，表决通过了其中的13件；制定了5件、修改11件、废止4件政府规章。总体而言，这些立法服务改革发展大局、突出经济社会重点领域、先行先试，亮点纷呈，成绩突出。

关键词：上海市　立法发展报告　科学立法　民主立法

一、上海市2014年度立法发展状况

（一）上海市2014年度立法状况总体评述

上海市共有市人大、市政府两个省级立法主体，分别行使地方性法规和地方政府规章立法权。

2014年，上海市人大及其常委会认真贯彻党的十八大和十八届三中、四中全会精神，深入学习贯彻习近平总书记系列重要讲话精神，在中共上海市委领导下，以科学立法、民主立法精神为指引，围绕促进改革开放、为上海当好全国改革开放排头兵和科学发展先行者，认真积极履职。全年共召开8次市人大常委会会议，审议地方性法规草案20件，表决通过了其中的13件。其中有关社会方面的立法4件，经济方面的立法2件，行政方面的立法6件，涉及区域立法1件。

2014年，上海市人民政府共制定5件、修改11件、废止4件政府规章。其中，《上海市

①陈俊，法学博士，华东师范大学立法与法治战略研究中心主任，教授，博士生导师。研究方向：立法学、法理学、宪法学。

居住房屋租赁管理办法》《上海市查处车辆非法客运办法》《上海市医患纠纷预防与调解办法》等规章，引起了社会公众较大的关注和积极反响。

总体而言，上海市2014年度地方立法呈现出突出经济社会发展重点领域、注重提高地方立法质量、服务改革开放和科学发展先行先试的发展态势，成绩喜人。

（二）上海市2014年度地方性法规发展状况

2014年度，上海市人大常委会审议和表决通过的地方性法规有13件。分别是《上海市村民委员会选举办法》《上海市大气污染防治条例》《上海市养老机构条例》《上海市文物保护条例》《上海市人口与计划生育条例》《上海市人大常委会关于市人民政府制定规章设定行政处罚罚款限额的规定》《中国（上海）自由贸易试验区条例》《上海市建筑市场管理条例》《上海市防汛条例》《上海市查处车辆非法客运若干规定》《上海市精神卫生条例》《上海市消费者权益保护条例》《上海市旅游条例》。

此外，在2014年度，《上海市教育督导条例》已经上海市人大常委会第十八次会议二审，并于2015年2月11日由市十四届人大常委会第十九次会议表决通过。该条例于2015年5月1日起实施。

2014年度，从上海市人大这一立法主体看，也在立法上取得了重要进展。《上海市实施〈中华人民共和国全国人民代表大会和地方各级人民代表大会代表法〉办法》《上海市人民代表大会关于代表议案的规定》《上海市人民代表大会关于代表建议、批评和意见的规定》（合称“一办法两规定”）共计3件地方性法规，在2014年度经市人大常委会三审，提交市十四届人大三次会议审议和表决。

2015年1月29日，上海市第十四届人民代表大会第三次会议表决通过了《上海市实施〈中华人民共和国全国人民代表大会和地方各级人民代表大会代表法〉办法》《上海市人民代表大会关于代表议案的规定》和《上海市人民代表大会关于代表建议、批评和意见的规定》。这是继2001年之后，上海市人代会再度对地方性法规进行审议、表决。并且，在一次人代会会议上同时审议、表决三部地方性法规草案，在上海尚属首次，取得了突破和进展。

（三）上海市2014年度地方政府规章发展状况

在市政府规章制定方面，2014年上海市人民政府突出重点，提高质量，政府规章立法工作取得新进展，主要是在三方面加强了立法。

一是加强保障城市管理和安全运行方面的立法。主要涉及5件政府规章。2014年，市政府制定了《上海市促进生活垃圾分类减量办法》《上海市市容环境卫生责任区管理办法》2件政府规章，修改了《上海市居住房屋租赁管理办法》《上海市查处车辆非法客运办法》2件政府规章，废止了《上海市地面沉降防治管理办法》。

二是加强涉及社会治理和民生改善方面的立法。主要涉及5件市政府规章。制定了《上海市医患纠纷预防与调解办法》《上海市社会消防组织管理规定》《上海市公共场所外国文字使用规定》3件政府规章，修改了《上海市生活饮用水卫生监督管理办法》，废止了《上海市养老机构管理办法》。

三是加强维护市场秩序和保障合法权益方面的立法。涉及《中国（上海）自由贸易试验区条例》等5件市地方性法规，已由市政府提交市人大常委会审议和表决通过。

此外，还包括修改8件市政府规章和废止2件规范性文件。2014年，在全市开展规章、规范性文件涉及行政许可的专项清理基础上，市政府作出了《上海市人民政府关于修改〈上海港口岸线管理办法〉等8件市政府规章的决定》，废止了《上海市一次性塑料饭盒管理暂行办法》和《上海市流动人口卫生防疫管理暂行规定》2件政府规章。

二、上海市2014年度地方立法的特色和亮点

（一）地方人大立法中的特色和亮点

2014年，上海市人大及其人大常委会积极履职，注重把立法与深化改革结合起来，注重发挥立法对社会重大热点问题的引领和主动回应，注重加强城市管理重点领域立法，注重关切民生改善，加强对群众合法权益的立法保护。人大立法中的特色和亮点具体表现为：

1. 注重发挥立法在深化改革中的引领和保障作用

建立中国（上海）自由贸易试验区是国家战略，旨在探索我国对外开放的新路径和新模式，培育我国面向全球的竞争新优势，打造中国经济“升级版”。上海市人大常委会把制定《中国（上海）自由贸易试验区条例》作为年度工作的重中之重，立足自贸区改革“先行先试”的定位和“重大改革于法有据”的法治要求，积极应对地方立法表达国家事权、政策入法等立法新问题和新挑战。

该条例的立法工作也是团结协作的过程。市人大法工委会同三十多个部门对条例草案进行反复修改，提交市人大常委会二审的修改稿对草案修改多达88%，拟提交市人大常委会的表决稿对修改稿又进行了多处修改。在条例立法过程中，形成的文稿多达80余件。

在制定该条例的过程中，市人大常委会不断拓展科学立法、民主立法的途径，积极探索了多项“微创新”：一是首次通过“上海发布”的微博、微信公共账号发布条例草案，借助庞大的“粉丝群”助力讨论；二是首次开展立法开放日活动，在上海自贸区外高桥办事大厅设立“条例草案征求意见点”，与各类企业现场互动；三是首次采取“一对象一提纲”方式，针对性地召开了共7次立法座谈会和1次立法论证会，通过拟定“个性化”的座谈提纲，提高会议质量和效率；四是首次尝试分类改稿会，根据内容请有关部门全程参加或分段参加；五是首次编印立法工作简报，15期专题简报便利了市人大常委会领导及让有

关方面尽快掌握有关信息。这些立法工作中的“微创新”，使民主立法的深度和广度得到进一步拓展。

2014年7月25日，市十四届人大常委会第十四次会议高票通过《中国（上海）自由贸易试验区条例》。这部条例集实施性法规、自主性法规、创制性法规三类地方性法规的性质于一身，固化了上海自贸区可复制、可推广的改革经验，并且通过“概括加列举”等表述方法，为未来的制度创新预留了空间，为培育国际化、市场化、法治化的营商环境，提供了立法保障。

2．注重对社会重大热点问题和本市重点工作主动做出立法回应

围绕全市整治“黑车”这一社会关注度高的重点工作，市人大常委会及时审议通过《查处车辆非法客运若干规定》，赋予政府对再次被查获的“黑车”予以没收、对克隆出租车予以直接没收等更严厉处罚方式的权力，为上海市有效打击非法客运，为规范本市客运市场秩序、维护乘客与合法经营者权益，提供了法制保障。

为积极应对上海市人口老龄化的趋势，市人大常委会制定了《养老机构条例》，明确政府应当制定养老设施布局专项规划，新建居住区或者旧区改造应根据规划配套建设相应养老机构，符合条件的养老机构可以使用医保卡结算。

3．积极推动长三角大气污染防治立法协作工作并取得实质性进展

上海市人大常委会在制定《上海市大气污染防治条例》时，主动进行跨区域的立法工作组织协调，积极推动长三角区域苏浙皖沪大气污染防治一体化工作并取得进展。牵头召开由长三角三省一市人大法制工作部门和有关专家学者参加的论证会，围绕长三角大气污染防治立法协作的具体条款进行专题研究。在区域立法协作上，上海牵头设计的大气污染防治示范性条款发挥了积极作用。

2014年，上海市人大立法中最大的亮点之一，是《上海市大气污染防治条例》的修订工作。通过修订，将此前的实时性法规改成综合性条例，将50多条条文改成108条条文。在法律责任的设计上有突破，突出“最严”，首次设定了按日连续处罚制、单位个人“双罚”制等新举措，将无证排污的最高罚款金额从10万元大幅提高到50万元，将“行为罚”的适用范围扩大到无组织排放，机动船、锅炉和窑炉冒黑烟等行为。该条例已于2014年10月1日起实施。

4．探索委托有关高校起草法规专家建议稿

市人大常委会在制定《中国（上海）自由贸易试验区条例》时，首次委托华东政法大学起草专家建议稿。在法规草案修改过程中，对专家建议稿进行论证并充分吸收建议稿中合理的成分，做实专家参与地方立法工作。

5．创新立法调研方式，地方立法更接地气

2014年，为进一步发扬立法民主，保障社会公众有序参与地方立法，人大常委会在立法中积极听取民意，“走出去”深入第一线调研，了解实际情况。例如，在制定《上海市

文物保护条例》时，赴工艺美术博物馆、丰子恺故居、嘉道理爵士住宅、王伯群住宅调研保护情况；在修订精神卫生条例时，赴静安区曹家渡街道阳光心园和市心理援助热线调研上海市有关精神卫生工作的实际情况；在制定教育督导条例时，赴徐汇区田林三中实地观察了徐汇区教育督导室对该校实施的综合性督导活动。

在2014年度立法工作中，向180余名市人大代表、150余名常委会组成人员征求意见，召开各类座谈会、论证会近30次，积极开展实地调研并赴外省市调研。

6．创新立法听证会方式，首次进行电视全程直播

2014年度，上海市人大常委会创新立法听证会方式，选择立法中的焦点问题举行公开听证，首次进行电视、广播、网络、微博全程直播，并请专家同步点评、解答提问。例如，《上海市消费者权益保护条例》立法听证会是全程4小时电视直播的，这在全国尚属首次。

7．积极探索优化代表参与立法工作方式方法创新

例如，就2014年度立法计划正式项目征求全体市人大代表的参与意向，据此邀请代表全程参与相关立法工作。又如，在修改《上海市实施〈中华人民共和国全国人民代表大会和地方各级人民代表大会代表法〉办法》《上海市人民代表大会关于代表议案的规定》和《上海市人民代表大会关于代表建议、批评和意见的规定》时，三轮征求全体市人大代表对法规草案的意见和建议，召开14次代表座谈会，努力做到征求市人大代表意见“全覆盖、无遗漏”。

（二）地方政府立法中的特色和亮点

1．回应社会热点问题，出台加强保障城市管理和安全运行方面的市政府规章

主要的立法是《上海市查处车辆非法客运办法》。该办法于2014年7月14日由市政府第五十四次常务会议审议通过，已于2014年8月1日起施行。

近年来，车辆非法客运活动严重扰乱正常的客运市场秩序，危及广大乘客的人身和财产安全，是上海城市管理中的一大顽疾，是受到社会广泛关注的热点问题之一。上海市委、市政府高度重视车辆非法客运的整治工作，并多次作出工作部署，努力遏制“黑车”蔓延的势头。《上海市查处车辆非法客运办法》的制定，是对2010年制定并经两次修正的市政府规章《上海市查处车辆非法客运规定》所作的废旧立新，有助于强化和完善查处非法客运的措施、手段，提高查处工作成效，形成长效机制。

《上海市查处车辆非法客运办法》针对此前管理上的空白，相应扩大了查处范围，明确禁止任何单位和个人为社会车辆提供车辆改装服务等“克隆”服务，违反者处以3万～10万元的罚款。此外，该办法还增设了对召车信息服务商违法行为的监管措施。要求召车信息服务商必须向交通行政管理部门提供驾驶员和车辆的信息，由交通行政管理部门对驾驶员和车辆进行营运资格的认定；对于经认定不具备营运资格的，服务商不得提供召车信息服务。

2. 针对上海社会治理中影响社会稳定的医患纠纷，及时出台政府规章

近年来，上海的医患纠纷呈频发之势，既困扰和影响医患纠纷当事人，也严重扰乱医疗秩序，成为影响社会稳定的突出问题之一。对此，上海市委、市政府领导高度重视引入人民调解机制解决医患纠纷，并多次进行专题协调。2011年6月14日，市政府下发《关于医患纠纷人民调解工作的若干意见》，对医患纠纷人民调解工作作了规定。两年多来，在司法、卫生计生、公安等相关部门的指导和协调下，经过各区、县医调委的积极工作，人民调解已经成为上海市化解医患纠纷的主要途径。

在市政府有关规范性文件的基础上，总结可行的做法和经验，《上海市医患纠纷预防与调解办法》这一市政府规章及时出台。2014年1月6日，《上海市医患纠纷预防与调解办法》（以下简称《办法》）经市政府第36次常务会议通过，于2014年3月1日起施行。制定《办法》的目的，是针对上海医患纠纷的突出情况，引入人民调解机制，及时预防和处置医患纠纷，注重保护医患双方当事人的合法权益，也注重维护医疗机构的正常秩序。

《办法》的主要内容包括：一是强调调解优先与调解自愿相结合；二是建立咨询专家制度，提高人民调解的公信力；三是明确人民调解员遴选和回避规则，保证人民调解的公平公正；四是探索建立人民调解与保险理赔衔接机制；五是注重维护医疗秩序，切实维护社会公众正常就医权利。

《办法》将市政府有关规范性文件上升为市政府规章，其制定出台标志着上海市医患纠纷人民调解工作的法治化水平上了一个新台阶，符合医患纠纷预防与调解工作长期性、连续性、综合性的工作要求，初步建立了预防和处置医患纠纷的长效、常态、法制化机制。

3. 注重运用法治思维破解上海大都市城市管理难题

上海是我国的经济、贸易、会展中心，GDP总量居全国城市之首。近几年，上海全市常住人口已突破2500万人。作为国际化大都市和我国的特大城市，上海面临着城市管理的诸多难题和挑战。

2014年，上海市政府重视运用法治思维，通过法律路径破解大都市城市和社会管理中的顽疾，积极探索依法破解城市和社会管理难题的基本路径。针对群租、违法建筑、非法客运、无序设摊等严重影响城市和社会管理秩序又长期难以根治的难题，通过探索法律制度创新和灵活运用现有法律资源，破解了无法可依或者有法难依的治理困境，取得了成效。

例如，针对群租，市政府制定了《上海市居住房屋租赁管理办法》，完善群租认定标准，加强部门间联合整治，提高违规处罚的上限。该规章实施以来，效果良好。

又如，针对违法建筑，市政府出台了《关于进一步加强本市非法建筑治理工作的实施意见》等文件，通过全面梳理和整治违法建筑相关的多部法律法规，进而综合各种法律资源，依法加强拆违工作，取得了良好效果。

再如，针对无序设摊，市政府制定出台了《关于本市进一步加强城市无序设摊综合治理工作的实施意见》，按照“疏堵结合，分类管理”的要求，实行“三个一批”，即依法取缔一批群众反映突出的城市无序设摊聚集点，改造设置一批临时设摊集中疏导点，规划建设一批商业服务网点，形成“严禁、严控、控制”分类管理标准规范，遏制无序设摊蔓延态势。同时，积极探索设立假日市场、跳蚤市场或临时钟点市场，既兼顾市民的消费需求，也努力解决设摊扰民、食品安全难以保障等问题。

三、上海市2014年度地方立法的不足与未来展望

（一）上海市2014年度地方立法的不足

上海市地方立法在2014年度取得了不错的成绩，呈现出很多亮点，但也仍然存在一些不足和差距。这些不足和差距，也对上海市地方立法机关在今后工作中改进工作方式，提高立法质量和水平，提出了要求。

据《上海市人民代表大会常务委员会工作报告》显示，上海市人大及其常委会立法中存在的不足主要有：“对改革发展新形势下立法需求的研究和回应还不够，敢于监督和善于监督的能力还有待提高，体察民情、反映民意还不够具体深入，对有法不依、执法不严、违法不究等问题的推动解决还不够有力等。我们将在今后工作中不断改进。”

上海市政府立法中存在的不足主要有：“政府自身建设中还有不少缺点和不足。政府职能转变仍未到位，重审批轻监管、重管理轻服务的倾向没有根本改变。依法行政的意识和能力有待增强，有法不依、执法不严、违法不究的问题依然存在。”据此，在政府立法中，围绕政府职能转变，加强服务和监管，增强依法行政的立法工作，还有待进一步加强。

（二）上海市地方立法的未来展望

1. 继续围绕改革发展大局，着力发挥立法的引领和推动作用

结合上海市“十三五”规划编制，需要开展上海中长期发展立法需求调研。

就2015年度立法工作而言，根据市十四届人大常委会第十九次会议2月11日表决通过的《上海市人大常委会2015年度工作要点》的要求，2015年度安排正式项目12件，去年结转项目4件；安排预备项目8件，立法调研项目5件。

具体地说，将继续审议老年人权益保障条例、集体合同条例、预防职务犯罪工作若干规定等法规草案；审议城市管理行政执法条例、供用电条例、非物质文化遗产保护条例、急救医疗服务条例、禁毒条例、绿化条例、制定地方性法规条例等法规草案，并根据本市行政审批制度改革情况修改部分法规；待条件成熟时，拟安排审议推进国际航运中心建设条例、街道办事处条例、住宅物业管理规定、烟花爆竹安全管理规定、食用农产品质量安

全条例、保护和促进台湾同胞投资条例、环境保护条例、任免国家机关工作人员条例等法规草案。

在立法调研方面，将组织相关方面开展自贸试验区建设发展立法建议、建设全球科技创新中心相关法规、社会信用体系建设和村委会组织法实施办法等立法调研。

从未来展望看，市人大常委会将继续注重改革发展大局，在立法上落实国家和上海市重要战略任务，主动适应改革发展需求，发挥立法的引领和推动作用。特别是，上海要继续当好全国改革开放排头兵和科学发展先行者，为此，需要始终把这个总要求贯彻落实到具体立法工作中，发挥立法的积极作用。

2．推出立法工作改进措施

关于2015年度的立法工作，市人大常委会将推出八个方面的改进措施：地方性法规规定和修改中的重大问题向中共上海市委报告制度；立法中涉及重大利益调整问题的论证咨询机制；立法中听取政协委员等社会各方意见机制；地方性法规草案公众意见采纳情况的反馈机制；建立基层立法联系点制度；立法专家顾问制度；区县人大参与市人大常委会立法工作机制；在市人大常委会会议上开展法规草案解读等措施。

3．完善相关立法工作机制

在完善立法相关工作机制方面，市人大常委会将贯彻落实党的十八届四中全会对立法工作提出的要求，研究探索尚未付诸立法实践的重要条款单独表决机制，加强地方性法规的立法解释工作，完善立法的立项论证机制，健全立法联系点制度，推进扩大社会公众有序参与立法工作，等等。

4．健全人大代表参与立法工作机制，有效发挥好代表的主体作用

完善人大代表参与立法工作机制，需要拓宽代表参与立法的渠道，进一步加强代表参与立法全过程相关制度建设。为此，市人大常委会将加强市人大法制委员会组成人员与人大代表的联系，建立健全邀请人大代表列席法制委会议、参与有关立法的工作规范，使相关工作制度化、规范化、长效化；发挥有立法和法律实务经验的代表在上海市地方立法工作中的作用，探索建立立法专业小组。

5．建章立制，加强制度建设，不断提高人大常委会自身建设水平

2014年，上海市人大常委会深入学习领会党的十八届三中、四中全会和习近平总书记系列重要讲话精神，努力把握改革发展新形势下加强和改进立法工作的新要求，围绕中心、服务大局，按照年度工作要点的安排，积极依法履职，努力完成了立法工作，取得了不俗的成绩。展望未来，加强和改进立法工作，对提高人大常委会自身建设水平提出了新的要求。

为此，需要不断加强相关制度建设，重点在市人大常委会有关制度和委员会相关制度的贯彻落实上下功夫。同时，继续围绕市人大常委会立法工作和市人大法制委统一审议等工作需要，充分发挥市人大立法研究所的平台作用，加强相关立法理论与实务的研究，提

高运用立法理论和法学理论指导立法实践的水平；进一步加强立法专家库建设，积极推进与高等院校、科研院所立法学和相关法律人才的交流和共建工作；继续加强工作班子和干部队伍建设，不断提高立法干部政治素养和法律专业水平。

6. 市政府立法将继续突出重点，提高质量，运用法治思维破解城市管理难题

在2014年度，上海市政府积极回应社会热点问题，及时出台《上海市查处车辆非法客运办法》等加强保障城市管理和安全运行方面的市政府规章；针对上海社会治理中影响社会稳定的医患纠纷，及时出台《上海市医患纠纷预防与调解办法》这一市政府规章。这些规章的实施，效果良好。

展望未来，上海市政府将继续积极探索将市政府有关规范性文件上升为市政府规章，推进有关规范性文件的法治化水平不断提升，提高立法质量。同时，继续注重运用法治思维破解上海大都市城市管理中的难题。

总结2014年的可行做法和经验，市政府将继续注重运用法治思维破解大都市管理中的难题，重视通过政府规章破解城市和社会管理中的老大难问题和顽疾。例如，继续针对群租、违法建筑、非法客运、无序设摊等严重影响城市和社会管理秩序的难题，通过法律制度创新和综合运用现有法律资源和法律依据，破解城市管理中的治理困境。对新兴的城市管理和社会发展中的新问题，积极运用法治思维，及时制定出台政府规章，通过管理制度创新和制度合力，努力形成依法破解城市和社会管理问题的基本路径。

第十一章　江苏省2014年度立法发展报告

陈　俊[①]

摘　要：2014年，江苏省人大及其常委会、省政府及较大市的立法机关，以科学立法、民主立法精神为指引，根据江苏"两个率先"的发展要求，积极履职，共制定和修改了12件省级地方性法规，批准有立法权市报批的17件法规，制定10件政府规章。南京、无锡、徐州、苏州四个有立法权的较大的市制定地方性法规、政府规章共36件。总体而言，这些立法服务江苏改革发展大局突出经济社会重点领域，成绩突出。

关键词：江苏省　立法发展报告　"两个率先"

一、江苏省2014年度立法发展状况

（一）江苏省2014年度立法状况总体评述

江苏省共有江苏省人大及其常委会、省人民政府两个省级立法主体，分别行使地方性法规和地方政府规章立法权。另外，南京市、苏州市、无锡市、徐州市作为较大的市，行使较大的市地方立法权，制定适用于本市的地方性法规和地方政府规章。

2014年，江苏省人大常委会、省人民政府认真贯彻党的十八大和十八届三中、四中全会精神，深入学习贯彻习近平总书记系列重要讲话精神，坚持党的领导、人民当家做主、依法治国有机统一，紧紧围绕全省工作大局，认真履职，为推动江苏改革发展做出了贡献。江苏省人大及其常委会2014年度共制定和修改《江苏省社区矫正工作条例》《江苏省气候资源保护和开发利用条例》等12件地方性法规，初审3件法规，批准有立法权市报批的17件法规。其中，《江苏省企业技术进步条例》《江苏省人民代表大会常务委员会关于促进全民阅读的决定》《江苏省保护和促进香港澳门同胞投资条例》等立法，引起了社会较大关注和积极反响。

江苏省政府制定《江苏省社会救助办法》《江苏省行政事业单位国有资产管理办法》

①陈俊，法学博士，华东师范大学立法与法治战略研究中心主任，教授，博士生导师。研究方向：立法学、法理学、宪法学。

等10件政府规章，废止了1件政府规章。

在地市人大立法上，南京市人大常委会制定、修改地方性法规8件，苏州市人大常委会制定地方性法规2件，无锡市人大常委会制定、修改地方性法规3件，徐州市人大常委会制定地方性法规3件、废止1件。

在地市政府立法上，南京市人民政府制定政府规章10件，苏州市人民政府制定规章3件，苏州市人民政府制定规章6件，徐州市人民政府制定规章1件。

总体而言，江苏省2014年度地方立法，呈现出适应全面深化改革、全面推进依法治国的新形势，积极开展自主性、先行性立法，立法服务改革发展大局、突出经济社会重点领域，立法工作取得不俗成绩的良好态势和发展状况。

（二）江苏省2014年度地方性法规发展状况

2014年度，江苏省人大及其常委会制定和修改了12件地方性法规。其中，制定了《江苏省社区矫正工作条例》《江苏省气候资源保护和开发利用条例》《江苏省人民代表大会常务委员会关于促进全民阅读的决定》《江苏省保护和促进香港澳门同胞投资条例》等4件地方性法规，修改了《江苏省企业事业单位内部治安保卫条例》《江苏省企业技术进步条例》《江苏省人口与计划生育条例》《江苏省发展新型墙体材料条例》《江苏省人民代表大会常务委员会关于地方人民政府规章设定罚款限额的决定》《江苏省高速公路条例》《江苏省地名管理条例》《江苏省统计条例》8件地方性法规。

初审了《江苏省农村扶贫开发条例》《江苏省实施〈中华人民共和国母婴保健法〉办法（修改）》《江苏省大气污染防治条例》3件地方性法规。

除了以上这些年度正式项目，还有调研项目14件，包括：《江苏省养老服务条例》《江苏省人民调解条例》《江苏省循环经济促进条例》《江苏省价格管理监督条例》（修改）《江苏省农业综合开发条例》《江苏省节约用水条例》《江苏省公共文化服务促进条例》《江苏省广播电视管理条例》《江苏省医疗纠纷预防和处理条例》《江苏省华侨投资权益保护条例》《江苏省旅游管理条例》（修改）《江苏省城市机动车停车场条例》《江苏省人民代表大会关于议案若干问题的规定》（修改）以及《江苏省城市相对集中行政处罚权条例》。

2014年度，在省人大及其常委会的立法方面，《江苏省企业技术进步条例》《江苏省人民代表大会常务委员会关于促进全民阅读的决定》《江苏省保护和促进香港澳门同胞投资条例》等文件，在起草、评估、表决、实施等环节，都下了很大功夫，取得了良好的效果。

在地级市人大立法方面，南京市人大常委会制定通过了《南京市政府投资建设项目审计监督条例》《南京市少数民族权益保障条例》《南京市紫金科技人才创业特别社区条例》《南京市轨道交通条例》《南京市中小学幼儿园用地保护条例》《南京城墙保护条例》6件地方性法规，修改《南京市关于禁止燃放烟花爆竹的规定》《南京市人民代表大会常务委员会讨论决定重大事项的规定》2件地方性法规；苏州市人大常委会制定《苏州市排水管理条例》《苏州市生态补偿条例》2件地方性法规；无锡市人大常委会制定通过了《无锡市城市照明条例》《无锡市养老机构条例》2件地方性法规，修改《无锡市促进行业协会发展条例》，审议了《无锡市物业管理条例》《无锡市旅游业促进条例》2件地方性法规；徐州市人大常委会制定《徐州市城市建筑外立面管理条例》《徐州市公共体育设施条例》《徐州市云龙湖风景名胜区条例》3件地方性法规，废止《徐州市爱国卫生管理条例》。

（三）江苏省2014年度地方政府规章发展状况

在省级政府规章制定方面，2014年，江苏省政府立法充分发挥制度建设的引领和推动作用，努力使政府立法工作适应时代需要、符合人民意愿、解决实际问题，为改革发展提供了支持和促进保障。省人民政府共制定、修改了《江苏省社会救助办法》《江苏省行政事业单位国有资产管理办法》《江苏省机关事务管理办法》《江苏省实施〈军人抚恤优待条例〉办法（修订）》《江苏省职工生育保险规定》《江苏省电信设施建设与保护办法》《江苏省行政程序规定》《江苏省实施〈工伤保险条例〉办法（修订）》《江苏省政府专职消防队伍管理规定》《江苏省林业有害生物防控办法》10件地方政府规章。其中，《江苏省社会救助办法》《江苏省行政事业单位国有资产管理办法》《江苏省机关事务管理办法》《江苏省实施〈军人抚恤优待条例〉办法》《江苏省职工生育保险规定》5件规章是在2014年内通过。同时还废止了《江苏省统计管理奖惩办法》。

在地市政府立法方面，2014年，南京市人民政府制定了《南京市禽类交易管理办法》《南京市城市建筑物、公共设施、道路容貌管理规定》《南京市有轨电车交通管理办法》《南京市餐饮具集中消毒监督管理办法》《南京市店招标牌设置管理办法》《南京市环境自动监测监控管理办法》《南京市市政设施移交管理办法》《南京市渣土运输管理办法》《南京市行政执法监督办法》《南京市计量监督管理办法》10件政府规章。

苏州市人民政府制定了《苏州市活禽交易管理办法》《苏州市有轨电车交通管理办法》《苏州市发展规划管理办法》3件政府规章。

无锡市人民政府制定了《无锡市公共机构节能管理办法》《无锡市快递管理办法》《〈无锡市航道管理条例〉实施细则》《无锡市建设工程招标投标管理办法》《无锡市公安辅助人员管理办法》《无锡市建设工程造价管理办法》6件政府规章。

徐州市人民政府制定了《徐州市出租汽车客运经营权管理办法》。

二、江苏省2014年度地方立法的特色和亮点

（一）地方人大立法中的特色和亮点

2014年，江苏省人大常委会深入学习贯彻党的十八大和十八届三中、四中全会以及习近平总书记系列重要讲话精神，坚持党的领导、人民当家做主、依法治国有机统一，围绕

全省工作大局，注重发挥立法对经济社会热点问题的引领和主动回应，依法认真履职，特色和亮点纷呈。具体表现为：

1．与时俱进做出新部署，省委出台推动人大工作意见

为适应全面深化改革、全面推进依法治国的新形势，2014年12月4日，中共江苏省委召开全省人大工作会议，省委书记、省人大常委会主任罗志军发表重要讲话，对新形势下全省人大工作作出部署。省委出台了《关于坚持完善人民代表大会制度推动人大工作与时俱进的意见》，提出了加强和改进人大工作的一系列新举措。

省人大常委会党组围绕新形势下人大工作中的一系列重大问题，在会前确定了14个重点课题，由党组成员分别带队赴各地调研，广泛听取市县党委、人大、人大代表及基层群众的意见和建议，为全省人大工作会议和出台“意见”提供决策咨询参考。

江苏省委出台的关于人大工作的“意见”，总结了近年来江苏省人大工作的做法和经验，立足全局和战略的高度，明确提出了新形势下江苏省地方人大工作的指导思想、原则要求和主要任务，提出了推动人大制度与时俱进的一系列新举措，为坚持和完善人民代表大会制度、推进人大领域改革创新指明了前进方向。

2．创新地方立法工作机制，自主立法机制逐步形成

创新地方立法工作机制，是2014年江苏省人大领域改革的重点内容。其背景是，江苏的改革发展已经走在全国前列，所遇到的问题也比较新，没有现成答案。不少国家层面的立法，对应于江苏的改革发展，尚处于空白。在无法可依的情况下，需要根据江苏“两个率先”的发展要求，针对发展中遇到的新问题，积极推进创制性立法。

为此，省人大确立了一手抓实施性立法、一手抓创制性立法的工作思路。2014年，省人大常委会制定的《江苏省社区矫正工作条例》是我国第一部规范社区矫正工作的地方性法规。该条例将江苏省在社区矫正工作方面先行先试的成功经验，用地方性法规予以固化，也为国家层面的立法完善积累了有益经验。

2014年，江苏省人大立法工作的特色之一，就是抓自主立法。即对于一些涉及面较广、与百姓利益密切相关的法规草案，加大人大自主起草的力度，改变过去地方性法规起草工作过于依赖政府部门、助长政府部门主导起草的态势，有利于从源头上防止和克服立法部门化、部门利益法制化的弊病。

例如，2014年9月，省人大常委会制定的《江苏省保护和促进香港澳门同胞投资条例》是我国第一部关于港澳投资保护的地方性法规。这部法规采取自主立法，跳出部门之争的框框，由省人大外事委牵头起草，先后召开了23场座谈会，既邀请有关部门负责人和专家进行研讨，也广泛听取港澳企业的意见，得到了广大港澳投资者的肯定和欢迎。

又如，2014年5月1日，《无锡市义务教育均衡发展条例》正式实施。该条例共计9章41条，全面规定了义务教育均衡在入学机会、办学条件、师资配置、学校管理、教育质量等方面的职责、规则。为配合该条例的实施，2014年12月19日，无锡市政府出台了《关于贯

彻无锡市义务教育均衡发展条例的实施意见》，对无锡市巩固提升义务教育均衡发展的成效作出细化落实。

再如，《苏州市排水管理条例》于2014年10月24日经苏州市第十五届人大常委会第十六次会议审议通过，2014年11月27日江苏省人大常委会第十三次会议审议批准。该条例的制定，呼应了苏州工业化、城市化和推进城乡一体化进程加速发展的新形势，通过立法促进苏州的排水建设和管理水平，特别是农村生活污水治理能力，在自主立法上做出了新探索。该条例充分体现了苏州特色：一是坚持城乡统筹，确保城乡居民均等享有基本公共服务，使适用范围延伸农村、覆盖全市；二是明确要求县级市（区）和镇人民政府应当保障村庄排水设施的建设资金；三是规范了村庄排水设施的维护运营；四是坚持公平公正，对住宅小区排水设施统一实行专业养护。

3．省人代会审议地方性法规设置最严格的法律责任制度

在2013年对长江水污染防治开展执法检查的基础上，江苏省人大常委会把制定大气污染防治条例，列入2014年度省人大立法计划。鉴于这一地方性法规制定工作涉及面广、社会关注度高，从2014年7月启动以来，省人大常委会先后三次对法规草案进行审议修改。期间，还多次就法规草案涉及的一些重大问题组织调研、协商和论证，委托各市人大组织省人大代表进行集体讨论，并且通过多种方式广泛征求社会各界的建议。

在此基础上，省人大常委会决定将大气污染防治条例（草案）提请省十二届人大三次会议审议。会前，省人大由多位副主任牵头，又分赴全省各市进一步听取有关人大代表和社会公众的意见，做到征求意见的全覆盖。经过充分征求意见，条例草案涉及多项重大制度建设，特别是设置了最严格的法律责任制度，让江苏省的大气污染防治工作有了有力保障。此后，该条例草案提请江苏省人代会审议和表决通过，这在江苏省人大近十年来的立法工作中尚属首次。

4．设立立法联系点形成网络推进民主立法工作

2014年，江苏省人大常委会推进基层立法联系点网络化建设，在各地设立立法联系点，夯实人大立法工作的民意基础。例如，2014年8月29日，省人大常委会立法调研组在南京市玄武区锁金村街道召开居民座谈会，就大气污染防治条例草案的相关内容，面对面听取社区群众和基层代表的建议。为了推动该项工作常态化，2014年12月14日，省人大法制委在常州举行了民主立法联系点授牌仪式，将省内15个法治建设工作开展较好的基层街道、乡镇和社区，确定为省人大立法的基层联系点，协助开展立法评估、收集反映基层群众对地方立法计划和地方性法规草案等的意见建议等工作。

设立立法联系点并形成网络格局，是江苏省推进民主立法的一个新举措，有助于使立法接上基层的“地气”，更好地反映社情民意，提高地方性法规的针对性和可操作性。

5．出台《关于加强省人大常委会同代表联系代表同人民群众联系的若干意见》

为了落实党的十八大提出的“完善代表联系群众制度”和十八届三中全会提出的“加

强人大常委会同人大代表的联系”的要求，在近年来开展的群众路线教育实践活动基础上，2014年5月，江苏省人大常委会主任会议讨论通过了《关于加强省人大常委会同代表联系代表同人民群众联系的若干意见》，从十个方面对“双联系”进行了规范和完善，拓展了立法接地气的渠道。

省人大常委会联系人大代表、人大代表联系人民群众，这是做好地方立法的基本要求，也是基本的保障。一年来，省人大常委会领导轮流下基层，接待在基层工作的人大代表60多人次，对代表们反映的情况和意见，综合整理出100多个问题，交付相关部门研究处理。同时，省人大常委会的主任和副主任分工负责，对六个方面14件涉及面广、办理难度较大的代表建议开展牵头督办、加强协调，较好地解决了有关问题。

在2014年，每位省人大常委会组成人员，分别同3名以上在基层工作的人大代表保持着经常联系；省人大机关赴基层调研时，必访人大代表，注重人大立法工作的接地气。在省人大常委会的支持推动下，“万名代表回选区见选民”“代表工作日”“代表统一接待选民”等活动在省内各地广泛开展，代表联系群众的桥梁纽带作用得到进一步发挥，拓展了立法接地气的途径。

6．围绕人大成立60周年庆祝活动，使国家根本政治制度深入人心

2014年，是我国人民代表大会制度建立60周年。9月10日，中共江苏省委、省人大常委会在南京召开庆祝江苏省人民代表大会成立60周年座谈会。会议要求全省上下深入学习习近平总书记在庆祝全国人民代表大会成立60周年上的重要讲话精神，坚持和完善人民代表大会制度，动员组织全省人民为实现“两个一百年”奋斗目标、谱写中国梦江苏篇章而不懈奋斗。

围绕人大成立60周年庆祝活动，江苏省主要媒体推出了系列专题报道，向各界人士讲述60年来的人大故事。省人大办公厅推出了专题史料图片展，以图文并茂的形式，展示了60年来江苏省人大走过的光辉历程。这些庆祝活动和展示，普及了人大制度基本知识，增强了社会公众对人大这一根本政治制度的了解，对省人大及其常委会立法有了更多的认同，进而坚定了走中国特色社会主义政治发展道路的决心和信心。

7．“江苏人大发布”成功上线，人大新闻宣传工作迈上新台阶

2014年5月8日，江苏省人大政务微信“江苏人大发布”正式开通，这是全国省级人大首家开通的政务微信平台。该微信平台的开通，推动了江苏省人大新闻宣传工作上了一个新台阶。自“江苏人大发布”开通以来，省人大常委会利用微信快捷、便利、安全的优势，及时发布相关人大信息，通过图文并茂的通俗形式，使人大代表和社会公众能够及时获取人大工作的权威资讯，了解人大立法等履职情况。江苏人大利用新媒体宣传人大工作的探索，得到了全国人大领导的充分肯定，腾讯公司也把“江苏人大发布”作为政务微信的一个成功案例，在全国作了宣传推介。

（二）地方政府立法中的特色和亮点

1．政府立法工作在重点领域立法上取得重要突破

2014年，结合江苏省经济社会发展中的实际需求，省政府在一些重点领域的立法规制工作取得了重要突破。例如，《江苏省社会救助办法》将江苏省社会救助工作先行先试的成功经验，上升为政府规章；又如，《江苏省机关事务管理办法》是全面规范机关事务管理的省政府规章；再如，为规范政府共同行为，省政府组织起草并出台了《江苏省行政程序规定》。

2．政府立法工作在促进深化改革上取得重要进展

2014年，江苏省政府立法规制工作积极落实重点改革事项，在促进江苏省深化改革上取得重要进展。如，南京市制定了《紫金科技人才创业特别社区条例》和《江北新区条例》。又如，徐州市制定了《云龙湖风景名胜区条例》，将规划、城管等职能委托有关机构实施。

3．政府立法的工作机制得到完善

2014年，江苏省政府立法规制工作的工作机制得到了改进和完善。例如，出台了《关于完善政府立法工作中法规规章审查程序的规定》；又如，《关于进一步推动参与式行政程序建设的意见》，在全国率先出台参与式行政程序建设的制度规范；再如，组织召开了多个立法项目的专家论证会、专家咨询会，取得了良好的社会反响。

这一年，苏州市建立健全了开放式、多元化的政府立法起草机制。《苏州市体育竞赛管理办法》《苏州市活禽交易管理办法》等采用委托第三方和多部门联合起草的方式，着力克服政府立法中的部门化倾向，加强了政府立法的制度建设。

三、江苏省2014年度地方立法的不足与未来展望

（一）江苏省2014年度地方立法的不足

江苏省地方立法在2014年度尽管取得了不错的成绩，但也仍然存在一些不足和差距。这些不足主要有：

1．地方立法体制机制需要着力完善，努力使立法成为发展的推进器和利益的守护神

2014年12月4日，江苏省委召开全省人大工作会议。省委书记、省人大常委会主任罗志军在会上讲话强调：“要着力完善地方立法体制机制，提高立法科学化民主化水平，努力使每一项立法都体现党的主张、适应时代要求、反映人民意愿、解决实际问题，成为科学发展的推进器和人民利益的守护神。”

2．要加快完善与中国特色社会主义法律体系相配套、富有江苏特色的法规规章

在2014年12月召开的全省人大工作会议上，省委书记、省人大常委会主任罗志军提出：“要及时修改废止不适应改革发展的法规，要加快完善与中国特色社会主义法律体系

相配套、体现时代精神、富有江苏特色的地方性法规。”据此，对江苏省地方立法而言，包括地方人大和地方政府立法在内，都面临着及时立、改、废，加快完善与国家法律相配套、富有江苏特色的体现时代精神的地方立法的重任。

（二）江苏省地方立法的未来展望

1. 继续关注改革发展中的热点问题，加强重点领域立法

展望未来，江苏省各级人大常委会及政府，要继续以服务改革发展大局为己任，依法履职，在全面深化改革、谱写好中国梦江苏篇章中发挥积极作用。江苏的改革发展，需要发挥地方立法的引领、推动和保障作用，需要坚持“不抵触、有特色、可操作”的原则，加强重点领域立法，不断提高地方立法质量。

今后，加强重点领域立法，需要通过立法推动解决江苏经济社会发展中的突出矛盾和问题。即围绕推动经济转型升级、保障和改善民生、促进生态文明建设，制定、修改一批地方性法规和政府规章。例如，围绕加快经济转型升级，江苏省和有关市的人大常委会分别出台了促进企业技术进步、促进中小企业转型发展的地方性法规，省人大常委会出台了全国第一部关于港澳同胞投资保护的地方性法规。以点见面，今后需要继续加强重点领域立法，服务江苏改革发展大局。

2. 继续加强自主性创新性立法，引领和推动省内各项事业发展

2014年，江苏省人大常委会的自主性创新性立法亮点频出，一些立法在全国首开先河，引人关注。

例如，2014年11月，江苏省十二届人大常委会第十三次会议审议通过我国首部关于促进全民阅读的省级地方性法规《关于促进全民阅读的决定》。该决定将每年4月23日设定为“江苏全民阅读日”，把全省各地促进全民阅读的可行做法上升为地方性法规，以法规保障推动“书香江苏”建设、引领全省各界人士阅读风尚，产生了积极影响，被评为2014年“全省文化十件大事”之首。而这一决定，是由省人大教科文卫委牵头起草的，是自主性立法的成功探索。又如，为配合全省生态文明建设工程的实施，省人大制定了大气污染防治立法，苏州市则在全国率先制定了关于生态补偿的地方性法规。再如，聚焦社会公众关心的民生热点问题，无锡市在全国率先就义务教育均衡发展进行立法，等等。今后，需要继续加强这类自主性创新性立法，引领和推动省内各项事业发展。

3. 继续重视开门立法，“走出去”与“请进来”相结合，扩大社会公众立法参与

近些年，江苏省地方立法坚持开门立法，“走出去”与“请进来”相结合，扩大社会公众参与立法的途径，注重夯实地方立法的民意基础，注重协调、兼顾省内各方面的利益诉求。例如，本届江苏省人大及其常委会在开门立法上实现了四个“首次”：首次召开立法表决前评估论证会，首次走进基层社区直接听取社区居民的意见建议，首次以自愿报名的方式邀请公民参加立法座谈会，首次建立立法联系点制度。推动开门立法，扩大公众的立法参与。

2014年，江苏省人大开门立法有声有色，通过江苏人大网，及时发布立法动态信息，公布地方性法规草案，公开征求社会公众意见，同时积极拓展公众参与立法的渠道。例如，“走出去”，深入基层听取公众意见。围绕机动车排气污染防治条例立法，将立法座谈会开到玄武区锁金村街道，直接听取社区居民的意见；围绕社区矫正条例立法，深入到乡镇街道，与社区矫正工作者、社区服刑人员直接交流。又如，“请进来”，通过在《新华日报》《江苏法制报》等媒体发布公告，以公开邀请、自愿报名等方式，邀请社会公众对机动车排气污染防治提出立法建议。这些开门立法的形式，为方便社会公众参与地方立法拓宽了新途径。

今后，需要继续面向广大社会公众，坚持开门立法；同时，也需要面向专业从业人士，建立省人大代表法制专业组和立法专家咨询组，充分发挥人大代表和专家学者在地方立法中的积极作用。

4. 继续加大立法草案自主起草力度，避免部门利益法制化

2014年，江苏省人大常委会在自主立法上积极探索，显示了力度。例如，11月27日，省十二届人大常委会第十三次会议通过的《江苏省人民代表大会常务委员会关于促进全民阅读的决定》，是由省人大常委会推进自主起草、自主立法的有益尝试。江苏省人大相关委员会牵头起草了4件地方性法规，审议通过了其中2件。在省人大常委会的示范和影响下，南京、无锡、徐州、苏州四个较大市的人大常委会也积极拓宽地方性法规的起草渠道，重视和加大了自主起草法规的力度，尽量避免部门利益法制化对各地立法的不良影响。今后，需要继续加大立法草案自主起草的力度，从过度依赖“部门立法”向“起草主体多元化”积极转变，减少立法部门化、部门利益法制化带来的负面影响。

5. 围绕两个“率先”，服务于建设经济强、百姓富、环境美、社会文明程度高的新江苏

展望未来，江苏全省7900万人民将围绕率先全面建成小康社会、率先基本实现现代化的使命，致力于推动各项事业发展。在全面推进依法治省，努力建设法治江苏的进程中，江苏省的地方立法需要发挥引领和推动作用，围绕两个“率先”，服务于建设经济强、百姓富、环境美、社会文明程度高的新江苏。今后的立法，需要紧紧围绕全省改革发展的大局，突出关系人民群众切身利益、社会普遍关注的重大问题。通过法规规章的支持和保障，积极推进经济社会发展，为“迈上新台阶、建设新江苏”，做出自身的贡献。

就2015年而言，2014年11月10日江苏省十二届人大常委会第二十五次主任会议通过的《江苏省人大常委会2015年立法计划》明确了12项正式立法项目，包括：《江苏省养老服务条例》《江苏省食品小作坊和食品摊贩管理条例》《江苏省城市管理相对集中行政处罚权条例》《江苏省人民调解条例》《江苏省循环经济条例》《江苏省社会保险基金监督条例》《江苏省价格条例》（废旧立新）《江苏省农业综合开发条例》《江苏省节约用水条例》《江苏省公共文化服务促进条例》《江苏省保护和促进华侨投资条例》以及《江苏省旅游条例》（修改）。这些正式立法项目，需要积极努力地推进，充分发挥立法的引领和推动作用，从而服务于建设经济强、百姓富、环境美、社会文明程度高的新江苏。

第十二章　浙江省2014年度立法发展报告

陈　俊[1]

摘　要：2014年，浙江省人大及其常委会、省政府，以科学立法、民主立法为指引，注重保障实施“八八战略”，主动服务于抓改革、促转型、治环境、惠民生，围绕全面深化法治浙江建设，共制定和修改34件省级地方性法规，批准有立法权市报批的13件法规，制定10件省政府规章。杭州、宁波两市共制定通过了地方性法规、政府规章16件。总体而言，这些立法立足服务浙江改革发展大局，成绩突出。

关键词：浙江省　立法发展报告　“八八战略”

一、浙江省2014年度立法发展状况

（一）浙江省2014年度立法状况总体评述

浙江省共有浙江省人大及其常委会、省人民政府两个省级立法主体，分别行使省级地方性法规和地方政府规章立法权。另外，杭州、宁波两个较大的市，分别行使较大的市立法权，制定适用于本市的地方性法规和地方政府规章。此外，浙江景宁畲族自治县人民代表大会有权依法制定自治条例和单行条例，报浙江省人大常委会批准后生效。

2014年，浙江省人大及其人大常委会、省人民政府认真贯彻党的十八大和十八届三中、四中全会精神，深入学习贯彻习近平总书记系列重要讲话精神，全面落实中共浙江省委十三届四次、五次、六次全会精神，主动把握工作机遇，围绕全省工作大局，推进实施“八八战略”（即进一步发挥八个方面优势，推进八个方面的举措），依法履职，成绩突出。浙江省人大常委会全年共召开7次常委会会议，制定、修改和废止地方性法规46件，批准报批法规13件，审查规范性文件129件。制定的地方性法规分别是《浙江省防震减灾条例》《浙江省电网设施建设保护和供用电秩序维护条例》《浙江省国有土地上房屋征收与补偿条例》《浙江省社会救助条例》《浙江省石油天然气管道建设和保护条例》《浙江省

①陈俊，法学博士，华东师范大学立法与法治战略研究中心主任，教授，博士生导师。研究方向：立法学、法理学、宪法学。

水土保持条例》《浙江省土地整治条例》7件。其中，《浙江省社会养老服务促进条例》《浙江省社会救助条例》等立法，在全国范围先行先试，是地方人大科学、民主立法的生动实践，效果突出，反响积极。

2014年，浙江省人民政府共向省人大常委会提交法规议案草案7件，制定通过了《浙江省活禽交易管理办法》《浙江省残疾人就业办法》《浙江省游泳场所管理办法》《浙江省林木采伐管理办法》《浙江省出口产品反倾销应对办法》《浙江省国家安全技术保卫办法》《浙江省企业权益保护规定》《浙江省综合治水工作规定》《浙江省科学技术奖励办法》《浙江省民用机场管理办法》10件政府规章，修改《浙江省林地管理办法》等9件政府规章，废止了《浙江省公共安全技术防范管理办法》。

杭州市人大常委会制定、修改通过了5件地方性法规；宁波市人大常委会制定、修改了5件地方性法规，通过了《宁波市终身教育促进条例》。

杭州市人民政府制定通过了4件政府规章；宁波市人民政府制定通过了6件、废止5件政府规章。

总体而言，2014年，浙江省的立法工作注重保障实施“八八战略”，注重集民智、汇民意，注重问题导向，注重服务于抓改革、促转型、治环境、惠民生，注重通过立法促进“五水共治”“三改一拆”“四换三名”等重大改革发展举措，围绕全面深化法治浙江建设，取得了不俗的成绩。

（二）浙江省2014年度地方性法规发展状况

2014年度，浙江省人大常委会制定、修改和废止地方性法规46件，批准报批法规13件。制定、修改和废止的地方性法规具体体现为：制定通过了《浙江省防震减灾条例》《浙江省电网设施建设保护和供用电秩序维护条例》《浙江省国有土地上房屋征收与补偿条例》《浙江省社会救助条例》《浙江省石油天然气管道建设和保护条例》《浙江省水土保持条例》《浙江省土地整治条例》7件地方性法规，修改了《浙江省人口与计划生育条例》《浙江省渔港渔业船舶管理条例》《浙江省渔业管理条例》《浙江省燃气管理条例》4件地方性法规，分三次分别“打包”修改《浙江省水利工程安全管理条例》《浙江省测绘管理条例》等10件、《浙江省公路路政管理条例》等6件、《浙江省松材线虫病防治条例》等7件地方性法规，废止《浙江省行政事业性收费管理条例》等8件地方性法规，还审议了《浙江省审计条例》《浙江省农产品质量安全条例》《浙江省军人军属权益保障条例》《浙江省社会养老服务促进条例》4件条例草案。

整体上说，浙江省人大常委会立足浙江实际，突出实践需求和质量导向，推进立法工作，主要在以下两个方面，充分发挥了地方立法的引领和推动作用。

一是制定、修改有关全面深化改革要求的地方性法规。按照重大改革于法有据的要求，及时修改和废止不适应深化改革要求的地方性法规，力求立法决策与改革决策相衔接。例如，为贯彻浙江省委十三届五次全会重大决策部署，依法作出了保障和促进“两美”浙江建设的决定，为全省推进“两美”浙江建设提供保障。又如，全面梳理178件现行有效的地方性法规，对部分法规进行了集中修改和废止。修改了公路路政管理条例等27件省内法规，废止了行政事业性收费管理条例等8件省内法规。

二是围绕重点领域加强地方立法。省人大常委会主动适应经济社会发展新需求和社会公众新期待，及时制定出台了一些重要的地方性法规。例如，立足于保障人民群众的基本利益诉求，经广泛征求意见，在全国率先出台了《浙江省社会救助条例》，首次将低保边缘家庭纳入社会救助的范围，彰显了保民生、托底线、救急难、促公平的立法追求。又如，积极主动回应城镇化进程中的利益平衡问题，制定了《浙江省国有土地上房屋征收与补偿条例》，明确旧城区改建需征得90%以上被征收人的同意，且补偿协议签约比例不低于80%，保障被征收人的合法权益。另外，制定了《浙江省电网设施建设保护和供用电秩序维护条例》《浙江省石油天然气管道建设和保护条例》《浙江省防震减灾条例》，维护了重大公共设施安全；制定了《浙江省水土保持条例》《浙江省土地整治条例》，为美丽浙江建设提供了地方性法规保障。

杭州市人大常委会制定通过了《杭州市院前医疗急救管理条例》《杭州市民用建筑节能条例》《杭州市科学技术普及条例》3件地方性法规，修改了《杭州市城市供水管理条例》《杭州市公园管理条例》2件件地方性法规。完成了24个立法项目的调研论证工作。对《杭州市大气污染防治条例》《杭州市老年人权益保障条例》2件法规草案进行了审议。就《杭州市院前医疗急救管理条例》举行了立法听证会，进行立法前评估，就《杭州市城市地下管线建设管理条例》开展立法后评估，使立法工作更加科学民主。

宁波市人大常委会起草制定《宁波市历史文化名城名镇名村保护条例》《宁波杭州湾新区条例》《宁波市人民调解条例》《宁波市终身教育促进条例》4件地方性法规，修订了《宁波市城市房屋使用安全管理条例》，其中《宁波市终身教育促进条例》在2014年10月29日由宁波市第十四届人民代表大会常务委员会第十九次会议通过，2014年11月28日获得浙江省第十二届人民代表大会常务委员会第十四次会议批准。同时，2014年宁波市人大常委会还开展了《大气污染防治条例》《机动车排气污染防治条例》《生态区保护条例》《食品安全监督管理办法》《气候资源和探测环境保护条例》《农业机械管理条例》《市政设施管理条例》《户外广告管理条例》《预防腐败条例》《华侨归侨侨眷权益保护条例》10件立法调研或论证项目，实施了《宁波市象山港海洋环境和渔业资源保护条例》立法后评估。

（三）浙江省2014年度地方政府规章发展状况

2014年，在省级政府立法方面，浙江省人民政府向省人大常委会提请审议地方性法规议案草案7件、制定通过了省政府规章10件。制定通过的规章分别是《浙江省活禽交易管理办法》《浙江省残疾人就业办法》《浙江省游泳场所管理办法》《浙江省林木采伐管理办法》《浙江省出口产品反倾销应对办法》《浙江省国家安全技术保卫办法》《浙江省企业权益保护规定》《浙江省科学技术奖励办法》《浙江省民用机场管理办法》《浙江省综合治水工作规定》，修改了《浙江省林地管理办法》9件政府规章，废止了《浙江省公共安全技术防范管理办法》。

杭州市人民政府制定了《杭州市客运汽车交通治安管理办法》《杭州市建设工程文明施工管理规定》《杭州市建筑市场管理若干规定》《杭州市限制活禽交易管理办法》4件政府规章。

宁波市人民政府制定了《宁波市政府投资建设工程造价管理办法》《宁波市渔业互助保险管理办法》《宁波市户外广告设施设置管理办法》《宁波市政府投资项目审计监督办法》《宁波市革命遗址保护利用规定》《宁波市建设用砂管理办法》6件政府规章，废止了《宁波市外国企业常驻代表机构登记管理办法》等5件规章。

2014年，浙江省政府立法继续推行公开征集立法建议、探索委托第三方起草立法草案、立法草案公开征求意见、专家论证等制度，不断健全政府立法工作机制。例如，省政府出台了《政府立法项目前评估规则》；又如，提请省政府审议公布的《浙江省综合治水工作规定》和《浙江省企业权益保护规定》，为“五水共治”的可持续发展以及企业发展软环境的改善提供了规章制度保障。浙江省级和宁波市建立了政府立法工作基层联系点制度（省一级在省内11个市各选了一个点，宁波市则选定了52个基层立法联系点，选聘了120名地方立法志愿者）。杭州市政府、市政协则联合发布了《关于建立地方立法协商机制的通知》，推进地方民主立法有关制度建设。另外，政策法规性别平等咨询评估机制，已在省内11个设区的市和部分县（市、区）建立。

一年来，浙江省政府立法充分发挥制度建设的保障作用，努力使政府立法工作适应时代需要、符合人民意愿、解决现实突出问题，为改革发展提供了支持和保障。

二、浙江省2014年度地方立法的特色和亮点

（一）地方人大立法中的特色和亮点

2014年，浙江省人大常委会深入学习贯彻党的十八大和十八届三中、四中全会以及习近平总书记系列重要讲话精神，立足浙江实际，围绕全省工作大局，突出实践需求和质量导向，积极履职，特色和亮点纷呈。具体表现为：

1．围绕全面深化法治浙江建设，充分发挥立法的引领和推动作用

例如，为了贯彻浙江省委十三届五次全会的重大决策部署，省人大常委会依法作出了保障和促进“两美”浙江建设的决定，为全省推进“两美”浙江建设提供有力保障。又如，为了适应户籍制度改革需要，省人大常委会及时作出决定，授权浙江省政府在部分市

县暂停施行流动人口居住登记条例有关规定，为政府改革试点工作提供法规保障。再如，全面梳理178件现行有效地方性法规，结合浙江改革发展的新要求，对一些法规作出集中修改和废止，激发了市场和企业的活力和创造力，推进了法治浙江建设。

2．适应经济社会发展新需要，先行先试推出创新性地方立法

2014年，省人大常委会主动适应新常态下经济社会发展新需求和人民群众的新期待，组织实施年度立法计划，先行先试，出台了一些重要的地方性法规。例如，立足于保障人民群众的基本利益诉求，经广泛征求意见，历经三次审议，在全国率先制定了社会救助条例，首次将低保边缘家庭纳入社会救助的范围。又如，浙江省在全国率先出台了《浙江省社会养老服务促进条例》。其立法背景是："截至2013年底，我省60岁及以上老年人有897万多人，约占总人口的18.63%。预计到2020年，我省老年人口达到1186万人，约占总人口的24%。高龄、失智失能、空巢老人逐年增多，社会养老服务需求日益突出。"①

2015年1月25日，浙江省十二届人大三次会议高票通过了《浙江省社会养老服务促进条例》。这是全国首部由省级人代会通过的社会养老服务地方性法规。于2015年3月1日起施行的该条例，积极促进浙江省社会养老服务的健康有序发展。该条例界定了社会养老服务的性质，明确了政府在社会养老服务中的主导作用，明确了政府负有托底和提供基本养老公共服务等职责，专章规定了社会养老服务的核心内容，基本满足了浙江省多样化、多层次的养老服务需求。

从较大的市的创新性立法来看，据宁波市人大常委会法工委2015年2月份的统计，"在现行有效的73件地方性法规中，绝大多数法规整体上或部分条款具有首创立法精神"②，即，根据宁波区域发展实际开展创新性立法，体现宁波地方立法的首创精神。如国内率先为一条江的生态环境保护所立的《宁波市余姚江水污染防治条例》，国内率先为一个港湾自然资源保护所立的《宁波市象山港海洋环境和渔业资源保护条例》，国内率先为一个古镇历史文化保护所立的《宁波市慈城古县城保护条例》。

3．省人大常委会首次举行立法协商会，寻求和凝聚社会立法共识

2014年，在《浙江省社会养老服务促进条例（草案）》制定过程中，为广泛听取社会各方意见和了解不同利益诉求，省人大常委会举行了社会养老服务促进条例草案立法协商会，听取有关政协委员、民主党派、人民团体等的意见和建议。这是党的十八届四中全会提出立法协商之后，浙江省人大常委会开展的第一次立法协商会，社会反响积极。

2014年12月9日举行的《浙江省社会养老服务促进条例（草案）》立法协商会，邀请了省政协委员和民主党派、无党派人士、人民团体、社会组织的23位代表。这些代表都有备而来，开门见山直接谈感受、提建议。"在3个小时的立法协商会上，各位代表畅所欲言，

①袁艳、邓蔚霞：《浙江制定社会养老服务条例》，载《浙江日报》2015年1月27日。

②张进中：《让地方性法规质量更高——宁波市人大常委会科学立法纪实》，载《光明日报》2015年2月5日。

共提出近100条意见和建议。”[①]此次立法协商会上的一些合理建议，也为此后浙江省十二届人大三次会议审议通过的《浙江省社会养老服务促进条例》所吸纳。

4．健全人大主导的立法体制机制，把握立法工作的主动权

2014年，省人大常委会注重健全人大主导的立法体制机制，完善了地方性法规立法起草、调研、论证、协调、审议等机制，把握立法工作的主动权。

例如，为保证省人大常委会2014年立法计划的实施落实，省人大法制委员会与省政府法制办多次召开联席会议，通报法规草案的起草、修改和审议情况，督促下一阶段立法项目的准备工作；加强与有关专门委员会的沟通交流，提前介入立法调研，形成立法工作合力。又如，普遍推行立法起草小组制度，重要的地方性法规草案由省人大常委会组织起草。又如，试行立法前评估制度，健全专家参与立法的工作机制。再如，践行二审和隔次审议制度，对涉及面广、利益关系复杂的地方性法规草案实行多审，保证立法的质量。

5．充分发挥代表在立法中的作用，建立省人大代表分专业参与立法制度

2014年，省人大常委会注重发挥人大代表在立法中的积极作用，建立了省人大代表分专业有重点参与立法工作的制度。并且，还依托代表联络站、网络平台等多种载体，积极推动省人大代表全程深度地参与省内相关立法活动。

省人大常委会在全国率先推出省人大代表分专业有重点参与立法工作机制，支持了有关立法活动的开展。该项制度得到了全国人大常委会领导的肯定，全国人大常委会法工委《法制工作简报》（第23期）专刊予以介绍，并在2014年召开的第20次全国地方立法研讨会上，被作为一个经验来推介。例如，省人大常委会在制定社会养老服务促进条例时，就两次普发法规草案，征求全体省人大代表的意见，并邀请一些代表全程参与立法调研，推动人大代表积极参与地方立法活动。在2014年，“有80多位代表列席了省人大常委会会议，300多人次的代表应邀参加立法、监督等重点工作”[②]。

2014年，省人大常委会法制工作委员会联合代表与选举任免工作委员会，向全省各级人大代表发出了《关于在全省各级人大代表中开展“查找不适应全面深化改革要求的法律法规条文”主题活动的通知》，要求查找和反映不适应全面深化改革要求的法律法规条文，积极建言献策，推动法律法规“立、改、废”。该主题活动，共对178件现行有效的地方性法规进行了体检，修改了24件地方性法规、废止了8件地方性法规。

6．建立立法基层联系点、人大代表联络站，促进地方立法承接地气

省人大常委会制定了《立法基层联系点工作制度》，确定了27个村委会、居委会、乡镇政府或企业单位为省人大立法的基层联系点。在立法过程中，省人大常委会注重直接赴基层联系点调研或邀请联系点同志参加相关立法座谈会，直接听取、收集来自基层群众的

①廖小清、盛相良：《我省首开立法协商会》，载《浙江日报》2014年12月10日。

②袁艳：《依法履职见真章　务实监督不缺位——2014年省人大常委会工作回眸》，载《浙江日报》2015年1月19日。

立法意见，扩大立法工作的群众基础和基层联系，以此促进地方立法听民意、接地气。

2014年，浙江省已建成人大代表联络站2478个，基本形成了覆盖全省城乡的人大代表联络站网络体系。通过登录“浙江人大代表履职平台”，借助于互联互通互动的网络平台，大大便利了代表履职。这一年，省人大常委会的领导干部代表率先垂范，下基层，到代表联络站直接听取民意，带动省人大常委会全体组成人员主动到联络站开展立法联系活动。

7．围绕落实中央和浙江省委对人大立法的要求，常委会自身建设有了新提升

2014年是人民代表大会制度建立60周年。省人大常委会围绕贯彻中央和省委的部署和要求，推进自身建设，增强自身履职能力。省人大常委会深入学习贯彻习近平总书记在庆祝全国人民代表大会成立60周年大会上的重要讲话精神，学习贯彻张德江委员长在浙江调研时的重要讲话精神，组织和开展了浙江省庆祝人民代表大会成立60周年相关活动，推进浙江人大工作深入开展。2014年，省人大常委会成立了浙江省人大工作研究会，举办了纪念浙江省人大成立60周年理论研讨会。同时，还通过在主流媒体上刊登纪念文章、出版纪念书籍等形式，回顾总结人大的发展历程，增强社会公众对人民代表大会制度的认同感。

2014年，省人大常委会自身履职能力建设得到了提升。例如，坚持省人大常委会党组定期研究重要工作制度、重大事项向中共浙江省委报告请示制度，落实党对人大立法工作的领导。又如，省人大常委会组织开展了首个国家宪法日活动，在新中国第一部宪法草案诞生地杭州市北山街84号开展宪法学习教育活动。再如，健全常委会专题学习制度，定期举办立法专题讲座，开展立法课题调研和工作调研，提升自身履职能力。

（二）地方政府立法中的特色和亮点

1．政府立法工作机制得到进一步完善

2014年度，浙江省政府立法的工作机制得到了进一步完善。围绕提高政府立法质量，省政府继续推行公开征集立法建议、立法草案公开征求意见、专家论证等制度，进一步健全立法工作机制。例如，下发《政府立法项目前评估规则》，规范政府立法项目的评估；又如，全面开展2015年度立法计划编制立项评估；再如，积极探索委托第三方起草立法草案。

就较大的市的政府立法机制探索来看，也得到了进一步完善。例如，杭州市政府和市政协联合发布了《关于建立地方立法协商机制的通知》。又如，宁波市则建立了政府立法工作基层联系点制度，在宁波市遴选确定52个基层立法联系点。此外，省内各地各部门都重视政府立法项目建议申报、立法草案意见征求，这为政府立法计划的科学编制和实施提供了支持。

2．政府立法注重集民智、汇民意，法治政府建设得到加强

通过集民智、汇民意，开门编制2014年度政府立法计划，制定了《政府立法项目前评

估规则》，把好政府立法立项关。在2014年，所有省政府规章草案全部实现了上网公开征求意见，积极开展委托第三方起草行政程序立法草案；90%以上的政府规章项目召开了专家论证会；还建立了11个政府立法工作基层联系点。例如，在征求《浙江省农产品质量安全条例（草案）》和《浙江省综合治水工作规定》等草案的意见时，探索开展立法协商；又如，在制定《浙江省大型群众性活动安全管理办法》时，举行了立法听证会；再如，积极引入第三方，对《浙江省建筑节能管理办法》开展立法后评估。

2014年，省政府继续加强清理地方政府规章和行政规范性文件，进一步减少了行政许可事项。截至2014年12月底，浙江省设定的省级非行政许可审批事项已经全面取消，一些设区市也完成了非行政许可审批事项取消任务。

在2014年，浙江省大力推行政府法律顾问制度，推进法治政府建设。“目前已有95%的市县政府、60%左右的政府部门以及部分乡镇政府聘请了法律顾问。”[①]省政府还建立了省政府常务会议学法制度，省级领导率先示范，带头学法，带动省内各地开展领导干部学法、法律知识更新培训等活动，进一步加强法治政府建设。

3．与省人大有关部门合作推出《浙江省法规规章全书》（2014年版）

为系统、全面、准确地反映浙江省地方立法建设的成果，2014年，省政府法制办和省人大常委会法工委开展合作，在《浙江省法规规章全书（2011年版）》的基础上，共同推进其修订工作，经过半年的努力，编辑出版了《浙江省法规规章全书（2014年版）》。

该书收录了1979年以来至2014年5月31日现行有效的浙江省法规规章共513件。其中，包括省人大及其常委会通过的地方性法规190件，经省人大常委会批准的杭州市地方性法规81件、宁波市地方性法规73件、景宁畲族自治县自治条例和单行条例3件，以及浙江省政府规章166件。该书具有收录全、范围广、内容丰富、实用方便等特点，便利了省内有关机关、人民团体、企事业单位和社会公众，尤其是地方立法机关工作人员、法律工作者、高校科研院所的师生，在开展工作和研究时参考使用。

三、浙江省2014年度地方立法的不足与未来展望

（一）浙江省2014年度地方立法的不足

浙江省地方立法在2014年度尽管取得了很多成绩，但仍然存在一些不足和差距。这些不足主要有：

1．地方立法针对性、及时性还需增强，人大的立法主导作用还需充分发挥

2015年1月23日，在浙江省第十二届人民代表大会第三次会议上，省人大常委会副主任所作的2014年《浙江省人民代表大会常务委员会工作报告》指出：“立法的针对性、及时性还需增强，人大的立法主导作用还需充分发挥，立法质量有待进一步提高；常委会履职能力

①黄宏、朱伟：《我省扎实推进法治政府建设》，载《浙江日报》2015年2月16日。

还需更好地适应形势要求和人民期待，全省各级人大整体作用发挥有待进一步增强。”

2. 要通过立法促进政府职能转变，加快法治政府建设

2015年1月21日，在浙江省第十二届人民代表大会第三次会议上，浙江省省长所作的2014年《政府工作报告》指出：“在政府自身建设方面，主要是职能转变有待进一步深化，一些政府工作人员改革意识、责任意识、法治意识还不够强，一些部门和地方形式主义、官僚主义、享乐主义和奢靡之风依然存在，一些领域消极腐败现象依然时有发生。”据此，对浙江省地方政府立法而言，还面临着在加强政府自身建设方面，需要通过立法促进政府职能转变，克服形式主义、官僚主义、享乐主义及消极腐败现象，保障和促进浙江经济社会发展的重任。

（二）浙江省地方立法的未来展望

1. 围绕全面深化法治浙江建设，加快完善适应全面深化改革要求的法规规章

展望未来，浙江省各级人大常委会及政府需要继续注重保障实施“八八战略”，围绕全面深化法治浙江建设，加快完善有助于抓改革、促转型、治环境、惠民生，有助于促进“五水共治”“三改一拆”“四换三名”等重大改革举措的法规规章，以服务改革发展大局为己任，依法履职，加强重点领域立法，推进法治浙江建设。

2015年，浙江省人大常委会的地方立法需要在深化改革、“三改一拆”“五水共治”、浙商回归、“四换三名”、创新驱动等重点工作领域加强立法，提供法规规章保障，推动解决浙江经济社会发展中的突出矛盾和问题。这一，浙江省政府的地方立法，需要按照浙江省委十三届六次全会关于全面深化法治浙江建设的决策部署和法治政府建设走在前列的目标任务，以提高政府立法质量为关键，加强重点领域立法，完善社会各方参与政府立法机制，为干好“一三五”、实现“四翻番”，建设美丽浙江，创造美好生活，提供政府立法保障。

具体来说，需要力争在2015年度内完成的重点立法项目有15件。其中，需要提请省人大常委会审议的地方性法规项目有6件，分别是：提请审议《浙江省流动人口居住登记条例》修订草案（由省公安厅起草）；提请审议《浙江省实施〈中华人民共和国劳动争议调解仲裁法〉办法》草案（由省人力社保厅起草）；提请审议《浙江省水上交通安全管理条例》草案（由省交通运输厅起草）；提请审议《浙江省旅游管理条例》修订草案（由省旅游局起草）；提请审议《浙江省无线电管理条例》草案（由省经信委起草）；提请审议《浙江省大气污染防治条例》修订草案（由省环保厅起草）。与此同时，需要制定出台的规章项目有9件，分别是：制定《浙江省节约集约利用土地规定》（由省国土资源厅起草）；制定《浙江省行政程序规定》（由省法制办起草）；制定《浙江省重大行政决策程序规定》（由省法制办起草）；制定《浙江省畜禽养殖污染防治办法》（由省环保厅起草）；制定《浙江省餐厨废弃物管理办法》（由省建设厅会同省食安办起草）；制定《浙

江省通信设施建设与保护规定》（由省通信管理局起草）；制定《浙江省规范行政处罚自由裁量权办法》（由省法制办起草）；制定《浙江省重大建设项目稽察办法》（由省发改委起草）以及修改《浙江省企业工资支付管理办法》（由省人力社保厅起草）。

2. 继续完善科学立法、民主立法工作机制

2014年，浙江省人大及其常委会、浙江省政府在立法中，注重完善科学立法、民主立法工作机制，取得了不俗的成绩。展望未来，需要继续完善科学民主立法的工作机制，进一步提高立法质量。

为此，需要从以下几个方面作出努力：一是围绕加强重点领域立法，着力完善立法选题机制，进一步突出重点。即凡属省内重大改革事项的，要于法有据，需要修改法规规章的可以先修改，先立后破，有序推进改革。二是围绕增强地方立法的实效性，着力完善法规、规章起草、调研、审议和沟通协调机制。即努力使制定出来的法规规章“立得住、行得通、能管用”，发挥好立法的引领和推动作用。在立法工作机制建设中，树立精细化立法的思维，以解决浙江省的实际问题为导向，完善法规规章的起草、调研、审议等机制，增强法规、规章的可操作性和实效性。三是着力完善地方立法的评估、清理和备案等机制。即着力建立健全法规、规章实施情况报告和立法评估评价机制，清理、备案等机制。贯彻实施《浙江省地方性法规清理工作若干规定》，推进法规清理工作的常态化，根据省内经济社会发展的情况，启动地方性法规、规章的清理工作，及时提出修改、废止的建议。与此同时，需要完善备案审查工作机制，加强审查纠正工作力度，维护国家和省内的法制统一。

3. 加强地区立法协作，推进长三角地区协同发展

2014年12月，长江三角洲地区三省一市主要领导座谈会召开。会议重点围绕“积极参与‘一带一路’和长江经济带国家战略，在新的起点上推进长三角地区协同发展”的主题，就加强重点专题合作、完善区域合作协调机制等事项进行了讨论。会议指出，要争创长三角一体化发展新优势，发挥法治的引领和规范作用，推动长三角地区一体化发展再上新台阶。其中，就包括继续联动实施浙江海洋经济发展示范区和舟山群岛新区建设等国家战略。

为此，需要浙江省的地方立法放眼长三角一体化发展平台，加强地区立法协作，以和谐的地区立法协作，推进长三角一体化发展。目前，长三角区域大气污染防治协作已取得初步成效，各省市通过各自的立法，初步建立了大气污染防治协调合作机制。以点见面，今后，还需要共同围绕法规规章规则体系共建、创新转型模式共推、市场监管共治、硬件设施互联、信用体系互认等方面，加强立法协作，谋求共赢发展。这些，也对浙江省未来的立法，提出了新的期待和要求。

第十三章　安徽省2014年度立法发展报告

朱　晔[①]

摘　要：安徽省各级立法主体在2014年围绕中心，坚持立法与改革相衔接，确保重大改革于法有据。主动适应地方经济改革和社会发展需要，坚持立法为民，立法主导。通过了《安徽省建设工程造价管理条例》和《安徽省政府信息公开办法》等地方性法规及政府规章，率先实施立法协商制度，开门立法，广泛征求公众意见，统筹考虑法规的立、改、废，着力提高立法质量，为安徽省深化改革发展发挥关键性作用。

关键词：安徽省　立法发展报告　立法主导

一、安徽省2014年度立法发展状况

（一）安徽省2014年度立法状况总体评述

安徽省共有省人民代表大会及其常委会、省人民政府两个省级立法主体，有合肥市人民代表大会及其常委会、合肥市人民政府和淮南市人民代表大会及其常委会、淮南市人民政府四个地级市立法主体。

2014年，安徽省人大及其常务委员会坚持“以民为本、立法为民”，以“四个全面”战略布局为统领，切实增强全局观念，发挥立法先行、推动法治全面深化改革，先后制定通过了《安徽省人民代表大会常务委员会关于省人民政府、省人民法院、省人民检察院工作人员任前审查和任后监督的规定》《安徽省建设工程造价管理条例》等11项地方性法规，修改了《安徽省实施〈中华人民共和国水土保持法〉办法》等3项地方性法规。其中有关社会方面的立法9件，经济方面的立法1件，行政方面的立法4件。特别强调的是《安徽省治理货物运输车辆超限超载条例》是我国第一部专门规范超限超载治理工作的省级地方性法规，在安徽省交通运输法制建设中具有突破性的历史意义。

安徽省人民政府先后制定了包括《安徽省政府信息公开办法》《安徽省公共资源交易

---

①朱晔，广东外语外贸大学法学院教授，硕士生导师。研究方向：经济法、民商法。

监督管理办法》《安徽省地质灾害易发区农村村民建房管理规定》在内的7项政府规章，其中社会方面的立法3件，行政方面的立法3件，经济方面的立法1件。这些地方政府规章中，《安徽省政府信息公开办法》《安徽省事业单位机构设置和编制管理规定》《安徽省机动车排气污染防治办法》等规章引起了社会广泛的关注和反响。《安徽省政府信息公开管理规定》进一步公开了省级政府权力清单、责任及涉企收费清单，加强公开、透明推动依法行政，不断巩固和深化法治政府建设成果，推进权力运行公开化、规范化，推动政府治理模式由传统向现代化转变，对保障公民的知情权、参与权和监督权发挥了十分重要的作用。《安徽省事业单位机构设置和编制管理规定》填补了安徽省事业单位机构编制管理的行政立法空白，标志着安徽省事业单位机构编制管理进入法制化、科学化、标准化的轨道，有利于促进事业单位健康有序发展。《安徽省机动车排气污染防治办法》进一步提升排气污染防治的可操作性，加强监督管理，明确法律责任，对有效遏制和治理机动车尾气污染，保护大气环境，保障人体健康发挥了十分重要的作用。

合肥市人大及其常委会制定、修改了《合肥市城市管理条例》和《合肥市直机关公务员转任办法》2项地方性法规，废止了《合肥市暂住人口管理规定》。其中，《合肥市直机关公务员转任办法》《合肥市城市管理条例》等地方性法规受到民众的广泛关注。《合肥市直机关公务员转任办法》标志着合肥市直机关公务员转任工作从此步入法制化、常态化的轨道。通过交流轮岗、转任比例量化等方式，进一步加强其可操作性和规范性，提高公务员实际工作能力，增强机关干部队伍的活力，促进工作创新，切实提升机关单位的工作效率。《合肥市城市管理条例》坚持统一规划、合理布局、因地制宜、综合开发、配套建设的原则，通过“严格规范建设用地规划许可办理”“进一步明确违法建筑责任”等规定，推进合肥市城市建设协调化、规范化，为民众提供了更为舒适便捷的生活环境。

淮南市人大及其常务委员会制定了包括《淮南市公共资源交易管理条例》在内的3项地方性法规。其中，《淮南城乡规划条例》和《淮南市优化行政审批条例》成为民众关注的焦点。《淮南城乡规划条例》紧密结合淮南实际，注重规划的科学性，力求内容有效、管用，突出淮南特色，固化已有的成果和经验，积极探索创新规划管理制度，切实保障公众对规划的知情权、参与权。同时，更加注重生态保护，加强生态环境修复，真正实现环境与经济的共同发展。《淮南市优化行政审批条例》对深化行政审批制度改革，优化行政审批流程，规范行政审批行为，提高行政审批效能，进一步改善淮南地方经济发展环境发挥了重要作用，为社会和群众提供了更好的审批服务。

合肥市人民政府在2014年制定了包括《合肥市节能监察办法》《合肥市餐厨垃圾管理办法》和《合肥市居住证管理办法》在内的5项地方政府规章。这5项规章主要集中于社会方面。

总体而言，安徽省2014年度地方立法坚持“以民为本、立法先行”，以“四个全面”战略布局为统领，推动法治全面深化改革，充分发挥立法的引领作用。同时又重点突出、勇于创新，对社会关注的重点问题，立法机关积极响应，先行先试，如《安徽省治理货物运输车辆超限超载条例》是我国第一部专门规范超限超载治理工作的省级地方性法规。《合肥市直机关公务员转任办法》的颁布标志着合肥市直机关公务员转任工作从此步入法制化、常态化的轨道，为全国公务员制度改革进行了有益的探索。

（二）安徽省2014年度地方性法规发展状况

在省人大及其常委会的立法方面，2014年安徽省人大及其常委会全面推进法治化发展，扎实推进依法立法、科学立法、民主立法，加快法治安徽建设步伐。这一年安徽省人大常委会特别重视生态环境保护，制定了《安徽省气候资源开发利用和保护条例》《巢湖流域水污染防治条例》《黄山风景名胜区管理条例》等相关的地方性法规。

为了更好地制定《安徽省气候资源开发利用和保护条例》，2013年10月立法机构就制定《安徽省气候资源开发利用和保护条例》的必要性、可行性、目的和依据多次召开研讨会进行论证。由省人大法制委、常委会农工委、法工委和省政府法制办、省发改委、省环保厅、省住房和建设厅、省气象局负责同志参加的起草工作协调小组，组成了起草小组，召开相关会议，研究部署起草工作。2014年1月，起草小组赴滁州、芜湖、池州等市开展前期调研，完成条例草案初稿起草工作。3月，赴六安、淮南、阜阳、安庆、铜陵、黄山等6市征求意见与建议。4月至5月，先后召开了专家论证会、部门协调会、省人大农业与农村委员会会议，分别征求了省人大有关专门委员会、各市人大常委会、省政府法制办和发展改革、财政、住房和建设、环境保护、气象等13个省直部门以及中国气象局政策法规司的意见，并在网上公开征求社会意见；考察学习了广西的立法经验。6月，省人大常委会副主任就起草中的相关问题，与省政府负责同志进行了通气和协调；农工委负责同志就部分条款规定，与省直部门负责同志进行了沟通，对条例草案达成基本一致意见。在充分吸纳各方面意见、建议的基础上，6月5日，农业与农村委员会审议通过了条例草案，6月17日，省人大常委会第三十八次主任会议决定将草案提请本次会议审议。

合肥市人大及其常务委员会在2014年制定和修改了《合肥市城市管理条例》《合肥市直机关公务员转任办法》2项地方性法规。《合肥市直机关公务员转任办法》以2008年以来的三次大规模集中交流转任为立法基础，对于改善公务员队伍建设具有重要意义。在立法过程中，市委组织部、市公务员局针对此次地方性立法组成专题调研组，集中调研了2008年以来市直机关公务员转任工作情况。调研组先后深入市公安局、财政局、审计局、统战部、建委、交通局等单位，通过发放问卷调查、个别专访、召开不同类型座谈会等方式，认真听取各单位和转任人员对转任工作的意见和建议。专题调研共发放问卷3230份，实际收回3183份。此次地方性立法在摸清底数、分析现状、把握关键、完善措施的基础上，认真梳理和吸纳调研中收集到的意见建议，不断完善市直机关公务员转任工作，持续释放公务员队伍活力，更好地确保了《合肥市直机关公务员转任办法》的实施。《合肥市城市管理条例》是一项创新性和立法难度较大的综合性立法项目，影响重大。草案初稿由城市管理局和安徽大学相关法律专家团队共同参与草拟。在起草的过程中，起草工作组深入一线，开展专题立法调研，通过座谈会、问卷调查、走访察看等多层面、多形式广泛听取意见，并赴武汉、长沙和南昌等中部城市学习考察，先后进行了十余次修改。由市法制办启动立法审查程序，会同起草工作组逐条逐项对文稿进行分析研究，对有关问题进行协调，并通过媒体广泛征求社会公众意见。在此基础上，文稿再次得到修改完善，最终形成了《合肥市城市管理条例（草案）》。

（三）安徽省2014年度地方政府规章发展状况

在省级政府规章制定方面，2014年，安徽省人民政府加大了行政行为及内部行为规范方面的立法力度，集中于政府信息公开、事业单位编制等方面出台相关政府规章。《安徽省政府信息公开办法》主要涉及公开主体、公开范围、依申请公开三方面问题，促进政府信息公开工作更加系统，既便于群众全面了解安徽省政府信息公开工作的内容和信息，也有利于安徽省政府机关明确各自在政府信息公开中的基本职责。从2013年开始安徽省政府在天长、宁国、怀远、桐城等四个县（市）开展电子政务平台试点工作，经过一年的前期调研及公众意见征集，最终出台《安徽省政府信息公开办法》。该办法结合安徽省的实际特点，对政府信息公开职责分工，主动公开的重点信息范围等做出更为明确的规定。《安徽省事业单位机构设置和编制管理规定》坚持大部门制原则，明确行政机构的设立和变更应以职责的科学配置为基础，促进权责一致、分工合理的现代化体制的形成。

二、安徽省2014年度地方立法的特色和亮点

（一）地方人大立法中的特色和亮点

2014年，安徽省人大及其常委会在立法上提出“五个特别、更加注重”的新理念，强调更加注重发挥立法的引领和推动作用，更加注重开门立法，更加注重地方特色，更加注重法律法规实施，进一步提高立法质量，进一步发挥立法咨询专家库成员在立法中的积极作用，拓展专家参与立法的广度和深度。落实公众意见反馈机制和社会公众参与立法奖励制度，扩大公民对立法的有序参与。其立法中的特色和亮点表现为：

1．注重发挥立法在深化改革中的引领作用

2014年，安徽省人大常委更加注重立法质量，不断提高立法水平，充分发挥地方人大立法在深化改革中的引领和推动作用。在不断深化改革的过程中，安徽省人大始终坚持立法适应改革进程，针对学前教育、财政监督、环保等重点问题开展立法，为促进经济发展和社会进步、改善生态环境提供了更加有利的法制保障。这一年，安徽省人大积极提高依法治省

水平，坚持推进行政执法体制改革、完善行政执法程序，建立权责统一、权威高效的行政执法体系。通过制定《安徽省人民代表大会常务委员会关于省人民政府、省人民法院、省人民检察院工作人员任前审查和任后监督的规定》及《安徽省人民代表大会常务委员会组成人员守则》，积极落实国家司法体制改革各项措施，优化司法职权配置，规范司法程序。

合肥市人大及其常委会始终坚持“依法行政，立法为民”的理念，在不断深化改革的过程中，针对改革中遇到的新情况、新问题，积极总结经验教训、深入实践调研，以地方性法规的形式对有关问题加以解决，始终坚持立法在改革中的引领地位。

2. 注重社会公众参与

安徽省人大在制定、修改地方性法规的同时，积极公开征求公众意见[①]。《关于加强立法协商协调工作的意见》明确规定，应当编制省人大常委会五年立法规划和年度立法计划，应当向社会公开征集立法建议项目，加强法规草案公开征求意见工作，进一步扩大立法信息公开范围，不断扩大公众参与度，在立项、起草、论证、修改过程中，召开有针对性的座谈会，广泛听取意见和建议。《安徽省学前教育条例》的内容关系到百姓的切身利益，在正式通过实施前，曾先后四次通过安徽人大网向社会公开征求意见建议，仅在提请初审的草案就吸纳了150多条修改意见。在制定、修改的地方性法规中，安徽省人大注重开门立法，通过召开座谈会、发送专门信函、开设专题网站，要求主要负责条例制定的负责人公开电子邮箱等多种方式拓宽开门立法渠道，增强立法工作的透明度。

合肥市人大及其常委会在制定地方性法规过程中，允许市民以包括信函、传真和电子邮件在内的多种书面方式提出立法建议。《合肥市城市管理条例》无论从立法形式还是内容上都是新的突破。为了更好地贴近人民群众，合肥市人大及其常委会积极向社会公众征求意见。通过发放问卷调查等多种形式向民众征求意见。

3. 重视专家在立法中的作用

安徽省为立法工作建立了自己的专家库，专家包括在法律、政治、文化等方面具有较高造诣的学者。专家参与立法计划制订和法规的起草、论证。每部地方性法规的起草，省人大都会邀请两三名专家参与起草，并对地方性法规进行事前评估和立法论证。2014年，安徽省进一步完善了立法工作者、实践工作者和专家三位一体的立法机制，提升专家学者在立法过程中的地位，更加注重专家在立法过程中的作用。

安徽省人大常委会也成立了地方立法专家库，成员中既有大学法律专业的教授，也有长期从事法律工作的律师，还有长期从事立法工作的实际工作者及有关方面的专家。咨询专家参与拟订五年立法规划草案和年度立法计划草案；重要法规草案起草、修改和审查；立法中重点难点问题的论证；法规评估等工作。立法咨询专家参与立法工作可以采取书面征求意见、专家论证会、委托研究、参加法规草案起草小组等多种形式。如《合肥市城市

①参见蒋传华：《地方政府立法公众参与研究——基于安徽省立法实践的分析》，载《安徽大学法律评论》2012年第2期。

管理条例》起草就吸收了专家作为成员，参与调研等工作，为地方性立法的发展做出了突出的贡献。

4．重视结合本地实际

安徽省人大在制定地方性法规的过程中，更加重视立法的针对性、创新性、操作性和实效性，针对各个领域出现的共性问题及时立法，同时为了更好地贯彻执行上位法的相关规定，在制定地方性法规的过程中，安徽省人大结合本地特色，考虑区域发展特征，对环境、民生、行政等有关方面进行创新性立法，制定更具体化、更具有操作性、实效性的地方性法规。针对货运车辆超限超载情况突出、危害人民生命财产安全的问题，安徽省人大及其常委会采纳政府提议，本着急用先立、特事特办的原则，在没有上位法可循的情况下，仅用半年多时间就审议通过全国第一部公路“治超”法规《安徽省治理货物运输车辆超限超载条例》，实现了针对问题立法、立法解决问题的重要突破，有力地支持了政府“治超”工作。

（二）地方政府立法中的特色和亮点

1．注重立法的民主性

2014年，安徽省政府更加注重立法的民主性，不断扩大政府信息公开，加强对立法工作的监督制约。安徽省政府在立法过程中不断完善政府立法咨询员、立法信息员等制度。通过召开听证会、预审会广泛听取社会各界的意见和建议。同时，安徽省政府法制办将所有立法草案及时上传到省政府法制网，公开向社会公众征求意见。对于人民群众广泛关注的规章草案，在《安徽日报》等多家省内主要媒体上公开征求意见和建议。同时，省政府和合肥、淮南两市人民政府创设奖励制度，在立法过程中，立法草案通过报纸、网络、微博、微信等多种方式公开，向社会公开征求意见的过程中，对积极参与、提出合理意见并被采纳的，都给予适当的奖励。如《安徽省信息公开管理办法》就是在吸取了社会各界意见和建议的基础上，经反复修改最终获审议通过的。

2．注重立法的实效性

省市两级政府紧扣经济社会发展中的新情况、新问题，有针对性地开展立法工作，在立法过程中特别注重立法论证和立法调研，极大限度地发挥了政府规章的实效性。如针对安徽省住房城乡建设事业快速发展的实际，特别是建筑市场快速发展的迫切需求，省政府立法部门适时启动了《安徽省建设工程造价管理条例》的制定，该条例因涉及面广、技术性强，立法部门先后组织了10次调研、10次征求意见、15次修改完善才得以审议通过并实施。为了更好地贯彻实施这一政府规章，省政府主管部门还召集各市分管工程造价工作的负责人员参加培训，由省法制办负责人对该条例进行解读，保证了该条例的正确实施。

3．注重立法协商

立法协商是民主立法的表现形式，能够推进立法的科学性、合理性，积极发挥政协在立法协商中的作用可以有效提升立法质量。2014年，合肥市政府颁布实施《合肥市政府立法协商工作规则》，明确规定凡是围绕政府立法工作的计划编制及政府立法起草、调研、论证等工作，应由市政府法制办公室与政协社会法制委员会组织开展协商活动。同时，该规则要求市政府法制办应当充分考虑市政协提案内容以及市政协委员的相关立法建议，共同协商。

三、安徽省2014年度地方立法的不足与未来展望

（一）安徽省2014年度地方立法的不足

2014年，安徽地方各立法主体紧紧围绕改革发展、稳定大局这个中心，通过立法工作，推进了安徽省各项事业的全面进步和发展，取得了骄人的成绩。但客观上仍然存在一些不足和差距，其不足主要有：

1．立法中的行政主导现象比较普遍

政府部门起草法规利益化色彩较重，虽然安徽省在立法过程中不断提升公民参与度，但是由于旧有机制的影响，政府本位色彩浓重，行政立法的定位主要有政府阶段性决策推动，在整个立法过程中政府始终处于首位。从某种程度上来说立法资源多集中于政府，绝大部分的法规草案由政府部门起草，政府部门间对立法项目有利益之争，提出的法规草案部门利益色彩浓厚。由此，导致立法目的落空，立法需求与立法实践相背离。

2．立法领域不均衡发展

2014年，省市两级人大和政府制定的地方性法规和政府规章中，涉及社会、行政和经济方面的立法占绝大部分，而作为人们生活重要组成部分的文化领域，全年几乎没有该方面的地方性法规或者政府规章，存在明显的不均衡发展态势，无法与其丰富的文化资源相适应。相对经济领域的立法，安徽省文化立法盲点较多，无论是在文化建设的核心领域，如思想道德建设、文化市场管理、文化产业发展、对外文化交流等诸方面，还是在群众文化生活关注的热点领域，如公共文化服务体系、广播电视、印刷出版、文化演出、社会文化活动等诸方面，或是在文化发展中的新兴领域，如文化产品网上交易、网络文化传播、网络视听点播等诸方面，都存在许多立法“空白”。许多本该尽早施行的法规规章都没有列入立法规划，致使许多文化实践依然停留在无法可依的空缺状态。

3．公众参与度有待进一步提升

安徽省在立法时虽然通过多种渠道，广泛向社会公众征求意见，但多数公众对地方立法的态度比较冷淡，参与热情不高，缺乏参与的主动性与积极性。同时，公众参与的形式主要还是听证会、报纸、互联网等途径，相对比较狭隘。此外，在实践过程中立法规划、立法计划的编制更倾向于专家，较少向公众公布或征求意见。立法草案的公布内容也只是草案本身，对拟定草案的依据、起草机构及起草文本说明等相关的重要内容公布较少。

4．法规清理难与现实需求相适应

虽然安徽省立法机关一直强调要及时清理已经明显不适应国家确定的区域发展战略和本地区经济社会发展，以及与宪法、法律和行政法规不一致的地方性法规，但是法规清理工作仍然进度十分缓慢。一方面是由于法规清理涉及政府部门的利益调整，在部门利益的驱使下，部分部门会极力反对某些法规的修改或者废止。另一方面，立法机构普遍存在“重制定轻清理”的现象，大部分立法工作者认为，制定一部地方性法规远比清理法规更为重要，更能体现个人的政绩，从而忽略了法规清理的重要性。因此，法规清理的积极性远不如制定一项地方性法规高。部分政府部门还存在人力资源不足的现象，因此法规清理工作一直难以与现实需求相适应。

（二）安徽省地方立法的未来展望

展望未来，地方立法应当坚持立法先行，根据科学发展对地方立法的需要，把立法决策和改革决策结合起来，使立法适应改革，为改革服务。在此背景下，进一步完善立法工作机制和程序，深入推进科学立法、民主立法，努力使制定的法规符合实际需要。对安徽省的地方立法，我们期待：

1．正确处理突出重点和平衡发展的关系

安徽省在立法方面明显存在某些领域的立法缺失，这使得区域实践与立法发展不协调，不利于地区的可持续发展。立法机构应当深入调研，加强立法的预测，对于急需的、社会关注度高的重要领域优先立项。同时又要兼顾到经济社会非重点的一般领域，在确保立法质量的前提下，平衡各立法领域，使之与现实需求相契合。

2．重视社会公众的立法参与进一步完善民主立法

地方立法应当根据本地的政治、经济体制改革和本地社会经济发展的需求，同人民群众关注的焦点问题相结合。在新形势下，安徽立法机构可从以下几个方面着手：一是拓展公众参与立法渠道，对涉及人民群众切身利益和普遍关心问题的法规草案，要通过网络、电视、广播、报纸等主流媒体，特别是注重运用微博、微信等新兴媒体工具，解读法规案的立法背景、焦点问题，引导公众深度参与立法，广泛征求意见；二是建立公众意见反馈机制，对公众提出的立法意见、建议认真研究吸纳，并采取不同方式积极回应，最大限度凝聚共识、汇集智慧，充分调动公众参与立法的积极性；三是进一步健全立法听证制度，扩大立法听证的范围，不断规范听证程序，改进听证组织工作，尝试采取立法听证会进社区、网上听证等灵活多样的听证方式，逐步实现立法听证小型化、常态化、规范化；四是要进一步发挥专家学者在立法中的作用，邀请部分专家全程参与法规案的整个调研修改过程，必要时，对法规案中的重点难点问题专门召开专家论证会进行论证，并不断提高专家论证的质量和效率。

3．建立多元化的法规起草机制，完善科学立法机制

科学立法是提高立法水平，保证立法质量的基本要求。安徽省立法部门应建立多元化的法规起草机制，对于综合性强、涉及面广、协调难度大的法规草案，可以由立法机关牵头，成立综合起草小组负责起草；对管理内容单一、权责关系明确，为执行上位法具体规定的单项行政管理类立法项目，可由政府有关部门组织起草；但对有明显利害关系的立法项目，政府职能部门应实行起草回避，由政府法制办负责，发挥其“统”的功能。对专业性、技术性较强的立法项目，可以委托大专院校、科研机构或社会组织、学术团体组织起草。

4．强化地方立法特色

“立足于本地实际，具有地方特色”是地方立法的应有之义和应当着力达致的目标之一。加强地方立法特色，首先要转变地方立法的基本观念，明确立法目的；其次，立法机关应当在立法过程中加大调研力度，深入基层，遵循客观现实，切实以本地的政治和经济发展背景为依据，创制本区域所需要的地方性法规。保持创新精神，创制有地方针对性的法规。地方立法作为中央立法的补充，应当简明扼要，避免原则性、大概性的法规出现，应当以本区域的客观实际为出发点，更新地方立法观念，明确立法目的，从内容上突出安徽的立法特色。

第十四章　福建省2014年度立法发展报告

朱　晔[①]

摘　要：福建省各级立法主体在2014年围绕中心，服务大局，加强和改进立法工作，推进科学立法、民主立法，积极让立法决策适应改革决策，发挥立法的引领和推动作用，加强重点领域立法，通过《福建省水土保持条例》等地方性法规及《福建省政府信息公开办法》等地方政府规章，先行先试，着力提高立法质量，以法治思维和法治方式，推动福建改革发展各项事业迈上新台阶。

关键词：福建省　立法发展报告　先行先试

一、福建省2014年度立法发展状况

（一）福建省2014年度立法状况总体评述

福建省共有省人大、省政府两个省级立法主体和福州市人大、福州市政府和厦门市人大、厦门市政府四个地级市立法主体。

2014年，福建省人大及其常委会努力适应全面深化改革、推进科学发展跨越发展的需要，在科学立法、民主立法精神的指引下，加强重点领域立法，着力提高立法质量，先后制定了《福建省长乐海蚌资源增殖保护区管理规定》《福建省水土保持条例》等7件地方性法规，修改《福建省征兵工作条例》《福建省人口与计划生育条例》2件地方性法规，其中有关社会方面的立法4件，经济方面的立法2件，行政方面的立法2件，涉及区域立法1件。

福建省人民政府2014年先后制定和修改了包括《福建省政府信息公开办法》《福建省行政区域界线管理办法》等在内的16件政府规章，其中行政方面的立法8件，经济方面的立法4件，社会方面的立法4件，废止了《福建省森林防火实施办法》。在这些地方政府规章中，《福建省政府信息公开办法》《福建省实施〈国有土地上房屋征收与补偿条例〉办法》《福建省非机动车管理办法》等规章引起了社会的较大关注和反响。《福建省政府信

①朱晔，广东外语外贸大学法学院教授，硕士生导师。研究方向：经济法、民商法。

息公开办法》对于保障公众知情权、参与权和监督权，进一步提高政府公信力，促进法治政府、创新政府、廉洁政府建设有着极为重要的意义。《福建省实施〈国有土地上房屋征收与补偿条例〉办法》进一步规范了国有土地上房屋征收与补偿活动，明确了房屋征收与补偿工作的监督与业务指导责任，细化了征收程序，并对保障被征收人合法权益作出了相应规定。《福建省非机动车管理办法》进一步加强了非机动车管理，扩大对非机动车管理的宣传教育，对于促进维护道路交通秩序，保障交通安全畅通，保护公民、法人和其他组织的合法权益发生了重要影响，引起社会的反响。

厦门市人大常委会在2014年制定和修改了《厦门经济特区两岸新兴产业和现代服务合作示范区条例》《厦门经济特区生态文明建设条例》等6件地方性法规，其中，《厦门市人民代表大会常务委员会关于修改〈厦门市社会保障性住房管理条例〉的决定》《厦门市人民代表大会常务委员会关于修改〈厦门市最低生活保障办法〉的决定》等涉及民生的法规引起民众的极大关注。特别是《厦门经济特区两岸新兴产业和现代服务合作示范区条例》在探索两岸合作发展新机制上有了重大突破，引起海峡两岸社会尤其是政经界的极大关注。福州市人大常委会在2014年制定了《福州市茉莉花茶保护规定》《福州市行政服务条例》等4件地方性法规。《福州市茉莉花茶保护规定》因其旨在传承弘扬茉莉花茶文化，具有浓郁的福州特色，对于促进茉莉花茶保护及产业健康发展等方面具有积极的推动作用而引起我国茶叶产业界的较大热议。

厦门市人民政府在2014年制定了《厦门市物业服务收费管理办法》《厦门市企业国有资产监督管理办法》《厦门市实施〈工伤保险条例〉规定》等3件地方政府规章。这3件地方政府规章集中在经济和社会方面。福州市政府在2014年制定了《福州市机动车驾驶员培训管理办法》《福州市人民政府重大行政决策若干规定》《福州市人民政府关于修改〈福州市民用船舶和船员民兵动员征用暂行规定〉的决定》等3件地方政府规章。其中《福州市机动车驾驶员培训管理办法》由于涉及社会普遍关注的驾考问题而引起社会各界较大热议。

总体而言，福建省2014年度地方立法呈现一个总体数量偏少，但层级鲜明、省级主导、各有分工的状况。首先，总体数量偏少，福建省2014年度制定地方性法规19件，地方政府规章22件，总计才41件地方性立法。而与之对比的是在2014年福建共出台地方性规范文件不完全统计共5384件。其次，层级鲜明、省级主导、各有分工，省一级的地方性法规和政府规章在福建省地方立法数量中占绝对多数，而较大的市及经济特区所在市的立法数量则明显少于省一级的立法。

（二）福建省2014年度地方性法规发展状况

2014年，福建省人大及其常委会围绕中心，服务大局，进一步发挥人大在立法上的主导作用，加强和改进立法工作，以法治思维和法治方式，在经济、社会、环境、人口等方面结合地方自身发展特点进行立法完善，发挥立法的引导和推动作用，进一步推进改革，为地区经济的改革发展提供了法律依据，为推动福建改革发展各项事业迈上新台阶作出了积极贡献。

为制定《福建省社会科学普及条例》，省人大自2008年就启动该条例草案的立法工作，成立了由教科文卫工委、省人大常委会研究室、省社科联、福州大学等单位组成的项目课题组，专题对立法涉及的重点难点问题开展基础研究；期间还组织赴宁夏等省市及省内市县调研考察，召开多场有法律专家、研究机构、实务工作者、人大代表等参加的研讨会或座谈会。经过多次征求意见、专家论证和反复修改，于2013年9月形成了比较成熟的条例草案征求意见稿。之后，又将条例草案印送省委宣传部、省编办、省文明办、省教育厅、省民政厅、省财政厅、省政府法制办等15家省直单位和九市人大常委会征求意见。2014年5月上中旬，省人大还派员分赴厦门、福州开展立法调研，广泛听取社科界、法学界专家，基层社科工作者以及当地人大、宣传、政府有关部门的意见和建议。在制定《福建省水土保持条例》过程中，省人大除了将草案发至各设区市人大常委会农经委（财经委），委托征求当地有关部门意见和建议，召开部分委员和相关省直部门负责人参加的论证会外，还向社会公开征求意见，组织调研组赴福州、漳州、三明市及所属的6个县（市）开展立法调研，召开5场征求意见座谈会，其中会同省水利厅三次深入长汀县进行实地调研，将备受推崇的“长汀经验”吸纳进立法，推进生态建设制度创新，为巩固和发挥福建特色优势提供了保障。为了制定好《福建省促进中小企业发展条例》，省人大法工委除组织召开了有部分常委会委员、法制委委员和省直有关部门等参加的论证会外，还向社会公开征求意见，组织调研组赴漳州市、龙岩市及两市部分县（市）开展立法调研，广泛征求人大常委会、政府及其有关部门、部分中小企业的意见。

福州市人大常委会制定了《福州市茉莉花茶保护规定》《福州市行政服务条例》《福州市志愿服务条例》《福州市法律援助条例》4件地方性法规。通过《福州市行政服务条例》，福州在全国设区市率先对行政服务进行立法，推进法治政府和服务型政府建设。《福州市茉莉花茶保护规定》又因其旨在传承弘扬茉莉花茶文化，具有浓郁的福州特色，对于促进茉莉花茶保护及产业健康发展等方面具有积极的推动作用而引起我国茶叶产业界的较大热议。《福州市志愿服务条例》具有较强的针对性和前瞻性，对保障志愿服务组织、志愿者和志愿服务对象的合法权益，推动志愿服务活动规范化、常态化开展起到重要的作用。《福州市法律援助条例》紧扣习近平总书记“决不允许让普通群众打不起官司”以及党的十八届三中、四中全会提出的“完善法律援助制度”精神，将多年来形成的独具地方特色的工作成果予以提升，为福州市法律援助事业又好又快发展提供法制保障。

厦门市人大常委会制定和修改了《厦门经济特区两岸新兴产业和现代服务合作示范区条例》《厦门经济特区生态文明建设条例》等6件地方性法规，厦门市人大特别重视《厦门经济特区生态文明建设条例》的制定，这一条例是由厦门市人大城建环资委委托中国科学院城市环境研究所开展具体的立法调研和起草工作。起草单位多次召开相关部门座谈会，走访市直相关部门、市政协经建委等20余个部门和单位。在充分吸纳文献调研、部门调研及外地立法经验的基础上，根据有关法律、法规以及中央有关文件精神，同时邀请全国著名生态学家召开研讨会，结合专家意见进行修改，通过《厦门日报》和厦门人大网站公布，公开征求意见，广泛听取市民和社会各界的建议和意见，先后经过五稿才最终定稿。

（三）福建省2014年度地方政府规章发展状况

在省级政府规章制定方面，2014年，福建省人民政府加大了政府行政行为及内部行为规范方面的立法力度，集中于政府信息公开、政府立法等方面出台相关政府规章。在起草规章草案过程中，坚持“问题导向”原则，增强制度设计的针对性和可操作性。《福建省政府信息公开办法》早在2013年便列入福建省政府立法计划，并于2013年就《福建省政府信息公开办法（草案征求意见稿）》公开征求意见，在征集社会意见的基础上进行了修改，最终于2014年2月通过。《福建省政府信息公开办法》规范了政府信息公开工作组织领导、公开范围、公开主体、公开方式、公开程序以及监督保障等方面的工作。有针对性地解决了当前政府信息公开工作中遇到的许多新情况、新问题。《福建省人民政府法规草案和政府规章制定程序规定》从立法计划、起草、审查、审议和公布、立法前评估和立法后评估等几个步骤对省人民政府拟定法规草案和制定政府规章进行了规定，这一规定对于规范政府制定法规草案和制定政府规章具有重要的意义。

厦门市政府在2014年制定了《厦门市物业服务收费管理办法》《厦门市企业国有资产监督管理办法》《厦门市实施〈工伤保险条例〉规定》等3件地方政府规章。其中厦门市政府特别重视《厦门市企业国有资产监督管理办法》的制定。《厦门市企业国有资产监督管理办法》起草单位厦门国资委从2007年开始着手起草草案、开展调研活动，并积极向厦门市法制部门申报立法计划，先后五年被厦门市政府列入规章立法调研项目，2014年被确定为厦门市政府规章正式立法项目。在规章起草、修改、审查过程中，以多种方式征集各方意见，不断完善办法草案，最终通过审议。

二、福建省2014年度地方立法的特色和亮点

（一）地方人大立法中的特色和亮点

2014年，福建省人大及其常委会努力适应全面深化改革、推进科学发展跨越发展的需要，积极让立法决策适应改革决策，发挥立法的引领和推动作用，加强重点领域立法。同时，积极创新工作方式，提高立法质量。其立法中的特色和亮点具体表现为：

1．涉台立法促进闽台合作

福建省人大及其常委会多年以来积极创新，大胆探索，先后出台了一系列涉台地方性

法规，许多方面开创了先河，有力地保障和促进了闽台合作，涉台立法已经成为福建地方立法的最大特色。这不仅为国家层面涉台立法积累了大量的宝贵经验，发挥了很好的“试验田”作用，也对推动两岸关系向前发展具有重大意义。[①]为贯彻中央关于加快平潭开放开发的战略部署，落实省委关于平潭综合实验区体制机制改革创新的要求，福建省人大通过了《福建省人大常委会关于福建省人民代表大会常务委员会平潭综合实验区工作委员会的若干规定》，明确实验区人大工委的职责，促进国家和本省赋予实验区的有关政策落实，支持实验区在两岸交流合作和体制机制改革创新等方面先行先试。审议了《福建省促进闽台职业教育合作条例（草案）》，着眼于建立合作平台和长效机制，促进优势互补、共同发展。

厦门市人大常委会于2014年8月29日通过了《厦门经济特区两岸新兴产业和现代服务合作示范区条例》，这一条例以国务院批复的《厦门市深化两岸交流合作综合配套改革试验总体方案》为抓手，以两岸产业合作为主题，集中体现厦门经济特区先行先试、体制机制创新精神的示范区基本法。厦门示范区条例的施行标志着示范区探索进入法制化轨道，对于贯彻落实国务院综改方案，全面深化改革，履行厦门经济特区肩负对台工作的重要历史使命具有重要意义。

2. 生态立法保护绿水青山

保障生态文明建设是福建省地方立法的重头戏，福建省人大常委会在2014年及时审议通过《福建省水土保持条例》，这是2014年3月国务院《关于支持福建省深入实施生态省战略加快生态文明先行示范区建设的若干意见》出台后，福建省在生态文明建设领域制定的第一部地方性法规。这一条例总结提升福建省实践中的成功做法，尤其是长汀水土保持工作经验，将水土保持工作纳入生态文明建设考核体系，重点从规划编制、预防治理、监测监督等方面进行制度设计，并强调通过财政转移支付、区域协作等方式，建立健全水土保持生态补偿机制等强化工作保障，将中央赋予的一系列先行先试政策法制化，依法保障福建省生态文明先行示范区建设，促进生态优势转化为发展优势，取得了积极效果。全国第八次森林资源清查结果表明，福建省森林覆盖率为65.95%，森林面积达801.27万公顷，成为全国森立覆盖率最高的省份。

在《福建省长乐海蚌资源增值保护区管理规定》修订过程中，为平衡保护资源与保障发展的关系，立法机构经过深入调研和反复论证，对原草案拟调整的5505公顷保护区予以保留，规定新增限额捕捞制度、采捕需有许可证并延长了禁捕时间，还提出在保护区内南、北各划定一个重点增殖保护区，加强对海蚌亲体和苗种资源的保护，并实行常年禁捕，从源头开始，加大了对环保违法行为的监督和制约。

厦门市人大常委会在2014年10月31日通过《厦门经济特区生态文明建设条例》，这是继2010年1月《贵阳市促进生态文明建设条例》之后，全国第二部关于生态文明建设的地方

---

①参见李小健：《福建：“涉台立法”试验田》，载《中国人大》2014年第15期。

立法。[①]该条例将长期以来的成功做法和生态控制线、主体功能区等创新做法，以法规的形式固定下来，从优化国土空间格局、保护自然生态、改善环境质量、发展生态经济、宣传教育与公众参与、制度建设与保障、法律责任等角度来进行生态建设，呈现了如下几个特色：划定生态控制线，严控开发强度；建立信息平台，实现资源共享；禁止开采海砂，建设溪流生态岸线；严控污染物排放，开展排污权交易；倡导绿色建筑，装修一步到位；加强宣传教育，促进公众参与；推行绿色采购，防止滥用职权。这一条例在巩固和扩大厦门生态优势、建设“美丽厦门”上留下了浓墨重彩的一笔。

3．立法推动改革发展

中小企业是福建省重要的市场主体，在促进经济增长、增加就业岗位、优化经济结构、保障市场活力等方面发挥着越来越重要的作用。福建省人大常委会于2014年9月26日通过《福建省促进中小企业发展条例》，该条例结合福建省中小企业发展现状和特点，根据国家相关法律法规，针对中小企业发展中的薄弱环节和突出问题，重点在创业扶持、资金支持、技术创新、市场开拓、服务保障等方面做了规范，有利于进一步解决福建中小企业发展过程中面临的各种困难和问题，有利于改善中小企业经营环境，推动中小企业转型升级和更好更快发展。

同时，福建省人大常委会及时修改《福建省人口与计划生育条例》，使“一方是独生子女的夫妇可生育两个孩子”的政策及时在福建得到实施。审议《福建省农民专业合作社条例（草案）》，着力规范合作社的设立和生产经营活动，推动构建新型农业经营体系，促进农业和农村经济发展。为促进重要基础设施建设与保护工作，常委会还审议通过了《福建省电力设施建设保护和供用电条例（草案）》和《福建省电信设施建设与保护条例（草案）》。

4．科学立法，提高立法质量

良法是善治的前提，立法质量直接关系到法治的质量。一年来，福建省人大常委会和福州、厦门两市的人大常委会把提高立法质量作为加强和改进立法工作的重中之重，深入推进科学立法、民主立法，努力使所制定的法规符合实际需要、反映人民意愿。

坚持开门立法，广开言路。为了更广泛、更直接、更具体地听取意见和建议，省市人大向全体人大代表、政协委员寄发征求立法建议函，在《福建日报》《福州日报》《厦门日报》和省、市人大官方网站上公布法规草案并征求意见。为进一步提升立法质量，省市人大常委会积极探索立法调研，提前介入，深入基层、群众中开展立法调研，使立法更接地气。

省人大常委会在《福建省风景名胜区条例》立法调研中，走访了景区的不少原住民；在审议《福建省农民专业合作社条例（草案）》时，到农村听取村集体经济组织和村民的意

---

①参见叶文建：《〈厦门经济特区生态文明建设条例〉明年1月1日起施行：划定红线守屏障　修复溪流赏风景》，载《中国环境报》2014年12月3日。

见，在制定《福建省促进闽台职业教育合作条例》时，调研组专门赴台征求意见。厦门市人大常委会率先实施公民旁听会议制度，扩大人民群众参与立法的渠道，提高立法透明度。

重视专家立法，用好“外脑”。与专家学者、政协委员、民主党派、工商联、无党派人士、人民团体等社会各方面有识之士同堂讨论，汲取多方智慧，努力使立法工作汇聚民智、体察民情、反映民意，提高立法质量。经过长期酝酿和精心遴选，2014年底，福建省人大常委会首届立法专家咨询组成立，成员包括来自全国人大、国台办、北大、清华以及兄弟省市的闽籍专家学者共17人，为常委会搭建了一个多层次、宽领域、高水准的立法智库。厦门市人大常委会聘任4名台胞作为《厦门经济特区两岸新兴产业和现代服务合作示范区条例》立法顾问，为科学设计法律制度提供智力支持。

开展立法后评估，给法规“体检”。科学、有效的评估与对法规的清理，是合理利用立法资源，立法向科学规划、统筹安排、协调发展方向转变的表现。自2005年省人大常委会对《福建省青年志愿服务条例》实施效果开展立法评估后，立法后评估作为立法工作的常态固定下来。①2014年，福建省人大常委会对促进茶产业发展条例开展立法后评估。此次评估在实地考察、座谈、网上征求意见的基础上，还开展以政府有关部门工作人员、人大代表、政协委员、茶企、茶农、茶叶消费者、法学专家等为对象的问卷调查，从合法性、合理性、操作性、规范性、实效性等对条例进行评分。通过评估，不仅做到对法规质量心中有数，也进一步探索了提高地方立法质量和促进法规实施的重要途径。

（二）地方政府立法中的特色和亮点

1．强化备案审查和前置审查，维护法制统一

福建省在2014年总共制定了地方政府规章22项，与之对比的是在2014年福建共出台地方性规范文件不完全统计共5384项，因此福建地方政府在地方立法中更加侧重于对规范性文件的强化备案审查和前置审查，维护法制的统一。

厦门市法制局为提高规范性文件审查效率和审查工作透明度，推进规范性文件管理信息化，开发建设了行政规范性文件审查系统，这一系统于2014年11月份开始试运行。在规范性文件审查工作中，厦门市法制局改进措施，靠前服务，加强对各区政府、市政府部门贯彻落实美丽厦门建设战略规划而制定的规范性文件的审查，坚持统一协调、统一审查原则。2014年，厦门市法制局共对各区政府和市政府部门报送的203件规范性文件进行备案审查和前置审查，其中，市政府部门报送前置审查的规范性文件129件；报送备案的规范性文件74件，包括各区政府、象屿保税区管委会报送备案62件，按照《厦门市行政机关规范性文件管理办法》第二十一条的规定，市政府部门出台规范性文件后予以备案12件。

①参见刘志锋：《砥砺前行——福建省人民代表大会设立常委会35年回眸》，载《人民政坛》2014年第9期。

2．探索政府立法协商的新方式

福建省地方政府在地方立法中，不断加强与政协沟通与协作，探索政府立法协商新方式，努力实现科学立法、民主立法。

厦门市法制局与市政协社法委紧密配合，在以往一直开展的法规规章草案书面征求市政协意见的基础上，通过考察学习借鉴其他城市的立法协商经验，积极探索政府立法协商的新方式和新途径。具体探索如下：与市政协社法委建立相对固定的立法协商沟通机制，有计划地开展协商交流，增强协商互动；建立政府立法计划编制协商机制，由市法制局会同市政协社法委通过召开立法协商座谈会等形式，邀请市政协委员对拟列入新一年的立法计划项目进行征集和论证，并将市政协委员的意见和建议转有关行政部门研究办理；开展重点立法项目的专项立法协商工作，选择对事关经济发展全局、事关民生权益保障、事关社会治理现代化的立法项目进行专题立法协商，通过组织市政协委员实地视察，实地召开立法论证会等形式，认真听取委员对立法草案的意见和建议；建立意见和建议采纳反馈机制，对于市政协委员在政府立法协商中提出的意见和建议，市法制局及时归纳、整理、研究，并通过适当的方式专门加以反馈；探索建立政府立法项目后评估协商机制，对市政协委员参与政府立法后评估工作的范围、方式等进行研究，为下一步开展立法后评估协商工作做好准备。

三、福建省2014年度地方立法的不足与未来展望

（一）福建省2014年度地方立法的不足

福建省2014年度地方立法虽然取得了骄人的成绩，但客观上与经济社会发展的需求仍然存在一些不足和差距，具体表现为：

1．人大在立法中的主导作用发挥不够

尽管福建省人大及其常委会在不断强化人大在立法上的主导作用，但是立法中的行政主导现象依然比较普遍。2014年，福建省各级人大共制定地方性法规19件，而同期福建省各级政府共制定地方政府规章22件，这些地方性立法数量与政府各行政职能部门制定数以千计的规范性文件相比，是沧海一粟。人大与政府相比，占有的立法资源不够，绝大多数的地方立法草案都是由政府部门起草，提出的法规草案部门利益色彩浓厚，这往往导致立法实践脱离了立法需求，制定的法律往往会造成部门间职能不衔接，部门权力与公民权利不够平衡，影响到地方立法的质量，最终又影响到法治的实现。

2．法规精细化水平还需进一步提升

尽管科学立法、民主立法的精神在地方立法过程中越来越得到体现，例如，成立立法专家咨询组、向社会公开征求意见、举办立法听证会、下基层立法调研，等等，这些无疑都提升了立法的科学性、代表性，对提升法规的精细化水平有着重要促进作用。但是在立法实践中，依然存在很多问题，法规的起草和审议制度还需进一步探索和优化。

在福建省的地方立法过程中，民主立法手段还不是很多，落实还不是很到位。对于立法草案向社会公开征求意见，公众的参与热情不高。导致这种情况的原因很多，包括立法机关的宣传、落实等不够。地方组织立法听证会大多都欠缺立法听证会的程序性规范，未制定出统一的程序，基本上都是一次即规则，听证会的运转以及对公众意见的反馈都没有制度化。深入基层、深入群众开展立法调研受立法机关人财物各方面资源的限制，也只是局限于几部法规进行有的放矢的调研，并没有真正地推广到所有的立法草案的起草制定过程中。同时，法规精细化水平还呼唤着专业性立法队伍的建设，在这一点上，福建如内地很多省份一样，是比较欠缺的。

3．立法后评估不够充分，法规清理工作遇到一些阻力

随着法律文件的不断增多，新旧法律文件之间、不同部门制定的法律文件之间，一些地方性法规和政府规章经常性地出现摩擦和碰撞。法律、法规之间的衔接性不够甚至“撞车”，就会导致执法、司法活动出现矛盾和冲突，给现实生活带来困扰，从而降低法律的权威性。未来的立法工作主要面临的并非新法的制定，而是大量法律法规和规章的废、改工作，因此作为“二次立法”的立法后评估，理应成为未来立法工作的重心。福建省人大常委会茶产业立法后评估工作组于6月至11月开展了《福建省促进茶产业发展条例》立法后评估工作，这次立法后评估是福建省人大常委会对福建省地方性法规实施后开展的首次评估，但这次立法后的评估并没有完善的立法后评估制度来指导和规制。

对法规清理，推进难度也较大，在福建省多数地方并没有制度性的规定。有些地方部门认为，一方面由于立法是政绩，而修改和废止则不是，所以法规清理的积极性远不如立法的积极性高；另一方面，法规的修改和废止涉及部门利益的调整或者废除，存在着现实的阻力，加之立法机关人员和资源的不足，因此，地方法规清理工作不够及时。

（二）福建省地方立法的未来展望

展望未来，在依法治国的方略下，一切改革都应当在法律法规允许的框架内进行，都要有法可依。必须以法治思维和法治方式，坚持立法先行，深入分析科学发展跨越发展对地方立法的需要，把立法决策和改革决策结合起来，使立法适应改革，为改革服务。在此背景下，进一步完善立法工作机制和程序，深入推进科学立法、民主立法，努力使制定的法规符合实际需要、反映人民意愿。对福建省地方立法，我们期待：

1．准确把握地方立法的职能定位

地方性法规是补充性立法，是国家法律的补充和细化。因此，地方立法应该立足于解决地方实际问题，针对问题立法，突出地方特色，具有实践可操作性和执行性。只有这样才能发挥立法规范、保障、引领、促进地方经济社会发展的作用。与此同时，在地方性法规清理中，要在清理标准的确定和把握上着力从法规内容是否满足地方需求，体现地方特色，细化国家法律、行政法规的内容是否到位；法规规定的执行体制、机制、措施是否明

确具体，具有实践可操作性；法规是否具有前瞻性，能否适应新时期地方改革发展和法治建设需要等方面清理。

2. 继续加强对社会热点问题的立法回应

要选择关系经济社会发展全局、人民群众普遍关注的重要法规案，提请人民代表大会审议。重点突出平潭开放开发、培育消费热点、推进“三农”工作、保护生态环境、保障改善民生和加强社会建设等方面，加强立法调研，加快立法步伐。

3. 完善立法工作机制和程序，推动科学立法、民主立法

要深入推进科学立法、民主立法，进一步完善立法工作机制和程序，努力使制定的法规符合实际需要、反映人民意愿。一是认真总结地方立法工作实践，进一步完善立法项目征集和法规起草、论证、协调、审议、表决等机制。以提高立法质量为目标，加强立法调研，把好法规草案初审关，科学把握审议进度，坚持时间服从质量，着力推进立法精细化，增强法规的可执行性和可操作性。二是探索立法机关主导、社会各方有序参与立法的途径和方式，构建公民知晓和参与立法的平台，健全征询立法意见机制，扩大群众对立法工作的参与度。探索建立立法协商机制和程序，妥善协调利益关系，广泛凝聚立法共识。完善法规草案公开征求意见机制，增加对法规草案主要内容和重点问题的解读，提高公众参与的积极性和有效性。三是发挥立法专家咨询组和专门委员会、工作委员会立法专家顾问的作用，强化地方立法工作的智力支撑和专业支持。四是探索开展法规出台前评估工作，选择影响或争议较大的法规草案，在提请表决前对立法的必要性、合法性、可行性等进行评估，提高立法决策的科学性。

4. 加强立法人才培养，主动应对设区市获得立法权后的立法人才缺失状况

逐步增加有地方立法权的较大的市的数量是党的十八届三中全会关于立法工作的重要决策，随着立法法的修订颁布，设区市立法权放开后，肯定会激发地方的立法热情，然而立法是一项专业性非常强而又富有创造性、创新性的系统性工作，立法工作对立法人才队伍素质的要求是很高的。从福建地方人大和地方政府法制工作机构的立法人员状况来看，从事立法工作的人员编制少，且知识结构构成不合理、人员素质差异较大，这些问题普遍地存在于福建各个设区市的立法机构中。如何建设一支高素质的立法人才队伍，是福建各个设区市人大及地方政府必须抓好的一项重要而紧迫的工作。[①]

在编制不可能大幅增加的前提下，从内部加强对有立法人员进行知识更新培训和提高学习能力、实践能力、创新能力的培训，鼓励和吸引社会高素质人才为地方立法工作服务，是实施立法人才发展战略的重要途径。地方人大和政府要加强与高等院校、研究机构等社会智囊机构以及资深律师等的合作，引进社会上高学历且业务精通、经验丰富的法律人才，为地方立法所用，再通过这些智囊机构培训本地的立法人才，只有这样才能满足设区市获得立法权后的立法需求，保证立法的质量。

①参见任刚军：《论地方政府立法人才队伍建设》，载《政府法制》2005年第7期。

第十五章 江西省2014年度立法发展报告

朱 晔[①]

摘 要：江西省各级立法主体在2014年始终围绕全省工作大局，主动适应经济社会发展需求，加强和改进立法工作，推进科学立法、民主立法，发挥立法的引领和推动作用，加强重点领域立法，制定《江西省医疗纠纷预防与处理条例》《江西省行政执法监督办法》等地方性法规和政府规章，先行先试，着力提高立法质量，以法治思维和法治方式，推动江西改革发展各项事业迈上新台阶。

关键词：江西省 立法发展报告 立法引领

一、江西省2014年度立法发展状况

（一）江西省2014年度立法状况总体评述

江西省共有江西省人民代表大会及其常委会、江西省人民政府两个省级立法主体和南昌市人民代表大会及其常委会、南昌市人民政府两个地级市立法主体。

2014年，在科学立法、民主立法精神的指引下，江西省人大及其常委会、南昌市人大及其常委会和江西省人民政府、南昌市人民政府两级四个享有地方立法权的立法主体共制定（含修改）地方性法规和政府规章37件。其中，江西省人大及其常委会制定、修改地方性法规13件；南昌市人大及其常委会制定地方性法规5件、废止1件；江西省人民政府制定、修改政府规章6件，一次性修改政府规章数为11件；南昌市人民政府制定的地方政府规章数为2件。[②]

①朱晔，广东外语外贸大学法学院教授，硕士生导师。研究方向：经济法、民商法。

②这些统计数据所含的地方立法数量包括了各立法主体修改地方性法规或地方政府规章的立法性决定，但不包括各立法主体废止地方性法规或地方政府规章的立法性决定。

江西地方立法数量的基本情况表①

法规类别	法规数量
省地方性法规	13
省地方政府规章	17
市地方性法规	5
市地方政府规章	2
合计	37

2014年，江西省人大及其常委会牢牢把握经济社会发展的立法需求，积极推进科学立法、民主立法，着力提高立法质量，发挥立法服务社会、推动改革的功能，全年制定了《江西省非税收入管理条例》《江西省气象灾害防御条例》《江西省林业有害生物防治检疫条例》《江西省农田水利条例》和《江西省医疗纠纷预防与处理条例》等5件地方性法规，修订了《江西省人口与计划生育条例》《江西省实施〈招标投标法〉》《江西省军人抚恤优待办法》《江西省矿产资源开采管理条例》等4件地方性法规，通过了关于修改《江西省森林公园条例》等4件地方性法规的决定，共计13件。批准南昌市法规5件，作出重大事项决定决议4件，对191件规范性文件依法备案审查。在制定或修改的这些地方性法规中，涉及财政、统计方面的立法2件，环境资源方面的立法6件，农林水利方面的立法3件，卫生、计划生育方面的立法2件。

江西省人民政府全年共制定和修改17件政府规章，具体包括《江西省行政许可事项目录管理办法》《江西省行政执法监督办法》《江西省国有土地上房屋征收与补偿实施办法》《江西省税收保障办法》《江西省水文管理办法》《江西省实施〈自然灾害救助条例〉办法》和《关于修改〈江西省水路运输管理办法〉》等11件省政府规章的决定。其中，行政方面的立法14件，经济方面的立法2件，社会方面的立法1件。在这些地方政府规章中，《江西省行政许可事项目录管理办法》的颁布引起了社会的较大关注和反响。该办法对过去比较突出的行政审批底数不清，项目边减边增，明减暗增，和一些行政机关以各种名义实施审批，规避监管等问题进行了规制；通过建立行政许可目录管理制度，该办法确立了行政机关在行政许可方面的权力清单，明确责任主体，规范审批流程，防止违规审批，消除权力设租寻租空间，因此具有重要意义。《江西省行政执法监督办法》对进一步规范各级行政机关依法行政、依法办事，起到了较大的示范和引领作用。《江西省国有土地上房屋征收与补偿实施办法》进一步规范了国有土地上房屋征收与补偿活动，明确了房屋征收与补偿工作的监督与业务指导责任，细化了征收程序，对保障被征收人合法权益作出了相应规定，该办法因涉及面广，引起了社会的较大反响。

在地方性法规的制定上，南昌市人大及其常委会共制定地方性法规5件，废止了《南昌

①http://vip.chinalawinfo.com;http://www.jxrd.gov.cn;http://xxgk.jiangxi.gov.cn/fgwj/fg/，访问时间：2015年3月15日。

市社会保险条例》，对75件规范性文件依法备案审查；作出决议决定5件。针对南昌市水域面积占其国土面积29.7%的实际，市人大制定了《南昌市水资源条例》，将南昌的生态优势转化为发展优势，助推了水资源经济效益、社会效益和生态效益的有效发挥，引起民众的极大关注和社会强烈反响。

南昌市人民政府制定政府规章2项，即《南昌市城市规划管理技术规定》和《南昌市餐厨垃圾管理办法》。其中，《南昌市餐厨垃圾管理办法》对加强餐厨垃圾的管理，建立统一规范的收集、运输和处置餐厨垃圾体系，促进餐厨垃圾无害化处理和合理利用，改善城市市容环境卫生，保障人民群众身体健康具有重要意义，引起社会各界较大热议。

总体而言，江西省2014年度地方立法坚持从改革、发展和稳定的大局出发，扣紧经济社会发展的立法需求，充分发挥立法服务社会、推动改革的功能。同时又重点突出。针对社会关注的重点问题，立法机关积极响应，充分发挥立法的引领作用，如，省人大针对近年来医疗纠纷频发和社会反映强烈的医闹现象，制定并实施了《江西省医疗纠纷预防与处理条例》，该条例为全国首个省级医疗纠纷预防与处理的地方性法规，被国家有关部委评为2014年度全国推进医改服务百姓健康十大新举措之一。人大常委会审议通过修改的《江西省人口与计划生育条例》率先在全国将这项政策惠及全省16万“单独”家庭，引起了社会的较大关注和反响。

（二）江西省2014年度地方性法规发展状况

在省人大及其常委会的立法方面，2014年，江西省人大及其常委会围绕中心，服务大局，进一步发挥人大在立法上的主导作用，加强和改进立法工作，以法治思维和法治方式，在经济、社会、人口、环境等方面结合地方自身发展特点进行立法完善，发挥立法的引导和推动作用，进一步推进改革，为地区经济的改革发展提供了法律依据，为推动江西改革发展各项事业迈上新台阶做出了积极贡献。

2014年，江西省人大常委会特别重视《江西省医疗纠纷预防与处理条例》《江西省农田水利条例》等地方性法规的制定。为制定好《江西省医疗纠纷预防与处理条例》，自2013年就启动该条例草案的立法工作。2013年2月，省卫生厅、省司法厅联合成立了《江西省医疗纠纷预防与处理条例》起草工作领导小组，编印了《〈江西省医疗纠纷预防与处理条例〉立法参阅资料汇编》，先后组织召开5次有法学、医学等专业人员参加的研讨会，形成了草案初稿。2013年5月上旬，邀请省政府法制办赴上饶市、余干县等地调研考察，书面征求了11个设区市卫生局、司法局和省直省管医疗机构的意见。随后，将修改完善的草案发至省综治办、省法院、省信访局、省财政厅、省公安厅、省民政厅、省物价局、中国保监会江西监管局等8个部门征求意见，根据各方面的意见和建议做了修改完善，形成了草案送审稿，8月12日报送省政府。经省政府法制办审查并多次协调、修改后，于9月18日在省政府第十二次常务会议上讨论并通过，会后根据各方面提出的意见和建议再次进行修改完善。该条例成为全国首个省级医疗纠纷预防与处理的地方性法规，获得中央综治办、国家卫生计生委等部委充分肯定。

为高质量制定《江西省农田水利条例》，由省水利厅牵头，成立了课题组开展农田水利建设、管护等方面的调研论证，2012年9月将草案征求意见稿发至省发改委、省农业厅、省财政厅等9个省直部门征求意见，经过再次修改，于2012年10月将草案送审稿正式报送省人民政府。省政府法制办承办后，书面征求了省发改委、省财政厅、省农业厅、省住建厅、省环保厅、省国土资源厅、省林业厅、省开发办等部门和11个设区市政府意见，并通过省政府法制办网站向社会征求了意见。课题组还先后到高安市、永丰县进行了调研，多次召开专家论证会和部门协调会。根据调研、协调、论证中各方提出的意见，对送审稿进行了反复修改，最终定稿。

南昌市人大及其常委会在2014年制定了《南昌市水资源条例》等5件地方性法规。市人大针对南昌市水域面积占其国土面积29.7%的实际，积极推动相关立法，成立了《南昌市水资源条例》草案起草小组，起草单位多次召开相关部门座谈会，邀请省人大、市人大和有关专家学者进行研究论证。草案完成后，于2014年8月8日，将《南昌市水资源条例（征求意见稿）》通过政府网站全文公布，征求社会各界意见，广泛听取市民和社会各界的建议和意见，多次修改并最终定稿。该条例助推了水资源经济效益、社会效益和生态效益的有效发挥，将南昌的生态优势转化为发展优势。

（三）江西省2014年度地方政府规章发展状况

在省级政府规章制定方面，2014年，江西省人民政府加大了政府行政行为及内部行为规范方面的立法力度，集中于行政许可、行政执法等方面出台相关政府规章。在起草规章草案过程中，坚持“问题导向”原则，增强制度设计的针对性、可操作性，在内容上突出创新。

《江西省行政执法监督办法》的出台，既是省政府党组回应2013年党的群众路线教育实践活动中人民群众意见的一项重要举措，也是继承和完善省人大常委会1995年出台的《江西省行政执法监督条例》，进一步优化经济和社会发展环境的现实需要，更是对十八届三中全会提出的“加强对行政执法的监督”的强烈呼应。该办法“突出四个特点、把握三个方面”。具体体现为突出立法目的的指向性，将优化经济和社会发展的法治环境作为立法的核心目的；突出监督内容的针对性，重点解决好当前影响企业发展环境的突出执法问题；突出监督实施的操作性，将执法监督的事项细化、方式样化、责任量化、程序具体化；突出监督结果的实效性，对有关责任单位和人员严格进行责任追究。把握监督主体责任与办事机构职能的有效衔接，构建政府负总责、法制机构办事情的良性执法监督体制；把握抽象行政行为与具体执法行为监督并重的无缝对接，从源头上防止抽象违法行为的滋生，从未端处控制具体执法行为的发生；把握继承传统与自主创新的有机结合。从立法内容的创新发展来看，该办法紧紧围绕省人大制定的《江西省行政执法监督条例》确定的“促进行政机关依法行政”的要求，对执法单位可能影响企业发展环境的涉企收费、涉企行政检查、重大事项专项监督等四方面的执法监督事项，进行了创新规范。

南昌市人民政府在2014年制定了《南昌市城市规划管理技术规定》和《南昌市餐厨垃圾管理办法》等2件地方政府规章。其中，南昌市人民政府特别重视《南昌市城市规划管理技术规定》的制定，市政府在2013年初将该规定列入立法计划，由南昌市城乡规划局负责起草，在起草、修改、审查过程中，以多种方式征集各方意见，不断完善草案，最终通过审议。

二、江西省2014年度地方立法的特色和亮点

（一）地方人大立法中的特色和亮点

2014年，江西省和南昌市两级人大常委会共制定和修改地方性法规18件，废除1件，取得较好的成绩。两级人大在立法工作中特别重视地方立法与中央立法、中央方针政策的衔接，扣准改革发展脉搏，注重把立法与深化改革结合起来，注重发挥立法对社会重大热点问题的引领和主动回应，重视当前立法工作与长远立法工作的衔接，重视现有立法工作和未来立法对立法人才需求的培养。同时，积极创新工作方式，提高立法质量。其立法中的特色和亮点具体表现为：

1．立法扣准改革发展脉搏，注重对社会重大热点问题主动做出立法回应

建设法治中国、法治江西，前提是有法可依。经济社会发展需要法律的规范、管理，改革举措的推进也要做到立法先行、于法有据。2014年，省人大常委会主动适应和服务经济社会改革发展的需要，立法推动改革措施落实，确保改革于法有据。

（1）《江西省人口与计划生育条例》及时启动修改，正是省人大常委会贯彻落实党的十八届三中全会决定和省委完善生育政策、依法尽快实施“单独二孩”的决策部署，提前介入的成果。党的十八届三中全会作出了调整完善生育政策的决策部署，明确要求：“坚持计划生育的基本国策，启动实施一方是独生子女的夫妇可生育两个孩子的政策，逐步调整完善生育政策，促进人口长期均衡发展。”2013年12月28日，十二届全国人大常委会第六次会议通过《关于调整完善生育政策的决议》，提出：“各地要遵循经济社会发展和人口发展的客观规律，从实际出发，认真做好人口形势、计划生育工作基础以及政策实施风险的评估工作，并由省级人大或其常委会通过修订人口与计划生育条例或作出专门规定的方式，依法实施单独两孩政策。”江西自20世纪70年代实行计划生育政策以来，计划生育工作取得了巨大的成就。但随着人口形势的发展变化，人口发展面临着一些较为突出的问题，如人口老龄化较为严重。调整完善生育政策，实行“单独二孩”政策，省人大顺应人民群众的期盼，适时启动了修法程序，将这项惠及该省16万家庭的“单独二孩”政策落到实处。

（2）推动行政审批制度改革全面深化，积极支持省政府新一轮行政审批制度改革。为进一步深化行政体制改革，切实转变工作职能，提高工作效率，激发社会创造力，省人大对《江西省森林公园条例》等4件地方性法规进行一揽子修改，取消了6件行政审批事项，对能够通过法律、经济手段解决的事项，取消政府管制。能够通过事中、事后监管达到管理目的的事项，取消事前行政审批。除法律、行政法规和国务院决定的规定外，取消对公民、法人或其他组织的资格、资质类行政审批，企业登记的前置性行政审批，以及证照的年检、年审等，使简政放权的改革措施做到于法有据。

2. 注重发挥立法在深化改革中的引领作用

（1）省人大常委会通过立法推进社会管理体制创新，发挥了立法引领推动作用，在全国率先制定了《江西省医疗纠纷预防与处理条例》，开创了医疗纠纷预防处理立法的先河，健全了医疗纠纷调处机制，保持和促进社会和谐稳定。

（2）省人大常委会坚持从省情实际出发，围绕全面推进法治江西建设，在生态、社会、经济等多个重点领域有针对性地突出保护环境，加强生态领域立法，服务发展改革大局。如制定了《江西省气象灾害防御条例》《江西省农田水利条例》《江西省林业有害生物防治条例》。同样，《江西省实施〈中华人民共和国招标投标法〉办法》启动修订，重点规范电子招标投标、优先采用资格后审方式等内容，完善了招标投标机制，维护了经济领域的市场秩序。

3. 科学民主，提高立法质量

良法是善治的前提，立法质量直接关系到法治的质量。一年来，江西省人大常委会和南昌市人大常委会把提高立法质量作为加强和改进立法工作的重中之重，深入推进科学立法、民主立法，努力使所制定的法规符合实际需要、反映人民意愿。

（1）坚持开门立法，广开言路。在立法过程中，人大充分发挥在立项、起草、决策等方面的主导权，加强立法的组织协调，切实防止部门利益法制化，从源头上避免法规出现部门利益化或地方保护主义，努力使每一项立法更加符合改革发展的实际。对意见分歧较大的法规草案，实行隔次审议。如省人大在审议《江西省农田水利条例》时，鉴于常委会组成人员对条例的适用范围等问题存在重大分歧，省人大法制委、省人大常委会法工委为保证立法的科学性、协调性，向省人大常委会提出了搁置审议的建议，同时组织召开了包括常委会领导参加的多层面的协调会，就草案的修改方向达成共识并修改完善后，才适时提请常委会会议审议通过，有效保证了法规的质量。

在立法调研方面，省人大常委会提倡“阳光立法”，坚持将所有法规草案通过网络、报纸等公开征询意见。积极拓宽公民参与立法途径和方式，注重采用灵活多样的调研方式，听取和吸纳不同方面的意见，让更多人参与到立法活动中来，让不同阶层、不同群体的利益诉求得到更加充分的表达，让立法调研更具针对性和时效性。

（2）重视专家立法，用好“外脑”。两级人大特别注重积极发挥专家顾问智囊作用，设立了立法顾问专家库，邀请专家顾问参与立法调研，就法规审议中修改的法律问题和专业性问题进行咨询论证，将专家顾问的意见建议作为立法决策的重要依据。对涉及重要改革事项的立法，探索开展立法前评估。例如，在修订《江西省实施〈中华人民共和国招标投标法〉办法》时，省人大法制委、省人大常委会法工委组织召开了有10多位专家参加的论证会，就法规草案中的相关问题进行论证。2014年，共邀请专家顾问参与立法活动40余人次。

（二）地方政府立法中的特色和亮点

2014年，江西省和南昌市人民政府共制定和修改19件政府规章。两级人民政府努力适应全面深化改革、推进科学发展的需要，积极推进立法决策适应改革决策，发挥立法的引领和推动作用，加强重点领域立法，着力提高立法质量，在制定政府规章方面取得了可喜的成绩，其特色和亮点表现为：

1. 注重政府立法科学化

立法紧紧围绕省委、省政府中心工作编制计划，把立法重点放在全面深化改革，服务经济建设、保护生态环境、保障和改善民生、加强政府自身建设上。在立法项目具体审查修改中，坚持问题导向，把解决难点热点问题作为出发点和落脚点，力求做到尊重和体现客观规律和江西发展实际。如在审查修改《江西省矿产资源开采管理条例》中，针对现实中较多存在的矿产权出让中的腐败现象，用专章对矿产权出让行为进行规范。

2. 注重政府立法民主化

实行立法项目公众动议制度，所有立法项目通过主要媒体向社会公开征求意见，汇集社会各界的智慧；建立立法建议反馈制度，凡是人民群众提出的立法建议，认真给予答复和解释，保护人民群众参与立法活动的主动性和积极性；完善立法听证制度，对与人民群众权益关系密切的立法项目，在书面征求意见基础上，全部进行听证，扩大参与听证的群众覆盖面，提高听证的实际效果。如在审查修改《江西省国有土地上房屋征收与补偿实施办法》中，大量吸纳了通过公众征集和听证会的意见，取得了良好效果。

3. 注重立法项目实施成效化

立法项目质量如何，关键看实施效果。省政府立法机构把开展地方性法规、规章贯彻实施后指导工作作为提高立法质量一个重要环节，制定下发了《关于地方性法规、省政府规章贯彻实施的指导意见》，明确地方性法规、省政府规章贯彻实施的6个基本程序，并将贯彻实施工作纳入依法行政考核内容，取得明显成效。如《江西省医疗纠纷预防与处理条例》贯彻实施后，全省因医患纠纷引发的“医闹”事件与去年同期相比，大幅下降了32%。

三、江西省2014年度地方立法的不足与未来展望

（一）江西省2014年度地方立法的不足

2014年，江西省地方立法机构紧紧围绕改革发展、稳定大局这个中心开展工作，取得了骄人的成绩，但仍然存在一些不足和差距，这些不足和差距也迫使江西省地方立法机关在以后的工作中不断改进工作方式，提高立法质量和水平。其不足主要有：

1. 政府主导型立法比较普遍，民主立法有待进一步加强

随着社会经济的发展和政治民主化程度的逐步提高，江西省地方立法过程中，公众参与的广度和深度均有一定程度的发展，尤其是在那些和广大人民群众切身利益密切相关的地方法规或规章制定过程中，公众参与的积极性和主动性有了很大程度的提高，立法机关也很重视公众提出的意见和建议。但毋庸讳言，受参与的物质条件、制度条件及参与意识等多种因素的影响和制约，立法过程中，公众参与的广度和深度还是不够。就总体而言，江西的地方立法依然由政府在其中起着绝对的主导作用，在体制内相对封闭地进行。具体表现为：一是政府部门掌握着地方立法的主动权，绝大多数地方性法规案都是由政府以议案形式提出的，起草者也基本上是对口的政府职能部门；二是人大立法也基本上是由常委会立法，忽略了人大全体会议作为地方第一立法主体的地位。更重要的是不仅人大代表对立法过程缺乏足够的参与，而且常委会内部有关委员会对立法的参与也受到了部门的障碍；三是立法程序中缺乏开放性参与制度。例如，到什么地方调研，召集哪些人座谈和论证，完全凭立法机关或起草单位来把握，没有给公众提供主动、自愿参与的制度渠道。制约公众参与的过程性因素则几乎贯穿于整个立法过程。从编制立法规划、进行立法调研、起草法规草案、审议法规草案直到通过法规的全过程，参与其中的基本上都是体制内的机构和人员，尤其是政府职能部门。

这种政府主导的立法过程，实际上产生了参与的双重缺失：第一种缺失是体制内参与的不足，本来应该履行立法职能的人大代表和常委会组成人员没有足够的渠道和时间参加法案的制定、审议；第二种缺失是体制外参与的匮乏，包括专家、公民以及各种利益相关者难以通过有效的正式途径表达自己的意见，维护自己的利益，影响地方立法的质量。

2. 立法草案的起草机制单一

由于立法资源多集中于政府，绝大部分的法规草案由政府部门起草，占全部立法项目的85%以上①。政府部门处于行政管理第一线，由其起草法规案虽然较贴近实际，有较强的针对性，但一件法规完全交给某个部门起草，容易导致立法中行政权力扩张，部门利益法制化，社会公众诉求体现不足等问题。一些政府部门受部门利益的驱动，借助地方立法延伸、扩张行政职权，对于立法项目有利则争，无利则推，不利则阻，他利则拖，分利则

①参见刘永亮：《试析江西地方立法工作存在的问题和解决之道》，载《时代主人》2014年第10期。

项；提出的法规草案在内容上积极固化本部门利益，方便自身执法管理的较多，考虑管理相对人利益的较少；存在重管理轻服务、强化权力忽视权利、扩大权限回避责任等问题，其结果必然导致部门间职能不衔接、部门权力与公民权利不平衡。

3. 立法地方特色和操作性不突出

地方立法之所以必要，一是由于我国幅员辽阔，地区差异大，二是中央立法存在“缝隙”。地方立法的主要功能是对法律、行政法规的细化补充、拾遗补缺。江西地方立法比较突出的问题，一是有的法规与省情和实际情况结合不够紧密，相关制度设计和规定缺乏地方特色；二是有的法规过于追求完整，体例上照抄、照搬上位法，内容上贪大求全，管用的条款不多，有的条款照搬上位法的原则性规定或迷糊规定，弹性较大，使实施效果大打折扣，操作性不强。

4. 科学立法有待进一步强化

立法的科学化，是指立法者运用科学的手段、方法和技术进行立法活动，从而使最终的立法成果具有科学性与合理性的过程。江西在地方立法科学化的制度建设方面已建立了立法调研制度、专家参与制度、立法准备制度、法案审议制度、立法协调制度等。这些制度基本上涵盖了立法整个过程，从事前、事中及事后三个阶段上为立法的科学化提供制度保障。但在立法的预测、立法跟踪等方面有待进一步加强，尤其是立法的预测，迄今没有相关规定，也未在立法实践中加以运用。立法机构对立法的发展趋势和未来状况不清晰，影响到立法规划的制定，也影响地方立法对当地经济社会发展引领和推动作用的发挥。

5. 法规清理工作不够及时

江西省虽然制定了《法规清理工作若干规定》，根据上位法制定、修改以及政策的重大调整及时清理不合理法规，但实践中并未得到很好的实施，没有实现清理工作的常态化。其原因，一方面是由于立法是政绩，而修改和废止则不是，法规清理的积极性远不如立法的积极性高；另一方面，法规的修改和废止涉及对部门利益的调整或者废除，存在着现实的阻力，加之立法机关人员和资源上的不足，因此，地方法规清理工作不够及时。

（二）江西省地方立法的未来展望

展望未来，在依法治国的方略下，一切改革都应当在法律法规允许的框架内进行，都要有法可依。必须以法治思维和法治方式，坚持立法先行，深入分析科学发展跨越发展对地方立法的需要，把立法决策和改革决策结合起来，使立法适应改革，为改革服务。在此背景下，应进一步完善立法工作机制和程序，深入推进科学立法、民主立法，努力使制定的法规符合实际需要、反映人民意愿。对江西省地方立法，我们期待：

1. 继续加强对社会热点重点问题的立法回应

地方立法要紧跟地方经济社会发展的脉搏，江西省现行有效的地方性法规中对一些重点领域和关键环节仍存在盲点。这种现象，在经济、社会、文化生态和民生领域多有不同程度的体现，特别是政府投资、能源资源、公共服务特许经营、生态环境保护、文化创意产业发展以及互联网流动人口管理等方面比较突出。如目前社会热点的再生资源回收、电子商务、融资租赁、典当基本处于无法可依状态。[①]因此，立法机关应进一步完善立法选项机制，正确处理好改革决策和立法决策的关系，把深化改革、促进发展同完善立法有机结合起来，努力做到改革决策和立法决策协调同步，确保改革决策的科学性和合法性。对关系经济社会发展全局、人民群众普遍关注的重要法规案区分轻重缓急，及时立项、加强立法调研，加快立法步伐，充分发挥地方立法对社会经济发展的引领作用。

2．进一步突出地方特色，增强法规的操作性

“立足于本地实际，具有地方特色”是地方立法的应有之义和应当着力达致的目标之一。江西省在法规模式和体例上，努力改变以往立法中大而全、小而全的模式，从省情和解决实际问题出发，灵活采用“单项立法”的形式，有几条写几条，重在突出重点和特色。在法规内容上，改变过去宜粗不宜细的思维，注重针对性，抓住关键点，解决真问题，少用、慎用授权性条款，敢于“划杠杠”“标红线”，使法规更加准确、规范，为守法、执法提供明确清晰的依据。

3．加强立法后评估工作，探索完善立法质量评价制度和法规清理长效工作机制

立法质量的高低，要通过实践效果来检验。为进一步提高立法质量和水平，使立法具有更强的针对性和可行性，可采取下列措施：一是建立法规实施情况报告制度，对实施满一年的法规，有关执法机关应向制定机关报告实施情况。二是建立健全立法质量绩效评价制度，积极回应社会关切，及时发现、填补存在的缺陷。探索完善立法质量评价与执法检查相结合的工作机制，把评价结果与法规修改结合起来，确保评价成果的有效运用。三是完善法规清理制度，综合运用即时清理、集中清理、全面清理和专项清理等方式，及时对现行有效的法规进行清理，确保法律体系科学和谐统一，更好地发挥立法在表达、平衡、调整社会利益方面的积极作用。

4．重视社会公众的立法参与，进一步完善民主立法、科学立法机制

一是拓展公众参与立法渠道，对涉及人民群众切身利益和普遍关心问题的法规草案，要通过网络、电视、广播、报纸等主流媒体，特别是注重运用微博、微信等新兴媒体工具，解读法规案的立法背景、焦点问题，引导公众深度参与立法，广泛征求意见；二是建立公众意见反馈机制，对公众提出的立法意见、建议认真研究吸纳，采取不同方式积极回应，最大限度凝聚共识、汇集智慧，充分调动公众参与立法的积极性；三是进一步健全立法听证制度，扩大立法听证的范围，不断规范听证程序，改进听证组织工作，尝试采取立法听证会进社区、网上听证等灵活多样的听证方式，逐步实现立法听证小型化、常态化、规范化；四是要进一步发挥专家学者在立法中的作用，邀请部分专家全程参与法规案的整个调研修改过程，必要时，对法规案中的重点难点问题专门召开专家论证会进行论证，并

①参见马承祖：《法制江西建设调研报告》，载《中国司法》2014年第11期。

不断提高专家论证的质量和效率；五是建立多元化的法规起草机制。对于综合性强、涉及面广、协调难度大的法规草案，可以由立法机关牵头，成立综合起草小组负责起草。对管理内容单一、责权关系明确，为执行上位法具体规定的单项行政管理类立法项目，可由政府有关部门组织起草；但对有明显利害关系的立法项目，政府职能部门应实行起草回避，由政府法制办负责，发挥其“统”的功能。对专业性、技术性较强的立法项目，可以委托大专院校、科研机构或社会组织、学术团体组织起草。

第十六章　山东省2014年度立法发展报告

唐　静[1]

摘　要：山东省2014年的立法工作做出了大量卓有成效的成绩。山东省强调立法前的评估程序，更加注重发挥专家的论证作用，在探索建立政府立法征求政府法律咨询专家制度，以及注重规范公众参与方面较为突出。不足之处在于山东省立法的整体规划和研究相对缺乏，地方立法积极性有待挖掘。

关键词：山东省　立法发展报告　立法评估

一、山东省2014年度立法发展状况

（一）山东省2014年度立法状况总体评述

山东省共有省人大、省政府两个省级立法主体，有青岛、淄博、济南三个地级市立法主体。

2014年，山东省人大及其常委会发挥立法服务社会、推动改革的功能，先后制定《山东省辐射污染防治条例》《山东省厂务公开条例》《山东省供热条例》《山东省水土保持条例》《山东省社会科学普及条例》《山东省老年人权益保障条例》《山东省气象设施和气象探测环境保护条例》《山东省归侨侨眷权益保护条例》《山东省国有土地上房屋征收与补偿条例》《山东省行政执法监督条例》等10件地方性法规[2]，修改《山东省高速公路交通安全条例》《山东省人口与计划生育条例》2件地方性法规。其中有关社会方面的立法7件，行政方面的立法5件。

山东省人民政府制定了《山东省无规定动物疫病区管理办法》《山东省社会救助办法》《山东省体育竞赛管理办法》《山东省农产品质量安全监督管理规定》《山东省地震应急避难场所管理办法》《山东省气象灾害评估管理办法》《山东省地质资料管理办法》

---

①唐静，博士，广东外语外贸大学经济贸易学院副教授。研究方向：经济法学、企业管理。

②本数据与《山东省人民代表大会常务委员会工作报告（2015）》有差异，差异主要由于统计方法和标准不同。

《山东省餐厨废弃物管理办法》《山东省学前教育规定》等9件政府规章，一次性“打包”修改18件，废止8件政府规章。其中《山东省社会救助办法》《山东省学前教育规定》等规章引起了社会较大关注和反响。

在地方性法规制定上，济南市人大常委会制定了《济南市气象灾害防御条例》《济南市农村公路条例》2件地方性法规，修改《济南市城市建设档案管理规定》；青岛市人大常委会制定了《青岛市房屋使用安全条例》《青岛市预算绩效管理条例》《青岛市胶州湾保护条例》《青岛市城市风貌保护条例》《青岛市海上交通安全条例》5件地方性法规，废止了《青岛市新型农村合作医疗条例》；淄博人大常委会制定了《淄博市燃气管理条例》《淄博市专利管理若干规定》2件地方性法规，修改了《淄博市文物保护管理办法》。

在地方政府规章制定上，济南市人民政府制定了《济南市物业管理办法》《济南市职工基本医疗保险办法》2件政府规章；青岛市人民政府制定了《青岛市轨道交通建设管理办法》《青岛市社会医疗保险办法》《青岛市大沽河管理办法》《青岛市房屋建筑拆除工程管理办法》《青岛市高层建筑消防安全管理办法》等5件政府规章；淄博市人民政府制定了《淄博市煤炭清洁利用监督管理办法》《淄博市重大行政决策程序规定》《淄博市实行最严格水资源管理制度实施办法》3件政府规章。其中《青岛市房屋建筑拆除工程管理办法》《青岛市社会医疗保险办法》等规章引起社会各界较大热议。

总体而言，山东省2014年度地方立法有一个较大的突破和提升，各个立法主体都能发挥地方立法的积极性、主动性，较好地实现了地方立法在地方经济和社会发展的引领和推动作用。

（二）山东省2014年度地方性法规发展状况

在省人大的立法方面，2014年，山东省人大常委特别重视《山东省水土保持条例》《山东省人口与计划生育条例》《山东省厂务公开条例》的制定工作。

为了预防和治理水土流失，用严格的法律制度保护生态环境，加快建立有效约束开发行为和促进绿色发展、循环发展、低碳发展的生态文明法律制度，强化生产者环境保护的法律责任，大幅度提高违法成本，山东省出台《山东省水土保持条例》经历了三年多的时间，从酝酿起草到颁布实施，十分不容易。该条例共七章57条，主要规范了水土保持规划、水土流失预防、水土流失治理、水土保持监测和监督以及法律责任等内容，首次在全国水土保持法规建设中划定水土保持保护“红线”，并对水土保持技术服务单位实行“黑名单”管理方式。

《山东省人口与计划生育条例》的实施标志着全省人民关注的“单独二孩”生育政策在山东落地。以前，山东省初育公民要生育孩子，必须向计生部门申请，而且必须逐年申请。新条例对此进行了补充规定，生育第一个子女实行免费登记制度，同时对生育第二个子女实行行政许可制度。

《山东省厂务公开条例》是山东厂务公开民主管理工作法制化建设的重大举措，该条例共分22条。分别对厂务公开的必要性、适应范围、遵循的原则、组织领导机构、责任主体、公开内容、公开形式、公开程序、公开时限、工作制度、监督检查、责任追究等作出了明确规定，对于加强基层民主政治建设，保障企事业单位和民办非企业单位职工依法行使民主权利，维护职工的合法权益，构建和谐稳定劳动关系具有重要意义。具体而言，该条例扩大了广大职工实现知情权，同时保证了厂务公开工作的实效性以及发挥职工民主监督作用，最终为实现建立现代企业制度，规范公有制和非公有制企事业单位的厂务公开，促进公平公正，建立和谐劳动关系，化解劳资矛盾，维护职工的合法权益提供了重要的法律依据。

山东省人大常委会还对《山东省供热条例》进行了修订。该条例将供热室温标准由原来的16摄氏度提高到18摄氏度，并取消了用户采暖需交纳“报停费”的规定。

地级市人大的立法中，济南市、青岛市、淄博市人大常委会都分别制定、修改了至少3件地方性法规，其中青岛市制定的法规达到5件，特别是《青岛市胶州湾保护条例》《青岛市城市风貌保护条例》《青岛市海上交通安全条例》体现了青岛市人大立法的地方性特色，强调了立法对生态环境和对海上安全的保护。《济南市燃气管理条例》，在全国地方性法规中首次规定对于使用燃气的大型商贸建筑、公共建筑及16层以上的民用（公寓）住宅项目，建设单位应当按照国家规范设计、建设燃气安全集中监控装置，有效保障了燃气使用安全。

（三）山东省2014年度地方政府规章发展状况

2014年，山东省人民政府共制定9件政府规章，一次性“打包”修改18件，废止8件政府规章。济南、青岛、淄博三市人民政府共制定政府规章10件。从省市政府规章内容来看，更多侧重于涉及社会救助、农产品质量安全、餐厨废弃物管理、学前教育、物业管理、水资源管理等关乎民生和能够引起社会关注的事项。

山东省是农业大省，为了保障山东省的农产品安全，山东省人民政府特别制定了《山东省农产品质量安全监督管理规定》，该规定强调对农产品质量安全要进一步健全执法监管，做到生产有规范、监管有标准、惩处有依据，确保食品安全。

《山东省体育竞赛管理办法》强调要节俭高效举办体育竞赛活动，倡导体育竞赛的“文化惠民”功能。认为体育竞赛应当坚持竞技体育与全民体育健身活动并重，同时新建体育场馆要考虑“赛后综合利用”因素，要将体育场馆管理使用推向社会化和市场化。

《山东省社会救助办法》是全国首次以政府规章的形式对社会救助制度体系进行顶层设计，也是首次以法治形式保障困难群众的基本生活，形成了山东特色的社会救助体系。该办法共十四章91条，为山东省的“金字塔”经济困难家庭群体结构提供了救助。其中，该办法特别加强了临时救助制度建设，展开了救急难工作，弥补了社会救助的空白。

《山东省学前教育规定》明确要求各级政府将学前教育经费列入财政预算，新增教育经费要安排一定比例用于发展学前教育，农村闲置校舍改建幼儿园，农村小学增设附属幼儿园，着力解决进城务工农民工子女入园和支持城市集体、企业、事业单位办园，面向社会提供普惠性学前教育。

二、山东省2014年度地方立法的特色和亮点

（一）地方人大立法中的特色和亮点

2014年，山东省人大及其常委会特别重视立法工作，坚持人大主导作用、人民主体地位，不断完善和创新立法工作机制，使山东的立法工作逐步上台阶。山东地方人大立法的特色与亮点主要体现在以下方面：

1．抓全省立法工作统筹，着力加强重点领域立法

立法质量直接关系到法律的实施效果，是加强和改进立法工作、完善法律体系的永恒主题，尤其在党的十八届三中、四中全会提出加快建设社会主义法治国家和全面推进依法治国的宏大背景下，提高立法质量、增强法律实效，让每一部法律都成为精品，更成为重中之重。山东作为一个农业大省、经济大省、文化大省，制定出符合本省特色的法规规章才能更好地推动地方经济和社会发展。2014年，山东省人大常委会注重加强全省立法工作统筹，强调重点加强关键领域和民生领域立法，积极推动地方立法在地方经济和社会发展中的引领作用。

2．抓典型带动，注重立法社会参与

为了提升立法的科学化水平，山东省人大启动了委托第三方参与立法工作。一方面委托高校、科研机构起草法规草案，另一方面委托高校对立法项目进行论证评估。委托第三方参与立法工作目前已进入了常态化、规范化轨道。从实践层面来看，强化立法前评估，对于优化立法资源配置，增强立项的科学性和质量来说，起到了重要的作用。

为健全立法机制，防止地方保护和部门利益法制化，山东省人大注意立法完善立法工作机制，加强了立法前的调研，拓展公民有序的参与途径。如在制定《山东省国有土地上房屋征收与补偿条例》过程中，山东省人民政府法制办公室赴临沂、潍坊进行了专项调研，并召开了立法座谈会，掌握了第一手资料，同时根据调研情况，举行了听证会。听证会引起了新闻媒体的高度关注与社会各界的强烈反响，保证了立法制度体现民意。

3．完善立法工作机制，注重提高立法质量

山东省人大常委会围绕提高立法质量，积极探索开展立法前、立法中、立法后“三个评估”，着力推进科学立法、民主立法，优化了立法资源的配置，提高立法效果。特别在立法前针对问题进行专家评估，强化了立法前评估的科学性。在立法的过程中，积极创新立法工作机制。做法具体体现为：

一是加大自主起草力度，探索法制部门牵头起草、委托专家起草、多部门联合起草等多种立法模式。立法中，为强化对法规的针对性与实效性的评估论证，山东省邀请了专家全面论证，借助“外脑”与“智库”，建立立法咨询员制度。深度参与起草部门的起草前调研、论证以及初稿修改等工作，对立法项目的框架思路、合法性、合理性和可行性提前把关。更加注重发挥专家的论证作用，探索建立政府立法征求政府法律咨询专家制度；更加注重规范公众参与。

二是重点问题举行立法听证。对涉及利益关系重大调整的法规都坚持立法听证。在立法过程中，经常会遇到对某个问题、某项条款存在意见分歧的难点问题。对此，山东省人大立法机关注重定性分析的同时，会注重定量分析，进行客观、翔实的现状调查和数据测算，开展实证分析。例如针对水、电、气、暖等专业设施设备的投资问题争议，在济南、青岛、淄博等8个市进行了相关考察，提出了最优方案。

三是强化立法后评估。立法目的在于实施，总结立法经验和研究存在的问题，为以后提升立法科学化、民主化水平具有重要意义。2013年，省人大常委会出台了《山东省地方性法规实施情况报告制度》，明确规定：负责地方法规实施的单位要在规定的时限对法规出台后的实施情况进行认真总结评估，把贯彻法规的主要工作措施，实施法规的社会效果，以及立法确立的制度和规范是否科学、是否符合实际、立法是否实现了预期目的，作为一个整体来分析评估，评估的情况形成了正式文件向省人大进行报告。这一制度的设立，使得省人大常委会能够及时了解和掌握立法后法规的实施情况。

（二）地方政府立法中的特色和亮点

1. 积极推进规章立、改、废工作，以制度建设保障改革创新

2014年，山东省政府立法重点推进了社会保障、生态以及农产品等方面立法工作，加强了生态文明、社会管理、文化建设、新区管理等方面的制度建设。山东省政府出台的《山东省农产品质量安全监督管理规定》，创新性地提出了近十项农药、兽药的管理制度。出台的《山东省学前教育规定》明确了扩大学前教育资源的措施，对缓解入园难、入园贵等问题起到了积极的作用。

2. 推进政府法律顾问制度建设，促进政府立法科学化

山东省人民政府特别推进政府法律顾问制度建设。为建立政府法律顾问制度，山东省政府办公厅印发了《关于建立政府法律顾问制度的意见》和《省政府法律顾问工作规则》，向省内有关高等院校、科研单位、法律事务所等法律研究服务机构征集法律专家库人选，遴选出102名法律人才作为“山东省法律专家库”成员。省政府法律顾问制度启动后，相关成员先后参与全省道路交通规划、全省新型城镇化规划及相关立法工作。

3. 注重政府立法的社会参与，推动阳光行政

山东省人民政府特别重视立法的社会参与。省政府法制办重视建立立法听证制度。

对公众立法意见建议积极进行反馈，做到既向社会公开，又向本人反馈。在举行网上立法听证时，对所提意见建议都及时在网上公开，对意见采纳情况，通过电子邮件及时向提出人进行反馈，并将通过后的法规文本，通过电子邮件和信函等方式送达参与立法的公众。

三、山东省2014年度地方立法的不足与未来展望

（一）山东省2014年度地方立法的不足

尽管2014年山东地方立法取得了不错的成绩，但还存在一些差距和不足。这些不足和差距也迫使山东省各立法主体在以后工作中要不断改进工作方式，提高立法质量和水平。

1. 地方立法的引领作用发挥不够，经济领域立法较为滞后

党的十八届四中全会作出了全面推进依法治国的重大战略决策，现实中社会结构逐渐复杂化，人们的思想认识趋向多元化，立法获得共识的难度加大，如果立法的质量不高，则立法的实效性就不强。因此，同全国其他地方一样，山东省地方立法面临着较大的压力和挑战。一年来，山东的地方立法主要集中于社会方面，而经济方面的立法相对薄弱。立法对经济和社会发展的引领作用还没有充分发挥出来。此外，有些地方重复立法的问题还没能有效解决。那种只重复上位法规定的立法模式，损害了法律的应有价值和功能，使立法对经济和社会发展的引领和推动作用难以发挥出来。

2. 立法的整体规划和专门研究相对缺乏

与江苏、浙江、广东、湖南等先进法制省份相比，山东省地方立法缺乏整体规划和专门研究。纵观其他省份，江苏省委、省政府早在2003年便提出建设社会主义“法治江苏”的战略目标，而广东省在2008年也作出了“全面推进依法治省，加快法治广东建设”的战略部署，2011年又制定出台了《法治广东建设五年规划（2011—2015）》。湖南省委2011年发布《法治湖南建设纲要》，被称为法治建设的“湖南模式”[①]。同时在立法问题、法治问题的研究上，专门研究山东地方立法的成果也特别少。没有理论的支撑，则很难使实践有更高阶段的发展。提高山东地方立法质量，则需要山东各级立法机关注意加强立法的理论成果建设。

3. 立法的科学性、民主性有待进一步提高

有人根据对中共山东省委党校8个主体班次的在校学员所做的无记名调查发现，“权力制约与监督”“依法行政和依法办事”“法治建设规划和部署”三方面是法治山东建设的关键所在，也是最容易产生突出问题方面。因此，加强法治山东建设，需要山东省的地方立法进一步体现民意，听取公众意见，使反映民意、关乎民生的意见得以充分吸纳，让人民的意志和利益通过法律得到彰显。

①王巨新：《加强法治山东建设问题研究》，载《理论学刊》2014年第5期。

4．地方立法积极性、主动性有待进一步挖掘

较大市立法主体作为国家立法体系中较为特殊的立法主体，在地方立法工作中存在不少的问题和不足。特别是近几年的“立、改、废”工作中，修改与废止的比例逐年增长，使得较大市的立法空间呈现好像逐年缩小的趋势，同时人大在地方立法中的主导作用没能充分发挥，导致了个别法规存在一定程度的部门利益倾向。因此，怎样发挥地方立法主体在地方立法工作中的积极性、主动性，消除立法的部门主义倾向，需要引起山东省各级地方立法机关的关注和重视。

（二）山东省地方立法的未来展望

今后，山东省的地方立法应围绕山东经济社会发展大局，以保障和改善民生、推进文化强省建设、节约资源和保护环境等方面法规规章作为立法规划和计划的主要内容。具体应做好以下各方面工作：

1．坚持改革决策与立法决策相结合，继续加强推进重点领域和关键环节改革配套方面立法，实现问题解决与体制机制相互促进

要认真落实党的十八届三中、四中全会精神。对全会提到涉及的立法、政府法制等前沿性问题进行理论研究和知识储备，并将研究成果与深化重点领域和关键环节改革密切结合起来，积极转化为相关制度，为深化改革、推进改革提供法治保障。

2．继续加强“三个评估”，确保立法质量不断提高

坚持改革与立法规划、计划相结合，根据改革任务的需要，加强制度设计的提前谋划和统筹规划，建立立法项目库，系统地开展立法前、中、后评估工作，不断提高立法质量。

3．创新立法工作机制，重视立法的社会公众参与

党的十八届四中全会强调，要健全立法机制，防止地方保护和部门利益法制化。这要求山东省地方立法要继续加强调研、拓宽公民有序参与立法的途径。其中山东省人民政府法制办要求把建立政府法律顾问制度作为当前政府法制工作的重要任务，认真组织实施，确保市、县级政府尽早普遍建立法律顾问制度。

4．积极主动开展立法立、改、废工作

要做好重点领域和关键环节立法，对先行先试的、带有全局性、关系本地区经济发展和社会稳定的立法项目先予立项；对涉及重大事项或者关系人民群众切身利益的规范性文件在实施满一年后进行评估；及时开展地方性法规规章、规范性文件的清理工作，废除阻碍经济发展的各种形式的不合理规定，消除各种隐性壁垒，废除妨碍统一市场和公平竞争的各种制度障碍。

5．加强立法人才培养，提升业务能力，应对立法人才缺失问题

面对社会急迫的立法任务，立法人才缺乏是不可回避的现实问题。同时，设区的市

被授予立法权之后，立法人才的不足更是地方立法面临的较为急迫的问题。针对现有立法人才的培养可以采用集中培训、专题训练、挂职交流等方式提高他们的综合素质和业务能力。针对立法人才不足的问题，可以提前在相关高校法学专业建立订单培养的方式，培养一批优秀的法科专门人才，使他们一毕业就能进入立法机关直接从事立法相关工作。

第五编　中南地区立法报告

第十七章　河南省2014年度立法发展报告

乔亚南[①]

摘　要： 河南省2014年度的地方立法，立足于本土特色、坚持民主立法、立法计划性原则。在地方性法规方面，聚焦《河南省人口与计划生育条例》的修改及《郑州市大气污染防治条例》和《郑州市郑韩故城遗址保护条例》的制定出台；地方政府规章方面，则以《河南省实施〈校车安全管理条例〉办法》为典型范例。整体看来，河南省地方立法突出了问题导向和地方特色，但在立法后评估、公众参与等方面亟待改善。

关键词： 河南省　立法地方特色　立法后评估　公众参与

一、河南省2014年度立法发展状况

（一）河南省2014年度立法状况总体评述

河南省有省人大、省政府两个省级立法主体，有郑州市人大、郑州市政府和洛阳市人大、洛阳市政府四个较大市立法主体。

2014年，河南省人大及其常委会在党的领导下，秉承科学立法、民主立法精神，围绕打造“四个河南”、推进“两项建设”工作部署，发挥立法服务社会和推动改革的功能，共制定了《河南省征兵工作条例》《河南省民用运输机场管理条例》《河南省统计管理条例》3件地方性法规，修改了《河南省人民代表大会常务委员会决定重大事项的规定》《河南省消防条例》《河南省实施〈中华人民共和国水土保持法〉办法》《河南省人口与计划生育条例》4件地方性法规。截至2015年2月，《河南省实施〈中华人民共和国全国人民代表大会和地方各级人民代表大会代表法〉办法（修订草案）》《河南省旅游条例（修订草

①乔亚南，南华工商学院法律系副教授，中国人民大学法学院博士生。研究方向：行政法学。

案）》等2件地方性法规已向社会征求意见。此外，已经起草的条例草案包括《河南省奖励和保护见义勇为人员条例（草案）》《河南省高标准良田保护条例（草案）》《河南省湿地保护条例（草案）》等。

2014年，河南省人民政府制定了《河南省电梯安全监督管理办法》《河南省〈民用爆炸物品安全管理条例〉实施办法》《河南省实施〈校车安全管理条例〉办法》《河南省实施〈中华人民共和国国家通用语言文字法〉办法》《河南省通信基础设施建设与保护办法》《河南省专职消防队管理办法》，修改《河南省综合评标专家库和评标专家管理办法》等7件政府规章。其中《河南省实施〈校车安全管理条例〉办法》《河南省电梯安全监督管理办法》及《河南省〈民用爆炸物品安全管理条例〉实施办法》为《河南省人民政府2013年度立法计划》中所列的立法项目，《河南省实施〈中华人民共和国国家通用语言文字法〉办法》《河南省通信基础设施建设与保护办法》《河南省综合评标专家库和评标专家管理办法》《河南省专职消防队管理办法》则为《河南省人民政府2014年度立法计划》中所列项目。

在较大市地方性法规制定方面，郑州市人大常委会结合郑州实际，制定了《郑州市郑韩故城保护管理条例》，修订了《郑州市大气污染防治条例》，修改了《郑州市燃气管理条例》《郑州市城市市容和环境卫生管理条例》2件地方性法规，其中《郑州市大气污染防治条例》《郑州市郑韩故城遗址保护条例》都因其独特性引起了社会的广泛关注。洛阳市人大常委会制定了《洛阳市环境保护教育条例》，修改了《洛阳市科学技术进步条例》和《洛阳市城市绿化条例》2件地方性法规。

在较大市政府规章制定方面，郑州市人民政府制定了《郑州市企业信用信息管理办法》《郑州市人民政府关于委托郑州航空港经济综合实验区行使行政执法权的若干规定》2件政府规章，洛阳市人民政府制定了《洛阳市企业投诉处理办法》。

总体而言，河南省2014年度地方立法呈现了一个平稳有序的状况，重点关注保障公民权利，健全社会保障以及环境生态、历史资源保护等领域。

（二）河南省2014年度地方性法规发展状况

2014年，河南省人大常委会对《河南省人口与计划生育条例》进行了第三次修改。河南作为一个人口大省，其最早的计生法规是1990年制定的《河南省计划生育条例》，随着中央精神和国家政策的变动，《河南省计划生育条例》曾于2002年进行了全面修改并更名为《河南省人口与计划生育条例》，并于2011年进行了第二次修改。

2014年2月，河南省人大成立了《河南省人民代表大会常务委员会关于修改〈河南省人口与计划生育条例〉的决定（草案）》〔以下简称《决定（草案）》〕起草工作小组，该起草小组以省人大法制委为牵头单位，并以省人大常委会法工委、教科文卫工委和省政府法制办、人口计生委为成员单位。起草小组根据河南省的实际情况起草了《决定（草案）》，2014年5月15日，省人大法制委员会向主任会议汇报《决定（草案）》的起草情况和有关问题，主任会议决定将《决定（草案）》提请常委会本次会议审议。最终，几经修改的《决定（草案）》于2014年5月29日由河南省第十二届人大常务委员会第八次会议审议通过，自2014年6月3日公布之日起施行。此番修改的内容主要涉及夫妻一方为独生子女可以生育第二个子女、取消生育间隔、对计划生育困难家庭给予特殊扶助等三个方面。

郑州市人大及其常委会，在2014年度特别重视《郑州市大气污染防治条例》的修订及《郑州市郑韩故城遗址保护条例》的制定。《郑州市大气污染防治条例》出台于2005年，随着经济社会的不断发展、城市规模的不断扩大和大气环境形势的日趋严重，原条例已经于2010年进行过修订，此次为第二次修订。本次修订后的《郑州市大气防治条例》明确规定大气污染防治原则为：以人为本，环境优先，政府主导，全民参与，严防严治，损害担责。本次修订“最大的亮点是针对雾霾天气，增设了扬尘污染防治专章，对扬尘污染防治作出了全面规定”[①]，主要包括对于建筑工地扬尘和公共场所扬尘的防治。此外还明确了各级政府要制定空气重污染天气应急预案，设立环境应急指挥机构。

《郑州市郑韩故城遗址保护条例》于2014年12月4日由河南省人大常委会审议批准，这是河南省在文物与古迹保护方面的又一项重要立法。河南作为中原故地，有着丰富的历史文化遗产和旅游资源，因此文物和古迹保护方面的立法便成了河南省地方立法可以大有可为和独具特色的领域。此前的《河南省历史文化名城保护条例》《河南省安阳殷墟保护管理条例》《郑州市嵩山历史建筑群保护管理条例》等地方性法规，都在一定程度上为河南省的历史文化遗产保护及文化旅游产业的发展提供了法制保障。

《郑州市郑韩故城遗址保护条例》中所指的郑韩故城遗址，是位于新郑市行政区域内东周时期郑国和韩国的都城遗址及其附属的各类遗址和墓葬，是全国首批重点文物保护单位。根据《郑州市郑韩故城遗址保护条例》的规定，在郑韩故城遗址保护范围内，禁止下列行为：在文物本体及其保护设施上涂污、刻画、张贴或者攀爬；在文物本体上垦荒、放牧；种植不符合遗址保护规划的树木；建窑、打井、挖塘、挖洞、挖渠、取土；建墓、立碑；焚烧、野炊；燃放烟花爆竹；倾倒、堆放垃圾和废弃物；存放易燃、易爆、腐蚀性物品；设置商业广告；擅自采矿，排放污染物等。[②]《郑州市郑韩故城遗址保护条例》的出台，一方面为郑韩故城遗址的保护提供了法律保障，另一方面健全了河南省文物保护法规体系和地方法规体系。

---

①王建芳：《郑州立法防治大气污染》，载《河南法制报》2014年9月25日。

②参见河南省人民代表大会常务委员会：《我省又一遗址保护法规获批——郑韩故城遗址不许设立商业广告》，http：//www.henanrd.gov.cn/hnrd/article_content.jsp?ColumnID=114&TID=20141209165723673558068，访问时间：2015年2月10日。

（三）河南省2014年度地方政府规章发展状况

在省级政府规章制定方面，河南省政府于2014年3月15日颁布实施的《河南省实施〈校车安全管理条例〉办法》最具代表性。河南省是较早制定地方性条例实施办法的省市之一。在河南省人民政府办公厅于2014年2月18日印发的《河南省人民政府2013年度立法计划》中，《河南省实施〈校车安全管理条例〉办法》已列入其中，且位于第一位，可见河南省政府对于该办法出台的期待。此外，为了贯彻落实好《河南省实施〈校车安全管理条例〉办法》，河南省省长于2014年1月10日的省政府第21次常务会议上作了专门讲话，讲话指出："一是要充分认识加强校车安全管理工作的重要性，把加强校车安全管理作为重要的民生工程，真正贯彻落实好《校车安全管理条例》实施办法，让家长省心放心安心；二是要多管齐下，解决好学生上下学安全问题。要按照安全第一、方便学生的要求，从实际出发，因地制宜、多措并举解决学生交通安全。要优化学校布局结构，减少学生上下学的交通风险；要健全公交服务体系，为需要乘车上下学的学生提供方便；要完善校车运营模式，实现校车运营的专业化、集约化、社会化；要强化校车安全监管，加大对非法接送学生车辆的打击力度；三是各级政府要加强领导，教育、公安、安监等部门要强化责任、各司其职、密切配合，共同抓好校车安全管理，确保校车安全管理措施落到实处，为学生营造一个健康的成长环境。"

二、河南省2014年度地方立法的特色和亮点

（一）地方人大立法中的特色和亮点

2014年，河南省高度重视地方立法与中央立法及中央方针政策的衔接，立足河南本土，突出地方特色，重视以问题为导向，力求解决河南省在改革发展中所遇到的实际问题，同时注重立法为民和开门立法。河南省地方人大立法中的特色和亮点具体表现为：

1. 注重突出立法的地方特色

《宪法》《立法法》和《地方组织法》等规定地方可根据本行政区的具体情况和实际需要制定地方性法规，要求地方立法要能够充分反映本地经济、政治、文化、社会乃至民情等对于法律调整的需求程度，并且要求地方立法有较强的、具体的针对性，能够解决本地突出而中央立法没有或不宜解决的问题。

立法的地方特色突出一直以来都是河南省立法的亮点所在，这一亮点也体现在2014年度河南的地方立法中。例如，针对河南作为全国第一人口大省这一实际情况，为了解决省内个别地区人口出生性别比例失衡这一问题，河南省人大常委会曾针对其原因，制定了《河南省禁止非医学需要胎儿性别鉴定和选择性别人工终止妊娠条例》。2014年河南省人大常委会对于《河南省人口与计划生育条例》修订的重视，也是从河南作为全国第一人口

大省这一实际情况出发，目的是使“单独二孩”政策在河南省平稳落地。“单独二孩”政策有利于河南省经济社会的发展，“及早放开单独二孩，有助于缓解‘人口老龄化’，保持合理的劳动力数量、结构，促进经济持续健康发展”①。

河南是全国较早以省级地方性法规的形式制定《民用运输机场管理条例》的省份之一。《河南省民用运输机场管理条例》的出台，体现了河南省对于民航事业的重视，同时也是对“中原经济区交通航运基础设施建设”的积极回应。“中原经济区建设覆盖河南全省，这就决定了河南的每一项改革发展决策都要符合这个省份定位，通过地方立法，保障中原经济区建设的各项功能得以充分发挥。这是中原经济区赋予河南地方立法的使命，也是河南省地方立法的特色所在。”②

同时，河南作为中原故地，是中华文明的重要发祥地，有着密集的古都和丰富的历史文化旅游资源。因而，历史文化旅游资源保护与经济发展之间的关系，一直是河南省地方立法者所应该考虑的重要问题，同时，对于两者关系的处理也成了河南省地方立法可以大有作为和成其特色的重要领域。

2. 注重推进地方立法的民主化

立法民主化，是指立法机关行使立法权的民主化，既包括立法主体的民主化也包括立法内容和立法过程的民主化。③立法民主化的积极推进是河南省地方立法的特色所在，河南省人大及其常委会在过去三十多年的立法实践中，一直着力推进立法民主化，并得到了外界的肯定。例如，在2003年，《人民日报》就曾专门撰写过《民主立法看河南》一文，对河南省的民主立法情况作了介绍，包括河南省人大常委会在立法过程中广泛征求社会各方面的意见和建议，将立法工作向基层延伸、为人民群众参与立法提供直接而便捷的渠道等。注重推进立法的民主化同样也是2014年度河南省地方人大立法的特点所在。

就《郑州市大气污染防治条例》的修改来看，于2005年11月颁布实施的原《郑州市大气污染防治条例》的制定过程已经充满了民主立法的因素，2004年12月7日举行的《郑州市大气污染防治条例（草案）》听证会，是郑州市人大常委会举行的“第一个立法听证会”④，在当时影响很大，并收到了很好的效果，是当年河南省开门立法、民主立法上新台阶的标志。在此次《郑州市大气污染防治条例》的修改中，开门立法、民主立法依然是其亮点所在。首先从议案的提出来看，《关于加快推进〈郑州市大气污染防治条例〉修订

①河南省人民代表大会常务委员会：《河南“单独两孩”方案已获省政府常务会议通过》，http：//www.henanrd.gov.cn/hnrd/article_content.jsp?ColumnID=114&TID=20140925102818135106124，访问时间：2015年2月10日。

②靳英桃：《中国特色社会主义法律体系形成后地方立法特色及实现路径——以河南省为例》，载《法制博览》2014年第10期。

③参见李林：《立法理论与制度》，中国法制出版社，2005年，第56页。

④参见张国宏、张翔、冯乐：《民主立法浴绿城——〈郑州市大气污染防治条例（草案）〉立法听证侧记》，载《中国人大》2005年第4期。

工作》的议案由郑州市财务开发公司总经理刘树森等多名人大代表提出来的；其次从立法透明方面来看，郑州市人大网站有专门的“立法模块”，通过访问可知，郑州市人大对于《郑州市大气污染防治条例》的修改过程进行了连续、及时、有效的报道，信息公开程度较高，可以使社会公众能够掌握立法动态，并且有机会参与到立法进程中来。

3. 注重以问题为导向进行立法[①]

解决地方的实际问题是地方立法的目标所在。根据《立法法》第六十四条规定，地方立法一方面要结合本地经济、民情、风俗、文化等实际需求，另一方面要针对中央没有或不适宜解决而本地突出的问题，把地方立法与解决实际问题结合起来。

2014年，河南省地方立法充分体现了注重以问题为导向，在《郑州市郑韩故城遗址保护条例》的制定中体现得尤为明显，郑韩故城遗址作为全国首批重点文物保护单位，有着宝贵的历史文化价值，因而解决对其保护中可能出现的问题意义重大，《郑州市郑韩故城遗址保护条例》从保护责任人，遗址公园的设立、遗址区域内土地性质的转变等方面规定了有特色的条款，设定了有针对性的措施，为遗址保护中问题的解决提供有效方案和法律保障。同时，从条例结构来看，该条例条文数量合理，体例结构恰当，不盲目追求“大而全”，因而能够保证其所具有的针对性和可操作性，从而有利于提高立法的科学性。本年度其他地方立法，也充分体现出以问题为导向意识，如在《郑州市大气污染防治条例》修订草案的一审稿中，针对大气污染防治中突出问题提出的七大亮点措施。

同样，河南省人大常委会对于“生两孩须退独生子女费”的解释，亦是对于社会关注和讨论的热点问题的回答和解决，以使条例能够更好地发挥作用。

（二）地方政府立法中的特色和亮点

地方政府立法作为我国宪法、地方组织法和立法法赋予有立法权的地方政府的重要职权，在保证国家法律实施、管理地方性事务、促进地方各项事业全面发展等方面发挥着重要作用。2014年的河南省地方政府立法，在上位法的指导下，立足地方特色，具有以下的亮点：

1. 立法的计划性强

立法计划性较强，是河南省地方政府立法的一贯特色和亮点所在，也体现在2014年度河南省地方政府立法中。立法计划是指享有立法权的国家机关根据国家的方针政策、国民经济和社会发展计划，在科学预测的基础上做出的立法目标、措施、步骤等的设想和安排。[②]就河南省的立法计划而言，一般先由起草单位根据河南经济和社会发展的现实需要对立法项目进行必要性和可行性论证，并在此基础上提出立法建议项目，再由省政府对立法

①参见靳英桃：《中国特色社会主义法律体系形成后地方立法特色及实现路径——以河南省为例》，载《法制博览》2014年第10期。

②参见朱力宇、张曙光主编：《立法学》，中国人民大学出版社，2009年，第167页。

建议项目汇总研究，之后拟定年度立法计划报省政府常务会议批准，并以“豫政办”文号下发且在省政府法制网公示，从而形成具有拘束力的文件。①例如《河南省人民政府2014年度立法计划》正是于2014年1月28日以“豫政办〔2014〕10号”的名义发布的。

2．重视民生领域立法

在2007年3月份的十届全国人大第五次会议的工作报告中，时任全国人大常委会委员长吴邦国同志曾指出“要在继续完善经济领域立法的同时，着力加强社会领域立法，为构建社会主义和谐社会提供有力的法律保障”；党的十八大报告中也强调指出“加强社会建设，必须以保障和改善民生为重点。提高人民物质文化生活水平，是改革开放和社会主义现代化建设的根本目的。要多谋民生之利，多解民生之忧，解决好人民最关心最直接最现实的利益问题，在学有所教、劳有所得、病有所医、老有所养、住有所居上持续取得新进展，努力让人民过上更好生活”。在法学的视野中，民生问题亦是权利问题，是“需要国家通过各种积极行为保障和促进的，以公民基本生存和发展为面向的经济权利、社会权利和文化权利的总和”②。民生领域立法的实质即是：“通过法律将‘民生利益’具体化为各项‘权利’，运用权利义务的结构来调整各相关主体之间利益关系且形成具有约束力的规范，并通过对权利的保护和救济来实现保障和改善民生。”③以河南省2014年度的《河南省实施〈校车安全管理条例〉办法》为例，为了乘坐校车的学生的人身安全这一民生利益，该办法旨在通过采取法治的途径，力争将校车事故发生的概率降低。该办法将乘坐校车的学生、校车生产者、校车服务提供者、校车驾驶人及人民政府等多个主体之间的权利义务关系进行了具体化，使得对于民生利益的维护和保障变得更加有力。

综合地方人大和地方政府的立法实践来看，河南省2014年度地方立法总体的亮点和特色在于能够立足地方实际、突出地方特色，同时关注民生、坚持民主立法，做到立法有计划性并坚持以问题为导向，从而在整体上促进立法的科学化、民主化以及地方立法质量的提升。

三、河南省2014年度地方立法的不足与未来展望

（一）河南省2014年度地方立法的不足

河南省地方立法在2014年度的成绩是值得肯定的，但也存在着诸多问题，这就要求河南地方立法机关在以后的工作中不断改进工作方式，提高立法质量和水平。其不足主要包括以下几点：

①参见张冰：《我国地方行政立法质量评价——以河南省为例》，载《郑州航空工业管理学院学报》2011年第4期。

②左权：《地方民生立法的建构路径及其基本框架》，载《理论月刊》2013年第4期。

③同上。

1. 立法的科学化尚待进一步推进

立法的科学化，是指立法者运用科学的手段、方法和技术进行立法活动，从而使最终的立法成果具有科学性和合理性的过程。[①]尽管2014年度的河南省地方立法已经从改进立法理念、突出地方特色、重视以问题为导向以及重视立法的计划性等方面进行了突破，但在立法格局的完善、立法机制的创新、立法人才的培养、立法技术的提升以及对于立法后评估的重视等方面，仍有较大的提升空间。

就立法格局的完善而言，党的十八届四中全会报告曾提到要“健全有立法权的人大主导立法工作的体制机制，发挥人大及其常委会在立法工作中的主导作用”，这对于河南省今后改进地方立法有着重要启发；在立法机制的创新方面，2014年度的河南省地方立法相对缺乏特色，同比之下，北京市地方立法中“法规预案研究机制”的成熟是其亮点所在。此外，立法人才的欠缺和立法技术规范的缺失，也将成为河南省相关地市获得地方立法权后面临的一大挑战。

2. 立法民主化尚有待进一步加强

根据上文对于河南省地方立法亮点与特色的介绍可知，2014年度，河南省地方立法对于立法的民主化已经给予了一定程度的重视，但是从立法的过程来看，在立法起草的民主化、立法信息公开和立法公众参与程度等方面尚有待进一步加强。

立法起草的民主化是立法民主化的一个重要阶段和一个重要方面。在河南省2014年度的地方立法实践中的立法起草方面，委托高校和研究机构起草的方式可行性欠佳，最终通过的文本中，草案能够保留下来的比例很小，所以需要在今后更多地探索与专家学者合作起草法案的模式；在立法程序方面，民主立法的工作机制方面，同样需要积极完善。

3. 立法信息公开机制仍需完善

立法中的信息公开工作很有必要。立法信息的公开是指除了法律有特别规定应予保密外，立法机关应采取有效的措施，使公众有机会、有条件了解与立法有关的情报资料，如立法的主要根据、背景资料、拟定立法案的主体和问题以及公众参与的途径和方式等[②]。只有做到立法信息的充分公开，才能为民众更好地参与立法、社会更好地监督立法创造条件，才能为科学立法和民主立法的进一步推进提供路径；只有公开立法信息才能保障公民的知情权，使公民不至于因不知情而丧失参与机会及参加条件。然而从目前来看，河南省在地方立法的公开方面缺乏统一的平台，公众对于立法信息的获取分散而琐碎，现有的人大及政府法制办网站对于立法信息的公开不够全面，甚至会有很明显的内容缺失，这都是需要改进的。

---

①参见朱力宇主编：《地方立法的民主化与科学化问题研究——以北京市为主要例证》，中国人民大学出版社，2011年，第16页。

②参见苗连营：《立法程序论》，中国检察出版社，2001年，第61页。

（二）河南省地方立法的未来展望

1．继续坚持以问题为导向的立法思路

解决地方的实际问题一直是地方立法的目标所在，地方立法的存在价值也更多地体现在其解决中央立法无法涉及的地方实际情况，正如《立法法》第六十四条所规定，地方立法一方面要结合本地经济、民情、风俗、文化等实际需求，另一方面要针对中央没有规定或不适宜规定的问题，进行针对性立法，把地方立法与解决实际问题结合起来。因此，应把解决地方的实际问题、增强法律的实用性作为地方立法的使命。河南省在今后的地方立法实践中，要更加重视以问题为导向，尤其是对社会关注的热点问题做出积极回应。无论是执行性的地方性立法还是创设性的地方立法中，都要善于从问题出发进行立法，而非照搬照抄或为了立法而立法。只有真正做到坚持以问题为导向，方能提升立法科学性及适用便捷性。

2．继续突出立法的地方特色

地方特色是地方立法的生命所在，“所谓地方特色，首先是区别于中央立法而言的。地方立法应根据本地区实际情况来解决自己的特殊问题。其次是相对其他地区而言的。我国幅员辽阔，地区之间地理气候、文化风俗、历史传统差异大，经济文化发展不平衡。因此，推进地方立法的科学化，应从地区的实际出发，充分把握本地区的特点和规律，使地方立法真正符合本地区实际情况，体现本地区特色”①。对于河南省的地方立法来说，其地方特色应当基于相关因素的考量，包括中原省份的功能定位、中原城乡科学发展要求、中原城乡一体化建设的发展现状、历史古城保护与现代文明的博弈、对地方文化风俗做出理性回应等，②在河南省今后的立法工作中，应该更加注重从对以上因素的考量入手，突出立法的地方特色。

3．加强立法后评估工作

立法后评估是指立法完成并实施一个时期之后，由有关政府部门、组织或人员对法律实施效果等方面进行评估，其目的在于找出立法成果在实施中存在的问题，分析其立法上的原因，从而助力进一步完善立法。③立法后评估是立法工作的重点所在，尤其是在如今法律法规体系相对健全、成熟之后，对于现有法律法规的评价、修改和清理愈加重要，是在我国立法从数量型发展向质量型发展重要转折时期提高地方立法质量不可或缺的技术手段。就地方立法而言，“建立科学合理的地方立法后评估制度，进一步明确立法后评估的原则、标准、方法等，将从整体上提高地方立法质量，有利于推进我国地方立法的科学

①曹胜亮：《论地方立法的科学化》，载《法学论坛》2009年第3期。

②参见靳英桃：《中国特色社会主义法律体系形成后地方立法特色及实现路径——以河南省为例》，载《法制博览》2014年第10期。

③参见汪全胜：《立法后评估概念阐释》，载《重庆工学院学报》2008年第6期。

化”[①]。然而，河南省立法后的评估工作进行得相对较少，与其他省份相比，法规规章的清理工作也有待进一步完善。因此，今后河南的立法机构应加强这方面的工作，要在定期对现有法规规章评估的基础上，根据现实情况的变化对地方性法规和行政规章进行修改和清理，以推动河南省地方立法的科学化。

4．更加重视公众参与地方立法

“公众参与地方立法，具体地说就是各类社会公众在地方立法机构的指引和组织下，依法定程序和法定形式有序参与地方立法机构制定、修改、废止规范性法律规则活动，充分表达民意和公众利益诉求，并对地方立法机构活动实施全过程监督。”[②]公众参与地方立法既是民主立法的重要体现，也是保障和促进立法科学性、民主性的重要措施，对于与公众利益和地方发展更为密切相关的地方立法而言，重视地方立法中的公众参与既有利于提高立法效果、防止地方立法脱离社会实际，也有利于维护法制的统一，避免地方立法的利益部门化，同时还有助于提升公民意识、培育公民精神。前途的光明与曲折同在，河南省地方立法在今后应该更加加大公众参与立法的制度保障和平台建设力度，为公众参与地方立法提供机制保障，切实做到为人民服务。

5．主动应对设区的市获得立法权后的立法人才紧缺状况

党的十八届四中全会提出要依法赋予设区市的地方立法权，这将改变现在只有郑州、洛阳这两个较大的市享有立法权的现状。在未来，河南省所有地级市都将拥有地方立法权，这将对立法人才形成较大的需求，因此河南省应该加强对于立法高层次人才的培养，以应对较多的市获得立法权后的大量立法人才需求。在加强高层次人才培养的同时，尝试引入立法助理制度。立法助理是协助立法机关及其组成人员履行立法职责、完成立法工作的具有立法专门知识的人员[③]，立法助理制度的引进将有助于应对设区市获得立法权后立法人才缺失的状况。

①曹胜亮：《论地方立法的科学化》，载《法学论坛》2009年第3期。

②吴兴国：《论我国公众参与地方立法的完善路径》，载《江西社会科学》2013年第7期。

③参见吴大英、任允正等著：《比较立法制度》，群众出版社，1992年，第252页。

第十八章　湖北省2014年度立法发展报告

叶昌富　周新军[①]

摘　要：2014年是湖北省地方立法的一个丰收年，湖北省地方立法主体相继制定了一系列发展经济、改善民生、保护环境等方面的地方性法规和规章，为推进“五个湖北”“两型社会”、武汉城市圈的建设，为湖北“建成支点、走在前列”提供坚强有力的法制保障。

关键词：湖北省　地方立法　发展报告　“五个湖北”

一、湖北省2014年度立法发展状况

（一）湖北省2014年度立法状况总体评述

湖北省共有省人大、省政府两个省级立法主体，武汉市人大、武汉市人民政府两个省会城市立法主体，恩施土家族苗族自治州、长阳土家族自治县、五峰土家族自治县三个民族自治地方立法主体。

2014年是贯彻落实党的十八大和十八届三中、四中全会精神，全面深化改革的开局之年，湖北省各级地方立法主体高举中国特色社会主义伟大旗帜，全面贯彻落实党的十八大和十八届三中、四中全会精神以及中央、省委一系列重要部署，紧紧围绕全面深化改革，把湖北建设成为中部地区崛起重要战略支点，在转变经济发展方式上走在全国前列（简称“建成支点、走在前列”），牢固树立“市场决定取舍”“绿色决定生死”“民生决定目的”的理念，以改革创新精神，推进科学立法、民主立法，加强重点领域立法，加强立法工作组织协调，突出地方特色，提高立法质量，切实增强法规的针对性和可执行性，更加注重法规的有效实施，更好地发挥立法引领和推动作用，为推进富强湖北、创新湖北、法治湖北、文明湖北、幸福湖北（简称“五个湖北”）建设，建设资源节约型、环境友好型

①叶昌富，广东外语外贸大学副教授，硕士生导师。研究方向：中国法制史、地方立法。周新军，广东外语外贸大学教授，硕士生导师。研究方向：国际经济法、地方立法。

社会（简称“两型社会”），加快“建成支点，走在前列”的步伐，建设武汉城市圈，促进中部崛起，壮大长江经济带，提供坚强有力的法制保障。

2014年，湖北省人大及其常委会先后制定、修改地方性法规和法规性决定10件，批准武汉市地方性法规5件，批准恩施土家族苗族自治州、长阳土家族自治县、五峰土家族自治县“一州两县”自治条例和单行条例5件。制定的地方性法规和法规性决定是《湖北省抗旱条例》《湖北省水污染防治条例》《湖北省邮政条例》《湖北省人体器官捐献条例》《湖北省森林资源流转条例》《湖北省畜牧条例》《湖北省人大常委会关于大力推进绿色发展的决定》《湖北省旅游条例》等，修改的地方性法规是《湖北省人口与计划生育条例》和《湖北省实施〈中华人民共和国村民委员会组织法〉办法》。

湖北省人民政府制定、修改了《湖北省城市公共交通发展与管理办法》《湖北省湿地公园管理办法》《湖北省碳排放权管理和交易暂行办法》《湖北省气象灾害防御实施办法》《湖北省社会救助实施办法》《湖北省人民调解规定》《湖北省全民阅读促进办法》《湖北省机关事务管理办法》《湖北省政府参事工作办法》《湖北省突发事件应对办法》《湖北省工伤保险实施办法》等11件地方政府规章。

武汉市人大常委会制定了《武汉市实施〈中华人民共和国道路交通安全法〉办法》《武汉市机动车排气污染防治条例》《武汉市知识产权促进和保护条例》3件地方性法规。

武汉市人民政府制定、修改了《武汉市消防管理若干规定》《武汉市国民经济和社会发展专项规划与区域规划管理办法》《武汉市人民防空警报设施管理办法》《武汉市学前教育管理办法》《武汉市山体保护办法》《武汉市贷款建设的城市道路桥梁隧道车辆通行费征收管理办法》《武汉市重大建设项目稽察办法》《武汉市行政过错责任追究办法》等8件政府规章。

恩施土家族苗族自治州制定了《恩施土家族苗族自治州法律援助条例》《恩施土家族苗族自治州行政执法条例》2件单行条例；长阳土家族自治县修订了《长阳土家族自治县乡村公路条例》，废止了《长阳土家族自治县预算外资金管理条例》；五峰土家族自治县修订了《五峰土家族自治县自治条例》。

总体而言，2014年湖北省地方立法呈现出蓬勃发展的良好局面，各地方立法主体都有新的法规规章、自治条例和单行条例出台。

（二）湖北省2014年度地方性法规发展状况

2014年，湖北省人大及其常委会贯彻实施省人大常委会《关于进一步加强和改进新形势下立法工作的意见》和五年立法工作规划，认真执行2014年度立法工作计划，进一步突出立法重点，先后制定、修改地方性法规和法规性决定10件，批准武汉市地方性法规5件，批准恩施土家族苗族自治州、长阳土家族自治县、五峰土家族自治县“一州两县”自治条例和单行条例5件；为依法推进行政审批制度改革和政府职能转变，全面深化改革，维护法制统一，湖北省人大常委会还对现行有效的186件省本级地方性法规和法规性决定开展专项清理，集中修改39件，废止4件。①

湖北省人大及其常委会2014年度制定、修改地方性法规和法规性决定主要是：制定《湖北省抗旱条例》《湖北省水污染防治条例》《湖北省邮政条例》《湖北省人体器官捐献条例》《湖北省森林资源流转条例》《湖北省畜牧条例》《湖北省人大常委会关于大力推进绿色发展的决定》《湖北省旅游条例》等，修改《湖北省人口与计划生育条例》《湖北省实施〈中华人民共和国村民委员会组织法〉办法》等。

2014年9月，湖北省人民代表大会常务委员会根据《关于集中修改、废止部分省本级地方性法规的决定》，对《湖北省人民代表大会常务委员会议事规则》《湖北省人民代表大会议事规则》《湖北省县乡两级人民代表大会代表选举实施细则》《湖北省军事设施保护办法》《湖北省实施〈中华人民共和国老年人权益保障法〉办法》《湖北省司法鉴定管理条例》《湖北省人民代表大会常务委员会关于确认省人民政府规章设定的六项行政许可事项继续实施的决定》《湖北省集贸市场管理条例》《湖北省经济技术开发区条例》《湖北省实施〈中华人民共和国烟草专卖法〉办法》《湖北省城市商业网点建设管理条例》《湖北省实施〈中华人民共和国广告法〉办法》《湖北省交通建设管理条例》《湖北省盐业管理条例》《湖北省安全生产条例》《湖北省专利保护条例》《湖北省档案管理条例》《湖北省实施〈中华人民共和国职业教育法〉办法》《湖北省实施〈中华人民共和国归侨侨眷权益保护法〉办法》《湖北省侨属企业条例》《湖北省电子电器产品维修服务条例》《湖北省神农架自然资源保护条例》《湖北省林业管理办法》《湖北省实施〈中华人民共和国野生动物保护法〉办法》《湖北省森林采伐管理办法》《湖北省农业投资条例》《湖北省林地管理条例》《湖北省木材流通管理条例》《湖北省实施〈中华人民共和国渔业法〉办法》《湖北省农业机械化促进条例》《湖北省渔港渔船管理条例》《湖北省动物防疫条例》《湖北省土地管理实施办法》《湖北省实施〈中华人民共和国城市房地产管理法〉办法》《湖北省建筑市场管理条例》《湖北省矿产资源开采管理条例》《湖北省地质矿产勘查管理条例》《湖北省城乡规划条例》等39件地方性法规作出修改，废止《湖北省有线广播设施保护条例》《湖北省农村集体经济承包合同管理条例（试行）》《湖北省个体经营户和私营企业条例》《湖北省民营科技企业条例》4件地方性法规。

武汉市人大常委会2014年度制定的地方性法规有3件，分别是《武汉市实施〈中华人民共和国道路交通安全法〉办法》（武汉市第十三届人民代表大会常务委员会第二十次会议通过，湖北省第十二届人民代表大会常务委员会第九次会议批准）、《武汉市机动车排气污染防治条例》（湖北省第十二届人民代表大会常务委员会第十二次会议批准）、《武汉市知识产权促进和保护条例》（武汉市第十三届人民代表大会常务委员会第二十四次会议

①参见《创机制　铸良法　助推法治湖北建设——2014年度湖北省地方立法工作侧记》，http：//www.hppc.gov.cn，访问时间：2015年2月10日。

通过，湖北省第十二届人民代表大会常务委员会第十二次会议批准）。

（三）湖北省2014年度地方政府规章发展状况

在政府规章的制定上，2014年，湖北省人民政府加大了社会管理、改善民生、发展经济等方面的立法力度，制定了10件地方政府规章，分别是《湖北省城市公共交通发展与管理办法》《湖北省湿地公园管理办法》《湖北省碳排放权管理和交易暂行办法》《湖北省气象灾害防御实施办法》《湖北省社会救助实施办法》《湖北省人民调解规定》《湖北省全民阅读促进办法》《湖北省机关事务管理办法》《湖北省政府参事工作办法》《湖北省突发事件应对办法》，修改了《湖北省工伤保险实施办法》。

2014年12月湖北省政府审议通过《湖北省人民政府关于规章清理结果的决定》，决定《湖北省罚没收入管理办法》等187部规章继续有效，宣布《湖北省处理专利纠纷暂行办法》《湖北省电力设施保护实施办法》《湖北省法律援助办法》《湖北省个人信用信息采集与应用管理办法（试行）》4部规章失效，宣布《湖北省全民所有制工业企业转换经营机制实施办法》等28部规章废止，同时对《湖北省城镇国有土地使用权出让和转让实施办法》等28部规章予以修改。

武汉市人民政府2014年度制定、修改政府规章8件，分别是《武汉市消防管理若干规定》《武汉市国民经济和社会发展专项规划与区域规划管理办法》《武汉市人民防空警报设施管理办法》《武汉市学前教育管理办法》《武汉市山体保护办法》《武汉市贷款建设的城市道路桥梁隧道车辆通行费征收管理办法》《武汉市重大建设项目稽察办法》《武汉市行政过错责任追究办法》等。

二、湖北省2014年度地方立法的特色和亮点

（一）地方人大立法中的特色和亮点

2014年湖北省地方人大常委会特别重视下位法与上位法、地方立法与中央立法、法规与政策的衔接，注重把立法与深化改革结合起来，注重发挥立法对社会重大热点问题的引领和主动回应，重视当前立法工作与长远立法工作的衔接，突显地方人大立法中的地方特色和亮点。

1. 切实加强经济立法，力推转型升级，着力服务经济建设中心

湖北拥有大江、大湖、大山、大库，又是三峡工程坝区所在地和南水北调中线工程水源区。湖北省第十二届人民代表大会常务委员会第八次会议通过《关于大力推进绿色发展的决定》，从法律层面对绿色发展进行总体规划和制度设计，树立“绿色决定生死”的理念，增强绿色发展的责任感、使命感和紧迫感，强化绿色发展的法制保障，明晰绿色发展的目标任务，坚定不移地走绿色发展的创新之路，坚决摒弃“先污染、后治理”的传统之

路，努力做到绿色发展一步到位。

湖北省虽然是水资源大省，但水污染现象依然存在，加强水污染防治是科学发展的迫切需要，关系群众切身利益。湖北省十二届人大二次会议审议通过《水污染防治条例》，该条例实行行政首长负责制、责任终身追究制等，严格政府责任；对污染行为实行“按日处罚、不设上限”，以“重典”治水，在全国引起很大反响。这也是湖北省首次就涉及经济社会发展大局、人民群众普遍关注的重大问题，由省人民代表大会立法予以解决。

湖北省集体林权制度改革已基本完成。森林资源流转是深化林权制度改革的关键，湖北省人大常委会及时制定《湖北省森林资源流转条例》，规范流转行为和程序，禁止生态公益林等森林资源流转，保护生态环境。《湖北省畜牧业条例》的通过，对政府责任、畜禽养殖、污染防治和畜产品质量安全等方面作了具体规定，有利于促进畜牧业转型升级。

武汉市人大会常委会制定的《武汉市知识产权促进和保护条例》旨在促进知识产权创造和运用，加强知识产权保护和管理，提升自主创新能力，把知识产权促进和保护工作落实到实施创新驱动发展战略各项重大战略部署之中，为加快国家创新型城市建设提供有力支撑。

为了减少机动车尾气污染，提高城市空气质量，武汉市人大常委会会议表决通过《武汉市机动车排气污染防治条例》。该条例提倡公民绿色出行，首次提出“机动车停车3分钟以上熄灭发动机”，标志着武汉市在我国率先进入机动车污染防治最严厉时期。

2．注重社会立法，着力保障公民权利和改善民生

为了发展农村基层民主，维护村民的合法权益，加强和创新农村社会管理，保障全省村委会换届选举的顺利进行，湖北省人大常委会对村委会组织法实施办法进行了必要的修改。进入21世纪以来，我国人口形势发生较大变化，人口结构性问题日益突出，成为影响经济社会发展的重要因素。湖北省人大常委会根据党的十八届三中全会精神，在全国较早颁布了《关于修改〈湖北省人口与计划生育条例〉的决定》，保证国家人口发展重大决策在湖北的落地。湖北省人大常委会通过的《湖北省人体器官捐献条例》，按照“完善捐献工作体系，疏导捐献流程，鼓励捐献行为，规范监督管理”的思路，对政府及相关各方职责、捐献人权益保障、登记和捐献、监督管理等方面内容作出规定。邮政联系着千家万户，为了适应邮政业的快速发展，湖北省人大常委会通过了《湖北省邮政条例》，明确监管职责，规范邮政服务，强化对邮政普遍服务的扶持保障，推动快递服务加快发展。为了加强对行政事业单位国有资产的管理，湖北省人大常委会针对国有资产管理中出现的问题，出台了我国首件有关行政事业单位国有资产管理的地方性法规：《湖北省行政事业单位国有资产监督管理条例》明确国有资产管理职责，严格国有资产配置、登记、使用、评估清查和处置等程序。

3．坚持民主立法、科学立法

地方立法的过程，也是各级人大代表、社会公众、专家学者等广泛参与其中，凝聚智慧，集思广益，共同提高立法质量的过程。

湖北省地方立法充分尊重人大代表的主体地位，注重发挥人大代表在立法中的作用。坚持所有法规草案送全体省人大代表征求意见，坚持每次立法调研邀请当地人大代表参加立法座谈会，坚持认真研究吸纳代表提出的意见和建议。人大代表在审议《湖北省水污染防治条例（草案）》时，先后提出260条审议意见，其中涉及草案修改完善的意见96条；针对《湖北省森林资源流转条例（草案）》，人大代表们提出了200余条修改意见和建议，很多予以采纳。

湖北省是科教大省，湖北省人大常委会积极发挥专家学者的“外脑”作用，邀请立法顾问组成员和有关专家参与法律法规草案征求意见、立法论证评估、法规清理等工作。2014年开展法规专项清理时，为保证清理质量，湖北省人大常委会委托华中科技大学、中南财经政法大学两所高校分别组成专家组参与全面清理，提出专家清理意见。还委托地方立法研究中心和有关高校分别起草土壤污染防治条例、大气污染防治条例（修改）、讨论和决定重大事项的规定（修改）的专家建议稿，对立法服务法治湖北建设、立法权力边界等开展前瞻性研究，为立法提供智力支撑。

湖北省地方立法坚持扩大公众对立法的有序参与。法规草案一审后，将草案及说明通过省人大网向社会公布，重要法规草案在《湖北日报》刊载，同时送立法基层联系点征求意见，更多反映民意、集中民智。通过网络、微博等新媒体“网络旁听”法规审议，主动探索建立公众参与立法奖励制度，对积极参与立法选项工作的社会公众予以奖励。

4．建立地方性法规先立项后立法的机制

立法选项是立法工作的源头。2014年，湖北省人大常委会制定出台了《湖北省地方性法规立项工作规定》，在近年“公推公选”、论证评估、民主票选立法建议项目的基础上，明确立法选项标准，完善立法项目公开征集和论证协调制度，使常委会的立项和立法计划编制工作步入更加制度化、规范化的轨道。通过“公推公选”活动，继续公开征集和确定2015年度立法计划项目。

5．逐步完善立法新闻发布制度

人大常委会在法规通过后采取召开新闻发布会、接受媒体采访及法规解读等方式进行宣传。重大地方性法规通过后，中央、省、市有关媒体全方位宣传新法规的立法宗旨和主要内容，并特别邀请专家学者在省市电视台、《湖北日报》《长江日报》等媒体上对新法规及其主要内容、立法特色等进行评点。

6．建立法规实施情况报告制度

法的生命力在于实施，法的权威也在于实施。湖北省人大常委会建立法规实施情况报告制度，督促法规实施的主管部门在新制定法规实施一年后向常委会书面报告法规实施情况，满三年后组织执法检查自查或立法后评估。该制度既是对立法工作的延伸，又是监督工作的创新，受到了全国人大常委会法工委的肯定。2015年，常委会将推行该制度，要求有关主管部门按规定及时报告相关法规的实施情况，促进法规顺利实施。

（二）地方政府立法中的特色和亮点

1. 加强地方经济立法，发展绿色经济

为了规范湿地公园建设和管理，维护湿地生态功能和生物多样性，改善生态环境，推进生态文明建设，根据国家有关法律法规，湖北省人民政府制定《湖北省湿地公园管理办法》。为了加强碳排放权交易市场建设，规范碳排放权管理活动，有效控制温室气体排放，推进资源节约、环境友好型社会建设，根据有关法律法规和国家规定，湖北省人民政府制定《湖北省碳排放权管理和交易暂行办法》，规定建立碳排放权的管理体制，设定碳排放配额总量，确定配额分配的方法，认定交易主体的范围，确立第三方核查机构的职责，规范湖北省碳排放权管理和交易，推动低碳经济的发展。

为规范武汉市国民经济和社会发展专项规划、区域规划的编制，保障专项规划、区域规划的实施，依据有关法律法规，武汉市人民政府制定《武汉市国民经济和社会发展专项规划与区域规划管理办法》，要求对以下专项进行规划编制：农业、林业、水利、能源、交通、通信、信息化应用等方面的基础设施建设；土地、水等重要资源的开发保护；生态建设、环境保护、资源节约、循环经济、应对气候变化、低碳经济、防灾减灾、应急能力建设；科技、教育、文化、卫生、人力资源社会保障等公共事业和公共服务领域；产业结构调整关键领域和薄弱环节；利用外资、境外投资、建立开放型经济体系等有关对外开放的重大战略任务；深化社会主义市场经济体制改革的关键领域。对国家、省主体功能区规划要求确定的各类区域，对全市发展总体布局或者区域发展总体战略有重大影响的区域进行区域规划编制。《武汉市国民经济和社会发展专项规划与区域规划管理办法》的制定有利于保障武汉市国民经济和社会发展的计划性和持续稳定发展。为了加强山体保护，改善生态环境，促进社会经济可持续发展，市政府根据《中华人民共和国森林法》《中华人民共和国土地管理法》和《武汉市城乡规划条例》等有关法律法规的规定，制定了《武汉市山体保护办法》，这是武汉市人民政府率先制定全国第一件专门保护山体的政府规章。

2. 强化社会立法，保障和改善民生

为了优先发展城市公共交通，规范城市公共交通秩序，保障公众出行需要和运营安全，维护乘客、经营者及从业人员的合法权益，发挥城市公共交通对资源节约型、环境友好型社会建设的促进作用，推进城镇化和城乡一体化，根据国家有关法律法规，湖北省人民政府制定《湖北省城市公共交通发展与管理办法》。为了建立健全气象灾害应急机制，提高气象灾害防范和应对能力，避免、减轻气象灾害造成的损失，保障人民生命财产安全，有效实施《湖北省气象灾害防御条例》，湖北省政府制定《湖北省气象灾害防御实施办法》，进一步细化了气象监测设施统一规划、气象灾害信息统一汇交共享、气象灾害应急预案编制、应急避难场所和防灾避险提示、气象预警信息接收传播、气象灾害应急处置等方面的规定。湖北省历来高度重视社会救助工作，把其作为贯彻落实科学发展观、执政为民的重要民生工作来抓。在国务院颁布实施《社会救助暂行办法》后，湖北省及时出台相关配套政策法规《湖北省社会救助实施办法》，该办法涵盖最低生活保障、特困人员供养、受灾人员、医疗、教育、住房、就业和临时救助等方面内容。该办法规定，对获得最低生活保障后生活仍有困难的老年人、未成年人等，县级以上人民政府应当采取多种措施提高其救助水平。为了保障因工作遭受事故伤害或者患职业病的职工获得医疗救治和经济补偿，促进工伤预防和职业康复，分散用人单位的工伤风险，根据《中华人民共和国社会保险法》《工伤保险条例》等法律法规，湖北省制定《湖北省工伤保险实施办法》。该办法扩大了工伤保险的覆盖范围，从各类企业、有雇工的个体工商户扩大到事业单位、社会团体、民办非企业单位、基金会、律师事务所、会计师事务所等组织；将原由用人单位支付的住院伙食补助费到统筹地区以外就医所需的交通、食宿费用以及终止或者解除劳动（聘用）合同时应当享受的一次性工伤医疗补助金纳入基金支付范围，提高工伤职工待遇的同时降低了用人单位负担；调整了五级至十级工伤职工一次性工伤医疗补助金标准，明确了五级至十级工伤职工一次性伤残就业补助金标准，建立了工伤保险待遇调整机制，使工伤保险的惠民政策更有针对性和可操作性。该办法的出台，对维护工伤职工合法权益，分散用人单位工伤风险具有重要意义。为了规范人民调解活动，及时解决民间纠纷，维护社会和谐稳定，根据《中华人民共和国人民调解法》，湖北省制定了《湖北省人民调解规定》，该规定囊括了人民调解的性质任务和工作原则、人民调解委员会、人民调解员、调解程序、调解协议、指导与保障、法律责任等内容。《武汉市学前教育管理办法》则是为加强学前教育管理，促进学前教育事业健康发展，保障学龄前儿童健康成长，根据《中华人民共和国教育法》《中华人民共和国民办教育促进法》等法律法规而制定，并将武汉市学前教育事业纳入法制轨道。

3．着力推进法治政府建设

为了全面深化法治湖北，加强法治政府建设，湖北省委制定《中共湖北省委关于贯彻落实党的十八届四中全会精神全面深化法治湖北建设的意见》，湖北省政府制定《湖北省加强法治政府建设工作规划》，成立“省加强法治政府建设领导小组”，组织领导湖北省的法治政府建设工作。按照《湖北省法治政府建设指标体系》，组织开展2014年度依法行政调研考核，推动将法治建设成效作为衡量各级领导班子和领导干部工作实绩重要内容，纳入政绩考核指标体系，倒逼法治政府建设。开展“联基层、办实事”活动，探索解决基层政府法治政府建设“短板”问题的方法路径。继续在武汉市等29个市县、省交通运输厅等 7 个部门开展法治政府建设试点，以点带面，促进全省法治政府建设。2014年12月22日，湖北省政府常务会议审议通过《湖北省人民政府关于规章清理结果的决定》，通过对截至2014年3月31日的现行有效的规章清理，决定187部规章继续有效、28部规章予以修改、4部规章宣布失效、28部规章宣布废止。

为加强对重大建设项目的监督管理，规范重大建设项目稽察工作，保障工程质量和投资安全，提高投资效益，根据《国家重大建设项目稽察办法》，武汉市人民政府制定《武汉市重大建设项目稽察办法》，对《国家重大建设项目稽察办法》中较为原则的规定予以细化，完善重大项目稽察制度，建立重大建设项目后评价制度，对重大建设项目进行全过程监管。为了促进依法行政，提高行政效能，保证行政机关及其工作人员正确、及时、公正、高效履行行政职责，防止和纠正行政过错行为，根据《中华人民共和国行政监察法》《中华人民共和国公务员法》《行政机关公务员处分条例》《武汉市执法责任制工作条例》等法律法规，制定《武汉市行政过错责任追究办法》，明确行政过错行为是指行政机关及其工作人员不履行或不正确履行规定的职责，以致影响行政秩序和行政效率，贻误行政管理工作，损害国家利益、公共利益或行政相对人合法权益，造成损失或不良影响的行为。为了进一步简政放权，《武汉市人民政府关于公布保留和调整的行政审批事项的决定》对武汉市市级实施行政审批事项240项、下放行政审批事项9项。

4．积极开展规范性文件清理与备案审查工作

继2010年对规范性文件清理后，2014年湖北省再次大规模开展规范性文件清理工作。2010年清理时确认当时现行有效的和2010年至今新制发的省政府规章、省政府及其办公厅制发的“鄂政发”和“鄂政办发”文件，冠经省政府同意的省政府部门制发的规范性文件总计999部（件）进行全面清理，受理审查各市、州、直管市、林区政府和省政府各部门上报备案文件369件。加强全省规范性文件管理顶层设计，湖北省人民政府及时出台《湖北省行政规范性文件管理办法》，使“红头文件”监管更加规范化。

三、湖北省2014年度地方立法的不足与未来展望

（一）湖北省2014年度地方立法的不足

湖北省地方立法在2014年度的成绩喜人，特色和亮点鲜明，但也仍然存在一些不足和差距，这些不足和差距也需要湖北省地方立法机关在以后的工作中加以改进和完善。存在的不足主要表现在：

1．立法计划完成情况不够到位

通过对照年度立法计划项目，不难发现湖北省人大常委会、武汉市人大常委会、武汉市人民政府都不同程度地存在没有完成年度立法计划的情况。当然，立法项目本年度没有完成，并不意味着立法项目被搁置，一般都会顺延至下一年度完成。湖北省人大常委会2014年度立法计划项目10项，虽然实际完成10项，但计划中的《东湖国家自主创新示范区条例》《湖北省行政事业单位国有资产管理条例》推延到2015年1月15日湖北省十二届人大常委会第十三次会议审议通过，而计划中制定《湖北省城市供水条例》《湖北省招标投标综合监督管理条例》、修改《湖北省旅游条例》则还未完成。武汉市人大常委会2014年度立法计划项目6项，实际完成3项，计划中制定《武汉市全民健身条例》和修改《武汉市奖

励和保护见义勇为人员条例》《武汉市湖泊保护条例》的工作没有完成。武汉市人民政府2014年规章制定项目计划11项，完成6项，还有《武汉市居民住宅二次供水管理办法》《武汉市地方标准化规范管理办法》《武汉市城市建设工程项目配套绿地审核及验收管理规定》《武汉市公路水运工程质量和安全生产监督管理办法》《武汉市政府重大行政决策程序规定》没有按照计划出台。

2. 行政主导立法现象依然比较普遍，存在部门利益法律化的倾向

在我国，政府行政部门提出立法意向、主持起草文本、主导立法的现象已经习以为常，湖北省地方立法也不例外。近年来，湖北省人大积极履行立法职责，主动规划、确立、征集许多立法项目，并主持或委托高校、科研机构起草立法文本，但行政主导立法现象依然比较普遍，大量的地方性法规仍然由政府行政部门提出立法意向、主持起草法规草案。政府行政部门主导立法势必引发部门利益法律化的倾向。一般而言，参与立法活动的主体都存在着追求自身利益最大化的冲动，但如果缺乏相应的制约和监督，造成权力与责任的割裂，就会导致执法者抛弃立法宗旨，违背立法目的，走向制度反面的尴尬境地。正是这一原因，多年来，地方政府立法中的部门保护问题仍然不同程度存在。更有甚者，有的行政机关借“法”扩权、以“法”争利，“法”成了他们强化本位利益，推行“行政意图”的工具。

3. 民主立法的广度和深度不够

湖北省虽然有开展向社会公众公开征集立法项目的活动，但由于公众的参与度并不高，并且意见比较分散，活动的效果并不理想。立法项目确定以后，法规的起草制度还需进一步探索。实践中，委托高校和研究机构起草的方式并不十分理想，最终通过的文本中，草案能够保留下来的为数不多，需要更多地探索与专家学者合作的方式起草法案。对于法规草案公开征求意见，公众的参与热情也不高；一些地方组织过立法听证会，但大多没有制定关于听证会的程序性规范，基本上是一次一规则，对公众意见的反馈还没有制度化。虽然也一直在坚持对立法草案征求意见，但具体到征求哪些人的意见、采取什么方式、最后采纳谁的意见、采纳多少都缺乏一个相对合理和固定的标准。虽然行政机关也经常通过报刊、网络收集民意，进行利益协调，但行政机关一般对此并不负有法律上的责任，公众能否参与立法过程往往取决于行政机关的单方意志。这使得民主立法的广度和深度大打折扣。

（二）湖北省地方立法的未来展望

1. 继续围绕“五个湖北”“两型社会”、武汉城市圈、长江经济带的建设而立法

习近平总书记对湖北提出了“建成支点、走在前列”的总要求和奋斗目标，为了实现“建成支点、走在前列”的奋斗目标，开展“五个湖北”“两型社会”、武汉城市圈、长江经济带的建设已经成为湖北省的新形势、新常态，湖北省的地方立法必须适应这种新形

势、新常态，继续围绕这种新形势、新常态而立法，为湖北省全民深化改革和经济社会发展提供法制保障，进一步推动法治湖北、法治政府的建设进程。

2. 把好地方立法规划和立法计划关

立法规划和立法计划是立法机关以调整各种关系的实际需要，根据预测按照一定时间对立法项目进行合理安排的一种立法前期活动。做好这项工作，应当把握如下几点：

（1）深入调查研究。通过调查研究能及时充分了解本地经济、政治、法制、文化、风俗、民情等对立法调整的需求程度，切实把地方立法同当地经济社会发展战略结合起来，同解决本地特殊问题结合起来，并按照轻重缓急分步骤地规划或者计划立法项目。

（2）突出立项重点。要顺应地方立法的发展趋势，中国特色社会主义法律体系形成后，今后的地方立法工作在创制新法的同时，更多的是在完善立法上下功夫。因此，法规项目的确立，在考虑创制性立法项目的同时，更多的应当考虑将相关法规的修改列入立法规划和计划中；要围绕中央和湖北当地的中心工作，注重与改革、发展、稳定的重大决策相适应，重点安排促进发展、改善民生、推动改革、鼓励创新的法规项目，将影响本省经济社会发展全局的、反映经济社会发展规律的、体现最广大人民意愿的法规列入规划和计划中。

（3）科学论证。要完善法规立项的论证程序，将成本效益观念引入地方立法，对立法项目尤其是年度立法项目进行严格的管理成本与效益分析等必要性论证，内容包括：执行法规可能产生的效益以及谁受益；执行法规可能产生的问题；法规产生的净效益预测以及关于可以达到大体相同目标的替代方案等，切实提高法规的实效性。要建立法规立项的公众参与机制，要充分发动群众，让社会各界广泛参与到立法规划的编制工作中来，让广大人民群众、专家学者、实际工作者为制定好立法规划出谋划策，使立法规划真正反映湖北省的实际情况和人民群众的意愿。

3. 科学合理规范社会关系，提高地方性法规的针对性和可操作性

法的制定必须从调整社会关系的客观实际出发，提高地方立法的针对性和可操作性。

（1）充实法规的实体性内容。对管理主体的权力和责任要做出更为明确具体的规定，避免职权交叉和执法扯皮，在确保权力有效行使的同时，也要对其进行规范、制约和监督，规定相应责任；对公民、法人和其他组织要科学合理地规定其权利义务，明确什么情况可以做什么，不可以做什么，要规定得清晰、明确，便于理解和实施；要准确把握所要调整的“矛盾的焦点”，在科学分析不同阶层利益分配的诉求的基础上，处理好不同利益群体之间权利的分配，准确设定各阶层之间的权利和义务。在充分维护和保障人民群众的合法权益的同时，严格控制权力行使的界限和程序，严防违法增设权力、任意限制、剥夺公民合法权利的情形出现。

（2）重视法规的程序性规定。通过对程序性内容的规范，保障法规中各种主体的权利（权力）、义务、责任的行使，避免法规条文过于原则空泛，缺少可操作性。如，建立完

善的权利救济和纠纷解决制度，保障行政相对人获得告知、陈述、申请等程序性权利，为公民实现实体权利提供便利。严格规范设置法律责任，力求做到程序清晰、明确、严谨，便于理解和执行。

（3）探索制度设计的创新。所谓制度创新，就是在地方立法中探索成本最小化、效用最大化的解决当地具体问题的制度设计，重在寻求最优化的制度效率设计来解决本地的具体问题。通过创新制度设计确立制度优势，把制度优势固化为地方特色。

（4）坚持“小而精”。地方立法是国家立法的补充和细化，因此地方立法不应当追求大而全或者小而全，而是重在补充细化上下功夫。具体在条文设置上，应该有几条就规定几条，尽量避免照抄照搬上位法，使法规做到明确具体，切实管用。

4. 不断推进地方立法的科学化、民主化

在社会主义法律体系形成之后，地方立法应该继续深化实践，要在完善科学立法、民主立法的机制和具体的形式下下功夫。

（1）探索创新多元化的起草机制。应当不断尝试多元化的法规草案起草机制，改变过去政府为主导的单一起草模式。比如实行法规起草专家小组制度，由专家学者以及相关部门和立法工作者共同起草法规，尽可能地避免部门利益法制化，使法规更具针对性和体现地方特色。

（2）探索创新审议、表决机制。建立和完善立法沟通协调机制，为社会不同利益主体表达自身的利益诉求提供一个良好的制度平台；引进辩论机制，尝试就法规草案中的若干核心或争议问题，在常委会组成人员之间进行辩论；实行分项表决机制，对争议较大的法规条文可以实行单项表决和分项表决。

（3）完善健全立法公开机制。主要是完善向社会公开征集立法项目机制，完善法规草案征求意见机制，完善公民旁听机制，完善立法听证制度，完善立法调研论证机制，完善立法顾问组和立法基层联系点制度，创立新的有效的民主立法的机制等。

（4）进一步完善立法评估机制，重点加强立法后评估工作。立法后评估就是指法规施行一段时间后，在立法部门的主持下，组织执法部门及社会公众、专家学者等，采用社会调查、定量分析、成本效益计算等多种方式，对法规的实施效果进行分析评价，对所设计的制度进行评判，并针对存在的不足及时加以完善，其目的就是进一步改进立法，提高地方性法规的针对性、可操作性和可执行性，体现地方特色，这也是提高立法质量的重要举措。湖北省已经尝试对地方性法规开展立法后评估，今后应当将立法后评估常态化、制度化，并积极探索长效机制，充分运用立法后评估的成果，不断改进立法工作和提高地方立法质量。

第十九章　湖南省2014年度立法发展报告

袁文峰[①]

摘　要：2014年，湖南省地方立法并非十分活跃，主要对以往规范进行修订。立法中，湖南省利用遥感技术、空中走廊设计等进行立法创新和社会治理。在长沙市因《长沙市政府法制工作规定》获得第三届“中国法治政府奖”的激励下，湖南省的地方立法将继续体现自身的特色。

关键词：湖南省　立法发展报告　立法创新　中国法治政府奖

一、湖南省2014年度立法发展状况

（一）湖南省2014年度立法状况总体评述

湖南省共有省人大、省政府两个省级立法主体，长沙市人大、政府两个省会城市立法主体，湘西土家族苗族自治州、怀化市新晃侗族自治县、怀化市芷江侗族自治县、怀化市靖州苗族侗族自治县、怀化市麻阳苗族自治县、怀化市通道侗族自治县、邵阳市城步苗族自治县、永州市江华瑶族自治县等八个民族自治地方立法主体。

2014年，在科学立法、民主立法原则指引下，湖南省人大及其常委会努力提高立法质量，审慎立法。湖南省人大常委会共制定《湖南省实施〈中华人民共和国禁毒法〉办法》《湖南省乡镇财政管理条例》《湖南省人力资源市场条例》《湖南省交通建设工程质量与安全生产条例》《湖南省人民代表大会常务委员会关于调整完善生育政策的决议》等5件地方性法规，一次性修改了《湖南省实施〈中华人民共和国招标投标法〉办法》《湖南省消费者权益保护条例》《湖南省酒类管理条例》《湖南省土地监察条例》《湖南省生猪屠宰管理条例》《湖南省安全生产条例》《湖南省散居少数民族工作条例》等7件地方性法规，废止了《湖南省通信条例》。在立法工作中，省人大常委会将更多精力投入了《湖南省大气污染防治条例》的调研、听证以及为此进行的相应审议，听取了省政府关于《中华人民

①袁文峰，法学博士，惠州学院政法系副教授。研究方向：行政法学。

共和国大气污染防治法》实施情况的报告和省人大常委会执法检查组关于检查《中华人民共和国大气污染防治法》实施情况的报告。

湖南省人民政府共制定5件政府规章，分别为《湖南省人民防空工程建设与维护管理规定》《湖南省实施〈机关事务管理条例〉办法》《湖南省商品条码管理办法》《湖南省实施〈国有土地上房屋征收与补偿条例〉办法》《湖南省实施〈工伤保险条例〉办法》。后三件规章在民生保障方面进行了努力，获得好评。这三件规章也是关涉社会生活的大事，涉及社会的安定和当地突出的社会病症（如尘肺病）。

长沙市人大常委会共制定《长沙市城市桥梁隧道安全管理条例》《长沙高新技术产业开发区条例》2件地方性法规。

长沙市政府共制定政府规章4件，分别为《长沙市人民政府工作规则》《长沙市电梯安全管理办法》《长沙市建设工程抗震设防要求管理办法》《长沙市消火栓管理办法》。

在民族自治地方立法方面，八个民族自治地方没有制定新的自治条例和单行条例，麻阳苗族自治县人大2013年12月28日制定的《麻阳苗族自治县柑橘产业发展条例》，2014年3月28日获得湖南省第十二届人民代表大会常务委员会第八次会议审查批准通过。

总体而言，湖南省2014年度地方立法呈现主要对以往规范进行修订、专项立法明显的状况。

（二）湖南省2014年度地方性法规发展状况

在省人大立法方面，针对立法计划项目调研论证不足，立法重数量轻质量的现象，以及立法计划执行不够严肃、权威的情况，湖南省人大制定了年度立法计划编制规则，建立立法项目库制度，设立了立项论证规则，增加立项的科学性。①

2014年4月2日，省人大常委会召开立法工作会议，部署了湖南省2014—2015年立法工作。会议公布了省人大常委会2014—2015年立法计划。计划的内容有三个部分：一是提请审议20件项目。2014年提请审议项目包括《湖南省实施禁毒法办法》等3件2013年遗留的项目，受社会瞩目的《湖南省大气污染防治条例》《湖南省实施老年人权益保障法办法》（修订）、《湖南省实施动物防疫法办法》（修订）、《湖南省人口与计划生育条例》（修正）等8件。2015年拟提请审议项目有9件，包括《湖南省城市公共客运条例》《湖南省中小学幼儿园规划建设条例》等。二是调研论证的17件项目。三是法规清理和审查批准的项目，省人大常委会将根据上位法及现实状况“打包”修正或废止《湖南省通信条例》《湖南省生猪屠宰管理条例》等法规。会议要求，立法公开是地方立法的必经程序，要在网络、报纸等媒体上公开立法建议项目、立法计划、法规草案、草案的审议等情况。通过调查研究、实地调研、公布法规草案、书面征求意见，以及听证会、座谈会、论证会等多

---

①参见全国人大常委会法工委研究室：《近年来地方立法工作中的一些创新做法》，2014年9月在上海召开的第二十次全国地方立法研讨会会议交流材料之一。

种形式努力提高立法民主化，积极拓展人民参与途径，把听取人民意见工作贯穿于立法工作的全部过程。同时，在立法中需改进技术，优化体例，关注执法机制问题，加强条文的具体化、精细化，提高条文的可操作性。①

最终在地方性法规完成上，湖南省人大常委会共制定《湖南省实施〈中华人民共和国禁毒法〉办法》等5件地方性法规，修改了《湖南省消费者权益保护条例》等7件地方性法规，废止了《湖南省通信条例》；长沙市人大常委会制定了2件地方性法规，法规基本上满足了湖南当前的经济和社会发展需要。

（三）湖南省2014年度地方政府规章发展状况

在省级政府规章制定方面，2014年湖南省人民政府加大了对特定群体的立法力度，出台了2件有关特定群体利益保护方面的政府规章，即修订《湖南省实施〈国有土地上房屋征收与补偿条例〉办法》《湖南省实施〈工伤保险条例〉办法》。这两个规章分别针对拆迁户和企事业单位职工的相关利益保护。

在《湖南省实施〈工伤保险条例〉办法》的修订中确立了以下指导思想："深入贯彻落实以人为本的科学发展观，完善该省工伤保险制度，使该省的工伤保险制度能惠及更多的职业人群，使广大职工能够充分享受改革发展的成果，以进一步推动形成和谐的劳动关系，构建社会主义和谐社会。"为保证立法质量，省政府法制办公室按照科学立法、民主立法的要求，书面征求了省民政、公安、物价、卫生、财政、工商行政管理等政府部门和省高级法院、省总工会、工商联、省政协法制委、农工民主党湖南省委等单位及各市、州政府的意见。选取经济发展水平较高、工业企业集中的株洲市和醴陵市两个地市、经济发展水平中等而矿山企业集中的郴州市和资兴市两个地市、地处偏远并且经济比较落后的湘西土家族苗族自治州和龙山县、工伤保险工作开展基础较好而近年来发生过重大工伤事故的衡阳市组织考察和立法调研。在省法制办的主持下，与市县两级有关政府部门、职工代表、律师代表、司法机关、企业代表等深入讨论，共召开了7场座谈会。在省政府门户网、省政府法制网公布征求意见稿，征求公众对意见稿的修改意见。省法制办认真研究了各方面意见，将合法合理的意见一起纳入修订稿中。②

①参见刘文韬：《省人大常委会公布今明两年立法计划人口计生条例等20件项目将提请审议》，载《湖南日报》2014年4月3日。

②参见唐世月：《湖南省实施工伤保险条例办法新闻发布会》，http：//www.scio.gov.cn/xwfbh/gssxwfbh/fbh/document/1367443/1367443.htm，访问时间：2015年2月10日。

二、湖南省2014年度地方立法的特色和亮点

（一）地方人大立法中的特色和亮点

2014年，湖南省人大常委会注意了与中央立法的衔接，在制订立法计划后慎重立法，通过多渠道听取各方意见和建议。针对当前迫切的环境污染问题，尤其是长株潭地区的雾霾问题，进行立法研究。湖南省人大立法中的特色和亮点具体表现为：

1. 积极回应人大代表的议案，借鉴其他省市的立法经验

在2014年2月10日召开的湖南省十二届人大第三次会议上，长沙代表团代表、株洲代表团代表、衡阳代表团代表分别联名，提出了《关于尽快制定〈湖南省大气污染防治条例〉的议案》（议案编号分别为第1号、第3号、第7号，以下简称《议案》）。随后，第三次会议大会主席团决定交付省人大环境与资源委员会审议。3月18日，省人大环境与资源委员会召开全体会议，对以上三件《议案》合并审议。审议认为：湖南省人大环境与资源保护委员会在常委会2013年听取和审议省政府实施《大气污染防治法》情况报告的基础上，2014年进行了广泛深入的调研。调研了解到，北京等11个省、市、区已颁布了"大气污染防治条例"或"实施办法"，北京市新修订的《大气污染防治条例》于2014年1月通过，湖南省人大常委会应抓紧《湖南省大气污染防治条例》的制定。

2. 进行立法听证、调研或座谈

2014年3月5日，湖南省人大环境与资源保护委员会邀请省发改委、住建厅、公安厅、经信委、环保厅、气象局等部门负责人进行座谈，征求了他们对《议案》的意见。与会者较为一致地认为，治理大气环境是全省生态文明建设的紧迫事项，呼吁"大气污染防治条例"尽快出台实施。

《湖南省大气污染防治条例（草案·代拟稿）》听证会于2014年10月27日在湖南省环保厅举行，听证会广泛听取社会各界代表对于湖南省大气污染防治的意见和建议。此前的听证报名采用信函、传真和网上报名三种方式。湖南省环保厅公布了报名信函邮寄地址，报名电话和电子邮件邮箱。会议由省人大法制委、省人大环资委、省政府法制办等单位的领导和环保专家学者参加。经过选取，来自机关、法律界、学校、企业、媒体、普通市民以及环保组织共23名听证会代表出席。

《湖南省人力资源市场条例（送审稿）》《湖南省乡镇财政管理条例（修订草案•征求意见稿）》等草案全文公布在网上公布，湖南省人民政府法制办公室欢迎社会人士于在规定的时间内通过传真、信函或电子邮件等方式提出立法意见。《湖南省实施〈中华人民共和国禁毒法〉办法（草案修改稿）》则在2013年1月进行了立法听证。

3. 开展立法修改、清理工作

根据《全国人民代表大会常务委员会关于调整完善生育政策的决议》，湖南省人大常委会作出《关于调整完善生育政策的决议》，这是对以往法规的修订。本年度修订的法规

有《湖南省消费者权益保护条例》等7件。废止了《湖南省通信条例》。2014年11月26日，省人大常委会表决通过了《湖南省乡镇财政管理条例（修订草案）》，这是国家《预算法》修改后，率先出台的强化乡镇财政监管的省级法规。《湖南省人力资源市场条例》是在2001年出台的《湖南省人才市场管理条例》和2006年出台的《湖南省劳动力市场条例》的基础上制定的，一定程度上可视为一次立法修改、清理工作。

与原有的已经实施近七年的《长沙市城市桥梁安全管理条例》相比，《长沙市城市桥梁隧道安全管理条例》修改和完善了法规的适用范围等，将城市隧道纳入安全管理范围。至2014年1月止，长沙市共有城市隧道5座，城市桥梁共174座。新的条例将已交付使用的城市隧道纳入适用范围。第十一条明确规定在城市桥梁、隧道及其附属设施上禁止在城市桥梁上垂钓等八类行为。①

4. 进行立法后动员、宣传，增强实施效果

2014年4月15日上午，长沙市人大常委会召集《长沙市城市桥梁隧道安全管理条例》颁布暨贯彻实施动员大会，召集了来自市人大常委会办公厅、法制委、城环委、市公安局、市财政局、市住建委、市政府法制办、市城市管理、市发改委、市交通运输局、市安全生产监督管理局和市城乡规划局、市海事局、行政执法局等相关部门的负责人，以及市住建委工程、宣传、安监、法制、设计、造价、质监等机构负责人，长沙市路桥征费维护管理处相关人员参加了会议。②《湖南省交通建设工程质量与安全生产条例》颁布后，多地市也进行了相应的宣传。

（二）地方政府立法中的特色和亮点

1. 压缩执法部门的裁量空间，规范政府权力

《湖南省人民防空工程建设与维护管理规定》第十四条规定："一类国家人防重点城市按照不低于地面总建筑面积的6%配建防空地下室；二类和三类国家人防重点城市按照不低于地面总建筑面积的5%配建防空地下室；县城按照不低于地面总建筑面积的4%配建防空地下室。"新的标准明了、简捷，压缩了人防部门的执法裁量权，更具有可操作性。同名旧法（2006年2月7日省人民政府第77次常务会议通过，省政府第204号令予以公布）第十五条规定："（一）新建10层以上或者基础埋深3米以上的民用建筑，按地面首层建筑面积修建抗力等级6级以上的防空地下室；（二）新建除第一项规定以外的人民防空重点城市的居民住宅楼，按照地面总建筑面积一定比例修建抗力等级6B级防空地下室。具体比例为：一类国家人防重点城市为6%～8%，二类国家人防重点城市为5%～6%，三类国家人防重点

①参见周小华：《〈长沙市城市桥梁隧道安全管理条例〉拟于5月1日起施行》，http://www.csonline.com.cn/h/4001/20140227/1487802.html，访问时间：2015年2月10日。

②参见《〈长沙市城市桥梁隧道安全管理条例〉颁布暨贯彻实施动员大会召开》，http://www.csrd.gov.cn/Info.aspx?ModelId=1&Id=16706，访问时间：2015年2月10日。

城市为4%～5%，县城为3%。（三）新建除第一项、第二项规定以外的其他民用建筑，按照地面总建筑面积一定比例修建抗力等级6级以上的防空地下室。具体比例为：一类国家人防重点城市为4%～5%，二类国家人防重点城市为3%～4%，三类国家人防重点城市为2%～3%，县城为2%。”旧的建设标准裁量空间大，防空地下室面积计算复杂，容易造成或轻或重等执法问题，出现争议与分歧的现象。实际上增加了执法难度，也植入了廉政建设的风险。①

相比2004年版的《长沙市人民政府工作规则》，2014年版的《长沙市人民政府工作规则》除了“会议议事规则”与前者主题类同外，其他各章都是新的。新的规则更加强调规范政府行为。要求处理好政府与市场、政府与社会之间的关系，加快转变政府职能，形成权界清晰、权责一致、分工合理、法治保障、运转高效的机构职能体系。

2．让立法保持相当的弹性

《湖南省人民防空工程建设与维护管理规定》第十四条第二款和第三款规定：“开发区、保税区、工业园区、高校园区等各类园区和重要经济目标区新建防空地下室的建设标准，按照所在地城市或者县城的规定执行。经济发展较快的乡镇人民政府所在地新建防空地下室的建设标准，比照县城的规定执行。”这两款规定没有像第十五条那样直接规定具体的建设比例，而是要求各区依照属地原则，执行它们各自所在城市或者县城的防空地下室建设标准。该条立法主要基于各类园区和重要经济目标区数量众多且区位不同的考虑，如果实行“一刀切”，则会造成条文缺乏弹性，照顾不到地方实际情况，出现不合理的现象。

3．将信息技术纳入立法环节，增强了政府监管能力

《湖南省商品条码管理办法》推广应用商品条码，以加快商品信息化进程。该办法规定生产者在湖南省生产食品、食品添加剂；服装、纺织制成品、针织品；药品、医疗器械；家用电器、日用化学品、陶瓷制品、玩具等预包装产品，应当申请注册商品条码，并在产品标识上标注相应的商品条码。以上这几类产品都与公众身体健康、生命财产安全以及日常生活相关紧密。商品条码作为商品的“身份证”，不但是物联网的基础，也是生产企业通向国际的通行证。商品条码制度，便于加强对产品质量的追踪，整合了现代技术、物流和物联网，增强了政府对商品的监管能力。

4．回应社会热点问题，力图公平立法

《湖南省实施〈国有土地上房屋征收与补偿条例〉办法》（下称《办法》）自2014年4月1日开始施行。相应地，2002年9月1日起施行的《湖南省实施〈城市房屋拆迁管理条例〉办法》被废止。《办法》规定，设区的市（自治州）、县市区人民政府在决定房屋征收前，应组织有关部门对四种事项进行社会稳定风险评估，并作出预警评价。这四种事项包括：房屋征收事项是否经过合法性和可行性论证；实施房屋征收是否产生行政争议和具

①参见《〈湖南省人民防空工程建设与维护管理规定〉（省政府270号令）解读》，http://rfb.hunan.gov.cn/zcfg/zcjd/201403/t20140321_1059478.html，访问时间：2015年2月10日。

有化解的可能；征收补偿资金和产权调换房源能否筹措到位；拟定的征收补偿方案是否公平、合理。房屋征收部门应拟定征收补偿方案，方案包括房屋征收范围、产权调换房源、补偿补助标准、补偿方式、签约期限、实施步骤和奖励等事项。征收补偿方案经过论证后予以公布，并征求被征收人意见。对征求的意见和修改情况应及时公布，然后作出房屋征收决定。针对被征收房屋的价值如何评估的问题，《办法》还规定，价格评估机构经由被征收人协商选定。如果协商不成的，则通过多数决定、随机选定等方式确定。房地产价格评估机构应遵循先整体评估、后分户评估的原则进行评估。须考虑的因素有：被征收房屋的区位、新旧程度、用途、建筑面积、建筑结构以及占地面积、土地使用权等。《办法》还规定，对符合住房保障条件的被征收人，应优先给予他们住房保障。采取产权调换并实行过渡安置方式的自行解决周转用房的被征收人，应按照标准支付临时安置费。①

与原《湖南省实施〈工伤保险条例〉办法》相比，新的《湖南省实施〈工伤保险条例〉办法》扩大了工伤保险适用范围，包括湖南省行政区域内的企业和以上组织以及有雇工的个体工商户。扩大了保险制度覆盖的范围，有利于保障劳动者的权益。新办法第十一条规定："建立省和设区的市、自治州两级工伤保险储备金。统筹地区按照当年工伤保险基金征缴总额的10%提取储备金，自留5%，向省上解5%。工伤保险储备金用于重大事故的工伤保险待遇支付，以及工伤保险基金入不敷出时的支付。省级工伤保险储备金用于特大事故和统筹地区工伤保险基金入不敷出时的调剂。"该条调整了以往储备金的比例，对工伤保险的资金支付进行切实的保障。新的办法第十八条规定了工伤认定案例指导制度。要求省政府社会保险行政部门选择工伤认定的典型案例，经省法制部门审查并报省政府审定后发布。案例指导制度将提高工伤认定的水准，统一认定的标准。

5. 借鉴其他省市政府的立法经验

《长沙市人民政府工作规则》包括"总则""履行政府职能规则""重大事项决策规则""政策文件制定规则""会议议事规则""行政监督规则""工作安排布局规则""依法行政规则""勤政廉政规则"和"附则"共十章六十条六千余字。长沙市政府研究室借鉴了北京、浙江、上海等省市的成功经验，参考《国务院工作规则》等国家和地方的相关法律规章，经过六次修改，前后历时四个月完成。在立法过程中，研究室征询了市人大、市政协办公厅、市直各单位以及区、县政府多方面的意见。②

①参见李广军：《房屋征收前应进行社会稳定风险评估》，载《星沙时报》2014年3月13日。此前，长沙市编委下发《关于设立长沙市中级人民法院土地房屋征收审判庭的通知》（长编委发〔2011〕11号）、长沙市编办下发《关于区、县（市）人民法院设立土地房屋征收审判庭（非诉行政案件执行局）的通知》（长编办发〔2011〕49号），明确市中级人民法院设立土地房屋征收审判庭，加挂非诉行政案件执行局的牌子，区、县（市）法院对应设置，负责办理征收过程中各类诉讼和司法强制执行案件。

②参见程放军：《新版〈长沙市人民政府工作规则〉本月1日起施行》，http：//news.163.com/41116/6/159P56QG0001124T.html，访问时间：2015年2月10日。

三、湖南省2014年度地方立法的不足与未来展望

（一）湖南省2014年度地方立法的不足

湖南省地方立法在2014年度尽管取得了一些成绩，如长沙市获得本年度法治政府奖，但也存在一些不足，这是湖南省地方立法机关在今后的立法中需要完善的地方。具体表现为：

1. 立法中有行政主导的现象

长沙市地方性法规《长沙市城市桥梁隧道安全管理条例》由市政府法制办组织起草，具体的起草工作由市住建委承担。2013年11月15日，长沙市政府讨论通过了该条例草案，决定草案以政府议案的形式提交市人大审议。2014年2月26日，长沙市人大常委会会议审议通过了该条例。2014年3月28日，该条例获得湖南省人大常务委员会批准。从条例制定的整个过程来看，行政部门起了主导作用。

2. 相对于上位法，地方立法存在废、改迟缓现象

依据《国务院办公厅关于加强和规范新开工项目管理的通知》（国办发〔2007〕64号）的规定，审批人防工程建设项目的时候，应由规划部门而非发改部门征求人防部门意见。为与国务院通知规定保持统一，2014年版的《湖南省人民防空工程建设与维护管理规定》删除了旧法第七条规定："县级以上人民政府发展和改革主管部门，审批人防工程建设规划区域内或者在建、已建人防工程区域内的建设项目，应当征求人防主管部门的意见。"①时间滞后达六七年之久。

3. 立法听证利益交锋不足，有走过场的嫌疑

《湖南省大气污染防治条例（草案·代拟稿）》听证会中参与人员24人多来自政府部门、文教系统，其中3人来自湖南省燃气有限责任公司。对大气排放废气的企业除了燃气公司外，还有很多其他企业和行业，比如汽车业、工厂、电厂，但是从听证会的人员行业来看，呈现出一边倒的态势，即以"反排"的人员为多，没有让多排放废气的行业、企业人员参与其中展开利益交锋和充分博弈。

（二）湖南省地方立法的未来展望

1. 重视立法创新以及利用新技术进行社会治理

《湖南省大气污染防治条例（草案•代拟稿）》提出，地级市政府可以根据大气防治的需要和机动车排污状况，划定机动车限行的区域和时段，同时向社会公告。县级以上环保行政部门联合公安交通管理部门，对行车中的废气排放情况采用遥感检测的方式抽检。同时建议，城市政府编制或者修改城市规划时，应利于大气污染物扩散，对建筑物的密度、

①参见《〈湖南省人民防空工程建设与维护管理规定〉（省政府270号令）解读》，http://rfb.hunan.gov.cn/zcfg/zcjd/201403/t20140321_1059478.html，访问时间：2015年2月10日。

高度进行控制，并且预留城市通风廊道以利于通风排气。遥感检测是新技术，通风廊道也是立法中的前瞻性和新颖性的事物。此外代拟稿还建议新建的建筑物应进行屋顶、屋面绿化设计。如果代拟稿的这些内容得以通过，其实施的难度也可想而知。

2. 为新的立法做好上位法的执法监督和检查工作

2014年11月24日下午3点整，湖南省人大常委会举行大气污染防治专题询问会，省政府共11个部门的负责人到现场接受询问，咨询会首次进行电视直播，对政府进行监督。①

2014年8月，湖南省人大常委会组成3个小组对省内贯彻实施《中华人民共和国大气污染防治法》的情况进行执法检查。重点检查省政府及其13个部门，抽查6个全国大气污染防治重点城市：长沙、湘潭、株洲、常德、岳阳、张家界，以及国务院《大气污染防治行动计划》在娄底市贯彻落实的情况。包括省内大气污染综合防治工作情况，大气污染物排污许可、排放总量控制、监测报告等情况。同时，征询湖南省制定《大气污染防治条例》的立法建议。执法检查采用调查和暗访等形式。②为《湖南省大气污染防治条例》的出台进行铺垫。条例努力充分反映公众意见，充分调研，出台后的认可度将会较高。

3. 在“中国法治政府奖”的感召下继续推进法治政府立法建设

2014年11月18日，第三届“中国法治政府奖”在京举行颁奖典礼。作为全国首部规范政府法制工作的地方规章《长沙市政府法制工作规定》以排名第一的成绩荣获第三届“中国法治政府奖”。《长沙市政府法制工作规定》于2012年11月25日颁布，于2013年1月1日开始施行。规定中设立了行政决策法律审查、政府法制工作责任、政府法制工作评议、公众参与和专家论证、依法行政考核等“五大机制”，让由文件规定政府法制机构的绝大部分职责向法定化的方向转变。可以预见，湖南省的地方立法在“中国法治政府奖”的感召下将继续推进法治政府立法建设。

---

①参见杨杰妮：《湖南省人大就大气污染防治法展开专题询问》，http：//www.xxcb.cn/event/jishi/2014-11-24/8946048.html，访问时间：2015年2月10日。

②参见周小华、向健生：《湖南省人大常委会将专题询问大气污染防治工作》，http：//news.ifeng.com/a/20140813/41559947_0.shtml，访问时间：2015年2月10日。

第二十章　广东省2014年度立法发展报告

杨　斐[①]

摘　要：广东是拥有较多立法主体的省份。省级有人大、政府两个立法主体，还有广州一个省会城市、3个经济特区以及3个民族自治县立法主体。2014年，各个主体立法主动性强。全省制定的法律在数量上较多。全省立法更加注重公开化、民主化。广东省重视人大制度本身的研究，注重节约和提高立法资源的配置。全省立法地方色彩浓厚，并继续领先全国。

关键词：广东省　立法发展报告　多元立法主体

一、广东省2014年度立法发展状况

（一）广东省2014年度立法状况总体评述

早在2012年末，习近平总书记在视察广东时发表重要讲话指出，希望广东要努力成为发展中国特色社会主义的排头兵、深化改革开放的先行地、探索科学发展的实验区，为率先全面建成小康社会、率先基本实现社会主义现代化而奋斗，这即是“三个定位、两个率先”。它是广东省今后工作的前进方向、行动指南和总目标，省内的各项工作都要体现这个总目标的要求，去实现这个目标。广东立法，也需要坚持这个目标。

广东省共有省人大、省政府两个省级立法主体；有广州市、深圳市、珠海市、汕头市四个地级市立法主体；还有连南瑶族自治县、连山壮族瑶族自治县和乳源瑶族自治县三个民族自治地方立法主体。由于广东省三个经济特区拥有立法主体资格，因此，广东省的立法主体较其他省份多。同时，因为深圳市、珠海市和汕头市是经济特区，故其立法又具有较强的复杂性、特殊性。

2014年，广东省人大、省政府和广州市、深圳市、珠海市、汕头市的人大和政府制定或修改、废止了一系列的法规和规章。连山壮族瑶族自治县制定了《连山壮族瑶族自治县

①杨斐，法学博士，广东外语外贸大学法学院教授，硕士生导师。研究方向：国际经济法、法理学。

森林资源保护管理条例》，连南瑶族自治县、乳源瑶族自治县两个民族区域自治地方则基本没有新制定和修改自治法规。

（二）广东省2014年度地方性法规发展状况

2014年来，广东省人大常委会在省委的领导下，围绕中心，服务大局，依法履职，扎实工作，审议省的地方性法规草案14件，通过10件，审查批准较大市的地方性法规10件、自治县单行条例1件。

为了更好地完善信访工作机制、规范信访秩序，保持国家机关同人民群众的密切联系，畅通信访渠道，监督和促进国家机关及其工作人员改进工作，维护信访人的合法权益，维护信访秩序，维护社会公平正义，广东省人大常委会制定了《广东省信访条例》，这在全国居于领先地位；为了促进建立和谐稳定的劳动关系，维护职工和企业的合法权益，广东省人大常委会修订了《广东省企业集体合同条例》；为了规范行政许可的设定、适用和实施程序，促进政府职能的转变，广东省人大常委会制定了《广东省行政许可监督管理条例》；还修改了《广东省环境保护条例》，并就该法规案中关于“设立跨行政区划环境资源审判机构”的重要条款进行单独表决；为了落实“单独二孩”政策，广东省人大常委会还修改了《广东省人口与计划生育条例》。此外，还制定或修订《广东省村务公开条例》《广东省信息化促进条例》《广东省气象灾害防御条例》等法规，对现行有效的214件地方性法规进行了全面清理，使广东立法主动地适应改革发展的需要。

从形式上说，广东省人大常委会在2014年只是通过了10件地方性法规，而事实上，涉及的法规的数量却有大约40件。因为广东省人民代表大会常务委员会通过“打包”立法一次性通过一个决定而修改了27件法规，还有一个决定则是废止了4件法规。

2014年，广东省第十二届人民代表大会常务委员会第十一次会议还通过《关于废止〈广东省资产评估管理条例〉等四项地方性法规的决定》，废止了《广东省资产评估管理条例》《广东省珠海市饮用水源水质保护条例》《广东省高速公路管理条例》《广东省流动人员劳动就业管理条例》等4件地方性法规。

2014年，广东省人大常委会制定的法规中，产生极大影响的有《广东省信访条例》《广东省企业集体合同条例》《广东省信息化促进条例》等法规。广东省人大常委会这一年在立法方面是卓有成就的，这也与广东省人大及其常委会“坚持问题导向，加强重点领域立法。增强立法的针对性、及时性，注重从法制上推动解决改革发展中的突出矛盾和问题”的精神和作风密不可分。

广州市人大及其常委会制定、修改了5件地方性法规，分别是《广州市人民代表大会关于保障代表执行职务的若干规定》《广州市人民代表大会常务委员会关于许可对代表采取限制人身自由措施和实施刑事审判的若干规定》《广州市南沙新区条例》《广州市预防职务犯罪条例》《广州市城乡规划条例》，废止了《广州市企业治安保卫条例》和《广州市蔬菜基地管理规定》2件地方性法规，其中《广州市南沙新区条例》引起了广泛关注。

深圳市人大及其常委会通过了7件法规。它们是2014年10月30日通过的《深圳经济特区居住证条例》《深圳经济特区无偿献血条例》《深圳市学校安全管理条例》《深圳经济特区道路交通安全违法行为处罚条例》（修正），以及2014年8月28日通过的《深圳经济特区促进全民健身条例》《深圳经济特区审计监督条例》（修正）、《深圳经济特区政府投资项目管理条例》等。深圳市人大及其常委会在2014年制定的7件法规中，5件为制定，2件为修正。当年没有废止法规。

珠海市人大及其常委会共制定5件法规，分别是《珠海经济特区行政执法与刑事司法衔接工作条例》《珠海经济特区见义勇为人员奖励和保障条例》《珠海市人民代表大会议事规则》《珠海经济特区生态文明建设促进条例》《珠海市人民代表大会代表建议、批评和意见办理规定》，废止了《珠海市见义勇为人员奖励和保障条例》。

汕头市人大常委会制定了5件法规，分别是《汕头经济特区社会工作者条例》《汕头经济特区城乡规划条例》《汕头经济特区房屋安全管理条例》《汕头经济特区村务公开条例》《汕头经济特区小公园开埠区保护条例》。

从广东省及各地市的人大及其常委会的立法来看，人大常委会的立法数量都比较多。广东省人大常委会制定了约40件，广州市人大制定了5件，深圳市人大及其常委会通过了7件，珠海人大制定了5件。省人大制定最多，其他地市大致都是一年制定5件。省人大常委会的法规是立、改、废并举，实施细则与本地法规同时制定。既有单独立法，也有“打包”立法。这既提高了立法的效率，更减少了法规间的冲突，还提高了有限立法资源的配置，是一举多得的方法，也是立法技术进步的一个重要表现。

（三）广东省2014年度地方政府规章发展状况

2014年，广东省人民政府共制定、修改了8件政府规章，分别为《广东省桥梁水域通航安全管理规定》《广东省道路货物运输源头超限超载治理办法》《广东省专利奖励办法》《广东省职工生育保险规定》《广东省外商投资企业投诉处理服务办法》《广东省建设工程造价管理规定》《广东省家禽经营管理办法》等，其中多件规章如《广东省外商投资企业投诉处理服务办法》《广东省专利奖励办法》《广东省道路货物运输源头超限超载治理办法》等都引起了社会的较大关注和反响。

广州市人民政府制定了《广州市珠江游经营管理办法》《广州市医疗废物管理若干规定》《广州市社会组织管理办法》《广州市建设项目雨水径流控制办法》《广州市房屋交易监督管理办法》《广州市专利行政执法办法》《广州市大型群众性活动安全管理规定》《广州市科学技术奖励办法》《广州市商事登记暂行办法》《广州市限制商品过度包装管理暂行办法》《广州市宗教活动场所管理办法》《广州市物业管理暂行办法》12件政府规章，修改了《广州市档案管理规定》《广州市体育竞赛表演市场管理办法》《广州市城市道路临时占用管理办法》3件规章，废止了《广州市举办人才交流会审批办法》《广州市城镇职工基本医疗保险试行办法》《广州市房地产评估管理办法》《广州市人民防空管理办法》《广州市村镇船舶修造业管理办法》5件规章。

深圳市政府共制定了12件规章，分别是《深圳市碳排放权交易管理暂行办法》《深圳市机动车道路临时停放管理办法》《深圳市亚硝酸盐监督管理若干规定》《深圳市地下管线管理暂行办法》《深圳市豆制品质量安全监督管理若干规定》《深圳市基本农田保护区管理办法》《深圳市发展快递业管理规定》《深圳市公众移动通信基站管理办法》《〈深圳经济特区欠薪保障条例〉实施细则》《深圳市海上休闲船舶运营安全管理办法》《深圳公证处管理暂行办法》《深圳市人才安居办法》。

珠海市政府共制定了3件规章，分别是《珠海经济特区横琴新区诚信岛建设促进办法》《珠海市国有建设用地使用权出让年限管理规定》和《珠海市村镇规划建设管理办法》。

汕头市政府共制定11件规章，分别是《汕头市分散按比例安排残疾人就业实施细则》《汕头经济特区城乡规划管理技术规定》《汕头经济特区既有住宅增设电梯办法》《汕头经济特区农村村民住宅建设管理办法》《汕头市人民政府关于修改〈汕头市市属国有企业国有资产管理规定〉的决定》《汕头经济特区制度廉洁性评估办法》《汕头经济特区房屋临时变更用途规划管理办法》《汕头市人民政府拟定法规草案和制定规章规定》《汕头市人民政府关于废止〈汕头经济特区出租汽车管理规定〉的决定》《汕头市行政机关合同管理规定》《汕头市人民政府关于废止〈汕头市户外广告设施设置管理规定〉的决定》。

广东省及各地政府制定的规章数量较多，省政府规定了8件，广州市政府制定了12项，深圳12件，珠海3件，汕头11件。各地政府立法呈现正常发展状态。

二、广东省2014年度地方立法的特色和亮点

（一）地方人大立法中的特色和亮点

1．立法更加公开化、民主化

立法公开化和民主化是立法的基本要求，广东在这个方面一直做得较好。现在又扩大和增加公开的环节和场合，让公众更多地深入到立法的各个环节。从2015年的广东省第十二届人民代表大会会议起，大会将接受公民旁听大会。凡年满18周岁、具有完全民事行为能力的本省公民，祖籍广东省的香港、澳门特别行政区居民，台湾同胞和海外侨胞，均可凭居民身份证或者其他证明本人身份的有效证件，向大会筹备处委托的单位提出旁听申请。

2．重视《广东省信访条例》的制定

广东省人大常委会特别重视《广东省信访条例》（以下简称《条例》）的制定。制定《条例》是广东省人大2014年立法的重头戏。广东省人大常委会在《条例》的起草、评估、表决、实施等方面下了很大功夫。为了实施好《条例》，广东省人大常委会在全省选

取了十个县市开展《条例》的实施试点工作，并派出十个工作指导组赴十个试点县市开展工作指导。不仅如此，还对《条例》的执行情况进行跟踪，以了解和部署今后在全省范围内的全面实施问题。[①]《条例》明确规定了信访制度的法治化目标：一是把涉法涉诉信访纳入法治轨道，二是建立涉法涉诉信访依法终结制度。此外，还建立了网上受理信访制度，可在网上进行查询、跟踪、督办甚至评价。

3. 地方立法评估制度化

2013年7月，广东省人大常委会出台了《立法评估工作规定（试行）》，要求对新制定、全面修订以及对重大制度做修改的法规案在提请省人大常委会表决前，增加了一道特别的环节——法规草案表决前评估，严把法规草案的“出厂检验关”。

2014年9月5日，省人大常委会组织有关方面对《广东省环境保护条例（建议稿）》进行评估。省人大环资委、常委会法工委、省环保厅、省法制办相关负责人、省人大常委会立法咨询专家、省人大常委会环保咨询专家、有关学者及实务工作者参加了会议。2014年9月3日，省人大常委会召开评估会，对《广东省救灾条例（建议稿）》进行评估，听取立法咨询专家、救灾实务工作人员以及有关部门的意见和建议。

同时，组建地方立法社会参与和评估中心，制定第三方立法后评估报告的处理办法，委托其开展《广东省安全生产条例》和《广东省建设工程质量管理条例》立法后评估。这为广东在科学立法、民主立法上作出了有益尝试，探索出了一条扩大社会各方有序参与立法的有效途径。同时，也是减少和避免立法资源浪费、完善立法机制的一个重要的、民主的程序。

4. 重视人大制度的研究，加强人大代表的工作

广东省人大制度研究会和广州市人大均在2014年举行了人大制度研讨会。就“人大工作与时俱进”“人大制度理论与实践”等主题进行了研讨，并请有关专家作专题报告或举行座谈会。“组织地方人大工作10个理论课题研究，开展公民有序参与立法、人大工作与国家治理能力现代化等专题调研，高度关注市、县人大工作创新和乡镇人大建设。”专家和代表们在研讨会或报告中在推进国家治理体系和治理能力现代化等方面提出了有针对性、建设性的对策建议。

为了加强人大代表的工作，发挥代表的主体作用，广东省人大也建立了“两个联系”制度。[②]省人大采取多种形式密切与基层代表的联系，召开代表密切联系人民群众工作座谈会，每次常委会会议邀请代表列席，并注重与外国议会机构的交流与合作。

---

①参见《我省召开贯彻实施〈广东省信访条例〉、运用法治方式解决信访突出问题试点工作座谈会》，http：//www.gdrd.cn/pub/gdrd2012/xwdt/201501/t20150115_143284.html，访问时间：2015年2月17日。

②即人大常委会同人大代表的联系、人大代表同人民群众的联系。这“两个联系”是在新的形势下贯彻落实党的群众路线，推动人民代表大会制度与时俱进，进一步增强人民代表大会生机和活力的客观需要。

5. 继续关注民生

广东省人大常委会会议专题询问社保工作。2014年7月30日，广东省十二届人大常委会第十次会议召开联组会议，就广东省社会保险工作情况向省政府进行专题询问。本次专题询问继续实行现场即时提问，由常委会组成人员举手申请，经主持人同意后，提出询问问题。本次专题询问还邀请了汕头、湛江、韶关三市人大常委会负责同志出席，分别代表粤东西北地区就当地社会保险工作情况做相关介绍。要更加关注并着力推动解决粤东西北社保工作的问题，缩小与珠三角地区的差距，促使我省社会保障整体水平进一步提高。①

6. 节约和提高立法资源配置

2014年12月9日，广州市人大常委会法工委召开《广州市城市轨道交通管理条例》等5件法规修正案立法咨询专家论证会，论证这5件法规修正案（草案）的合法性、必要性、可行性等问题。市人大法制委主任委员、常委会法工委主任出席了会议，来自省内高校、科研院所、律所等领域的5名立法咨询专家参加了会议。市法制办、市教育局、市交委、市旅游局、市地铁总公司等单位负责同志列席了会议。这5件法规是《广州市城市轨道交通管理条例》《广州市出租汽车客运管理条例》《广州市按比例安排残疾人就业办法》《广州市教育经费投入与管理条例》和《广州市旅游条例》。②

（二）地方政府立法中的特色和亮点

1. 外商投资企业投诉有途径、有效率

广东是外资企业最多的省份之一。为及时、有效地处理外商投资企业投诉，保障外商投资企业及其投资者的合法权益，进一步优化广东省的投资环境，根据国家法律法规规定，结合本省实际，2014年广东省政府公布了《广东省外商投资企业投诉处理服务办法》。该办法规定，处理外商投资企业投诉工作应当坚持依法有据、公平公正、方便高效的原则；如果政府部门及其工作人员损害了外商权益，外商可以到省商务行政主管部门投诉，如果确认被投诉的政府部门确实存在超越职权、滥用职权或者依法应当作为而不作为等行为，该部门直接负责的主管人员和其他直接责任人将被处分。

根据该办法规定，投诉处理部门接到投诉人投诉后，应当在5个工作日内进行审查，不予受理的，应当说明理由。投诉人对投诉处理部门不予受理有异议的，可以向上一级投诉处理部门反映。投诉处理部门直接办理的投诉，应当自受理之日起15个工作日内作出处理意见并答复投诉人。多个投诉人就同一事项投诉同一单位的，可以合并处理。对涉及部门

①参见《省十二届人大常委会第十次会议专题询问社保工作》，http：//www.gdrd.cn/xwdt/201407/t20140730_142238.html，访问时间：2015年2月17日。

②参见《法制工委召开五件法规修正案立法咨询专家论证会》，http：//www.rd.gz.cn/page.do?pa=2c9ec0233a0016bd013a00366ab30059&guid=010c7811c987425fad5dc90f64d86976&og=402881cd27bbec710127bc45fff501a3，访问时间：2015年2月17日。

多、情况复杂的投诉事项，处理期限可以延长30个工作日。该办法第十一条规定："下列投诉不予受理：（一）匿名投诉的；（二）投诉事项已经进入或者完成行政复议、行政诉讼程序的；（三）投诉人对法律法规或者政策的有关规定、行政事务办事程序存在误解或者异议的；（四）其他投诉处理部门已经受理或者处理终结的。"

2．商事登记改革在广东先行先试

早在2012年11月23日，国家工商总局就已经批准广东省工商总局在深圳、珠海、东莞、佛山顺德区四地开展商事登记改革试点，具体按照各地的改革方案组织实施，四地的改革可划分为两种模式：特区模式和非特区模式。特区模式以深圳和珠海为代表，这两地均有特区立法权，并就商事登记改革进行了特区立法（即《深圳经济特区商事登记若干规定》《珠海经济特区商事登记条例》），均于2013年3月1日起开始实施。非特区模式以东莞市和佛山市顺德区为代表，这两个地区无特区立法权，先后以地方政府规范性文件（即《东莞市商事登记制度改革实施方案》《佛山顺德区商事登记制度改革实施方案》）的形式就商事登记改革事项予以明确。2013年7月，广州市政府印发《广州市商事登记制度改革方案》，并决定自9月起先行在市内六个区启动商事登记制度改革试点。2014年初，改革从四个试点地区全面推开到广东全省，广东省政府办公厅于2014年1月8日印发《广东省商事登记制度改革方案》，决定在全省范围内推行商事登记制度改革，提出全面构建"宽进严管"的工商登记管理体制机制，深化商事登记制度改革工作，具体包括：改"先证后照"为"先照后证"、实现"一元公司"注册"零首付"、允许"一址多照"和"一照多址"、实行年度报告制、建经营异常名录制度等12项改革措施。随着商事制度改革在广东省的全面推开，全省各类市场主体实有数已突破640万户。2014年前10个月，广东省内新登记各类市场主体107.68万户，同比增长21.78%。

3．地方规章地方色彩浓厚，并继续领先全国立法

无论广州市政府的《广州市建设项目雨水径流控制办法》，还是深圳市政府的《深圳市碳排放权交易管理暂行办法》，珠海市的《珠海经济特区横琴新区诚信岛建设促进办法》，汕头市政府的《汕头经济特区制度廉洁性评估办法》，其内容在全国均处于领先地位，说明广东各地人大及其政府不仅能够制定出国家法律的实施细则，更能考虑本地的实际情况，为本地制定出民主化和科学化的法规和规章。

4．碳排放管理规定处全国前列，使其交易有法可依

《广东省碳排放管理试行办法》于2014年3月1日起正式施行，共七章四十三条，主要内容有六个方面：一是确定了碳排放管理的内涵以及主管部门责任。二是确定了碳排放信息报告与核查机制。规定了控排企业和单位、报告企业的范围和核查机构的条件与职责等。三是明确了配额分配机制。规定了碳排放配额发放总量的确定方式，还规定了配额清缴机制和配额登记管理机制。四是明确了配额交易机制。五是规定了监督管理机制。明确了建立企业碳排放信息报告与核查系统、碳排放交易系统，规定了控排企业和单位的申诉

机制以及碳排放有偿分配收入实行收支两条线，纳入财政管理。六是明确了法律责任。对未按要求提交碳排放报告，虚报、瞒报或者拒绝提交碳排放报告，拒不配合核查的企业和单位以及未足额提交配额的企业，设定了行政处罚；还规定了交易所、专业核查机构、发展改革部门、相关管理部门及其工作人员的法律责任。

对碳排放进行规定，全国除了上海市和湖北省外，其他地方还没有出台规定。由此可见，广东在对碳排放的规定上，再次走在了全国的前列，使碳排放的管理有法可依。

三、广东省2014年度地方立法的不足与未来展望

（一）广东省2014年度地方立法的不足

2014年，广东省地方立法取得了很大成绩，但仍然存在一些不足和差距，这些不足和差距也迫使广东省地方立法机关在以后的工作中要不断改进工作方式，提高立法质量和水平。这些不足主要有：

1．立法中的行政主导现象比较普遍

由于立法资源多集中于政府，绝大部分的法规草案由政府部门起草，一些政府部门对于立法项目有利则争，无利则推，不利则阻，他利则拖，分利则顶，提出的法规草案部门利益色彩浓厚。这往往导致立法需求与立法实践出现脱节，部门间职能不衔接，部门权力与公民权利不够平衡，影响到地方立法的质量。

2．立法体例上重复国家法的问题比较突出

地方立法在体例和内容上仍然存在重复国家法、上位法的情况，小法抄大法，形成“三世同堂”“四世同堂”，缺乏地方特色。

3．科学立法、民主立法有待进一步加强

法规的起草制度还需进一步探索。实践中，委托高校和研究机构起草的方式有待进一步提升，今后需要更多地探索与专家学者合作的方式起草法案。民主立法的手段还不是很多：对于公开征求意见，公众的参与热情不高；一些地方组织立法听证会，但大多没有制定关于听证会的程序性规范，基本上是一次一规则，对公众意见的反馈还没有制度化。

4．如何发挥地方立法积极性的问题值得讨论

地方立法的主要功能是对法律、行政法规的细化补充、拾遗补缺。一方面，随着中国特色社会主义法律体系的形成和完善，客观上地方立法的空间会越来越小；另一方面，中国各地区经济社会发展水平差距很大，各地情况存在较大差异，解决当地问题，如养犬、燃放鞭炮等，需要一定的手段，但有的上位法规定得过死，没有给地方立法留下足够空间，地方立法要么“突破”法律规定，要么难以作为。如何在法制统一的前提下，充分调动和发挥地方立法的积极性，这是必须重视的问题。

（二）广东省地方立法的未来展望

1. 继续加强立法前和立法后评估工作

立法作为国家的最为重要的权力之一，需要国家付出巨大的努力和代价。如果所立法律不能很好地反映社会发展的需要，甚至起到反作用，那么，该法的价值就存在了问题。为此，要加强立法的评估。这包括立法前的评估及立法后的评估。这些评估既有立法主体自己的评估，上级的评估，公众的评估，还需要包括第三方的专业评估，等等。

2. 加强网站建设，方便社会公众的立法参与

近些年，随着电子政务的发展，各人大和政府网站都办得越来越好。但是，由于公众的需要不完全相同，对网站的要求也不完全相同。我们在查询各地法律法规和人大公报或政府公报的过程中，发现要找齐某个单位或立法主体的这些基础材料确实太不容易。

立法（包括制定法规和规章）是立法主体的重要职责，对这些法规规章的公布和使之易于查询也应该是这些机关需要做到的。这些是技术性工作，但需要对此加以重视。

3. 加强立法高层次人才培养，主动应对设区的市获得立法权后的立法人才缺失状况

立法是专业性、技术性很强的工作，它所反映的实质内容需要很强的立法技巧。为此，很多国家的立法机构均设有立法助理。在我国没有立法助理存在的情况下，人大或政府既要做好一般的人大或政府工作，还要参与立法，的确是一件非常困难的事情。为此，我们至少可以更加积极地建设立法专家库，更多地利用专家的智慧为立法服务。

同时，国家授权设区的市拥有地方立法权，那么，这些城市及未来设区的市如何去行使这个权力，如何将其更好地为本地服务，这需要十分重视并加强培训。深圳、珠海、汕头三个城市由于作为经济特区已经有30多年，已经积累了不少的立法人才和立法经验，而其他设区的市在这方面，则显得有些薄弱，需要注重和加强。

更为重要的是，要从立法机制上入手，要进一步完善立法机制，包括法规草案的起草、表决、法案的表述、立法助理等的建立和完善都需要更多的关注和重视，更需要落实到实践中。只有这样，立法的质量才能提高，科学立法、民主立法也才能成为现实。

总之，养老、社保、环保和自贸区等是广东省2014年的热点，也仍然是2015年和今后几年的重点。只有切实解决了民生问题，才是真正实现了“三个定位、两个率先”，也才能全面实现法治国家的伟大目标。

第二十一章　广西壮族自治区2014年度立法发展报告

杨　斐[①]

摘　要：广西壮族自治区人大及其常委会在2014年制定通过了9件地方性法规。这些法规一部分与环境保护、促进文化发展和遗产保护有关，而绝大部分是广西根据当地的情况所作的地方性立法。这说明，广西充分发挥了当地立法资源，对当地需要且成熟的情况以地方性法规的形式固定了下来。这对当地的经济、文化、社会等方面的发展有着十分重要的意义。

关键词：广西壮族自治区　立法发展报告

一、广西壮族自治区2014年度立法发展状况

（一）广西壮族自治区2014年度立法状况总体评述

广西壮族自治区有14个地级市，7个县级市，55个县，12个民族自治县，36个市辖区。[②]广西是一个多民族的省份，除了汉族外，还有11个少数民族。

广西有12个民族自治县：融水苗族自治县、三江侗族自治县、龙胜各族自治县、恭城瑶族自治县、隆林各族自治县、富川瑶族自治县、都安瑶族自治县、罗城仫佬族自治县、巴马瑶族自治县、环江毛南族自治县、大化瑶族自治县、金秀瑶族自治县。

广西共有区人大、区政府两个省级立法主体，南宁市一个地级市立法主体。融水、三江、龙胜等十二个民族自治地方立法主体。

2014年，广西壮族自治区人大常委会根据经济社会发展、全面深化改革的需要和立法计划，安排审议了自治区本级地方性法规11件，通过9件；审查南宁市地方性法规和自治县自治条例9件，批准7件。通过的地方性法规主要包括《广西壮族自治区人民代表大会常务

①杨斐，法学博士，广东外语外贸大学法学院教授，硕士生导师。研究方向：国际经济法、法理学。

②参见《2014年广西壮族自治区行政划分》，http：//www.xzqh.org/html/show/gx/36927.html，访问时间：2015年2月17日。

委员会组成人员守则》《广西壮族自治区促进散装水泥发展和应用条例》《广西壮族自治区湿地保护条例》《广西壮族自治区特种行业治安管理条例》《广西壮族自治区实施〈中华人民共和国水土保持法〉办法》《广西壮族自治区实施〈中华人民共和国森林法〉办法》《广西壮族自治区禁毒条例》《广西壮族自治区梧州骑楼文化街区保护条例》和《广西壮族自治区人口和计划生育条例》等。其中《广西壮族自治区梧州骑楼文化街区保护条例》《广西壮族自治区实施〈中华人民共和国森林法〉办法》和《广西壮族自治区实施〈中华人民共和国水土保持法〉办法》为修订，其余6件属于制定。本年度广西人大没有废止地方性法规。大部分地方性法规与环境保护和防止污染有关，成为年度广西地方性法规的重点和亮点。

2014年，广西壮族自治区人民政府制定了10件政府规章，分别是《广西壮族自治区高速公路管理办法》《广西壮族自治区人口和计划生育管理办法》《广西壮族自治区火灾高危单位消防安全管理规定》《广西壮族自治区企业住所和经营场所登记管理办法》《广西壮族自治区商品条码管理办法》《广西壮族自治区药用野生植物资源保护办法》《中国—马来西亚钦州产业园区管理办法》《广西壮族自治区新建住宅区供配电设施建设维护管理办法》等。

2014年，南宁市人大常委会认真行使地方立法权，急改革所急，忧发展所忧，努力将改革决策与立法决策结合起来，立良法、促善治，助推南宁市的改革沿着法治轨道前行，为城乡管理、民生改善、生态环境治理、法规配套落实、立法机制完善、立法宣传做出贡献。这一年，南宁市人大常委会颁布施行地方性法规5件，审议地方性法规9件，通过5件，开展地方性法规立法后评估1件，完成立法调研项目7个①。如审议通过房地产开发项目配套设施建设管理条例、养犬管理条例（修订），初次审议了道路交通安全条例、城市轨道交通管理条例、城市公共汽车客运管理条例，开展汽车租赁管理、殡葬管理立法调研，着力解决市民群众“出行难”、学龄儿童“入园难”“上学难”等民生问题，推动城市发展、民生改善。

2014年，南宁市政府制定了7件政府规章，分别是《南宁市餐厨垃圾管理办法》《南宁市烟花爆竹经营燃放管理规定》《南宁市房屋使用安全管理规定》《南宁市罚没财物、追回赃款赃物和查封、扣押物品管理办法》《南宁市控制吸烟规定》《南宁市建筑安装工程劳动保险费管理办法》《南宁市个人信用信息征集使用管理办法》。

在民族自治地方立法上，2014年，巴马瑶族自治县制定了《巴马瑶族自治县自治条例》，罗城仫佬族自治县制定了《罗城仫佬族自治县自治条例》，其他自治县没有自治条例、单行条例出台。

总体而言，广西2014年度地方立法与往年相比，从数量上说，没有大的变化；而在内

---

①参见《2014年南宁市人大常委会工作综述》，http：//www.gx.xinhuanet.com/dtzx/nanning/2015-02/03/c_1114235802.htm，访问时间：2015年2月17日。

容上看，省级法规和规章的内容更多体现在对环境保护和防止污染上，而民族自治地区则更多体现在对自治条例的制定和修改上，呈现一个不断发展、完善的状况。

（二）广西壮族自治区2014年度地方性法规发展状况

“保护生态环境，建设美丽广西”是2014年广西环保世纪行宣传活动的口号，也是广西全区活动的主题，同时也是2014年广西立法的重点和亮点都集中在环保和防止污染上面的主要原因。正因如此，广西区人大及其常委会在2014年制定或修改了《广西壮族自治区促进散装水泥发展和应用条例》《广西壮族自治区湿地保护条例》《广西壮族自治区实施〈中华人民共和国森林法〉办法》《广西壮族自治区实施〈中华人民共和国水土保持法〉办法》和《广西壮族自治区梧州骑楼文化街区保护条例》等地方性法规。

在对地方性法规的执行方面，广西壮族自治区特别重视已经制定并已经实施的法律，包括国家制定的法律法规和本地的法规规章。如对《中华人民共和国测绘法》和《广西壮族自治区测绘管理条例》就进行全面执法检查，并作出专门的报告的意见，提出相关的建议；[①]对刚出台的地方性法规都通过各种方式予以宣传、解释，扩大其影响力和增强其执行的效果；将拟制定的法规在网上公布，征求意见，并且人大的网页制作良好，让人一目了然，很容易查询到所需要的法规。

南宁市人大常委会2014年的立法工作，在保证立法质量的基础上，按照“突出重点、体现特色、急需先立、统筹兼顾”的原则，从南宁市的实际情况出发，进一步加强和改进立法工作。南宁市人大常委会制定了《南宁市城市供水节水条例》等地方性法规，对《南宁市养犬管理条例（草案）》进行立法论证，召开了《南宁市郁江流域水污染防治条例》新闻发布会，举办了《南宁市违法建设查处条例》颁布施行培训班。

（三）广西壮族自治区2014年度政府规章发展状况

2014年，广西壮族自治区人民政府共制定通过了10件政府规章。这些规章既有对上位法的细则规定，如《广西壮族自治区人口和计划生育管理办法》《广西壮族自治区高速公路管理办法》《广西壮族自治区火灾高危单位消防安全管理规定》和《广西壮族自治区新建住宅区供配电设施建设维护管理办法》等，更有根据本地实际制定的规章，如《广西壮族自治区药用野生植物资源保护办法》等，还有落实国家发展计划而制定的，关于设立和建设国际产业区的管理办法，即《中国—马来西亚钦州产业园区管理办法》。广西壮族自治区政府制定的规章涉及的范围十分广泛，内容众多。广西壮族自治区人民政府的地方和民族立法特色十分显著，环保意识明显，民生意识较强。

南宁市政府在2014年制定的7件政府规章，都是有关国计民生，也与整个广西深抓环境

①参见《对〈中华人民共和国测绘法〉和〈广西壮族自治区测绘管理条例〉执法检查报告的意见和建议》，http：//dhzt.gxrd.gov.cn/html/art145156.html，访问时间：2015年2月17日。

保护的政策相一致。据有关资料显示，目前南宁市区内餐饮企业网点和个体经营户数量为13 000多家，餐厨垃圾日产500多吨。餐厨垃圾是地沟油的主要来源，而地沟油对人体具有十分严重的损害和破坏作用，因此规范餐厨垃圾和地沟油是一件十分紧迫而重要的工作。《南宁市餐厨垃圾管理办法》对餐厨垃圾管理模式进行重大调整和规范，实行集中收运、定点处置、全程监管，将餐厨垃圾从产生源头、收运过程到后续处置全过程纳入行政监管范畴，确保食品安全和人体健康。《南宁市烟花爆竹经营燃放管理规定》是对旧规定的修订，新规定实施后，清明节、三月三将成为可以燃放爆竹的合法时间。为了消除安全隐患，国家和自治区均已设立烟花爆竹安全监管联席会议制度，联手掐住烟花爆竹经营和燃放工作的安全“引线”。南宁市也借修订规定之机建立起了相应的机制，明确安全生产监督管理部门应当会同同级公安、工商、质量监督等行政管理部门，建立烟花爆竹安全管理协调工作机制，打击非法生产、销售、储存、运输烟花爆竹等违法违规行为。《南宁市罚没财物、追回赃款赃物和查封、扣押物品管理办法》则更是南宁市的立法特色和亮点。

二、广西壮族自治区2014年度地方立法的特色和亮点

（一）地方人大立法的特色和亮点

2014年，广西壮族自治区在地方立法中有自身突出的特色和亮点。主要包括以下几个方面：

1．制度创新受到中央关注

由于人大工作充满政治性、法律性和程序性，人大要依法立法和履行其他职责。因此，人大制度本身的建设就显得至关重要。党的十八届三中全会提出推动人民代表大会制度与时俱进，推进人民代表大会制度理论和实践创新；十八届四中全会提出在全面推进依法治国中要发挥人大在立法工作中的主导作用。2014年，广西壮族自治区人大常委会就健全人大代表、立法、监督、决定等工作制度进行了积极探索和改革创新。这包括对新形势下的人大工作做了总体部署和安排，进一步明确了人大工作的任务和要求。自治区人大常委会党组通过了《关于加强和改进人大代表工作的意见》《关于健全立法起草论证协调审议机制的意见》《关于加强人大财经监督工作的意见》和自治区人大常委会第十一次会议审议通过了修订后的《自治区各级人大常委会讨论决定重大事项的规定》。这四个文件法规对人大代表工作机制、立法工作机制、监督工作机制、讨论决定重大事项制度等基本人大制度进行了规范。这些文件法规的出台和施行，为广西人大常委会更好地依法履职提供了规范，也有力地推动了广西人大工作与时俱进。这些推动制度创新的做法，得到全国人大的充分肯定，张德江委员长作出重要批示：广西加强人大工作的经验值得重视。全国人大常委会办公厅将广西人大推动人大制度创新的情况和四个文件法规全文刊发。

2. 适应经济社会和改革发展需要，完成一批立法项目

为了适应广西经济社会发展和全面深化改革需要，区人大和人大常委会相继完成一批立法项目。这包括：

（1）制定、修改或废止了一批法规。为推进广西的经济发展与生态环境保护，实现可持续发展，广西人大常委会制定了《广西壮族自治区湿地保护条例》《广西壮族自治区促进散装水泥发展和应用条例》，修改了《广西壮族自治区实施水土保持法办法》《广西壮族自治区实施森林法办法》，这将有力地推进广西的生态文明建设；为创新社会治理方式，广西人大常委会制定了《广西壮族自治区特种行业治安管理条例》《广西壮族自治区禁毒条例》，填补广西地方立法的空白；为加强民主政治建设，修改自治区各级人大常委会讨论决定重大事项的规定，使广西成为第一个通过立法落实中央关于健全人大讨论决定重大事项制度的省区，为广西各级人大常委会行使重大事项决定权提供了法规支撑。

（2）全面清理了地方性法规。2014年，广西人大常委会对自治区本级144件地方性法规和15件法规性决议、决定开展全面清理，重点清理了涉及行政审批、工商登记、限制非公经济发展等方面的内容，为有计划、分步骤地修改、废止不适应改革发展要求的法规打下良好基础。

（3）开展民族自治地方立法调研工作。2014年，广西壮族自治区人大及其常委加强了民族自治立法的调研工作，在调研的基础上，批准了《南宁市违法建设查处条例》《南宁市城市供水节水条例》和《罗城仫佬族自治县自治条例》《巴马瑶族自治县自治条例》等，为推动当地民族地区的改革和经济社会发展提供了强有力的支持和保障。

3. 针对具体问题立法，推进立法精细化

广西人大坚持制定法规能具体就尽量具体，能明确就尽量明确，尽可能科学严密地设计法律规范，确保法规立得住、行得通、真管用。如在制定《广西壮族自治区禁毒条例》过程中，常委会组成人员针对广西边境地区走私毒品犯罪活动猖獗、娱乐场所吸毒现象突出等问题，深入调研掌握全面情况，反复论证研究，提出有很强针对性的审议意见，补充细化法规草案相关内容。最后表决通过的《广西壮族自治区禁毒条例》条文从39条增加到63条，大大提高法规的可执行性、可操作性。在制定《广西壮族自治区湿地保护条例》过程中，针对法规专业性强的特点，组织多个部门开展立法专题调研，全面掌握我区湿地现状、类型、历史变迁以及湿地保护存在的突出问题，提出保护对策措施，形成10多万字的调研报告，为审议法规案提供了翔实的素材。在此基础上，修改完善法规案表述不够准确的条款，细化较为原则的规定，同时新增许多操作性较强的内容，使条文更加科学严谨。一年来，常委会召开立法论证会32次、座谈会86次，有3600多人次参加了立法调研。[①]

①参见《2015年广西壮族自治区人民代表大会常务委员会工作报告》，http：//dhzt.gxrd.gov.cn/subject/rdsc/article.php?id=147438，访问时间：2015年2月17日。

4. 完善立法工作机制，创新立法工作方式方法

一是着力发挥人大在立法工作中的主导作用。为此，广西人大积极开展法规立项论证工作，精心编制年度立法计划，科学确定提请审议时间，并做好立法规划、计划的督促落实。同时，加强与法规案起草单位沟通联系，及时掌握法规案起草进展以及起草中的重大问题和意见，督促和推动起草单位按时提请审议。对审议中遇到的分歧意见较大、影响立法进度的难点问题，加大征求意见、调查研究和沟通协调力度，确保制度设计科学，法规出台及时。广西人大常委会提前介入11件自治区本级法规和4件南宁市法规以及2件自治县自治条例前期调研论证等工作。

二是完善法规案审议工作机制。根据法规案的成熟程度和立法所调整社会关系的复杂程度，科学合理地安排法规案的审议次数和审议时间。在全年审议通过和批准的法规中，一次审议通过或批准的有3件，二次审议通过或批准的有8件，三次审议通过的有5件，切实增强了立法的及时性和有效性。

三是搭建科学立法新平台。首次与区内4所院校组建地方立法研究评估与咨询服务基地，聘请60名专家学者为立法专家顾问，制定有关工作规则，为高校和专家学者参与地方立法、发挥其智力支撑作用创造条件。

四是拓宽公民有序参与立法新途径。首次召开立法听证会，对广播电视管理条例草案有关收费项目等人民群众关注的热点问题，广泛听取社会各方面的意见和建议，为公民有序参与立法表达利益诉求开拓新的渠道。

五是加大代表参与立法工作的力度。邀请代表列席常委会会议，参加法规案审议。通过电子邮件、信函等多种形式向驻桂全国人大代表和自治区人大代表征求对法规案的意见和建议，全年共征求4650多人次的意见，研究吸纳建议520多条，邀请人大代表参与法规起草、调研、论证620多人次。

5. 发挥区域特色，地方特色明显

广西人大及其常委会在2014年制定的9件地方性法规，地方特色明显。广西人大常委会制定的这9件法规与环境保护和防治污染有关的占3件，占当年立法的33.3%；促进文化发展和遗产保护的立法1件，占当年立法的11.1%；国家立法的实施细则2件，占当年立法的22.2%。即其余的77.8%均是广西根据当地的情况所作的地方性立法。这说明，广西充分发挥了当地的立法资源和主动性，对当地需要且成熟的情况以地方性法规的形式固定了下来。这对当地的经济、文化、社会等方面的发展有着十分重要的意义。

特别要提出的是2014年5月30日，广西壮族自治区第十二届人民代表大会常务委员会第十次会议通过的《广西壮族自治区禁毒条例》。我们知道，广西处在我国的边境上，且面对的是毒品金三角，境外的制毒和贩毒活动十分猖獗，而境内的吸毒贩毒行为也十分普遍而严重。如果照此发展下去，后果更加严重。为此，广西出台了本地的禁毒条例，从而使广西的禁毒行为有了更加详细、明确的规范。

（二）地方政府立法的特色和亮点

2014年，广西地方政府规章的立法具有如下特色和亮点：

1. 加强改革创新制度建设

2014年，广西壮族自治区政府十分重视法治建设，特别注意坚持立法先行，抓住提高立法质量这个关键。这一年，区政府法制办完成立法审查工作、提请自治区人民政府常务会议审议的立法项目共17件，重点抓好促进经济发展、加强社会管理、保护弱势群体、维护和改善生态环境等方面急需制定或者修改的立法项目，注重发挥立法的引领和推动作用，保障区内各项重大改革于法有据。①

为落实自治区关于开展“美丽广西、清洁乡村”活动的重要部署，自治区人民政府审查了《广西壮族自治区乡村清洁条例》，加快实现自治区清洁环境、美化乡村、培育新风、造福群众的目标。为配合工商登记制度改革，在全国率先出台《广西壮族自治区企业住所和经营场所登记管理办法》。这些地方性法规、政府规章，更好地体现了客观规律、反映了人民群众的根本利益。②

同时，政府相关部门继续完善政府立法公众有序参与机制，通过多种形式集中民智，反映民意，有效扩大政府立法工作的透明度和公众参与度。2014年4月10日，自治区法制办邀请业主代表、创业者代表、企业代表、物业公司代表、人大代表、政协委员、机关后勤代表及法律专家代表参加《广西壮族自治区企业住所和经营场所登记管理办法》立法意见听取会，以便让政府相关部门了解社会各个利益群体的诉求，增强法律制度的针对性和操作性，使政府立法更能体现群众意愿，提高了政府立法质量。③

2. 加强与周边国家合作，进行制度创新

广西地处中国的西南边陲，与东南亚国家有密切联系。因此，国家很关注广西与周边国家发展更多的经贸和文化关系。习近平总书记也专门谈及打造中国和马来西亚两国投资合作旗舰项目。为此，广西区政府审查并通过了《中国—马来西亚钦州产业园区管理办法》（以下简称《办法》），为打造自治区级改革创新先行区，建设中国—东盟产城一体化生态新城作出了明确规定。

《办法》共27条，于2015年1月1日起正式实施。《办法》第五条规定：“产业园区坚持体制创新、先行先试、国际接轨、高度开放的原则，全方位推进开发建设运营和管理体制的改革创新。”

中马钦州产业园区的建设将意味着一系列的制度创新。随着管理体制、财税体制、

①参见《2014年自治区法制办工作亮点回顾》，http：//www.pagx.cn/html/2015/payw_0119/29359.html，访问时间：2015年3月10日。

②同上。

③同上。

金融、服务、科技、人才等领域鼓励体制的创新和先试先行，广西可以打造一个优秀的自治区级改革创新先行区，并将该产业园区建设成为中国—马来西亚投资合作旗舰项目和中国—东盟合作示范园区。

3．确定“民俗假日”，保护民族特色文化

我国《全国年节及纪念日放假办法》第四条规定：“少数民族习惯的节日，由各少数民族聚居地区的地方人民政府，按照各民族习惯，规定放假日期。”广西壮族自治区以此为法律依据，并结合其自身实际，制定了《广西壮族自治区少数民族习惯节日放假办法》，规定：“‘壮族三月三’是本自治区少数民族习惯节日，本自治区内全体公民放假2天，具体放假时间另行通知。”同时，广西还参考借鉴了西藏、宁夏、新疆等3个自治区人大常委会或人民政府对当地民族节日放假的规定：如新疆维吾尔自治区有“肉孜节”放假1天、“古尔邦节”调休约5天的放假规定；西藏自治区人大常委会在2009年确定了“藏历新年”“雪顿节”均放假7天的规定；宁夏回族自治区也在2012年分别发布通知，明确在“开斋节”“古尔邦节”放假日期均为4天的规定。

“农历三月三”是广西的歌圩节，其不仅是壮族的重要节日，也是汉、瑶、苗、侗、毛南等世居民族的重要节日。特别是在壮族地区，每到农历三月三这一天，壮族男女像赶圩一样会聚在山坡上对唱山歌，抒发情感；一些地方的群众用唱山歌的形式宣传党的政策，宣传科普知识等。“三月三”放假对于广西的意义，不仅仅是让公民得到休息、唤醒民族节日，同时也体现了政府对民族传统文化传承的重视。歌圩、庙会和民族旅游业，是广西“三月三”最富特色的活动，活动在开展过程中势必吸引全国各地的商家参与，这对当地的假日经济发展有很大的促进和推动作用，有利于打造民族文化品牌，带动广西民族文化特色旅游的发展契机，繁荣和发展民族经济。

4．民族和地方特色明显

在2014年广西区政府制定的规章中，地方及民族特色是十分明显的。除了《中国—马来西亚钦州产业园区管理办法》外，《广西壮族自治区传统工艺美术保护办法》《广西壮族自治区少数民族习惯节日放假办法》《广西壮族自治区灵渠保护办法》等规定也完全是地方特色、民族特色十分明显的，正在审议中的《广西壮族自治区盘阳河流域生态环境保护条例》等也是这种地方和民族特色显著的规章的代表之一。

三、广西壮族自治区2014年度地方立法的不足与未来展望

（一）广西壮族自治区2014年度地方立法的不足

广西壮族自治区地方立法在2014年度尽管取得了不错的成绩，但也仍然存在一些不足和差距，正如2015年《广西壮族自治区人民代表大会常务委员会工作报告》中指出的：“我区立法工作还存在不能完全适应改革发展的要求，针对性、可操作性不够强，质量不

够高等问题。”这些不足和差距也将促使广西壮族自治区地方立法机关在以后的工作中要不断改进工作方式，提高立法质量和水平。存在的不足主要有：

1. 广西人大的立法其实全部由广西人大常委会完成

2014年，广西的地方性法规的制定和修改工作全部由广西人大常委会完成。这虽然属于各省的通常状况，但这种状态本身并不正常。在全省具有重大意义的事项，宜由省（区）人民代表大会本身制定或修改，而不是全部交由人大常委会来完成所有的立法任务。这既与人大的法律地位不符，也不利于人大机构和机制的建设与法律本身的严肃性。

2. 广西的立法工作与广西全面深化改革、全面推进广西法治建设的要求还不完全适应

从地方性法规的制定、修改和废止来看，从数量和质量上看，都有进一步提升的空间。

3. 人大行使的监督工作实效与人民群众的期盼还有一定的差距

我国的人民代表大会的职能之一是行使监督权，但监督的范围和内容广泛，且有时还具有较强的专业性，为此，既需要人大的责任感，更需要人大代表和机构的学习与提高，以适应不断发展的社会、经济和文化等需要。社会的发展变化，使人们不断产生新的需要，也对旧的需要有所转变，为此，监督机构需要对社会有更多的关注，与时俱进，不断满足人们的物质和文化发展的需要。

4. 人大代表的工作还需要进一步深化和拓展

人大代表，代表人民。而人民的各方面需求是不断发展变化的，这就要求人大代表对此要加以高度关注，并在人大的立法、监督等行为中加以体现和实现。

（二）广西壮族自治区地方立法的未来展望

2015年是我国全面深化改革的关键之年，也是全面推进广西法治建设的开局之年，是全面完成广西“十二五”规划的收官之年。在新的一年里，广西的地方立法要努力做到以下几个方面：

1. 充分利用民族自治地方优势，多立法，立好法

无论从广西整个区的情况看，还是从南宁或其他民族自治州、自治县的情况看，都要加强立法，充分利用民族自治地方的优势和资源，充分发挥立法的引领、推动和保障作用，发挥人大在立法工作中的主导作用，为本地的经济、文化和社会的发展服务。

2. 坚持立改废并举，加强重点领域立法

我国改革开放的发展速度很快，国际政治、经济等形势日新月异，科技的发展更是让人目不暇接，立法的发展要与时俱进。如果说改革开放之初是立法为重点，那么，现在则是立、改、废均不能偏颇，更要加强重点领域的立法。这样才能将立法的资源配置到最佳。为此，广西壮族自治区人大常委会已经作出立法规划，需要逐步落实。

3. 继续加强对社会热点问题的立法回应

各地的社会热点不完全相同，广西还要尽可能地对当地的社会民生和热点问题更加关注，并在立法上作出回应。只有制定出具有针对性的法律，其法律本身才具有活力和生命力，也才能够得到全体社会成员的一致遵行。

4. 加强立法评估工作

立法是一项重要的国家权力，作为地方立法机关，对制定的法规和规章作出事先和事后的评估也是必须的。虽然广西也如全国其他地方一样，对立法开始了评估，但毕竟是刚起步，由于人才，甚至资金的约束，立法评估工作的开展需要付出更大的努力。而这种评估，既包括预评估，也包括立法后评估。无论哪项，均是耗时耗力且专业性、技术性非常强的活动，需要做好充分的思想和物质准备。

5. 落实好设区的市依法行使地方立法权

2015年立法工作一件大事，就是国家将以法律的形式授予设区的市行使地方立法权。自治区常委会将根据有关法律的规定，研究制定设区的市行使地方立法权的具体条件、标准以及实施办法，举办立法培训班，并帮助指导各设区的市人大常委会做好机构设立、人员配备、制度建设等相关工作。

6. 加强立法高层次人才培养和引进，注重立法技术

由于立法工作的重要性，也由于立法本身具有很强的专业性和技术性，尽管立法的内容非常重要，但立法技术也是不可或缺的。广西总体的立法数量较少，与当地立法人才的缺失或许有相当的关系。为此，最简单、直接的办法是对当地的立法人员及拟从事立法的人员，包括人大代表进行轮训，提高他们的整体立法能力和水平。同时也可以适当引进一些外地人才，甚至可以借用其他地方的立法人才。

第二十二章　海南省2014年度立法发展报告

袁文峰[①]

摘　要：海南省是我国最大的经济特区，建设国际旅游岛是海南省的发展战略，在以上双层背景下，海南省的地方立法凸显了其特色。2014年，海南省两次运用经济特区立法权制定了地方性法规，运用经济特区立法权的结果是变通了上位法的规定，往往是创新性制度出台的地方。整体来说，本年度，海南省地方立法呈现出省级立法活跃，人大比政府活跃的态势。

关键词：海南省　立法发展报告　制度创新　经济特区立法权

一、海南省2014年度立法发展状况

（一）海南省2014年度立法状况总体评述

海南省共有省人大、省政府两个省级立法主体，海口市人大、市政府两个地级市立法主体，昌江黎族自治县、乐东黎族自治县、白沙黎族自治县、陵水黎族自治县、保亭黎族苗族自治县和琼中黎族苗族自治县六个民族自治地方立法主体。

2014年，海南省人大及其常委会制定了《海南省人民代表大会常务委员会联系省人民代表大会代表办法》《海南省养老机构管理条例》《海南省人民代表大会常务委员会关于在海南经济特区停止实施部分行政审批的决定》《海南省企业民主管理条例》等4件地方性法规，修改了《海南经济特区土地管理条例》《海南省人民代表大会议事规则》《海南省法律援助规定》《海南省人口与计划生育条例》《海南经济特区林地管理条例》《海南省邮政条例》《海南省实施〈中华人民共和国道路交通安全法〉办法》《海南省旅游条例》《海南省自然保护区条例》《海南经济特区企业法人登记管理条例》《海南省实施〈中华人民共和国教师法〉办法》等11件地方性法规。也就是说，2014年海南省人大及其常委会共出台了15件新法规。

①袁文峰，法学博士，惠州学院政法系副教授。研究方向：行政法学。

从数量上看，海南省地方性法规的制定是高效的，而且以修订以往法规为主。其中，在审议通过的《海南经济特区企业法人登记管理条例》《海南省人民代表大会常务委员会关于停止实施部分行政审批的决定》和《海南省旅游条例》中行使了经济特区立法权。

2014年，海南省人民政府颁布了《海南省节能监察暂行办法》《海南省财政国库集中支付管理办法》《海南省旅游安全管理规定》《海南省机关事务管理办法》《海南省气象台站探测环境保护规定》《海南省城镇从业人员基本养老保险条例实施细则》等6件规章。

海口市人大常委会制定、修改了《海口市消防条例》《海口市房屋安全管理条例》《海口市人民代表大会常务委员会关于加强东寨港红树林湿地保护管理的决定》《海口市地方性法规立项工作规程》《海口市消防条例》《海口市社区居民委员会服务场所建设保障办法》等6件地方性法规。

海口市政府制定了《海口市全民义务植树实施办法》《海口市人民政府关于取消免征搁置部分行政事业性收费项目的决定》《海口市人民政府关于下放行政管理事项的决定》共3件政府规章。

民族自治立法方面，昌江黎族自治县制定了《昌江黎族自治县农田水利基础设施管理保护条例》、白沙黎族自治县制定了《白沙黎族自治县特定林木保护管理条例》共2件单行条例，其他四个自治县无自治条例或单行条例出台。

综观海南省2014年度地方立法，呈现出省级立法活跃，人大比政府活跃的态势。省人大及其常务委员会结合地方实际，运用经济特区立法权创立了一些新制度，使海南成为该制度先行先试的地区。

（二）海南省2014年度地方性法规发展状况

2014年，海南省人大常委会围绕海南省委推动海南全面深化改革和建设国际旅游岛的部署，根据立法工作计划，主要落实五个方面的立法：（1）深化改革，增创体制活力方面的立法。先行试验区制定开放和建设的《海南国际旅游岛先行试验区条例》，制定《海南省农村承包土地流转条例》，修订《企业法人登记管理条例》《海南省促进科学技术进步条例》《海南省邮政条例》等。（2）在建设国际旅游岛目标下，促进旅游业发展、升级的法律。如修订《海南省旅游条例》和《旅行社管理规定》，制定旅游新业态的《海南经济特区自驾租赁车管理条例》。（3）涉及民生和社会稳定的法制建设。如修订《海南省人口与计划生育条例》，制定《海南省养老机构管理条例》等。（4）建设生态文明的法律机制。研究制定《海南中部生态核心区保护管理条例》，制定《海南省生态补偿条例》，修订《海南经济特区林地管理条例》《海南省自然保护区管理条例》《海南省松涛水库生态环境保护规定》。（5）进一步实施“海洋强省”战略方面的法规。准备修订《海南省实施〈海域使用法〉办法》，研究后准备制定《海南省水产种苗管理条例》等。为了进一步提高立法质量，省人大转变思维方式，善于运用特区立法权攻克实践中的难题。为了实现民主立法、开门立法，省人大常委会践行立法群众路线，运用立法中评估、法规草案公开征求意见、立法听证等形式，完善了人大代表、专家学者、公众参与立法机制。尽量确保制度的每一项“可执行、易操作、真管用”。法规起草中积极探索新的渠道，如邀请专家学者、科研机构、大专院校起草。发挥常委会的主导作用和组织协调能力，完善制定法规的工作流程。①

2013年12月，海口市人大法制委召开了2014年立法计划项目论证会，市人大法制委部分委员、常委会部分立法咨询专家等相关专家参加，会议拟定《海口市城市社区居委会办公场所建设保障办法》《海口市查处违法建筑若干规定》《海口市消防条例》（修改）、《海口市机动车排气污染防治办法》（修改）、《海口市房屋租赁管理办法》（修改）等6件为建议审议项目，计划调研项目为11件，例如，《海口市乡村旅游促进与管理办法》《海口市政府投资项目审计监督条例》《海口市政府债务管理办法》《海口市处置闲置土地若干规定》等。另外，涉及社会管理类的有《海口市城市管理综合执法条例》《海口市水利工程管理办法》；民生类的有《海口市肉类蔬菜流通追溯管理办法》《海口市燃气管理条例》（修正）；生态环境类的有《海口市湿地保护管理规定》；教育卫生类的有《海口市公共场所控制吸烟规定》《海口市中小学幼儿园用地规划和保护办法》。②虽然海口市人大2014年出台了6件地方性法规，但这6件与计划中的拟定法规不完全一致，其中《海口市房屋安全管理条例》《海口市人民代表大会常务委员会关于加强东寨港红树林湿地保护管理的决定》《海口市地方性法规立项工作规程》等3件为计划外项目。立法计划的修改和执行不可谓不大。

（三）海南省2014年度地方政府规章发展状况

2014年2月28日，海南省人民政府发布了《2014年立法计划》。拟制定省府规章8件，这些规章分别是《海南省城镇从业人员基本养老保险条例实施细则》（修订）、《海南省气象台站探测环境保护规定》（修订）、《海南省社会消防组织建设管理规定》《海南省潜水业管理规定》《海南省机关事务管理办法》《海南省企业国有产权转让管理若干规定》（修订）、《海南省会计集中核算管理办法》《海南省旅游安全管理规定》。研究起草、条件成熟时，适时提出的法规、省政府规章项目共54件。实际上，海南省人民政府最后制定规章为6件，《海南省节能监察暂行办法》《海南省财政国库集中支付管理办法》是计划外制定出来的2件规章。

2014年度，海口市政府规章制定围绕“城市管理年”活动，以生态环境综合整治、道路交通秩序、保障社区网格化管理、治理违法建筑等工作为重点。以民主性、科学性、系

①杜颖：《以立法引领推动保障国际旅游岛建设——访省人大常委会副主任、省人大法制委员会主任委员毕志强》，载《海南日报》2014年2月7日。

②钱华：《海口市人大法制委召开2014年立法计划项目论证会》，http：//www.hainanpc.net/hainanrenda/699/55737.html，访问时间：2015年3月10日。

统性、可行性及包容性的统一为努力方向，制定了《海口市全民义务植树实施办法》《海口市人民政府关于取消免征搁置部分行政事业性收费项目的决定》《海口市人民政府关于下放行政管理事项的决定》共3件政府规章。

二、海南省2014年度地方立法的特色和亮点

（一）地方人大立法中的特色和亮点

2014年，海南省人大常委会特别重视经济特区立法权，立法中先行先试，引领特区某些制度创新，为建设国际旅游岛提供法制支持。人大立法中的特色和亮点具体表现为：

1．前沿立法，超越滞后

1993年，海南省率先以"直接登记制"为主导，进行了企业法人登记制度的改革。2014年9月，省人大常委会修订了《海南经济特区企业法人登记管理条例》，但在实施过程中出现回潮反复，部分行业又恢复了"先证后照"的登记制度。这次修订的主要内容是："先照后证"降低市场准入门槛，实行注册资本认缴制，放宽了住所登记条件以及让失信者"一处违法处处受限"的信用约束机制。

2．利用经济特区立法权，围绕建设国际旅游岛进行立法完善

《海南经济特区企业法人登记管理条例》运用了特区立法权，规定前置性行政许可事项由省政府确定和调整，并以省政府令形式公布（第三条）。保障"先照后证"制度的实施。

《海南省人民代表大会常务委员会关于停止实施部分行政审批的决定》停止了实施法律、行政法规规定的24项行政审批，这是海南省人大第二次运用特区立法权停止实施行政审批事项。2013年11月29日，海南省五届人大常委会第五次会议第一次运用特区立法权停止实施11项行政审批事项，这是国内首次运用特区立法权停止实施法律、行政法规规定的行政审批。[①]

2014年7月1日起施行的《海南经济特区林地管理条例》将"青山绿水、碧海蓝天"视为海南省建设国际旅游岛的根本，划下一道生态保护的生命线。该条例实施后，将由海南省省级林业主管部门行使占用征收林地审核审批权。同时，增加了征占用林地预审的程序规定等内容。

3．重视立法调研、立法民主及借鉴其他省市经验

《海口市地方性法规立项工作规程》（2014年8月26日海口市第十五届人民代表大会常务委员会第五十五次主任会议通过）第十三条规定："常委会法制工作机构除依照前款规定定向征集立法建议项目外，还可以通过《海口人大》网站或者《海口晚报》等报刊向社会公开征集立法建议项目。常委会法制工作机构征集立法建议项目的函件和公告以市人大

---

①赵志东：《立法跟进的一次重大尝试——写在〈海南省人大常委会关于停止实施部分行政审批的决定〉通过之际》，载《海南人大》2013年第12期。

常委会办公厅的名义发送或者发布，征集时间不少于一个月。”

为了起草《海口市社区居民委员会服务场所建设保障办法》（以下简称《办法》），海口市民政局根据海口市人大的立法计划组织成立了起草小组，组织人员在本区域内进行立法调研和考察社区居委会服务场所管理情况。同时，还奔赴西安、成都等地市进行考察，借鉴他们的成功经验。2013年6月，起草小组在借鉴外省市社区居委会服务场所建设的基础上，结合海口市实际情况，在征求了其他部门、各区政府的意见后，起草了法规初稿。修改后以草案形式提请海口市政府审议。海口市政府于2014年3月28日向人大常委会提请审议，随后，常委会法工委和市人大法制委员会联合组织召开座谈会、实地调研、论证会等活动，广泛征求各单位、各部门、社会各界和专家的意见。在综合各方意见的基础上拟定了草案修改稿。2014年10月30日，市人大常委会审议、表决通过了该《办法》。《办法》于2014年11月26日获得海南省人大常委会的批准。①《海口市消防条例》也遵循了这种立法程序。②《海口市房屋安全管理条例》（以下简称《条例》）在立法过程中同样发扬了这种精神，《条例》由市住建局委托海南大学法学院起草初稿。双方具体、深入地研究了相关法律法规，以房屋安全管理、立法情况为主题对海口市及无锡、南京、成都、西安等城市展开了调研，形成了草案初稿。初稿在海口市政府常务会议上审议通过，会议决定提交市人大常委会审议。审议后，常委会法工委及市人大法制委员会以草案公布、论证会、座谈会、实地调研等形式征求各单位、各部门、社会各界和专家的意见，完成了草案修改稿。2014年6月26日，海口市人大常委会审议、表决通过了《条例》。2014年7月30日，海南省人大常委会批准了条例。③

作为重新制定的新法规，《海南省人民代表大会常务委员会关于联系省人民代表大会代表办法（草案）》〔以下简称《办法（草案）》〕由海南省人大常委会办公厅负责起草。办公厅在认真调研的基础上，结合代表工作的经验和实践，完成了《办法（草案）》初稿。初稿在办公厅内部、常委会主任会议成员、省人大常委会委员、部分省人大代表、省人大常委会有关部门讨论并提出意见和建议，最终形成了《办法（草案）》。④

为充分发扬立法民主，调动公民参与立法的积极性，海南省人大常委会决定将《海南

---

①《〈海口市社区居民委员会服务场所建设保障办法〉解读》，http：//www.hainan.gov.cn/data/law/2014/12/1963/，访问时间：2015年2月10日。

②《海口市人大常委会法制工作委员会、市公安消防支队负责人就〈海口市消防条例〉答记者问》，http：//www.haikou.gov.cn/spcsc/lfdt/lfdt/201408/t20140824_784852.html，访问时间：2015年2月10日。

③《海口市人大常委会法制工作委员会、市住房和城乡建设局负责人就〈海口市房屋安全管理条例〉答记者问》，http：//www.haikou.gov.cn/spcsc/lfdt/zxlfbd/201408/t20140820_784374.html，访问时间：2015年2月10日。

④《关于〈海南省人民代表大会常务委员会关于联系省人民代表大会代表办法（草案）〉的说明》，http：//www.hainanpc.net/eap/446.news.detail?news_id=38352，访问时间：2015年2月10日。

省实施〈中华人民共和国教师法〉办法（修订草案）》通过南海网、海南人大网、海南省政府网等网站全文公布，征求各界意见和建议。意见和建议可以直接通过网络平台提出，也可以将书面观点寄送至省人大常委会法制工作委员会。[①]

4. 注意立法的弹性、公平

针对海南省部分自然保护区总体规划编制滞后的问题，《海南省自然保护区管理条例》第五十四条专门设定了过渡性规定，即，条例施行前已经设立的省级和市县级自然保护区尚未编制总体规划的，应当自条例施行之日起一年内完成规划编制。

修改后的《海南省邮政条例》规定，市、县、自治县政府应指导村民委员会确定村邮站的场所和村邮员。提供农村邮政普遍服务是通过政府购买服务的方式，政府应加强全过程的跟踪监督和检查验收。包括村邮站日常运行维护费在内，所需资金纳入财政预算。

《海南省实施〈中华人民共和国教师法〉办法》不少条款倾向对偏远弱势地区的支持，如规定需具备一年以上在农村学校或者薄弱学校任教的城镇中小学教师才可评聘高级职务（职称）。将每月300元的艰苦边远地区教师生活补贴也纳入法条之中。另外，还要求教师在公办、民办学校之间流动。

《海南省养老机构管理条例》规定农村“五保户”、城镇“三无”老人等属于国家特困人员供养范围内的老人免费入住公办养老机构，可由政府出资购买服务。

5. 注意开展法规修订工作

2014年1月17日，海南省五届人大常委会第六次会议表决通过《海南省实施〈中华人民共和国道路交通安全法〉办法》，并于2014年3月1日起实施。同时，废止2006年7月实施的《海南省道路交通安全违法行为处罚规定》。

为执行国家“单独二孩”的政策，2014年5月30日，海南省人大常务委员会全票通过了《关于修改〈海南省人口与计划生育条例〉的决定》，将《海南省人口与计划生育条例》第十六条第二款第五项城镇居民“夫妻双方一方为独生子、一方为独生女的，可以生育两个孩子”修改为“夫妻一方或者双方是独生子女，只生育一个子女的”。

2004年8月6日，海南省五届人大常委会第十次会议表决通过《关于修改〈海南省旅游条例〉的决定》，新修改的《海南省旅游条例》于11月1日起实施。

为解决旧《海口市消防条例》（1996年1月23日公布施行，2010年11月25日修订）制度不健全、责任不明确、监管不到位、措施不落实等机制性、体制性等问题，省人大常委会于2014年7月30日批准通过了新修定的《海口市消防条例》。新条例于2014年10月1日起生效。

6. 数据立法与立法前评估

在通过《关于修改〈海南省人口与计划生育条例〉的决定》前，为了理清实施“单独二孩”政策的调查测算和风险评估，海南省人口和计划生育委员会进行了数据调查和

①参见李晓梅：《海南修订实施〈中华人民共和国教师法〉办法征求意见》，http：//www.hq.xinhuanet.com/hngov/2014-05/06/c_1110547956.htm，访问时间：2015年2月10日。

预测。该省符合单独政策已经生育一个小孩的城镇居民夫妇共9627对，实施“单独”政策后，全省将每年多增约3000人，出生率和自然增长率各提高0.3个千分点。预计生育风险可控，在政策稳定、工作继续的情况下，仍可以保持低生育水平，本阶段的人口总量控制目标可以达到，新增人口对海南的教育、经济、就业、社会等基本公共服务压力不会过大。[①]

7．立法回应热点问题

《海南省实施〈中华人民共和国教师法〉办法》规定：“完善师德考核制度，把师德表现作为教师资格定期注册、岗位聘用、考核、职务评聘、表彰奖励的首要内容，对教师实行师德表现一票否决制。”规定直指近年教师队伍中出现的骚扰猥亵学生、索要财物、推销产品等热点问题，类似的12种行为在其他条款中进一步进行了规范。

《海南省养老机构管理条例》除了回应社会保障和公平问题外，回应的另一个热点是，2010年以来，海南以其气候吸引了大批老年人度假养老，这一现象对海南的养老服务带来了压力和高要求。

《海南省实施〈中华人民共和国道路交通安全法〉办法》则为了应对日益增长的电动车、机动车保有量。《海南省旅游安全管理规定》除了配合国际旅游岛的建设，也填补了海南省旅游安全方面专项地方立法的空白。

针对非公有制企事业单位民主管理中无法可依的问题，海南省人大常委会制定了《海南省企业民主管理条例》。打破企业公私性别限制，鼓励非公有制企业建立职工代表大会，让广大职工积极参与企业管理和监督。

（二）地方政府立法中的特色和亮点

1．立法有计划、按部就班

在2014年2月20日，海南省政府召开了第六届十七次常务会议，审议通过了《海南省人民政府2014年立法计划》，计划中拟制定8件省政府规章，拟提请省人大常委会审议的地方法规草案11件。准备研究起草、在条件成熟时再提出的省人大法规、省政府规章项目一共54件。在后续的立法中，基本遵循了年初的立法计划。

2．认真执行规章定期清理制度

海口市政府严格执行规章有效期制度，清理的时间为：规章每隔5年，规范性文件每隔2年。规章的定期清理，有效地维护了法制的统一。

---

①《坚持计划生育基本国策　依法实施“单独两孩”政策——〈海南省人民代表大会常务委员会关于修改《海南省人口与计划生育条例》的决定〉解读》，http：//www.hainan.gov.cn/data/hnzb/2014/06/2997/，访问时间：2015年2月10日。

三、海南省2014年度地方立法的不足与未来展望

（一）海南省2014年度地方立法的不足

2014年，海南省地方立法虽然取得了不错的成绩，但存在一些不足。这些不足之处是今后海南省立法过程中需要完善和改进的地方。存在的不足主要有：

1．立法中的行政主导特征明显

下表是《海南省人民政府2014年立法计划》中省政府计划提请省人大立法的事项。

拟提请省人大常委会审议的法规草案（11件）

序号	项目名称	起草单位	送省法制办审查时间	报省政府审议时间	提请省人大常委会审议时间
1	《海南省邮政条例》（修订）	省邮政管理局	（已报送）	（2014年1月已审议通过）	（2014年1月已报送）
2	《海南省人口与计划生育条例》（修订）	省人口计生委	1月	2月	3月
3	《海南省养老机构管理条例》	省民政厅	1月	2月	3月
4	《海南经济特区林地管理条例》（修订）	省林业厅	2月	3月上旬	3月
5	《海南省自然保护区管理条例》（修订）	省国土环境资源厅	2月	4月	5月
6	《海南经济特区自驾租赁车管理规定》	省交通运输厅	2月	4月	5月
7	《海南省实施〈中华人民共和国教师法〉办法》（修订）	省教育厅	2月	4月	5月
8	《海南省旅游条例》（修订）	省旅游委	4月	6月	7月
9	《海南经济特区企业法人登记管理条例》（修订）	省工商局	4月	6月	7月
10	《海南经济特区农村承包土地流转条例》	省农业厅	4月	6月	7月
11	《海南省生态补偿条例》	省国土环境资源厅	6月	8月	9月

对比2014年海南省人大常委会制定的14件地方性法规，除《海南经济特区自驾租赁车管理规定》《海南经济特区农村承包土地流转条例》《海南省生态补偿条例》3件在2014年省人大还没有出台外，其他8件均已采纳。14件法规中，2件非省政府提议的涉及省人大工作中程序性的事项，采纳比例已经是非常高了。也就是说，省法规的制定受到省政府的影响比较大，至少在法案启动上受省政府的主导。

2．立法计划草案的编制过程有待进一步开放

为编制好《海口市人大常委会2014年立法计划》，2013年10月上旬海口市人大常委会办公厅向市直属机关各部门、各区人大常委会、各人民团体征集了21件立法建议项目。2013年12月，市人大常委会法制工委邀请了各工委主任、常委会立法咨询专家、法制委委员以及政府法制局负责人举行了意见项目论证会。[①]计划编制在人大和政府范围内进行，而没有社会力量的参与。

3．立法内容有照搬国家立法的现象

2014年底，海南省修订了《海南省旅游条例》，于11月1日正式实施。省旅游委有关官员坦言，新修订的旅游条例仅仅照搬《中华人民共和国旅游法》，而没有对旅游购物等方面进行细化规范。[②]

（二）海南省地方立法的未来展望

1．继续创新立法

2011年，根据中共海南省委、省政府出台的《关于海南国际旅游岛先行试验区管理体制与运行机制若干问题的决定》，海南国际旅游岛先行试验区于陵水黎安片区设立。国际旅游岛先行试验区管理委员会属于海南省政府派出机构，权限由省政府授予和委托。类似这样的创新在立法领域于海南省也不少，前面也已经介绍了2014年在创新立法方面的制度，预计今后海南省将在创新立法上继续突破。

2．大胆运用经济特区立法权

前面介绍了运用特区立法权的法规有《海南经济特区企业法人登记管理条例》《海南省人民代表大会常务委员会关于停止实施部分行政审批的决定》2件，这都是运用经济特区立法权，根据授权对上位法作出的变通规定。一年中有2件法规，数量不可谓不少。因此，笔者也预计今后海南省将继续大胆运用经济特区立法权进行地方立法。

3．继续围绕国际旅游岛建设进行立法

国际旅游岛是海南省的发展战略，为了配合这一战略，2014年海南省出台了有关旅游安全、旅游生态保护和建设、养老机构管理等方面的法规和规章，修改了《海南省旅游条例》。同年初，《海南国际旅游岛先行试验区条例》已经列入海南省人大立法计划，目前在酝酿之中。在旅游业成为海南省的支柱产业的背景下，相信围绕国际旅游岛建设进行立法仍然是海南省立法的重要内容。

---

①《关于〈海口市人大常委会2014年立法计划〉的说明》，http：//www.haikou.gov.cn/spcsc/lfdt/ndlfjh/201401/t20140121_637363.html，访问时间：2015年2月10日。

②王辛莉：《海南新修订旅游条例实施 业界期待严格执法》，http：//www.chinadaily.com.cn/dfpd/hain/2014-11/02/content_18845845.htm，访问时间：2015年2月10日。

第六编　西南地区立法报告

第二十三章　四川省2014年度立法发展报告

杨　斐[①]

摘　要：2014年，四川省各级立法主体制定、修改和废止了包括《四川省政府投资建设项目审计条例》《四川省规范行政执法裁量权规定》《四川省渔船渔港管理办法》《四川省科学技术奖励办法》和《成都市规范行政执法自由裁量权实施办法》等几十项地方性法规规章，内容涉及广泛，既是对上位法的具体实施，也具地方特色。

关键词：四川省　立法发展报告

一、四川省2014年度立法发展状况

（一）四川省2014年度立法状况总体评述

四川省共有省人大、省政府两个省级立法主体，有成都市一个省会城市立法主体，甘孜藏族自治州、阿坝藏族羌族自治州和凉山彝族自治州三个民族自治地方立法主体。

2014年，四川省人大常委会在中共四川省委的领导下，认真贯彻落实党的十八届三中、四中全会精神，充分发挥地方国家权力机关在推进依法治省中的重要作用，作出了《四川省关于深入推进依法治省的决议》。2014年，四川省人大常委会共制定、修改地方性法规14件，批准成都市地方性法规和民族自治地方自治条例、单行条例10件。

2014年，四川省人大及其常委会共制定、修改了14件地方性法规。分别制定了《四川省政府投资建设项目审计条例》《四川省国有土地上房屋征收与补偿条例》《四川省电力设施保护和供用电秩序维护条例》《四川省野生植物保护条例》《四川省〈中华人民共和国动物防疫法〉实施办法》《四川省〈中华人民共和国义务教育法〉实施办法》，修

①杨斐，法学博士，广东外语外贸大学法学院教授，硕士生导师。研究方向：国际经济法、法理学。

改《四川省道路运输条例》《四川省盐业管理条例》《四川省人口与计划生育条例》《四川省法律援助条例》《四川省〈中华人民共和国文物保护法〉实施办法》《四川省〈中华人民共和国节约能源法〉实施办法》《四川省〈全国人民代表大会和地方各级人民代表大会代表法〉实施办法》《四川省广播电视管理条例》等。批准了《成都市非机动车管理条例》《成都市饮用水水源保护条例》《成都市烟花爆竹燃放管理规定》《成都市地名管理条例》《甘孜藏族自治州突发事件应对条例》《阿坝藏族羌族自治州自治条例》《阿坝藏族羌族自治州风景名胜区条例》《阿坝藏族羌族自治州野生动物植物保护条例》《北川羌族自治县城市管理综合行政执法条例》和《北川羌族自治县矿产资源管理条例》等法规和自治条例、单行条例。

2014年，四川省人民政府深入推进政府自身建设，认真实施依法治省纲要，坚持依法行政。提请省人大常委会审议地方性法规草案10件，制定政府规章12件。

四川省人民政府在2014年制定、修改了9件政府规章，分别是《四川省科学技术奖励办法》《四川省规范行政执法裁量权规定》《四川省流动人口信息登记办法》《四川省机关事务管理办法》《四川省〈中华人民共和国抗旱条例〉实施办法》《四川省消防规划管理规定》《四川省国家档案馆管理办法》《四川省气候资源开发利用和保护办法》《四川省社会救助实施办法》，废止了3件政府规章，分别是《四川省旅游景区景点讲解人员管理办法》《四川省营业性演出管理办法》《四川省〈饲料和饲料添加剂管理条例〉实施办法》。

在地方性法规制定上，成都市人大常委会坚持从成都实际出发，适应全市改革发展需要，加强和改进立法工作，推动依法治市。一年来制定、修改法规4件，废止5件，作出法规解释1件，进入审议程序2件，对14件立法项目进行前期调研，实施立法后评估1件。成都市人大及其常委会在2014年制定、修改的法规分别是《成都市饮用水水源保护条例》（修订）、《成都市地名管理条例》《成都市非机动车管理条例》和《成都市烟花爆竹燃放管理规定》（修订）。

2014年成都市人民政府共制定3件政府规章，分别是《成都市医疗纠纷预防与处置办法》《成都市历史建筑保护办法》和《成都市规范行政执法自由裁量权实施办法》。

在民族自治区的立法上，阿坝藏族羌族自治州制定了《阿坝藏族羌族自治州野生动物植物保护条例》《阿坝藏族羌族自治州风景名胜区条例》2件单行条例，修改了《阿坝藏族羌族自治州自治条例》；甘孜藏族自治州制定了《甘孜藏族自治州突发事件应对条例》；北川羌族自治县制定了《北川羌族自治县城市管理综合行政执法条例》，其他民族自治地方没有制定、修改或废止自治条例和单行条例。

（二）四川省2014年度地方性法规发展状况

2014年，四川省人大常委会将保障全面深化改革作为立法的重大任务，把地方立法与全省改革发展稳定的重大决策、涉及人民群众利益的重大问题紧密结合，加强立法，加快立法，提高立法质量，使立法具有更强的针对性和可操作性。四川省人大常委会在2014年共制定、修改地方性法规14件，属于立法数量较多的省份。

同时，四川省人大常委会认真总结立法工作经验，不断健全法规起草、论证、协调、审议、表决机制。以“一点一库一基地”为抓手，探索科学立法新举措。他们共建立了5个市州法制工作联系点，建立了由60余名专家组成的立法咨询专家库。选择了6个高等院校、科研机构和社团组织建立立法评估协作基地。

为适应省内全面深化改革的需要，使法规更加准确反映经济社会发展要求，更好地协调利益关系，四川省人大常委会对2013年底以前现行有效的省人大及其常委会制定的196件地方性法规和批准的136件地方性法规，完成了全面评估和清理工作。根据评估和清理情况，拟适时修正或修订126件，废止24件。

成都市人大常委会也对成都市现行的69件地方性法规进行了清理，涉及需要修改或废止的有42件，主要存在不符合全面深化改革要求、不适应经济社会发展和实际工作需要、与上位法不相一致、实用性和操作性不强等问题，2014年已完成其中5件法规的废止，其余37件纳入2015年立法计划，将分门别类地进行修改或废止。

（三）四川省2014年度地方政府规章发展状况

2014年是全面深化改革的开局之年，也是四川省朝着“两个跨越”目标克难奋进、坚韧前行的一年。一年来，四川省人民政府深入推进政府自身建设，认真实施依法治省纲要，坚持依法行政。提请省人大常委会审议地方性法规草案10件，制定、废止政府规章12件。在县级以上政府建立了法律顾问制度，全面实施行政决策合法性审查与风险评估。

四川省人民政府制定、废止的12件地方政府规章范围较为分散，有对科技的奖励支持，有对气候资源的开发和利用，有对国家档案馆的管理，也有对渔船渔港的管理、对抗旱的管理、对饲料和饲料添加剂的管理、对消防的管理，更有对行政机关执法裁量权的具体规定。可以说，在2014年四川省人民政府立法中，最具亮点的规章应是《四川省规范行政执法裁量权规定》。

成都市人民政府制定3件政府规章，都是根据成都的具体情况所作出的具体规定，《成都市医疗纠纷预防与处置办法》《成都市历史建筑保护办法》立足于对医患纠纷、历史建筑物保护等社会热点和民生问题的立法，说明成都市人民政府立法抓住了社会热点问题，敢于直面热点问题。

二、四川省2014年度地方立法的特色和亮点

（一）地方人大立法中的特色和亮点

2014年，四川省人大常委会特别重视地方立法与中央立法、中央方针政策的衔接，注

重把立法与深化改革结合起来，注重发挥立法对社会重大热点问题的引领和主动回应，重视当前立法工作与长远立法工作的衔接，重视现有立法工作和未来立法对立法人才需求培养的衔接。人大立法中的特色和亮点具体表现为：

1. 开展规范性文件备案审查

2014年，按照“有件必备、有备必审、有错必纠”原则，四川省人大常委会对省政府报送的规章12件和规范性文件160件、成都市政府报送规章6件、市州人大报送规范性文件225件进行了备案审查。常委会听取和审议开展规范性文件备案审查工作情况的报告，充分行使上级人大对下级人大及同级政府和下级政府的立法监督职能。

2. 加强对政府投资建设项目的审计工作

政府投资作为一项重大投资行为，也是国家财政开支的一个重要部分，从来都是各国和各地监督和管理的重点。为加强和规范政府投资建设项目审计监督，根据《中华人民共和国审计法》《中华人民共和国审计法实施条例》等法律、法规的规定，结合四川省实际，四川省人大常委会制定了《四川省政府投资建设项目审计条例》（以下简称《条例》）。

《条例》的第三条规定了政府投资建设项目的范围：“本条例所称政府投资建设项目，是指政府投资和以政府投资为主的建设项目。包括：（一）全部使用财政资金的建设项目；（二）未全部使用财政资金，财政资金占项目总投资的比例超过百分之五十，或总投资比例在百分之五十以下，但政府拥有项目建设、运营实际控制权的建设项目。”

《条例》也对审计职责和权限作出了规定。规定：“审计机关对政府投资建设项目的总概算、预算的执行情况、年度预算的执行情况和年度决算、单项工程结算、项目竣工决算，依法进行审计监督；对直接有关的勘察、设计、施工、监理、供货等单位取得建设项目资金的真实性、合法性进行审计调查。”同时，对重点审计事项、审计程序和违反条例所承担的法律责任作出了具体而详尽的规定。

《条例》共五章三十六条，于2014年3月20日经四川省第十二届人民代表大会常务委员会第八次会议通过，自2014年6月1日起施行。《条例》的产生历经三年多，经过多环节、多部门的论证。据四川省人大财经委副主任委员、常委会预算工委主任介绍，《条例》的出台，先后历经计划立项、前期调研、草案起草、省政府常务会议通过并提出议案、省人大常委会三次审议等多个环节，前后历时三年多，凝聚了省人大常委会组成人员、省人大有关专门委员会及常委会有关办事工作机构、省政府及有关部门的汗水与心血，集中了全省各级人大、政府以及社会各界的集体智慧。《条例》遵循《中华人民共和国立法法》的基本原则和本省立法程序规定，体现了依法治省理念，切合四川实际，具有较强的可操作性和前瞻性。[1]

3. 广泛开展立法调研

首先，接待全国人大常委会的立法调研组。2014年11月17日，四川省接待了全国人大

①参见《四川省人大常委会召开〈四川省政府投资建设项目审计条例〉新闻发布会》http://www.scspc.gov.cn/lfgz/lfdt/201405/t20140530_20207.html，访问时间：2015年1月10日。

常委会委员、全国人大法制工作委员会调研组来川，针对《中华人民共和国反恐怖主义法（草案）》《中华人民共和国刑法修正案（九）（草案）》开展的立法调研。

其次，四川省人大及其各委员会到省内各地开展立法调研。2014年7月17日至18日，四川省人大法制委、教科文卫委、常委会法工委以及省文化厅组成调研组赴成都、雅安市进行了文物保护法立法调研。调研组深入四川省博物院、温江陈家桅杆、雅安市博物馆和高颐阙等文物保护单位，重点就《四川省〈中华人民共和国文物保护法〉实施办法修正案（草案）》所涉及的“下放拍摄文物保护单位和文物的审批权限”以及“因拍摄向文物管理单位支付费用”等问题进行调研。[①]此外，调研活动还有，四川省人大教科文卫委召开《公共文化服务保障法草案（稿）》立法调研座谈会；四川省人大外侨委赴民航四川监管局开展《四川省民用运输机场管理条例》立法调研；省人大外侨委赴内江开展修订《四川省华侨捐赠条例》立法调研；四川省人大内司委开展《成都市非机动车管理条例（修订）》立法调研；四川省人大法制委开展义务教育法实施办法立法调研；等等。

4. 重视立法机制创建和立法人才培养

2014年，四川省立法咨询专家库建设提上日程。为更好地制定地方性法规和规章，也更好地为当地的社会、经济、文化等发展服务，四川省人大常委会积极探索建立地方立法新机制，为此提出建立四川省立法咨询专家库，以便发挥专家学者在地方立法中的作用，激励专家提出好的立法建议和意见，为地方立法提供更好的咨询和服务。[②]

2014年2月27日，“四川省立法研究会”在成都成立。四川省立法研究会由四川省地方立法、执法、司法以及相关法律事务和法学科研教学等单位和法学学者、地方立法工作者、法律实务界工作者及其他相关人士自愿结成，是非营利性立法研究社会团体，也是四川省第一家关于立法研究方面的社会团体。[③]立法研究会的成立将对培养四川省地方立法人才队伍和发掘、培养 立法专家具有重要的作用和意义。

（二）地方政府立法中的特色和亮点

2014年，在四川省政府和成都市政府规章制定的方面有以下主要特色和亮点：

1. 形同神不同，名称、范围有异

2014年四川省政府所制定的规章中，最具亮点的是《四川省规范行政执法裁量权规定》。

虽然四川省政府与全国其他大多数的地方政府一样，都对行政执法裁量权进行了规

①参见《省人大法制委常委会法工委开展文物保护立法调研》，http://www.scspc.gov.cn/lfgz/lfdt/201407/t20140723_20211.html，访问时间：2015年1月10日。

②参见《立法咨询专家库建设提上日程　省人大常委会探索建立地方立法新机制》，http://www.scspc.gov.cn/lfgz/lfdt/201403/t20140324_20203.html，访问时间：2015年1月10日。

③参见《“四川省立法研究会”在成都成立　彭渝出席成立大会并讲话》，http://www.scspc.gov.cn/lfgz/lfdt/201402/t20140228_20197.html，访问时间：2015年1月12日。

定，但其法规的名称及其内容还是有很大的不同。如《四川省规范行政执法裁量权规定》第二条规定行政裁量权的定义："是指行政机关在行政执法过程中，依据法律、法规、规章规定的范围、方式、种类、幅度和时限等，结合具体情形进行审查、判断并作出处理的权力。"同时，第三条规定了行使行政裁量权应当坚持的原则："规范和行使行政执法裁量权，应当体现合法性、合理性、科学性，遵循公平、公正、公开原则。"

而其他省份或城市，制定的则是行政处罚裁量权办法。处罚，显然其内涵要比执法要小。行政处罚只是行政执法的一个方面，而且这个方面在行政执法中未必存在。行政处罚只能适用于对行政执法的不服从而应受到行政执法机关的处理和责罚。因此，内容并不相同。四川省政府敢于对行政执法的裁量权作出规定，既是对依法治国和依法行政、法治政府的最好诠释，也是四川省政府的一种创新和担当。

2．重视环保规章的制定

2014年，四川省政府及成都市政府对能源、动物和野生植物的保护作出了具体、详细的规定。这些规章数目在本年度制定、修改的政府规章总数中，占了三分之一。可见比重很大，说明四川省政府十分重视环境保护问题，符合国家甚至国际社会对环境保护的要求。

3．重视文化教育事业，变文化大省为文化强省

四川省政府制定的规章，与四川的省情密切相关。作为文化大省，四川省政府非常注重发展文化事业。四川省政府所制定的规章中无论是对科技本身的奖励办法、档案管理办法，还是旅游景区管理办法，都反映了其文化特色。同时，反映了其在文化教育事业上是倍加重视的。力争在最短的时间内将四川从一个文化大省变为文化强省。

三、四川省2014年度地方立法的不足与未来展望

（一）四川省2014年度地方立法的不足

四川省地方立法在2014年度尽管取得了不错的成绩，但也仍然存在一些不足和差距，这些不足和差距迫使四川省地方立法机关在以后工作中要不断改进工作方式，提高立法质量和水平。存在的不足主要有：

1．立法工作机制不够完善

在2014年的立法中，无论是立法质量还是数量，无论是增强法律实施实效，还是讨论决定重大事项立法问题，都存在着一些不完善、不健全的地方，还不能很好地适应党的十八届三中、四中全会的新要求和人民群众的新期待。同时，履行立法职责中出现了一些新情况、新问题，这些都需要省市人大和政府立法机关不断加强和改进工作方式和方法，提高工作水平，做好新形势下地方人大和政府的工作。

2．重复上位法

2014年，四川省地方立法中一个特别明显的不足是制定国家法或上位法的实施细则在

立法体系上占多数。地方立法在体例和内容上重复国家法、上位法的情况普遍存在，小法抄大法，形成“三世同堂”“四世同堂”，缺乏地方特色。

当然，四川省制定的《四川省规范行政执法裁量权规定》则是一个很好的规章，更多的地方性法规和规章应该像《四川省规范行政执法裁量权规定》的制定一样，因地制宜，符合当地特色、真正成为能够实施的法规和规章。

3. 网站建设欠佳

四川省政府和成都市政府的官方网站信息公开不及时、不全面，不方便民众查询相关信息。

（二）四川省地方立法的未来展望

从四川省的立法来看，四川省未来需要关注以下几个问题：

1. 继续加强对社会热点问题的立法回应

各地有各地不同的问题，对此，各地的人大和政府应当予以高度关注，及时将成熟的做法、经验上升为法律，以便能够更好地引导社会发展。

2. 继续充分发挥立法专家的作用

2014年，四川省成立了自己的立法研究会，同时也建立了立法人才库。那么，立法时，除了要加强民主立法外，还要充分发挥研究会和人才库的作用。立法是一项技术性、专业性很强的工作，除了代表民意之外，专家的意见需要得到尊重。既然成立了立法人才库，就应该好好利用起来。

3. 重视民族区域自治立法

从四川的几个民族区域自治区来说，自治立法的数量和范围都比较有限，不利于本地经济、社会和文化的发展。

4. 加强社会公众的立法参与

从四川省的人大立法和政府立法来看，社会公众的立法参与程度不高，有进一步加强的必要。这也是响应党的十八届四中全会的精神，开展科学立法、民主立法的根本要求。

5. 加强立法人才培养

立法人才的培养，不仅涉及全国立法机构和政府机构的问题，也涉及地方（包括省、市、较大的市，更涉及民族区域自治地区的区、州和县）。立法不仅要反映社情民意，更要具有科学性。立法是一门技术性工作，需要很高的技巧，高超技术的立法将使我们的立法工作起到事半功倍的效果。

6. 注重网站的建设

在网站的建设上，四川省人大网站主页上有常委会公报，公报从2009年第三期开始，直到2014年第三期（截至2015年1月17日），每年上载五至六期。但在省人大网站上，却是找不到四川省人大及其常委会所制定的法规的目录。为此，建议加强网站的建设，多向其他省市学习。

第二十四章　重庆市2014年度立法发展报告

杨高峰　艾伟[①]

摘　要：2014年，重庆市人大探索主导立法、开门立法，在全国率先开创委托第三方清理地方性法规。重庆市政府加强立法调研、立法组织协调，克服部门立法交叉问题，不搞模糊立法。个别法规在某些程度上缺乏前瞻性，在立法上存在重数量轻质量现象，建议建立法规定期清理评估的长效机制。

关键词：重庆市　地方立法　发展报告　自主立法

一、重庆市2014年度立法发展状况

（一）重庆市2014年度立法状况总体评述

重庆市共有市人大、市政府两个省级立法主体，酉阳土家族苗族自治县、秀山土家族苗族自治县、石柱土家族自治县、彭水苗族土家族自治县四个民族自治地方立法主体。

2014年，重庆市人大及其常委会确立了坚持慎立多修，注重有效管用，切实提高地方立法质量的立法思想，先后制定、修改了《重庆市法律援助条例（2014修订）》《重庆市劳动保障监察条例》《重庆市人大常委会关于修改〈重庆市风景名胜区条例〉的决定（2014）》等9件地方性法规；废止了《重庆市饲料和饲料添加剂管理条例》《重庆市商品交易市场管理条例》《重庆经济技术开发区管理条例》3件地方性法规；批准了《酉阳土家族苗族自治县饮用水水源保护条例》。

2014年，重庆市人民政府制定了《重庆市汽车租赁管理办法》《重庆市科学技术奖励办法》《重庆市人民政府关于废止和继续施行部分政府规章的决定》《重庆市政府制定价格成本监审办法》等9件政府规章。

在民族自治地方立法方面，2014年，只有酉阳土家族苗族自治县制定了《酉阳土家族苗族自治县饮用水水源保护条例》。

---

①杨高峰，法学博士，广州大学法学院教授。研究方向：刑法学、地方法制建设。艾伟，广州大学法学院研究生。

总体而言，重庆市2014年度地方立法呈现出促进重庆经济社会发展，解决关系群众切身利益的重大民生和发展问题，保障公民、法人和其他组织的合法权益的趋势，尤其是一些创新性的地方立法，为重庆市的改革发展提供了强有力的法治保障。

（二）重庆市2014年度地方性法规发展状况

在重庆市人大的立法方面，2014年，重庆市人大常委会特别重视《重庆市劳动保障监察条例》（以下简称《条例》）的制定。为了制定好该条例，2014年初重庆市人大内司委将《条例》纳入立法工作计划，积极推进立法进程，将草案稿印发给全市38个区县人大征求意见，组织召开部分区县人大法制部门负责人参加的座谈会，并于7月16日召开重庆市四届人大内司委第七次全委会对草案稿进行了审议，提出了审议意见。2014年7月重庆市人大常委会会议对《条例》（草案）进行了一审。随后重庆市人大常委会法工委邀请部分企业、行业协会代表和市人大代表、立法咨询专家召开座谈会，针对草案中市和区县（自治县）人力资源社会保障主管部门的职责分工问题，召集了部分区县劳动保障监察机构负责人和企业代表进行专题论证，会同重庆市人大内司委、市政府法制办、市人力社保局对各方面意见进行了研究梳理，并对市人大常委会组成人员和内司委的审议意见进行了专题研究，对草案进行了修改完善。2014年9月25日，重庆市四届人大常委会第十三次会议审议通过《重庆市劳动保障监察条例》。《条例》规定用人单位必须真实、准确地建立包括职工名册、录用档案、工资档案、工时档案在内的用工档案，且保存时间不得少于两年。《条例》还规定有关证据材料属于被投诉单位管理的，由被投诉单位提供。被投诉单位在指定期限内不提供的，应当承担不利后果。《条例》第十条第四款规定：劳动密集型企业还应当建立职工工时档案。《条例》一大亮点，就是增加了劳动者工资的先行垫付和先予支付原则。《条例》新增加了行政调解职能。

在民生保障立法方面，2014年，重庆市人大常委会特别重视《重庆市人口与计划生育条例》和《重庆市医疗机构管理条例》的修订与实施。新修正的《重庆市人口与计划生育条例》根据“单独二孩”政策，对该条例第二十条第二款内容作出修改。一是将第一项“双方均为独生子女或者农村居民的”修改为两项进行表述，即第一项为“双方或一方为独生子女的”；第二项为“双方均为农村居民的”。二是删除了第六项规定中的“烈士独生子女”和第七项“夫妻双方为农村居民，一方两代以上都是独生子女或男到独生女家结婚落户的”的规定。三是对该条款的各项序号做了相应调整。今后，夫妻双方或者一方为独生子女的，或可生育两个子女。修改后的《重庆市医疗机构管理条例》于2014年11月1日起施行。《条例》放宽了社会资本准入，鼓励兴办私立医院，同时下放审批权限，强化监督管理，严禁欺骗、误导、招揽患者就医，严禁泄露患者隐私，违者最高将罚3万元。在医疗机构的定义中增加了医务室、临床检验中心、医学检验所，新增了政府统筹做好基本公共卫生服务均等化、政府对医疗机构投入和财政补助的责任，删除了“正在服刑或者刑事处罚执行完毕未满两年的个人”不能设置医疗机构等相关规定。[①]

在经济领域立法方面，2014年，重庆市人大常委会制定了《重庆市产品质量条例》和废止3件条例。《重庆市产品质量条例》规定生产者、销售者和服务业经营者提供的奖品、赠品，应当符合产品质量要求，与销售产品同样要承担产品质量责任。还建立了缺陷产品召回制度。由于社会经济的发展和上位法的修订完善，《重庆市饲料和饲料添加剂管理条例》《重庆市商品交易市场管理条例》《重庆经济技术开发区管理条例》继续存在已无必要，依照国家现行法律法规，仍然有法可依、有章可循，且废止条例后不会影响现有的行政管理秩序。因此，2014年5月29日，重庆市四届人大常委会第十次会议表决废止了这些法规。

在野生动物保护立法方面，2014年，重庆市人大常委会制定了《重庆市实施〈中华人民共和国野生动物保护法〉办法》。该办法将第二十五条第一款修改为："驯养繁殖野生动物的单位和个人，须按下列规定申请领取驯养繁殖许可证：属国家重点保护野生动物，按国家有关规定办理；属市重点保护陆生野生动物以及属国家和市保护的有益的或者有重要经济、科学研究价值的野生动物，由区县（自治县）野生动物行政主管部门审核，报市野生动物行政主管部门或者授权单位批准；属市重点保护水生野生动物，由区县（自治县）野生动物行政主管部门审批。”将第二十六条修改为："禁止非法出售、收购、利用、加工、转让野生动物或者产品。因科学研究、养殖、展览、交换、赠送和其他特殊情况，需要出售、收购、利用、加工、转让的，属国家一级野生动物或者产品，须经市野生动物行政主管部门审核，报国务院野生动物行政主管部门或者授权单位批准；属国家二级和市重点保护陆生野生动物或者产品以及属国家和市保护的有益的或者有重要经济、科学研究价值的野生动物或者产品，由市野生动物行政主管部门或者授权的单位批准；属市重点保护水生野生动物或者产品，由区县（自治县）野生动物行政主管部门审批。”将第二十七条第二款修改为：“出区县（自治县）的准运证和出市境的水生野生动物或者产品准运证，由所在区县（自治县）野生动物行政主管部门或者授权的单位核发；出市境的陆生野生动物或者产品准运证，由市野生动物行政主管部门或者授权的单位核发；出国（边）境的，必须经市野生动物行政主管部门审核同意后，报国务院野生动物行政主管部门审批。”

在生态保护立法方面，2014年酉阳土家族苗族自治县人大常委会也特别重视《酉阳土家族苗族自治县饮用水水源保护条例》的制定工作。在深入调研、广泛征求意见、反复修改的基础上，依法提请县十六届人大五次会议审议表决，2014年8月1日经重庆市第四届人民代表大会常务委员会第十二次会议批准，《酉阳土家族苗族自治县饮用水水源保护条例》10月1日起施行。条例共6章47条，以加强生态建设、保护生态环境、保障饮用水安全为主要目标，对饮用水水源的确定、保护区的划定、保障措施、监督管理及法律责任作出了明确规定。该条例明确农村分散式取水水源保护区为一级保护区，其范围为取水点及其

①参见徐伟：《鼓励兴办私立医院　严禁泄露患者隐私》，http://www.legaldaily.com.cn/rdlf/content/2014-11/06/content_5835021.htm?node=34020，访问时间：2015年1月15日。

周围三十米。同时规定，在农村分散式取水一级保护区内禁止下列行为：清洗装贮过有毒有害物品的容器；使用剧毒、高残留农药；建立墓地，丢弃及掩埋动物尸体；设置饲养场、肥料堆积场、公共厕所；堆积垃圾、工业废料；其他可能导致饮用水水源污染的行为。有前款行为之一的，当地村民委员会有权要求行为人立即停止违法行为，消除危害，并可以向环境保护行政主管部门报告。环境保护行政主管部门接到报告或者发现违反前款规定的行为，应当及时采取措施予以制止。县人大常委会还组织开展了《酉阳土家族苗族自治县城镇管理条例》执法调研工作，发挥好条例的规范约束和引领作用。

（三）重庆市2014年度地方政府规章发展状况

在省级行政规章制定方面，2014年，重庆市人民政府加大了关于政府定价、价格监测方面的立法力度，共出台2件相关政府规章。商品定价可不是政府、经营者随意而为的。2014年12月12日，重庆市人民政府第73次常务会议通过了《重庆市政府制定价格成本监审办法》，规范政府制定价格成本监审，提高价格决策的科学性，促进经营者加强成本的管理。该办法从七大方面对成本监审程序作出了严格规定，提出了成本监审目录管理制度，明确了属于成本监审的商品和服务，规定列入价格听证目录的商品和服务应同时列入成本监审目录，向社会公开；并且规定未经成本监审，政府价格主管部门不得定价。2014年7月1日起施行的《重庆市价格监测办法》，主要突出了以下四点：一是明确价格监测方式，将价格监测分为常规监测、应急监测和专项调查三种方式；二是明确价格监测定点单位的权利与义务，对价格监测定点单位提出了如实提供价格相关信息、建立价格监测台账等工作要求，并赋予了价格监测定点单位享有免费培训、获得相应设备等权利；三是明确价格监测报告制度和价格监测报告；四是规范价格监测人员工作，规定价格监测人员不得瞒报、虚报或者伪造、篡改价格监测信息，不得泄露属于国家机密或者商业秘密的价格监测信息，不得将价格监测信息用于价格监测工作以外的活动；不得影响监测单位的正常工作秩序。同时，对价格监测人员不遵守上述规定的行为设定了相应的法律责任。①

《重庆市汽车租赁管理办法》自2014年3月1日起施行。该办法规定，从事汽车租赁的公司要具备六个条件，比如要有20辆以上符合国家标准并经检测合格的自有小型客车；禁止将9座以上的客车租赁给个人，违反的话由道路运输管理机构处5000元以上10000元以下罚款；汽车租赁经营者未按要求与承租人签订租赁合同的，由道路运输管理机构处200元以上500元以下罚款；个人租车，必须提供身份证和驾照。当事人驾照租赁的车辆，不能交给他人驾驶；不得利用租赁车辆搞营运活动；汽车租赁公司将车租给没有驾照的人员，造成交通事故要承担连带责任。

2014年，重庆市人民政府特别重视地震安全、违法建筑方面的规章修订与实施。1999

①参见《新颁布〈重庆市价格监测办法〉突出四个特点》，http://www.cqjlp.gov.cn/zfxx/web_showzfxx_45520.shtml，访问时间：2015年1月15日。

年开始实行的《重庆市建设工程场地地震安全性评价管理规定》，已不适应地震安全性评价管理工作的新要求。为加强对地震安全性评价的管理，防御与减轻地震灾害，保护人民生命和财产安全，2014年10月16日，重庆市政府常务会议审议通过了《重庆市地震安全性评价管理规定》。在修订审查过程中，为保证修订内容切实符合重庆市实际，重庆市政府法制办广泛征求了社会公众意见，召开了建设工程专家和法律专家论证会，还邀请了部分建设单位进行座谈交流，并借鉴了与重庆市抗震设防度数相同的省市立法成果。修订后的《重庆市地震安全性评价管理规定》明确提出，重大建设工程和可能发生严重次生灾害的建设工程应当进行地震安全性评价。其中包括需尽快恢复的生命线的建设工程，如医疗、广播、通信、供水、供电、供气等。一般建设工程按照地震烈度区划图、地震动参数区划图所确定的抗震设防要求进行抗震设防，无需进行专门的地震安全性评价。

2014年，重庆市人民政府还特别重视消防安全、户外招牌方面的规章制定与出台。《重庆市火灾高危单位消防安全管理规定》从三个方面对火灾高危单位的防控职责、措施进行了规定：一是明确了火灾高危单位的主要负责人和分管负责人的消防安全管理责任；二是对火灾高危单位内部的防火巡查、消防值班、火灾隐患整改、志愿消防队建设、消防培训、消防演练和宣传等制度作了明确和细化；三是对火灾高危单位疏散逃生设备的配备、防火标志的设置、消防设施维护保养和年度检测、消防安全评估等作了具体规定。《重庆市户外招牌管理办法》要求户外招牌设置人应当在设置前将方案报当地市政行政主管部门备案。该办法第十七条明确提出，禁止利用招牌设施发布广告或者变相发布广告。新建、改建、扩建临街公共建筑、高层建筑、商业用房，在进行规划方案和建筑设计时，应当预留设置户外招牌的位置，并符合有关规范和标准。

另外，重庆市人民政府也很重视科技奖励、教育培训方面的规章修订与施行。《重庆市科学技术奖励办法》是2001年制定以来的第二次修订。此次修订的最大特点在于，在原有奖励类别的基础上，市科学技术奖增设了企业技术创新奖，每项可获10万元奖励。

二、重庆市2014年度地方立法的特色和亮点

（一）地方人大立法中的特色和亮点

2014年，重庆市人大常委会将全市改革发展大局和地方立法工作实际相结合，着力推进科学立法、民主立法，增强立法的针对性、及时性和可执行性，处理好立法的“定”与改革的“变”的关系，依法履职，继承创新，求真务实，为“科学发展、富民兴渝”和法治重庆建设提供更加有力的法制保障。人大立法中的特色和亮点具体表现为：

1. 立法着眼改革大局，发挥人大立法主导作用

在修订《重庆市产品质量监督管理条例》时，重庆市人大常委会认真贯彻党的十八届三中全会提出，要“全面落实行政执法责任制和执法经费由财政保障制度”的精神，取

消了定期监督检验，并明确抽样检验收费由政府财政承担，并增加了规范检验行为的规定。这使得企业负担大大降低。为了确保重庆市深化行政审批制度改革于法有据，重庆市人大常委会第一时间对《重庆市城市园林绿化条例》等4件法规进行集中修改。在全面推进医改，鼓励社会办医的改革中，重庆市人大常委会在修订《重庆市医疗机构管理条例》时，加大对社会办医的支持力度，放宽了民营医疗机构的市场准入，强化准入后的有效监管，推动了医疗领域的改革发展。2014年，重庆市开始探索人大在立法中的主导作用。把《重庆市志愿服务条例》作为其自主立法项目，以人大起草法规为主，并会同市文明办、市民政局、团市委积极开展法规稿的起草、调研及论证工作，于11月提请常委会进行了审议。在自主起草法规中，市人大内司委还加强与西南政法大学的合作，并对法规条文逐条论证，避免立法中掺加部门利益。在法规审议时，市人大内司委还向市人大常委会提交了"重庆市志愿服务工作情况"和"外省市志愿服务立法情况"两个附件，供常委会委员审议法规时参考。法规审议过程中，常委会组成人员之间以及行政主管部门对于部分条款存在争议。市人大内司委多次与有关部门沟通协调，努力形成统一认识。特别是针对行政主管部门的职责落实以及简化登记手续、降低志愿服务组织年检费用等问题，同民政部门进行会商，进一步促进了志愿服务工作开展。市人大内司委相关负责人表示，通过自主立法，市人大常委会逐步在起草、审议、协调等方面积累了一定经验，这将为形成人大主导立法工作的体制机制奠定基础。[①]

2．提前介入立法起草、调研、论证环节

重庆市人大常委会坚持每项立法案都提前介入，全程参与调研和论证，在重大问题上充分发表意见；每项立法调研自行开展外，均委托38个区县（自治县）人大常委会征求意见，并充分听取重庆市人大专业组市人大代表的意见；组织专家深入论证法规中的重要问题，提升立法质量。如，提前介入《重庆市劳动保障监察条例（草案稿）》的调研、论证，召开市级部门、专家立法论证会，广泛征求意见。再如，提前介入《重庆市教育督导条例》《重庆市志愿服务条例》《重庆市村镇规划建设管理条例》《重庆市公路管理条例》《重庆市酉阳土家族苗族自治县殡葬管理条例》《重庆市彭水苗族土家族自治县公路条例》等审议项目以及《重庆市两江新区条例》《重庆市安全生产监督管理条例》等预备项目的立法调研和起草论证，督促和协调有关部门推进立法项目。

3．坚持开门立法，重视立法后评估工作

重庆市人大常委会坚持开门立法，把公开征求意见作为立法的必经程序，建立公众重大意见采纳情况反馈机制，加强立法协商。2014年，重庆市人大法制委广泛收集了立法建议项目80余项，来自于部门和单位申报、媒体公开征集及立法咨询专家、市人大代表、法制工作专业组代表以及各区县（自治县）人大常委会的意见。重庆市人大常委会承办立

①参见杨冰：《市人大常委会：发挥立法引领作用推动经济社会改革发展》，载《重庆日报》2015年1月14日。

法推进会5次，召开法规案征求意见片区会3次，对各个法规案加强沟通协调或调研论证。在审议中如出现争论激烈的条款，专门针对这些条款进行专题调研，充分听取基层意见。如，向全社会公开征集2014年地方立法建议项目，公民、法人和其他组织可以针对本市经济社会发展中重大且急需立法解决的问题，以传真、信函或电子邮件等方式提出立法建议。再如，在修订《重庆市产品质量条例》过程中，企业对定期监督检验及收费的合法性、合理性问题反映特别强烈，重庆市人大财经委认为，其收费合法性不足，且不符合国家有关政策精神，重庆市人大常委会采纳了这一意见，体现了社会有关方面的意愿和诉求，从而提高了法规立项质量。市人大常委会还启动了地方性法规实施情况报告制度的调研，对法规的实施效果进行评估。继续推动立法后评估，对《重庆市科学技术投入条例》等4件科技类地方性法规进行了评估，为这些法规的修订奠定了基础。

4. 在全国率先开创委托第三方清理地方性法规，打破“体内循环”自查自纠惯例

重庆市人大常委会2014年的法规清理，是规模最大的一次，打破了以前的内部自我清理惯例。此次清理引入了第三方机构——与西南政法大学签署委托协议，并整合重庆大学、西南大学等高校近200名专家学者，对直辖以来现行有效的195件地方性法规、176件政府规章进行全面清理。经过八个多月的全面扫描、逐一清理，第三方机构提交了13册共3064页的地方性法规和政府规章清理报告，对地方性法规提出了787条立法建议，对政府规章提出了734条立法建议，实现了立法实务工作和立法理论研究双方的优势互补，确保制定的法规“立得住、行得通、真管用”。推进了地方性法规和政府规章的立、改、废工作，将清理成果有效转化为立法决策。①

（二）地方政府立法中的特色和亮点

2014年，重庆市政府围绕统筹城乡发展、五大功能区域建设、保障和改善民生等方面立法，以法治中国、法治重庆建设为契机，推进法治政府建设。在其立法中呈现出以下特色和亮点：

1. 注重立法的针对性和可操作性，转变政府职能，改革行政审批

结合本市实际，针对《中华人民共和国民办教育促进法》及其实施条例没有涉及的一些具体问题，尤其是民办教育培训机构的收费管理、营利性民办教育培训机构的监督管理等急需加强和规范的问题进行明确规定。为了满足社会多样化的教育需求，促进民办教育培训市场健康发展，重庆市政府出台《重庆市民办非学历教育培训机构管理暂行办法》。新修订的《重庆市户外广告管理条例》按照“精简、统一、效能”的原则，着力减少审批环节、范围和时限，在全国首创性地取消户外广告设置许可，变户外广告管理市政设置、工商发布双登记为工商部门单一发布登记；首次把户外公益广告纳入户外广告进行管理；

①参见《重庆委托第三方全面清理地方法规　探索“开门立法”新方式》，http://news.xinhuanet.com/legal/2014-10/22/c_1112935710.htm，访问时间：2015年1月15日。

明确了相关市级部门和区县政府的户外广告设置的监督管理职责，实现设置管理的全覆盖。在重庆市政府颁布施行的新的《重庆市科学技术奖励办法》中，取消了社会力量设立的面向社会的科学技术奖应当向科技部门办理登记手续的规定，进一步减少行政审批项目，转变政府职能。

2. 注重加强立法组织协调，克服部门立法交叉问题，不搞模糊立法

重庆市科委组织召开了《重庆市科学技术投入条例》修订专家咨询论证会，来自重庆大学、西南政法大学、市农业科学院、中科院绿色智能技术研究院、圣华曦制药、重庆机电控股集团等单位的科技专家、法律专家、科技管理专家参加了咨询论证会。与会专家对《重庆市科技创新促进条例》《重庆市科学技术投入条例》《重庆市技术市场条例》《重庆市促进科技成果转化条例》四部法规间的协调、框架体系设计问题发表了意见，初步达成共识。同时专家还对《重庆市科学技术投入条例》的修订提出了意见和建议。

3. 借鉴外省市立法经验，吸收专家建议，加强立法调研

重庆市政府法制办赴上海市、广东省开展产品质量管理和立法调研，转变地方立法立意、规范行政监管行为、积极探索缺陷产品责令召回制度、不合格产品处理制度、经营者守护责任制度、产品质量责任保险制度等，为《重庆市产品质量条例》修订工作提供借鉴经验。2014年3月26日，重庆市司法局严格按照《刑事诉讼法》、国务院《法律援助条例》等上位法的规定，并借鉴其他省市的成功经验，形成了《重庆市法律援助条例》修订草案。涉及市国土房管局预备项目《重庆市国有土地上房屋征收与补偿条例》，重庆市国土房管局加大了立法调研，加强与重庆市人大相关部门、市政府法制办的汇报衔接。重庆市环保局根据《重庆市政府规章立法后评估办法》的相关规定，对《重庆市控制燃煤二氧化硫污染管理办法》和《重庆市饮用水源污染防治办法》等政府规章开展立法后评估调研工作。

三、重庆市2014年度地方立法的不足与未来展望

（一）重庆市2014年度地方立法的不足

2014年是重庆市四届人大及其常委会极其重要的一年。这一年，重庆市四届人大及其常委会围绕立法、监督、自身建设及代表行为，积极开展工作，成效显著。但也仍然存在一些不足和差距，这些不足和差距也迫使重庆市地方立法机关在以后的工作中要不断改进工作方式，提高立法质量和水平。存在的不足主要有：

1. 立法上缺乏长远规划与前瞻性

纵观这几年里的个别法规，某些程度上缺乏前瞻性，造成立法还没多久，又必须进行修改了。比如2008年8月1日《重庆市风景名胜区条例》颁布实施，重庆市实施《中华人民共和国野生动物保护法》办法在2010年才进行了修订，2014年，重庆在立法中又进行了修订。这会让老百姓感觉法律很不严肃。为了保证地方立法工作能有条不紊地进行，加强对

重庆立法工作整体性、方向性的指导，应在认真进行立法预测和充分论证的基础上，制定出计划性、针对性、统筹性和协调性的立法规划。在进行立法时，首先要深入实际调查研究；其次，要加强立法起草质量管理；最后，在草案的评议和修改时，也要进一步听取法律专家的意见，充分进行立法论证。目前，重庆市对当地需要制定哪些法规缺乏研究和通盘计划，使得立法的导向和前瞻性功能远远没有发挥出来。

2. 立法上存在重数量轻质量现象

立法者过于重视法律的工具作用，仅仅将法律作为一种解决问题的工具，而忽略了法律的社会调节功能，忽略了法律本身所需要蕴含的“公平”“正义”价值。在立法上就会出现“头痛医头，脚痛医脚”现象，即哪个领域出了问题，就赶紧立法，为了省时省力，而不管质量优劣和是否便于操作，便草草拟定仓促出台。而且立法者对社会主体偏离国家和社会利益的行为处理方式往往比较单一，往往采用禁止性规范直接加以禁止，在凸显法律的惩罚功能之余弱化了它激励的一面。遇到问题，想到立法，一旦立法，万事无恙。或者“宜粗不宜细”“有总比没有好”，在这些已经成为习惯的思维定势的支配下，许多立法者在立法过程中难免会追求立法的数量而对于质量重视不够。重庆目前立法的数量较多，但总体质量不高，法规的可操作性不够。这些都影响了重庆市立法工作的开展，长此以往，也会影响重庆市社会经济的快速发展。

（二）重庆市地方立法的未来展望

1. 加强立法的前瞻性，科学编制立法规划

进一步加强和改进地方立法工作，把立法同重庆市改革发展稳定的重大决策结合起来，同人民群众普遍关注的热点难点问题结合起来，坚持“不抵触、有特色、可操作、重实效”的原则，把提高立法质量摆在更加重要的位置，健全和完善地方立法程序和机制，不断拓宽立法的民主渠道，扩大公民的有序参与，努力增强立法的科学性、民主性。加强立法的前瞻性研究，科学编制五年立法规划和年度立法计划，及时制定和完善与国家法律法规体系相配套、与重庆市经济社会发展相适应的地方性法规，发挥立法的规范和保障功能，拓展立法的引领和推动功能，保障改革成果。

2. 建立法规定期清理评估的长效机制

重庆市这次全国首创的地方性法规及政府规章清理工作，体现了政府执政理念的可喜转变，其意义超出法规清理工作本身，将有力推动重庆法治建设和经济建设。本次法规清理的成果表明重庆市的地方立法水平和质量是比较高的，现行有效的176件规章绝大多数符合合法性、合理性、协调性、执行性、实效性、规范性等“六性”的评价指标。本次法规的清理将有助于及时发现和弥补政府法规中存在的缺漏，从而保障其更加有效地实施。建议重庆市政府建立法规定期清理评估的长效机制，适时出台《重庆市政府规章定期清理规定》，让清理的长效机制明确化和法律化。

第二十五章　贵州省2014年度立法发展报告

杨高峰　艾伟①

摘　要：以推进法治贵州建设为基准点，以服务经济社会发展为出发点。2014年，贵州省立法主体自主创制了三部“全国第一”法规，贵州省地方立法存在着“积极开展立法调研活动”“立法引领、推动生态文明建设”“重视法规出台前后的评估工作”等亮点，但还存在着立法对经济的引领领域不够宽广、立法精细化程度不足等问题。

关键词：贵州省　地方立法　发展报告　自主立法

一、贵州省2014年度立法发展状况

（一）贵州省2014年度立法状况总体评述

贵州省共有省人大、省政府两个省级立法主体，贵阳市人大、市政府两个省会城市立法主体以及黔东南苗族侗族自治州等三个自治州、三都水族自治县等十一个自治县共十四个自治地方立法主体。

2014年，贵州省人大及其常委会制定了《贵州省交通建设工程质量安全监督条例》《贵州省生态文明建设促进条例》《贵州省学校学生人身伤害事故预防与处理条例》《贵州省人民代表大会议事规则》《贵州省民用运输机场管理条例》《贵州省新型墙体材料促进条例》《贵州省见义勇为人员奖励和保护条例》《贵州省信息基础设施条例》《贵州省义务植树条例》《贵州省残疾人保障条例》10件地方性法规，修改了《贵州省邮政条例》《贵州省人口与计划生育条例》2件地方性法规。②

2014年，贵州省人民政府制定了《贵州省重大活动档案管理办法》《贵州省罚没财物管理办法》《贵州省自然灾害防范与救助管理办法》《贵州省水土保持补偿费征收管理办

---

①杨高峰，法学博士，广州大学法学院教授。研究方向：刑法学、地方法制建设。艾伟，广州大学法学院研究生。

②本数据与《贵州省人民代表大会常务委员会工作报告（2015）》有差异，差异主要来自于统计方法和标准不同，本数据是逐一核对数据。

法》4件规章，修改了《贵州省港口管理办法》《贵州省城市基础设施配套费征收使用管理办法》2件规章。其中《贵州省罚没财物管理办法》《贵州省自然灾害防范与救助管理办法》是2015年1月9日经贵州省人民政府第49次常务会议通过，《贵州省水土保持补偿费征收管理办法》是2015年2月25日经贵州省人民政府第51次常务会议通过。其他规章都是在2014年内通过。

贵阳市人大常委会2014年先后制定了《贵阳市建设工程抗震管理办法》《贵阳市残疾人保障规定》2件地方性法规，废止了《贵阳市公共餐饮具卫生管理办法》。

2014年，贵阳市政府制定了《贵阳市停车场管理办法》《贵阳市人民政府起草地方性法规草案和制定政府规章程序规定》《贵阳市城镇职工基本医疗保险办法》《贵阳市机动车维修经营管理办法》《贵阳市高速铁路沿线禁止高空抛物等行为管理办法》《贵阳市城市地下管线管理办法》6件规章，修改了《贵阳市科学技术奖励办法》《贵阳市小客车号牌管理暂行规定》2件规章，一次性“打包”修改了《贵阳市城市道路人行道管理规定》等共57件规章。

2014年，贵州省民族自治地方共制定《黔东南苗族侗族自治州促进非公有制经济发展条例》《黔南布依族苗族自治州促进茶产业发展条例》《黔东南苗族侗族自治州苗医药侗医药发展条例》《黔西南布依族苗族自治州殡葬管理条例》《三都水族自治县水库保护管理条例》5件单行条例。

总体而言，贵州省2014年度地方立法在生态文明、行政管理、人大议事规则、残疾人、学生权利保障等方面有不错的发展，体现出立法在地方经济和社会发展中较好的引领和推动作用。

（二）贵州省2014年度地方性法规发展状况

在省人大立法方面，2014年度贵州省人大常委会特别重视《贵州省生态文明建设促进条例》的制定。从该条例起草到审议，再到在常委会网站、《贵州日报》上征求意见，以及通过、公布实施等环节，贵州省人大常委会可谓下足了功夫。该条例规定每年6月为贵州生态文明宣传月。规定了生态保护“红线”制度，将生态文明建设纳入政府部门的考核目标。这是全国首部省级生态文明地方性法规。

《贵州省义务植树条例》确定每年一季度为贵州省义务植树活动季，规定本省行政区域内，年满18周岁至60周岁的男性公民和年满18周岁至55周岁的女性公民，除丧失劳动能力外，应当按照条例的规定参加义务植树。义务植树可以选择包括每人每年义务植树不少于3株。

《贵州省见义勇为人员奖励和保护条例》，以立法的形式加大对见义勇为行为奖励和保护的财政支持，让英雄们无后顾之忧。

重新制定的《贵州省残疾人保障条例》从发展残疾人事业的地方政府责任，残疾人平等参与政治、经济、文化、社会和家庭生活的权利保障等方面对贵州省残疾人事业的发展进行了规范，全方位、多角度构筑了社会保障网，确保每一名残疾人都纳入社会保障防线和救助防线。

《贵州省学校学生人身伤害事故预防与处理条例》从解决实际问题为出发点，紧扣学生安全这一主线，以维护学生合法权益为主要立法目的，在立法中增加学生人身伤害事故赔偿的政府保障，在全国率先建立专门的学生人身伤害赔偿准备金制度。

《贵州省人口与计划生育条例修正案》把第三十四条中可以申请生育第二个子女的条件之“夫妻双方均为独生子女的”修改为“夫妻一方或双方为独生子女的”；将第三十五条中夫妻双方是农民，可以申请生育第二个子女的条件之“男到独生女无儿户家结婚落户的”内容删除，使“单独二孩”政策于5月18日在贵州省内全面实施。

《贵州省企业工资集体协商条例》规定工资集体合同有效期为1~2年。第二章专门对协商代表的产生、人数、职责和职工方代表的特别保护、更换作了规定，同时对代表人数作了“协商双方的代表人数应当对等，每方3至9人”的规定。

贵州省1986年颁布实施的《贵州省职业技术教育暂行条例》已不能适应经济社会发展的需要和职业教育发展的要求，根据法律、法规的规定，结合贵州省实际，重新制定了条例，主要对职业教育的地位、保障措施、法律责任等作出了规定。①

贵阳市人大在2014年度共制定、废除3件地方性法规。根据当年地方立法计划，贵阳市人大及其常委会特别重视对《贵阳市残疾人保障规定》的修订，到花溪区、市残联开展调研，对《贵阳市残疾人保障规定（征求意见稿）》进行审议，并于2014年7月14日至23日将文本在《贵阳日报》、贵阳人大网公布，征求社会各界和广大市民的意见和建议。2014年9月10日，贵阳市第十三届人民代表大会常务委员会第二十七次会议通过了新的《贵阳市残疾人保障规定》。该规定共有二十四条，从残疾人组织机构、教育、就业、交通、社会保障等多个方面作了详细规定，更加有利于保障新时期残疾人的权益。

《贵阳市建设工程抗震设防管理办法》规定本市行政区域按照不低于地震基本烈度6度的抗震设防要求进行设防。学校、医院、养老院、儿童福利院和残疾人康复治疗机构等建设工程的抗震设防类别，应当划为重点设防类，任何单位和个人不得降低设防类别和标准。

对于“机动车数量与日俱增，排气污染日趋严重”以及“各职能部门在管理过程中统筹协调不够，部分工作进展不顺”的情况，贵阳市已完成了《贵阳市机动车排气污染防治条例（草案）》的起草、论证等相关工作，并已通过人大一审。该条例（草案）囊括了机动车销售、登记注册、在用车检测、区域限行、更新淘汰、维修治理、油品升级等多个环节，最大限度控制了机动车排气对大气环境的破坏和对市民身体健康的危害。

由于2013年2月1日起施行的《贵州省食品安全条例》第四章“餐饮具集中消毒”覆盖

①参见牟岚、周宁：《盘点2014年贵州省立法亮点》，http://www.ddcpc.cn/2015/jr_0312/52779.html，访问时间：2015年1月20日。

了《贵阳市公共餐饮具卫生管理办法》所规范的内容，并且存在执法主体不一致。贵阳市人民代表大会常务委员会为了遵循法制统一的原则，废止了《贵阳市公共餐饮具卫生管理办法》。该办法废止后，贵阳市政府将继续加强公共餐饮具卫生监督管理，落实《中华人民共和国食品安全法》和《贵州省食品安全条例》，切实保障人民群众的身体健康。

（三）贵州省2014年度地方政府规章发展状况

在省级行政规章制定方面，2014年，贵州省人民政府制定了《贵州省重大活动档案管理办法》《贵州省罚没财物管理办法》《贵州省自然灾害防范与救助管理办法》《贵州省水土保持补偿费征收管理办法》4件规章，修改了《贵州省港口管理办法》《贵州省城市基础设施配套费征收使用管理办法》2件规章。这6件规章侧重于对重大活动档案、罚没财物、自然灾害防范与救助等方面进行管理而立法，都是针对现实工作中实际管理的需要。规章的出台对提高相关方面的工作管理质量有较大的促进作用。但我们遗憾地看到，与其他省市政府立法不同，贵州省政府立法对民生和社会热点问题关注不够。立法的视角可能还是基于社会管理而立法。

不过值得一提的是，2014年贵州省政府立法能够注意发挥党对立法工作的领导和立法的社会参与功能 。在编制政府立法计划的过程中，省政府法制办主动向省委常委、省政府领导上报请示，主动征询省领导对立法项目安排的要求和意见。同时注意扩大公民对政府立法的有序参与，将所有法规、规章草案在省政府门户网站和省政府法制信息网上公开征求意见。2014年，省法制办注意加强涉及行政审批制度改革的法规规章清理修改工作。根据《国务院关于修改部分行政法规的决定》，对涉及的23件地方性法规和6件省政府规章提出修改建议并上报省政府审议通过。

2014年，贵阳市政府共制定6件规章、修改59件规章。出台的《贵阳市停车场管理办法》，规定经营性停车场违反有关法律、法规的，依法处罚；出台的《贵阳市城镇职工基本医疗保险办法》，明确了无雇工的个体工商户、未在用人单位参加职工基本医疗保险的非全日制从业人员以及其他灵活就业人员可以参加职工基本医疗保险，按照本市现行相关政策缴纳医疗保险费。规定在缴纳基本医疗保险费的同时缴纳大额医疗补助费，用人单位和参保人各承担50%。

二、贵州省2014年度地方立法的特色和亮点

（一）地方人大立法中的特色和亮点

2014年，贵州省人大常委会围绕中央决策部署和省委中心工作，充分考虑地方实际，根据社会热点、难点、焦点，按照立法程序，采取民主立法的方式，在立法中呈现多处特色和亮点。具体表现为：

1．积极开展立法调研活动，为立法提供有力支撑

2014年2月19日至20日，贵州省人大财经委、省政府法制办及省交通厅有关部门人员组成《贵州省公路条例（草案）》起草小组赴黔东南州进行立法调研。2月27日至28日，贵州省人大教科文卫委赴黔西南州，就《贵州省职业教育条例（草案）》开展立法调研。调研组一行深入黔西南民族职业技术学院，通过实地察看、座谈交流等方式详细了解学院的职业教育办学情况。在立法调研座谈会上，调研组听取和吸纳了相关意见和建议。为了保障好贵州省现有254万残疾人的权益，使残疾人保障条例更有针对性和操作性，贵州省人大立法机构把一些残疾人请到机关，面对面进行交流，贵州省人大调研组多次到各地康复中心开展立法调研。6月23日至7月7日，贵阳市人大教科文卫委、市人大法制委、市政府法制局和贵阳市科技局，对《贵阳市技术市场条例》以实地调研和召开征求意见会的方式，到贵州大学科学技术研究院及贵阳铝镁设计院、贵阳朗玛信息技术股份有限公司、贵州莱利斯机械设计制造有限责任公司等企业开展立法可行性调研工作。8月20日，贵州省人大常委会赴贵阳市开展改进地方立法、提高地方立法科学化水平专题调研。9月16日，贵阳市人大常委会开展了对青岩历史文化名镇保护管理的立法调研。

2．敢于创先立法、自主立法，制定了三部“全国第一”法规

2014年1月9日，贵州省人大常委会通过的《贵州省交通建设工程质量安全监督条例》是我国第一部规范交通建设工程质量安全监督的地方性法规，也是目前我国规范交通建设工程质量安全监督的法律效力最高的一部法规。2014年3月19日贵州省人大常委会通过的《贵州省信息基础设施条例》是全国第一部信息基础设施法规，在国内具有开创性和示范性，将为国家立法和全国其他地方立法提供有益借鉴。在国家层面没有生态文明的上位法，除了贵阳、珠海等城市已出台或正在审议类似法规外，各省（区、市）没有可借鉴经验的情况下，2014年5月，贵州省人大常委会以创新意识，改进立法方式，发挥主导作用，专门成立了立法领导小组和起草小组，探索自主立法，制定了《贵州省生态文明建设促进条例》，并于2014年5月17日由贵州省人大常委会通过，这是全国第一部省级生态文明建设地方性法规。

3．以立法引领，推动生态文明建设

贵州省人大常委会围绕发展和生态两条主线，由“经济优先”向“生态和经济相协调”转变，把创新生态文明体制机制、强化生态文明建设法治保障作为生态建设方面的立法重点。如，2014年7月实施的《贵州省生态文明建设促进条例》和正在审议的《贵州省大气污染防治条例》；贵州省环境与资源保护委员会完成的《贵州省水污染防治条例》《贵州省循环经济促进条例》《贵州省资源综合利用条例》立法调研工作；正在启动的《贵州省湿地保护条例》《贵州省水资源保护条例》《贵州省环境影响评价条例》《贵州省建设工程抗震设防管理条例》立法调研工作，三都县人大常委会制定的《三都水族自治县水库保护管理条例》，这些都与自然资源和环境保护密切相关。贵州省人大常委会以地方立法

引领、推动，使贵州省的生态文明建设走上法治化的快车道。

4. 重视开门立法、民主立法，对立法意见和建议积极主动回应

2014年，贵州省人大常委会非常重视开门立法、民主立法和自主立法，在已通过的地方性法规中，自主立法占30%左右。立法“听民意、察民情、解民忧”，将进一步降低部门色彩。具体做法有：（1）对立法中的重点和难点问题，采取了多渠道、多形式地发挥社会力量，扩大公民的政治参与。为了鼓励公民参与立法旁听，贵州省人大常委会以地方性法规的形式正式规定旁听公民的发言权，凡是参加常委会旁听的公民，由贵州省人大常委会机关为其提供食宿等条件。贵州省人大常委会法工委会召开专门的座谈会，听取公民对会议审议的法规案的意见建议。旁听公民与立法工作者零距离接触和交流，保证其有充足的时间表达对法规草案的意见建议。如《贵州省生态文明建设促进条例》起草后，全文在《贵州日报》等媒体刊载，面向社会各界征求意见。征求意见人数达到1万余人，收集意见400余条。立法工作者又一条条对照修改完善补充，再论证，再征求，再修改，反复多次，形成最终草案文本；（2）对社会关注高，涉及利益相关群体集中的法规案，实行广泛征求意见建议，如法规案公开征求意见“五个一”机制，还有问卷调查、明察暗访、专家和代表全程参与、第三方介入、表彰和奖励等不断探索的新举措；（3）对涉及人民群众切身利益和普遍关心问题的法规草案，通过联系代表、倾听心声等多种形式，对公众提出的立法意见、建议，认真分析研究，并作出主动回应。

5. 重视法规出台前后的评估工作

2014年9月1日，贵州省人大常委会法工委召开《贵州省学校学生人身伤害事故预防与处理条例（草案）》立法前评估论证会，法工委对法规出台时机、法规实施的社会效果和可能出现的问题等，听取了有关专家、校方、学生和家长等各方意见。对法规进行出台前的评估，在贵州省尚属首次。[①]贵州省人大常委会按照我国《立法法》有关规定，着力强化可行性评估，对其立法项目的立法内容、立法条件、可行性、社会影响和法规实施的成本效益等，进行客观认真的评估，增强立法科学性。5月23日，贵阳市人大常委会对《贵阳市殡葬管理办法》开展立法后评估调研工作，本次评估主要采取向社会公示、专题调研、召开座谈会、听取汇报、问卷调查、比较分析、外出考察、专家论证等方式收集各方意见。对《贵阳市殡葬管理办法》文本的质量、实施效果、存在问题以及影响因素进行调查和评价，提出加强执行力度，提高立法质量的意见。

（二）地方政府立法中的特色和亮点

1. 注重开门立法，广泛听取公众的意见和建议

在《贵州省城市基础设施配套费征收使用管理办法》起草过程中，贵州省政府法制办坚持开门立法、民主立法，邀请了部分省内知名专家学者、律师、省人大代表、政协委

①参见沈仁达：《依法治省立法先行》，载《贵州日报》2014年10月22日。

员、民主党派人士以及有关省直部门、企业代表等20余人就起草办法过程中面临的热点问题召开立法听证会，重点听取不同利益群体和专家学者的意见，公众及专家学者占参会人员总数的75%。此外，多次邀请省直有关部门进行咨询论证，并书面征求9个市（州）人民政府的意见。同时，在贵州省人民政府网、贵州省人民政府法制信息网上向社会公开征求意见，广泛听取意见。2014年1月4日，贵州省档案局召开《贵州省重大活动档案管理办法》立法计划论证会，8月29日召开了《贵州省重大活动档案管理办法（草案）》定稿论证会。2014年1月16日至17日，贵州省法制办《贵州省促进民族团结进步条例（征求意见稿）》起草组一行赴黔西南州开展立法调研论证工作，听取黔西南州提出的意见和建议。在组织起草《贵州省公路条例（草案）》时召开立法听证会，听取企业等管理相对人的意见和建议。

2. 注重加大创制性立法力度、实现立法起草工作机制多元化

《贵州省促进民族团结进步条例（草案）》是在国务院《关于进一步促进贵州经济社会又好又快发展的若干意见》出台后，贵州省委、省政府将建设民族团结进步繁荣发展示范区作为全省发展的5个战略之一的背景下起草的。条例（草案）已进入省人大常委会审议程序，一旦通过，将是全国首部省级层面促进民族团结进步方面的地方性法规。贵州省政府法制办不断加强对起草工作的指导，协调、解决起草工作中的问题。起草单位起草地方性法规、规章草案，法制办与起草单位共同研究立法的必要性、草案体例的合理性、内容的合法性和可行性等。逐步改变单一的政府立法起草模式，探索建立开放的、多元化的政府立法起草机制。对综合性强、社会影响大、关系人民群众切身利益的立法项目，如《贵州省人口与计划生育条例修正案（草案）》《贵州省促进民族团结进步条例（草案）》等实行立法工作者、实际工作者和专家学者相结合的起草模式，提高贵州省政府立法的起草质量。

3. 注重清理规范性文件、探索立法后评估工作

《贵州省规范性文件制定程序和监督管理规定》施行以来，贵州省人民政府在2014年清理规范性文件共6455件，拟宣布失效共1036件，废止共1358件，修改共555件，规范性文件设定行政许可、行政处罚、行政收费等事项基本得到有效遏制。贵州省政府法制办紧紧围绕服务保障民生和关注社会热点难点问题，积极组织开展立法后评估工作。如，贵州省政府法制办会同省水利厅联合开展了《贵州省抗旱办法》的立法后评估活动。

三、贵州省2014年度地方立法的不足与未来展望

（一）贵州省2014年度地方立法的不足

贵州省地方立法工作2014年成就显著，通过制定地方性法规和政府规章，提高立法质量，有力地引导、规范、保障和促进了贵州省政治、经济、文化、社会和生态文明建设，为加快贵州省依法治省进程提供了良好法制保障。但也要看到，地方立法是一项开创性的

事业，立法的现实发展还不能完全适应改革开放和发展稳定的需要，全省立法工作还存在一定的不足，具体表现为：

1. 立法对经济的引领领域还不够宽广

立法对经济发展有较好的引领作用，体现为：（1）生态文明建设的立法，引领和推动了贵州省的经济发展。一年来，贵州省经济生产总值9251.01亿元人民币，比上年增长10.8%，经济增速位居全国第二位，且连续四年居全国前列。（2）信息基础设施建设的立法，引领和推动了贵州省大数据产业的发展。中国电信、中国移动、中国联通三大电信运营商先后将大数据中心落户贵安新区，总投资150亿元，到2015年，实现信息产业规模总量3100亿元左右，信息化水平指数提升至全国三类地区水平，有力支撑贵州省的经济发展。（3）茶产业的立法，引领和推动了贵州省茶产业的可持续发展。2014年5月17日《黔南布依族苗族自治州促进茶产业发展条例》经贵州省人大常委会批准正式实施，黔南州由此成为全省第一、全国第二个为茶产业立法的地区。但经济发展新常态，必须坚持立法先行。法规必须要适应经济社会的发展，如果滞后就会阻碍社会经济的发展。因此，发展贵州省的经济，在立法上可以扩展更宽更广的领域。如，能源产业、资源深加工产业、装备制造业、特色轻工业、战略性新兴产业、现代服务业、文化、旅游、医药养生产业等优势产业。

2. 立法精细化程度不足

近年来，贵州省立法速度加快，立法数量越来越多，追求大而全，但内容空洞的立法不乏其例，制定出来的法规规章往往缺乏精细化的打磨。部分法规、规章未能全面客观地反映社会客观规律和人民意愿，针对性、可操作性不强。因此，立法的科学化、精细化有待进一步提升。

（二）贵州省地方立法的未来展望

1. 继续创新和完善立法工作机制，不断提高立法质量

贵州省地方立法要继续创新和完善法规规章立项的标准与程序、立法调研论证机制、公开征求意见机制、公众有序参与机制、经常化法规规章清理工作机制，以及立法机关与社会公众沟通机制，探索建立相关国家机关、社会团体、专家学者对涉及重大利益调整立法的论证咨询机制和立法前、中、后评估等机制，不断提高贵州全省地方立法质量。

2. 为公众参与进行“立法”，让公众参与有法可依

目前各地对于公众参与地方立法普遍没有作出明确规定，建议贵州省考虑制定此方面的法规，为公众参与地方立法而立法，比如可以制定公众参与地方立法办法，对公众参与地方立法相关问题作出全面的规定。或者根据情况，对公众参与地方立法有关问题作出单项规定，比如可以制定地方立法信息公开条例、地方立法听证规则等。通过这些地方性法规对公众参与地方立法作出规定，使公众参与地方立法有一个根本性制度保障，实现公众参与地方立法有法可依。

第二十六章　云南省2014年度立法发展报告

杨高峰　杨晓峰[①]

摘　要：2014年，云南省人大立法中注重发挥立法在深化改革中的引领和推动作用，政府立法中把握立法规律和拓展参与途径，但是也存在着立法权行使不科学、不规范等欠缺之处，云南省地方立法以后需要在打造高素质立法工作队伍、强化社会公众的立法参与上下功夫。

关键词：云南省　立法发展报告　立法引领

一、云南省2014年度立法发展状况

（一）云南省2014年度立法状况总体评述

云南省共有省人大、省政府2个省级立法主体，昆明市人大、政府2个省会城市立法主体，以及楚雄彝族自治州、红河哈尼族彝族自治州等8个自治州，金平苗族瑶族傣族自治县、南涧彝族自治县等15个自治县民族自治地方立法主体。

2014年，在科学立法、民主立法精神的指引下，云南省人大及其常委会发挥科学立法护航社会经济发展的功能，制定了《云南省水土保持条例》《云南省农村扶贫开发条例》《云南省突发事件应对条例》《云南省旅游条例》《云南省龙陵黄龙玉资源管理条例》《云南省普洱城市管理条例》《云南省电信设施建设和保护条例》等7件地方性法规，修改了《云南省曲靖城市管理条例》《云南省道路交通安全条例》《云南省保安服务管理条例》《云南省人才市场条例》《云南省陆生野生动物保护条例》《云南省盐业管理条例》《云南省地热水资源管理条例》《云南省土地管理条例》《云南省道路运输条例》《云南省实施〈中华人民共和国人民防空法〉办法》10件地方性法规，废止2件地方性法规；批准民族自治地方制定和修订单行条例14件，废止2件；批准昆明市制定和修改法规4件，废止3件。

---

①杨高峰，法学博士，广州大学法学院教授。研究方向：刑法学、地方法制建设。杨晓峰，广州大学法学院研究生。

云南省人民政府共制定了6件政府规章，分别为《云南省单位消防安全管理规定》《云南省机关事务管理办法》《云南省残疾人就业规定》《云南省退役士兵安置规定》《云南省人工影响天气管理办法》《云南省无线通信网络建设管理办法》。

在地方性法规的制定上，昆明市人大常委会制定了《昆明市知识产权促进与保护条例》《昆明市民办教育促进条例》《昆明高新技术产业开发区条例》《昆明经济技术开发区条例》4件地方性法规，废止了《昆明市云龙水库保护条例》等3件法规；其中，《昆明市知识产权促进与保护条例》等条例的制定引起了民众的极大关注。

在昆明市政府立法上，昆明市人民政府制定了《昆明市居民家庭经济状况核对办法》《昆明市机动车洗车场管理办法》《昆明市奖励和保护见义勇为人员办法》《昆明市无主遗体管理办法》4件规章，修改了《昆明市农村公益性公墓管理办法》《昆明市残疾人机动轮椅车管理规定》2件规章。

在自治地方立法上，各自治州县人大制定了《云南省红河哈尼族彝族自治州石屏豆制品产业发展条例》《云南省红河哈尼族彝族自治州建水紫陶产业发展条例》《云南省红河哈尼族彝族自治州历史风貌街区和风貌建筑保护条例》《云南省怒江傈僳族自治州特色畜禽资源保护与利用条例》《云南省德宏傣族景颇族自治州饮用水水源保护条例》《云南省楚雄彝族自治州青山嘴水库管理条例》《云南省南涧彝族自治县城乡规划建设管理条例》《云南省文山壮族苗族自治州矿产资源管理条例》《云南省文山壮族苗族自治州农村产权抵押贷款条例》《云南省河口瑶族自治县城市管理条例》10件单行条例，修订了《云南省玉龙纳西族自治县拉市海高原湿地保护管理条例》《云南省西双版纳傣族自治州澜沧江流域保护条例》《云南省楚雄彝族自治州民族教育条例》《云南省大理白族自治州洱海保护管理条例》4件单行条例，废止了《云南省大理白族自治州禁止赌博条例》共2件单行条例。立法项目多是针对各自治地区的民族地域特色以及民族地区发展的需要而制定的，其中《云南省西双版纳傣族自治州澜沧江流域保护条例》《云南省楚雄彝族自治州青山嘴水库管理条例》《云南省大理白族自治州洱海保护管理条例》《云南省文山壮族苗族自治州矿产资源管理条例》是为了自治地区特有的资源保护而制定的，而《云南省楚雄彝族自治州民族教育条例》《云南省文山壮族苗族自治州农村产权抵押贷款条例》《云南省德宏傣族景颇族自治州饮用水水源保护条例》《云南省怒江傈僳族自治州特色畜禽资源保护与利用条例》以及《云南省南涧彝族自治县城乡规划建设管理条例》的出台则是基于民族自治地方社会管理和发展的需要。

总体而言，云南省2014年度地方立法呈现一个发展、创新、有效率的状况。

（二）云南省2014年度地方性法规发展状况

在省人大立法方面，2014年，云南省人大常委会特别重视《云南省农村扶贫开发条例》和《云南省水土保持条例》的制定。由于历史和自然原因，农村贫困问题仍然是制约云南省经济发展的主要瓶颈。到2014年底，云南省仍有4个集中连片特困地区、91个片区县，数量居全国首位；有农村贫困人口661万人，居全国第二位。农村贫困问题仍然是制约云南省经济社会发展的主要瓶颈。《云南省农村扶贫开发条例》突出区域开发与精准扶贫两个重点，对专项扶贫、行业扶贫、社会扶贫等三大类主要扶贫措施和税费减免、投入增长、金融服务、土地保障、贫困影响评价、智力扶贫等六个方面的扶持政策进行了规定，规范强化了政策支撑。针对扶贫开发工作中存在底数不够清、指向不够准、针对性不够强等问题，云南省制定了精准扶贫和建档立卡两个工作方案，计划2014年底全面完成700万人约175万户贫困户、4277个贫困村、476个贫困乡镇的识别和建档立卡工作，逐户逐村逐乡制定帮扶措施，并推进扶贫信息网络平台建设，全程跟踪监测，及时更新有关信息，实现动态管理、精准管理。

此外，云南省是全国水土流失严重的省份之一，全省水土流失面积13.4万平方公里，占国土面积的35%。全省年土壤侵蚀量5.1亿吨，占全国年流失土壤50亿吨的1/10。而1994年10月实施的《云南省实施〈中华人民共和国水土保持法〉办法》，由于制定时间较早，许多规定与新形势的需要已不适应。为了有效控制和治理水土流失，《云南省水土保持条例》的制定实属必要。《云南省水土保持条例》是根据新修订的《中华人民共和国水土保持法》，在全面总结《云南省实施〈中华人民共和国水土保持法〉办法》施行20年以来的实践经验基础上，结合本省实际制定的。

《云南省水土保持条例》共7章40条，分别为总则、规划、预防、治理、监测和监督、法律责任、附则。该条例立足于加强水土流失的预防和治理，结合云南实际，妥善解决水土资源的保护与合理利用中的问题。其中，为了有效开展水土流失治理，明确治理责任和措施，该条例明确了政府应当有计划地开展以小流域为单位的水土流失综合治理，针对不同水土流失地区采取分类治理措施，同时，规定了不同性质土地使用者的水土流失治理责任。而针对云南省矿产资源丰富、开采面广、量大，预防举措滞后的问题，特别在第二十七条作出了相关规定："生产建设单位在露天开采矿产资源等生产建设活动期间，应当制定渣土堆放计划，有序堆放渣土。对不再扰动和不再堆放的渣土地应当及时采取种植植物治理等措施。"这一条例的颁布，是新时期加强生态文明建设的重要举措，标志着云南水土保持工作在法制建设上迈出重要一步，为云南省更好地依法预防和治理水土流失、保护和合理利用水土资源、维护生态安全提供了法律依据。

昆明市人大及其常委会极其重视《昆明市知识产权促进与保护条例》的制定。《昆明市知识产权促进与保护条例》不仅突出了知识产权对产业转型升级的核心支撑作用，还突出了企业和个人在知识产权创作运用中的主体地位。《昆明市知识产权促进与保护条例》规定优先对促进经济转型升级有重大影响的主导优势产业和战略性新兴产业的技术创新给予重点扶持，与企业、高等院校和科研院所开展产学研合作，支持单位和个人争创知名品牌和参与技术标准的制定，鼓励申报认定非物质文化遗产，加大对创意设计、动漫等文化产业的扶持力度。该条例的颁布将对提高区域核心竞争力、建设创新型城市等方面起到强有力的推动作用，其施行也将成为依法推动和保障昆明市知识产权事业发展的一个里程碑。

2014年，自治州县的人大立法旨在带动民族自治地区的进步和发展，立法多带有民族自治的地方特色。新修订的《云南省楚雄彝族自治州民族教育条例》以促进民族教育均衡发展为目的，确定了发展民族教育的基本原则，明确了民族教育的管理体制和各级政府及相关部门在发展民族教育中的管理职责，同时规范了办学形式和教育教学管理制度，为解决民族教育发展中的诸多现实问题提供了法律依据；《云南省大理白族自治州洱海保护管理条例》的修订将保护管理范围扩大到整个洱海流域，把保护和管理统筹起来，共同推进洱海保护与治理；《云南省德宏傣族景颇族自治州饮用水水源保护条例》是德宏傣族景颇族自治州第一部规范水资源保护管理工作的地方性法规，其致力于加强德宏州饮用水水源保护，保障饮用水安全，明确饮用水水源保护区地理界标和警示标志以及加强饮用水水源保护区的生态建设工作、水土保持工作和水源涵养林、防护林、人工湿地建设，维护水体的自然净化能力；《云南省怒江傈僳族自治州特色畜禽资源保护与利用条例》既突出了对特有畜禽品种遗传资源的保护，又对科学开发、利用特有畜禽品种遗传资源和实现特色畜牧业产业化、规模化发展提供了有力的保障措施，对有效保障怒江州特色畜禽品种遗传资源的保护利用和促进畜牧业持续、健康、高效发展起到重要的促进作用。

（三）云南省2014年度地方政府规章发展状况

在省级政府规章制定方面，2014年，云南省人民政府共制定了6件政府规章。在年度立法上，加大了社会公共设施方面的立法力度，在公共福利设施方面出台2件相关政府规章，分别为《云南省无线通信网络建设管理办法》《云南省人工影响天气管理办法》。

2014年，《云南省残疾人就业规定》《云南省退役士兵安置规定》等规章引起了社会的较大关注和反响。《云南省残疾人就业规定》明确要求在每年招录的公务员计划总数中确定一定数量专项用于招录残疾人，其实施将会为进一步促进残疾人就业提供政策性保障和支持，但如何找到素质、技能、就业心态都能与岗位适应的残疾人，仍然比较困难。而《云南省退役士兵安置规定》立法的关键内容在于对符合政府安排工作条件的退役士兵实行文化考试、实绩考核相结合的安置办法，将云南省成功探索的“双考”经验首次上升为制度规范，从制度上保障了公开、公平、公正、规范、透明和阳光安置。除此之外，还对国家机关、社会团体、企业事业单位、其他社会组织接收安置退役士兵的人数比例作出明确要求，目的在于破解退役士兵难安置的瓶颈。

《云南省人工影响天气管理办法》共5章32条，该办法对云南省人工影响天气工作的公益性质、组织实施规范、安全管理办法、法律责任作出明确规定。要求县级以上政府应该建立和完善人工影响天气经费投入机制，并相应加强安全管理，建立健全安全生产责任制度。

《云南省无线通信网络建设管理办法》共18条，该办法从内容上进一步明确了政府及其相关部门在无线通信网络建设方面的管理职责，增强了无线通信网络建设规划的可操作性，同时还在建设项目设计、施工，基站选址和共享共建等方面提出了具体要求。该办法有效解决了无线通信网络和基站建设中存在的问题，避免重复建设和资源浪费。《云南省无线通信网络建设管理办法》的制定和实施对推进云南省公众移动通信网络基础设施建设，加快"智慧城市""无线城市"发展具有重要作用，有利于云南经济社会发展。

昆明市人民政府制定的4件规章和修改的2件规章涉及的是机动车洗车场管理、无主遗体管理、公益性公墓管理、残疾人机动轮椅车管理等社会热点难点问题，为推进相关问题的解决处理奠定了良好的基础。

二、云南省2014年度地方立法的特色和亮点

（一）地方人大立法中的特色和亮点

2014年，云南省人大及其常委会在立法进程中勇于担当、主动作为，不折不扣地将法规和条例落实到位，贯彻落实中央和省委精神，推动人大立法与时俱进，并且积极回应社会所关切的问题。人大立法中的特色和亮点具体表现为：

1．注重发挥立法在深化改革中的引领和推动作用

2014年，云南省人大及其常委会紧紧围绕富民强滇、深化改革和法治云南建设的中心工作，加强经济、民生、文化和生态文明建设等重点领域的立法，实现了立法和改革决策的衔接，发挥了立法的引领和推动作用。云南省人大的立法工作不仅着眼于社会管理的实际需要，更加注重强调通过制度创新、制度导向为深化改革、推动发展提供制度供给，为化解矛盾、维护稳定奠定制度基础，使云南省的法治建设进程与改革发展稳定进程相适应、相协调、相统一。

2．突出重点领域立法，开展专项立法

多年来，云南省人大及其常委会着重加强诸如扩大对内对外开放、调整经济结构、培育支柱产业、加强基础设施建设、促进可持续发展、改善云南投资环境等方面立法，以及社会民生保障、物质和非物质文化遗产保护、生态文明建设等重点领域的立法。2014年，云南省人大及其常委会的立法依旧突出其中的重点领域：一是围绕全面深化改革发展、加强基础设施建设、促进产业结构调整和云南省特色产业发展方面的立法项目，包括《云南省电信设施建设和保护条例》《云南省水利工程管理条例》等；二是关注民生和公民权益保护、建立健全社会保障制度、加强和创新社会管理、促进公益事业建设、维护社会和谐稳定的立法项目，包括《云南省食品卫生条例》《云南省突发事件应对条例》等；三是加强生态文明建设、保护耕地和自然生态环境方面的立法项目，比如《云南省水土保持条例》。这些立法项目将有力地推动全省重点领域的改革与发展。除此之外，云南省人大及

其常委会还注重针对特定事项开展专项立法，从云南省省情实际出发，针对改革发展中的重大事项开展专项立法，突出立法的针对性，使地方立法更加管用，比如制定《云南省散装水泥促进条例》。

3. 注重开展自主性立法

云南省人大及其常委会在立法活动上紧紧围绕“一个制定，两个批准”，积极探索立法工作的客观规律，认真总结立法工作经验，不断完善立法工作体制机制，经历了从根据云南实际配合国家立法制定好实施细则，到针对发展需要主动创新开展自主立法的过渡。除昆明市外，截至2015年2月，云南省有7个设区的市没有地方立法权。为解决没有立法权的市的立法需求问题，促进这些地方的经济社会发展，省人大常委会在自主立法方面进行了创新，探索由主任会议授权有关工作委员会起草法规案的方法，省人大自行制定地方性法规，为相关设区的市解决了急需通过立法解决的实际问题，先后为玉溪、保山、昭通、普洱等市，制定了城市管理、古城保护、生态建设等方面的地方性法规14件，为地方立法发挥引领和推动作用拓展更大空间。

4. 成立云南立法咨询专家库，注重推进开门立法

设立法制委、法工委立法咨询专家库是云南省人大常委会为加大开门立法，提高地方立法质量所采取的一项科学立法、民主立法新举措。专家库自2013年11月1日成立以来，专家参与了年度立法计划的制定、法律案征求意见、法规调研论证、执法检查、立法后评估、法治相关课题研究、规范性文件备案审查专业咨询等各项立法工作及其相关活动，提出各类意见、建议达300余条，可谓成效明显。立法咨询专家是法制委、法工委的“智囊团”，同时也是省人大常委会立法工作的“外脑”，各位专家可以充分发挥其自身优势，为实现云南科学立法、民主立法、开门立法提供强大智力支持。

（二）地方政府立法中的特色和亮点

1. 把握立法规律，精心确定立法项目

面对新形势、新任务，为加强和推进地方立法中的重点领域立法，云南省人民政府精心确定了重点领域立法项目。在立法项目的选取上，充分考量了当地经济社会发展实际，统筹立法资源，从“成熟一个，制定一个”的“摸着石头过河”的立法模式向科学规划、统筹安排、协调发展的立法模式转变。省政府把握住重点领域立法的立法规律，以立法促进经济发展方式转变，在加强规范的同时，更强调法律的引导功能，在立法上处理好现实性与前瞻性的关系。

2. 拓展参与途径，反映人民意志

人民群众参与立法活动，在加快我国民主法制建设、全面推进依法治国、建设社会主义法治国家进程中起着十分重要的作用。云南省人民政府在立法过程中对人民群众提出的意见和建议注意认真研究和吸纳，提高了群众参与地方立法活动的关注度和参与

性，深化了群众对参与立法活动重要意义的认识，防止和避免了群众参与立法活动走过场、形式化。

3. 注重民主立法，提高立法质量

云南省政府在立法过程中，注重民主立法，拓宽了起草法规、规章草案的渠道，切实提高了地方立法质量。除政府直接起草和组织起草法规、规章草案外，云南省人民政府不断探索委托有关单位和组织起草法规、规章草案的模式和路径，希望能够不断拓宽草案起草的渠道，建立开放的、多元化法规、规章起草体制机制。先后探索完善了专家起草、招标起草、公开征集等多种方式，充分调动了立法者、执法者、专家学者和人民群众参与立法的积极性。

三、云南省2014年度地方立法的不足与未来展望

（一）云南省2014年度地方立法的不足

云南省地方立法在2014年度尽管取得了不错的成绩，但也仍然存在一些不足和差距，这些不足和差距也迫使云南省地方立法机关在以后的工作中要不断改进工作方式，提高立法质量和水平。存在的不足主要有：

1. 立法权行使存在不科学、不规范现象

现实中，各地在立法项目上往往存在盲目比照国家法律、行政法规，重复选题立项的现象。甚至是中央立法刚出台，地方随后就出台了实施中央立法的一些具体细则，而且这些实施细则常常不适当地把执行政策中那种转发文件的做法带到地方立法工作中去；在具体条款内容上，大量照抄照搬国家法律、行政法规的条款，重复国家法律、行政法规的一些规定，不仅降低了上位法的权威，而且加大了立法体制成本，也相应地增加了立法程序成本、监督成本以及实施成本的投入。

2. 立法程序有待规范化

中国的立法领域经过多年的实践，已经形成了一套程序，并具有一定的完整性和自己的特色。这一程序在中国近年来的立法工作中发挥了重要的作用。但是随着社会主义市场经济体制的建立和完善，现行立法程序已经不能满足新的需求，一些过去低层次立法中似乎必要的政策调整、行政干预已经成为新形势下立法的障碍。目前各地的立法进程中普遍存在着立法进度缓慢，立法中一些机构争夺权利、逃避义务，行政机关对立法的干预以及相互推诿、设置障碍等现象。

3. 民主立法尚待进一步加强

民主立法就是保障人民当家做主的权利，具体说是保障人民群众的立法参与权，立法工作的民主化是民主立法的重要载体。云南省的立法规划项目建议草案有公开征求市民意见的做法，虽然使得立法质量从立项开始就有了民主保障，但公众的参与热情不高，参与

方式也不够合理。此外，立法的方式不够多元化，可以完善立法听证制度，采取包括利用互联网公布法规草案、收集市民意见、直播听证会等多种方式。再辅之以云南省新成立的立法咨询专家库，充分发挥丰富的人力资源在民主立法中的作用。

4．民族立法覆盖面不足，整体工作需要提升

云南省作为多民族聚集的地区，其民族立法已初具规模，涉及民族地区经济发展、社会进步的诸多重大问题初步纳入了法制轨道，全省民族法制建设工作也得到不断发展。虽然如此，但云南省的民族立法工作还有所欠缺。首先是民族立法的制定、更新不够及时。云南有8个自治州、15个自治县共23个民族自治地方立法主体，2014年仅制定、修改单行条例14件，年度立法数量显然与如此多的立法主体数量不相匹配。这不利于民族立法跟上时代发展的步伐；其次民族立法中原则性规定较多，可操作性不强，由于对立法的调查研究不够，再加之制定时间仓促等原因，导致有些民族立法缺乏可实施性。

（二）云南省地方立法的未来展望

1．加强学习和交流，努力打造一支高素质的立法工作队伍

立法工作是一个系统工程，涉及政治、经济、文化和社会管理等各个领域，立法工作人员的素质，对立法质量影响很大。各地人大常委会应当加强立法工作机构建设，配齐立法工作人员，注重提高立法工作人员的综合素质，打造一支政治坚定、业务精通、务实高效、作风过硬、团结协作、勤政廉洁的立法干部队伍。利用各种机会加强学习和培训，定期举办法制讲座，积极与外地人大开展经验交流。通过召开地方立法工作会议和举办立法干部培训班等活动，向人大和政府各部门负责人和法制机构工作人员传达立法工作的指导思想和努力方向，及时总结立法工作经验，讲授立法知识，加强立法工作理论研究和讨论，不断提高立法技术水平，为地方立法工作迈上新台阶打下良好基础。

2．要研究和制定法规定期清理的工作机制

人大的立法工作机构要结合备案审查工作，根据上级人大常委会和国务院公报以及通过报刊等媒体，注意收集和整理上位法的出台和更新情况；政府的行政执法部门，是贯彻实施法律法规的主力军，一线行政执法机构和人员对上位法的变化情况应当最清楚，对于本级地方性法规出现与上位法或者经济社会发展明显不适应、不一致、不协调和操作性不强等问题时，应当及时向本部门的法制工作机构汇报；政府部门应当定期将有关情况向法制办报告或者向人大常委会的相关工作部门反映。对部分法规规范存在确实需要修改和完善的，地方政府应抓紧着手进行调研，及时提出立法项目的修改或者废止的建议，以便列入年度立法计划，及时纳入立法程序。

3．坚持民主立法、科学立法，强化社会公众的立法参与程度

坚持以立法公开促进立法民主，充分运用法规草案公开登报、立法听证会、座谈会、论证会等各种形式，广泛征求社会各阶层、各方面意见。不断改进和完善立法公开制度，

拓展群众参与地方立法活动的途径和渠道，扩大群众对立法工作的知情权，保障群众通过多种形式参与地方立法计划的制定，法规、规章草案的起草、审议和修改等活动，实现立法机关与社会公众的互动。现阶段，地方性法规要在构建和谐社会中发挥应有作用，就要妥善解决权利与权力的协调性问题。

4．为立法咨询专家库配备相应的制度，保证专家充分参与立法

设立法制委、法工委立法咨询专家库是上一届省人大常委会为加大开门立法，提高地方立法质量所采取的一项科学立法、民主立法新举措。要建立健全人大各专门委员会和常委会各工作委员会立法专家顾问制度，完善省人大法制委、法工委立法咨询专家库人员的知识结构和管理办法。云南省要结合党的十八届四中全会精神和省委实施意见的学习贯彻，进一步加强和改进专家库的工作，把立法咨询专家库与地方立法研究院、立法研究会这三个现有的立法咨询、研究机构的工作统筹起来，相互配合、各有侧重、共同推进。要加强人才队伍建设，实行动态管理，适应形势任务要求，不断优化人才结构。

第二十七章　西藏自治区2014年度立法发展报告

杨高峰　杨晓峰[①]

摘　要：2014年，西藏自治区人大立法坚持从实际出发，突出民族特点和地方特色，政府立法中注重沟通协调，实行开门立法等，但也存在着立法观念与立法技术不成熟等，以后西藏自治区地方立法需要在切实加快立法步伐、提高立法质量、突出民族区域立法特色等方面加快发展。

关键词：西藏自治区　立法发展报告　法引领

一、西藏自治区2014年度立法发展状况

（一）西藏自治区2014年度立法状况总体评述

西藏自治区共有自治区人大、自治区政府两个省级立法主体，有拉萨市人大、拉萨市政府两个市级立法主体。

2014年，在科学立法、民主立法精神的指引下，西藏自治区人大及其常委会发挥立法服务社会、推动改革的功能，制定了《西藏自治区实施〈中华人民共和国国防教育法〉办法》《西藏自治区无线电管理条例》《西藏自治区实施〈中华人民共和国非物质文化遗产法〉办法》《西藏自治区建设工程安全生产管理条例》《西藏自治区防雷减灾条例》《西藏自治区志愿服务条例》6件地方性法规，批准了《拉萨市城市绿化条例》。其中《西藏自治区建设工程安全生产管理条例》《西藏自治区防雷减灾条例》《西藏自治区志愿服务条例》3件地方性法规是2015年1月14日西藏自治区第十届人民代表大会常务委员会第十四次会议审议通过，其他3件地方性法规是在2014年内制定通过的。

西藏自治区人民政府2014年共制定了《西藏自治区科学技术奖励办法》《西藏自治区火灾高危单位消防安全管理办法（试行）》《西藏自治区〈退役士兵安置条例〉实施细则》3件政府规章。

---

①杨高峰，法学博士，广州大学法学院教授。研究方向：刑法学、地方法制建设。杨晓峰，广州大学法学院研究生。

在地方性法规的制定上，拉萨市人大常委会制定了《拉萨市城市绿化条例》。

拉萨市人民政府制定了《拉萨市城市照明管理办法》《拉萨市出租汽车管理办法》2件政府规章。

总体而言，西藏自治区2014年度地方立法呈现一个稳定、发展、有序的状况。

（二）西藏自治区2014年度地方性法规发展状况

在自治区人大立法方面，2014年，自治区人大常委会特别重视《西藏自治区无线电管理条例》的制定。近几年，西藏的无线电发展非常快，目前建成的台站已达1.5万多台，并以平均每年11%左右的速度增长。随着无线电技术应用的日益普及，无线电管理工作的任务越来越重，难度越来越大。特别是，随着西藏无线电台站数量的日益增多，擅自使用无线电频率、违规设置各类无线电台站、非法销售无线电发射设备等现象时有出现，对铁路、民航、公众移动通信等重要无线电业务产生了有害干扰，不仅直接影响了正常的无线电秩序，而且对人民生命财产构成了威胁。

加快西藏无线电管理地方立法，是巩固国防建设、保障国家安全的需要，是保障各项重大任务、有效应对应急突发事件的需要，也是维护社会稳定、确保边疆长治久安的需要。西藏南与缅甸、印度、不丹、尼泊尔等国家毗邻，西与克什米尔地区接壤，陆地国界线达4000多公里，是我国西南边陲的重要门户，处于国防前哨和反分裂斗争的第一线。另外，随着对外友好往来和边贸活动的不断增加，一些边境口岸也出现了跨界无线电干扰，外国政府、企业在藏派驻机构使用无线电设备的需求也日益增加，迫切需要加快地方立法以有效解决无线电管理工作中出现的新情况、新问题。

西藏自治区人大常委会也极其重视《西藏自治区实施〈中华人民共和国非物质文化遗产法〉办法》的制定。与国家非遗法相比，该办法最大的亮点是增加了对丧失传承能力的原代表性传承人的人文关怀。该办法共6章49条，包括：总则、非物质文化遗产调查、非物质文化遗产代表性项目名录、非物质文化遗产传承与传播、法律责任及附则。整部办法既严格贯彻落实《中华人民共和国非物质文化遗产法》的立法精神和立法原则，又立足西藏自治区深厚的非物质文化遗产资源和保护现状，就非遗保存与保护、传承与利用等各个环节作出了符合西藏实际的规定，特别明确了非遗保护经费、队伍建设、建立健全四级非遗名录体系、政府对代表性项目和传承人的认定与扶持、项目保护单位及代表性传承人的动态管理、非遗项目的传承传播及生产性保护等问题。

拉萨市的人大立法中，《拉萨市城市绿化条例》是其年度立法的核心内容。该条例分为总则、规划和建设、保护和管理、法律责任、附则共5章37条。主要包括城市绿化专项规划、计划和实施；城市绿化用地的建设；城市绿化用地的保护管理等三方面。根据条例规定，居住、公共绿地率不低于35%，其中新建区绿地率大于35%；老城区绿化率不低于15%；工业绿地率不低于20%；重污染单位和危险品仓库绿地率不低于40%；城市道路、市政公用设施的绿地率不低于15%。

对于建设项目绿地面积不能达标又确需建设的，《条例》规定应当经市、县（区）林业绿化、国土资源、城乡规划主管部门审核同意，并报同级政府批准，批准后建设单位应该按照规定缴纳城市绿化补偿费，由市、县（区）林业绿化主管部门统一组织异地绿化。

《条例》明确了城市绿化的保护和管理责任，防止责任不清，互相扯皮。其中，城市公共绿地、城市行道树、次干道绿化带，由市、县（区）林业绿化主管部门负责；公路、铁路、河道、水库等地范围内的绿地由各有关主管部门负责；风景林地、防护绿地由各级政府指定部门负责；居住区绿地由居住区物业管理机构或由乡镇街道办事处负责；生产绿地由生产、经营单位负责。对于保护和管理责任单位不清楚或有争议的绿地，由所在市、县（区）政府确定管护责任单位。

（三）西藏自治区2014年度地方政府规章发展状况

在政府规章制定方面，2014年，西藏自治区人民政府制定规章3件，拉萨市制定规章2件。西藏自治区人民政府制定的3件政府规章分别针对科学技术奖励、火灾高危单位消防安全管理、退役士兵安置的内容，反映出自治区政府对这三方面工作的重视。

《西藏自治区科学技术奖励办法》是在原《西藏自治区科学技术奖励办法》部分内容已不能适应形势和工作需要的情况下进行修改订立的。原奖励办法在奖励周期、奖项设置、机构职能、评审程序、奖金数额等方面存在许多不足。自治区科技厅会同相关部门征求了七地市30多家部门和企业、事业单位的意见，组成联合调研组到甘肃、山西调研，最终形成了新的规章草案交自治区政府常务会2014年9月19日通过。

《西藏自治区科学技术奖励办法》修订的主要内容：一是设立了自治区科学技术奖励委员会；二是设立了自治区科学技术奖励评审委员会；三是将原来的两年一评修改为一年一评，规定每次奖励项目总数不超过20项，一、二、三等奖比例原则上为1：2：3；四是将原来的特等奖改为“杰出贡献奖”，将原来的“国际科学技术合作荣誉奖”归入自治区科学技术奖。同时，进一步强化推荐者的责任，规范推荐程序，细化规范了受理、公示、异议处理的内容，并根据国家有关政策删除了社会力量设奖的规定。

《西藏自治区〈退役士兵安置条例〉实施细则》（以下简称《细则》）是2014年7月31日由西藏自治区人民政府第10次常务会议研究通过的。《细则》对做好退役士兵安置工作，对加强国防和军队建设、实现强军梦，促进社会稳定和经济发展具有重要意义。《细则》规定，县级以上人民政府退役士兵安置工作，主管部门负责本行政区域的退役士兵安置工作，县级以上人民政府民政部门承办退役士兵安置工作，财政、人力资源和社会保障、教育、公安、税务、工商行政管理、机构编制等有关部门在各自职责范围内，做好退役士兵安置相关工作。《细则》还规定，自治区人民政府根据国务院和总参谋部下达的退役士兵由人民政府安排工作的年度计划，制定自治区安排工作的退役士兵年度接收安置计划。各地（市）、县（市、区）人民政府应按照自治区人民政府下达的年度接收安置计划，根据实际情况，下达本行政区域内退役士兵安排工作的任务，并依法向社会公开。安置地人民政府应当在接收退役士兵的6个月内，完成本年度安排退役士兵工作的任务。

2014年，拉萨市人民政府制定了《拉萨市城市照明管理办法》《拉萨市出租汽车管理办法》2件政府规章。两件规章涉及的是城市照明和出租汽车管理问题，这是目前城市管理中的两大热点问题。

《拉萨市城市照明管理办法》中规定，拉萨市城市照明规划与建设，应当根据拉萨市总体规划编制，与城市建设、经济和社会发展相适应。在新建、改建、扩建城市道路时，城市道路、住宅区以及主要建（构）筑物配套的城市照明设施应当按照城市照明专项规划建设，并与主体工程同步设计、施工、验收和使用。城市道路照明设施的管线应当按照城市总体规划中地下管线专项规划管理，并采取相应保护措施，未入地的道路照明管线，应当按照规划逐步进入入地改造。

二、西藏自治区2014年度地方立法的特色和亮点

（一）地方人大立法中的特色和亮点

2014年，西藏自治区人大常委会坚持以邓小平理论、“三个代表”重要思想、科学发展观为指导，深入贯彻落实党的十八大和中央第五次西藏工作座谈会精神，紧紧围绕自治区工作大局和首要任务，认真履行法律赋予的职责，加强和改进地方立法工作，加快立法速度，提高立法质量，有力地推动了依法治藏进程，为建设小康西藏、平安西藏、和谐西藏、生态西藏发挥了重要的引导、规范、促进和保障作用，为中国特色社会主义法律体系的如期形成和不断完善做出了积极贡献。人大立法中的特色和亮点具体表现为：

1. 坚持从实际出发，突出民族特点和地方特色

立法是为实践服务的，必须符合实际的需要。国家立法如此，地方立法也是如此。多年来，在西藏自治区地方立法实践中，始终坚持不抵触、有特色、可操作、重实效的原则，在维护国家法制统一的前提下，特别注重法规制定后在实际生活中的实施效果，注重法规对当地经济社会发展所产生的作用。在坚持不抵触的前提下，尽可能地突出民族特点和地方特色。例如拉萨市出台的《拉萨市城市绿化条例》，就拉萨市比较难解决的绿化问题进行了详细规定，突出了鲜明的地方特色。

2. 注重科学立法逐步形成制度

不同的立法阶段有不同的任务和不同的关注点。法律体系形成后，立法的主要任务是进一步完善和发展这个体系，地方立法重点也应相应调整。西藏自治区在立法活动中首先强调立法的必要性和针对性。西藏自治区在立法过程中根据本地区的具体情况和实际需要，围绕经济社会发展中迫切需要解决且又适合以地方立法形式解决的问题开展立法工

作。其次强调少而精。随着法律体系的形成，立法从构建型向完善型、速度型向质量型、封闭型向开放型转变，“慎立、多修、精化”成为立法的发展趋势。2014年，自治区人大立法不多，但西藏自治区在立法科学化、民主化方面逐步规范，形成了制度，在立项、审议、修改阶段，加大了公众的参与力度，保障了公民对立法工作的有序参与，体现立法为了人民，依靠人民，增强了全社会的法律意识。

3．重视立法前分析评价机制，完善项目申报、审查、审定制度

西藏自治区人大科学合理地确定立法项目，建立健全了立法项目论证制度，把立法成本效益分析制度列入立法程序。区人大在确定立法项目时积极推行立法成本效益分析制度，从立法成本、执法成本、社会成本及立法效益等方面对法规进行评估，客观分析法规将对经济社会产生的影响，提高立法的科学性，改变盲目立法、立法泛滥的现象，更加客观地审视立法的可行性，从而提高立法质量，降低立法成本，提高立法效益。

4．健全立法质量评估机制

西藏自治区人大对现行地方性法规实施一段时间后，对其是否符合立法本意、法规实施的现实效果、法规存在的意义和价值进行适时评价。通过评估，发现法规本身缺陷，对该法规是否继续执行，或是否需要补充、修改和废止做出及时判断，为立法机关决策提供依据。自治区人大坚持立法机关自行评估和委托评估相结合，抓好立法质量评估这个最核心的环节。如在搜集信息资料阶段，采取实地察看、召开座谈会、听取汇报、书面征求意见，发放调查问卷、开展网上评价、执法部门自查、专题调研、代表参与、专家评议和论证等多种途径；信息处理阶段，充分运用了法律分析手段，综合运用了经济学、管理学、统计学的分析方法；信息处理的反馈阶段中，分析了各方面的反应后，对立法总结评价的结论及时归纳编写评价报告，对评价结果进行汇总。通过立法质量评估，自治区人大客观地检测和评价法律制度的科学性、法律规定的可操作性、法律执行的有效性等，同时为地方性法规适时立、改、废提供依据，打好基础。

（二）地方政府立法中的特色和亮点

1．注重沟通协调，实行开门立法

地方立法需要考量和平衡各方利益诉求，加强沟通协调尤为重要。西藏自治区人民政府在立法过程中，注重搭建好沟通协调平台，确保立法参与各方能够交流对接，及时解决问题。立法中争议最多的问题往往是关键制度方面的问题，这也是立法中的重点和难点。为了确保这些关键制度和立法难点问题不因意见分歧过大而阻碍立法进程，西藏自治区人民政府在立法过程中注重加强组织协调，及时与立法参与各方反复沟通，解决分歧和矛盾，确保法规案顺利通过。坚持开门立法，采取“走出去、请进来”的办法，主动回应人大代表和社会公众对地方立法的关切，广泛听取社会各界对五年立法规划、年度立法计划和具体法规案的意见。

2. 注重社会领域立法，保障和改善民生

加强社会领域立法，保障和改善民生，使改革发展成果更多更好地惠及广大人民群众是地方立法机关的重点工作之一。近年来，西藏自治区政府立法着力民生民心，注重社会领域立法，着力解决社会管理中遇到的突出矛盾和问题。例如，《拉萨市城市照明管理办法》《拉萨市出租汽车管理办法》等社会管理方面的规章，旨在解决当前存在的涉及民生的现实矛盾和问题。

3. 突出自治特点、区域特点、民族特点

西藏自治区政府制定的规章突出自治特点、区域特点、民族特点，其内容涉及科学技术奖励、火灾高危单位消防安全管理、退役士兵安置等社会生活的各个方面，通过西藏自治区政府立法，不仅从法律制度上进一步巩固了民主改革的成果，建立了社会主义民主政治制度，保障了藏族人民的民主权利在管理国家事务和国家的内部事务中的主人翁地位，而且带动和促进了整个自治区民主法制建设进程以及政治、经济、文化各项事业的快速发展与全面进步。

三、西藏自治区2014年度地方立法的不足与未来展望

（一）西藏自治区2014年度地方立法的不足

西藏自治区地方立法在2014年度尽管取得了不错的成绩，但也仍然存在一些不足和差距，这些不足和差距也迫使西藏自治区地方立法机关在以后的工作中要不断改进工作方式，提高立法质量和水平。存在的不足主要有：

1. 立法观念与立法技术不成熟

立法的要求应当是成熟一个，制定一个，在这一观念指导下的立法成果才更具有可操作性，立法工作才能取得更好的成绩。但是，在建立社会主义市场经济法律体系的今天，这一立法观念便具有了较大的局限性，随之带来的主观随意性太大。当社会关系不成熟，确又急需用法来加以调整时，立法的应对办法往往是采取“试试看”的办法，通常就是在法律法规等的名称中加上“暂行”或者“试行”。西藏自治区的立法中也存在诸如此类的立法，实际上，在立法实践中，对什么样的法律法规才加上或不加上“暂行”或“试行”是没有统一标准的，而对于加上了“暂行”“试行”的法律法规来说，也是没有时间标准的，即“暂行”多久、“试行”多久是没有时间界限的。因此，在西藏自治区的立法中依旧采取试行或暂行方式来进行立法，是立法观念以及立法技术不成熟的表现。

2. 立法上规定比较笼统，缺乏配套法规

西藏自治区地方立法的数量近年来上升较快，但其中大多数法规都规定得较为笼统。由于立法受“宜粗不宜细”的原则指导，立法规定往往只做一个原则性的规定，缺乏具体详尽的内容。对于违反规定会带来什么样的法律后果的惩罚性规定比较薄弱，使得法律法

规的可操作性不强。而且西藏自治区目前的立法由于缺乏相应的配套法规，实践中很难操作。由于许多法规中有关法律责任的规定不明确，所以，当出现违法行为后以什么样的途径和程序来追究违法者什么样的法律责任则难以确定，这种立法状况对保护自治区内藏族及其他少数民族的合法权益是极其不利的，需要及时加以改善。

3．立法相对滞后，更新不够及时

西藏自治区地方立法总体上呈现出滞后性，一方面表现在大多数地方性法规是在计划经济时代制定的。当时依据的是1984年《民族区域自治法》。2001年，国家为顺应我国经济体制改革和民族自治地方发展变化的需要，对《民族区域自治法》进行了修正。虽然近些年西藏自治区的立法状况有所改善，但是西藏自治区的立法进度不够快，相关的单行条例和法规的修订亦不够及时全面，这使得现在相关单行条例和法规中的有些规定不符合现实西藏社会发展的需要。另一方面，西藏地方立法跟不上社会发展的步伐，更新速度过慢，不能适应改革开放的要求。特别是自治条例目前还未制定出来，而且单行条例、普遍规定和补充规定也略显不足。民族与宗教问题是党和国家非常重视和强调的问题，但西藏地方在民族与宗教方面的立法仍很薄弱。

4．立法监督不够

在民族法制建设中，如果只注重立法而轻视监督，必然会导致立法监督机制的不完善，必然会阻碍立法质量的提高。就西藏地方立法的实际而言，监督机制尚未完全建立。监督工作不能坚持有法可依、有法必依、执法必严、违法必究的原则，领导干部缺乏民族法律意识，许多人的法制观念特别是民族法制观念淡薄，把民族地方法规的制定、执行和监督看作仅仅是民族工作部门的事。由于缺乏专门的监督机构，所以没有形成法律的权威。

（二）西藏自治区地方立法的未来展望

1．切实加快立法步伐，不断提高立法质量

西藏地方立法滞后于西藏社会经济的发展，也滞后于其他自治区。为此，必须加快西藏地方的立法步伐。近些年，内蒙古、贵州、云南等民族自治地方的立法步伐大大加快，其中有不少需要规范的问题与西藏地方有许多相同之处，特别是在同一民族或地理位置相类似的地区，其特点更为近似。所以，同类型条例可互为借鉴。如畜牧业保险、国有企业改革、私有经济管理、乡村公路建设、文化教育发展、对外边境贸易等方面，都可以从其他自治地方的法规借鉴或部分移植。通过借鉴和移植切实符合西藏实际的法规，缩短立法时间，加快立法的步伐。

2．完善配套法律法规，突出民族区域特色

民族地区的地方立法既要考虑与国家上位法的协调，又要突出地方特色；既要注重完善配套法律法规、又要注重突出民族区域特色；既要维护国家法制的统一，又要实现民族区域的自治。西藏自治区立法机关应当按照“三个代表”要求，坚持科学的发展观，以西藏各族人民的整体利益为出发点和落脚点，始终坚持人民利益与国家意志的一致性、坚持党的政策与地方法规的一致性原则，搞好地方立法工作。

3．进一步拓宽科学立法、民主立法的渠道

立法质量是法律体系建设的生命线。近些年，西藏自治区围绕提高地方立法质量做了大量工作，取得了一定的成效，今后仍然要以此为重点，继续坚持探索提高地方立法质量的有效途径，进一步强化措施、健全制度、丰富形式、拓宽渠道。为了实现科学立法、民主立法、开门立法的要求，需要积极做好地方立法调研工作，采取多种形式，除了登报或书面征求意见、召开座谈会、论证会、听证会等形式外，还应当充分利用现代技术如电脑网络广泛征求意见，对起草单位、相关执法机关、人大代表、专家学者和人民群众的意见，特别是对与人民群众生产和生活直接相关的问题，更要着重听取人民群众的利益要求，从而推进地方立法工作的科学化、民主化。

4．抓紧自治条例的制定

根据《宪法》和《民族区域自治法》的有关规定，西藏自治区享有自治法规的制定权。自治条例是由民族自治地方的人民代表大会制定的有关本地方实行区域自治的组织、活动原则、自治机关的构成和职权等内容的综合性的规范性文件，是自治地方依照民族的政治、经济和文化特点管理地方事务，行使自治权的主要章程。制定西藏自治条例是西藏地方立法和政治生活中的大事，也是西藏自治区各族人民的共同愿望和心声。西藏自治区地方立法机关自1984年开始，即积极组织力量抓紧自治条例的起草工作，该工作虽有一定程度的进展，但自治区的自治条例仍未出台，实行自治的民族权利在许多具体方面难以落到实处。因此，自治区的立法机关还需继续工作，抓紧制定自治条例，以促使西藏地方立法进一步完善。

第七编　西北地区立法报告

第二十八章　陕西省2014年度立法发展报告

杨斐　谷亮亮[①]

摘　要：2014年，陕西省地方立法主体在科学立法、民主立法精神指引下，关注社会热点问题，制定、修改或废止了有关历史文化遗产和非物质文化遗产保护、放射性污染防治、农业（特别是果业）等方面的地方性法规或规章，取得了可喜的成绩，但也存在一些需要改进的地方。

关键词：陕西省　立法　发展报告

一、陕西省2014年度立法发展状况

（一）陕西省2014年度立法状况总体评述

陕西省共有省人大、省政府两个省级立法主体以及西安市一个省会城市立法主体。

2014年，在科学立法、民主立法精神的指引下，陕西省人大及其常委会发挥立法服务社会、推动改革的功能，指导陕西各立法主体先后制定、修改和废止了多部地方性法规和规章。

2014年，陕西省人大常委会审议了地方性法规草案共11件、通过了共8件，审查批准西安市地方性法规7件，审查备案政府规章共11件、规范性文件共50件。制定了7件地方性法规，分别是《陕西省国家建设项目审计条例》《陕西省放射性污染防治条例》《陕西省标准化条例》《陕西省公路条例》《陕西省果业条例》《陕西省非物质文化遗产条例》《陕西省节约能源条例》，修改了《陕西省测绘成果管理条例》《陕西省实施〈中华人民共和国老年人权益保障法〉办法》2件地方性法规，一次性修改了《陕西省县乡两级人民代表大

①杨斐，法学博士，广东外语外贸大学法学院教授，硕士生导师。研究方向：国际经济法、法理学。谷亮亮，广东外语外贸大学法学院法律硕士。

会代表选举实施细则》《陕西省水工程管理条例》等17件地方性法规，废止了《陕西省乡镇人民政府工作条例》《陕西省人民代表大会常务委员会地区工作委员会工作条例》《陕西省预算外资金管理条例》3件地方性法规。

2014年陕西省政府共制定规章5件，分别是《陕西省农村五保供养服务机构管理办法》《陕西省水产种苗管理办法》《陕西省实施〈气象设施和气象探测环境保护条例〉办法》和《陕西省机关事务管理办法》。一次性“打包”废止了《陕西省教育督导规定》等10件规章，宣布《陕西省国有企业富余职工安置规定实施办法》失效，对《陕西省〈国务院关于职工探亲待遇规定〉实施细则》《陕西省贯彻执行〈中华人民共和国全民所有制工业企业法加强职工民主管理〉实施细则（试行）》《陕西省实施〈中华人民共和国保守国家秘密法〉细则》《陕西省实施〈幼儿园管理条例〉办法》《陕西省医疗机构管理条例实施办法》《陕西省煤矿生产安全行政责任追究暂行规定》等6件政府规章进行修改。

2014年，西安市人大常委会制定、修订地方性法规5件，对11个立法项目进行了调研；对《西安市秦岭生态环境保护条例》等7部法律法规实施情况进行了检查，对“八水润西安”等20项工作进行了专题视察，对17件政府规范性文件进行了备案审查。[①]制定了《西安市环境噪声污染防治条例》《西安市市政工程设施管理条例》《西安市税收保障条例》3件地方性法规，修改了《西安市城乡建设档案管理条例》《西安市户外广告设置管理条例》2件地方性法规。

西安市人民政府2014年制定了《西安市计量监督管理办法》《西安市地名管理实施细则》《西安市建筑消防设施管理规定》3件政府规章，修改了《西安市国有土地上房屋征收与补偿办法》《西安市规范性文件管理办法》2件政府规章。一次性“打包”修改了《西安市建筑市场管理办法》等19件政府规章，废止了《西安市复印业管理办法》共3件政府规章。

总体而言，陕西省2014年度地方立法呈现出一个兼顾保护自然环境与关注人文及公民权益的状况。

（二）陕西省2014年度地方性法规发展状况

2014年，在陕西省地方性法规制定方面，陕西省人大常委会共审议了地方性法规草案11件，通过了8件，一次性“打包”修改了17件，废止了3件地方性法规，成效显著，业绩突出。在新的形势下，人大常委会特别重视立法规划，2014年12月制定了“陕西省第十二届人大常委会立法规划”，计划十二届人大常委会审议项目27件、预备审议项目13件、调研项目10件共50件地方性法规。在拟定的立法项目中尤为关注环保、公共服务、公民合法权益保障等法规的制定和修改。

2014年，陕西省人大常委会较为重视生态文明建设，围绕推进生态文明建设，制定了

①参见《2014年西安市人大常委会免职36人接受辞职7人》，http://sn.people.com.cn/n/2015/0204/c226647-23793196.html，访问时间：2015年3月2日。

《陕西省节约能源条例》，该条例规定对固定资产投资项目实行节能评估和审查制度，主要耗能行业实行差别价格制度，推进节能市场化。

核污染问题是个值得关注的问题。陕西是核技术利用大省，针对这个实际状况，为了防治放射性污染，维护环境安全，保障人体健康，陕西省人大常委会专门制定了《陕西省放射性污染防治条例》，确立了放射性污染防治实行分级分类管理原则，要建设放射源在线监控系统，筑牢环境安全的防火墙。

2014年，陕西省人大常委会比较重视民生问题和重点领域立法。制定的《陕西省公路条例》，强调建立从规划、建设到养护和管理的“一揽子”规范性措施，强化了公路的公共服务功能。果业是农民实际收入的重要来源，立足果业大省，省人大常委会制定了《陕西省果业条例》，明确要求加快优质果业基地建设，推进集约化、标准化、品牌化发展，促进果业增效、农民增收。

2014年，西安市人大常委会不仅制定、修改了5件地方性法规，而且还开展了立法调研和执法检查活动，对政府规范性文件进行了备案审查，推进了专题询问的常态化。在制定、修改的5件法规中，有3件是对城市建设进行管理的，立法突出了在地方社会管理中的作用。

在《西安市环境噪声污染防治条例》中规定，在噪声敏感建筑物集中区域及附近街道、广场、公园，晚9时至次日早7时期间进行宣传庆典、文化娱乐、体育健身等活动，不得使用音响、抽打陀螺、甩响鞭等方式产生噪音影响居民正常休息。禁止在夜间进行产生环境噪声污染的建筑施工作业，违者予以处罚。

在《西安市市政工程设施管理条例》中规定，新建、改建、扩建城市道路交付使用五年内、大修城市道路竣工后三年内不得挖掘，因特殊情况需要挖掘的，应当经市政工程设施管理部门审查同意，报同级人民政府批准，并按省建设行政主管部门规定的系数标准缴纳路面修复费。

（三）陕西省2014年度地方政府规章发展状况

2014年，陕西省人民政府制定的规章，主要涉及与民生相关的农村五保供养服务机构管理、气象设施和气象探测环境保护、水产种苗管理，机关事务管理等方面内容。

西安市人民政府2014年制定的规章也更多涉及的是民生问题，如《西安市地名管理实施细则》《西安市建筑消防设施管理规定》《西安市国有土地上房屋征收与补偿办法》。西安市人民政府制定的规章还有一个重要特点，就是对自身行为进行立法。如《西安市规范性文件管理办法》的修订。

整体而言，2014年，陕西省人民政府和西安市人民政府制定的规章内容大多与民生有关，与社会热点有关，与上位法有关。更加可喜的是，两级政府都采取了“包裹立法”的方式，通过一个决定，对几部甚至二十余件规章进行修改或废止，既节约了立法时间、立法资源，更使相关法律规范走向一致，不至于出现有相互抵触之处。

二、陕西省2014年度地方立法的特色和亮点

（一）地方人大立法中的特色和亮点

2014年，陕西省人大常委会和陕西省政府特别重视地方立法与中央立法、中央方针、政策的衔接，注重把立法与深化改革结合起来，注重发挥立法对社会重大热点问题的引领和推动作用，重视当前立法工作与长远立法工作的衔接，重视现有立法工作和未来立法对立法人才需求培养的衔接。人大立法中的特色和亮点具体表现为：

1．加强非物质文化遗产保护

陕西历史悠久，非物质文化遗产资源丰富。目前，陕西省共有联合国教科文组织“人类非物质文化遗产代表作名录”项目3项，国家级项目62项，省级项目435项，市级项目956项，县级项目2292项。①为加强陕西的非物质文化遗产保护，2014年1月10日，陕西省十二届人大常委会第七次会议通过了《陕西省非物质文化遗产条例》，对非物质文化遗产的代表性项目名录、代表性传承人、保护措施和法律责任等作了明确的规定。

陕西省人大常委会在《陕西省非物质文化遗产条例》中明确了政府职责：规定建立非物质文化遗产代表性项目名录，突出保护重点。为此，该条例规定：建立省、设区的市、县（市、区）三级非物质文化遗产代表性项目名录，并实行动态管理。对能够借助生产、流通、销售方式转化为文化产品的传统技艺、传统美术、传统医药药物炮制等非物质文化遗产代表性项目，实行生产性保护，予以重点扶持。

2．重视环保，出台专业性较高的《陕西省放射性污染防治条例》

近年来，随着环境污染事故屡屡发生，政府环境责任缺失这一问题逐渐凸显。《陕西省放射性污染防治条例》虽然也是《中华人民共和国放射性污染防治法》的实施细则，但在全国其他省市基本未对此作出实施规定前，陕西省首先出台了实施细则，使该法的实施有了更加明确、具体的规定。该条例主要亮点有：（1）明晰责权，划分了县级以上政府责任；（2）将“分级分类管理原则”首次写入总则；（3）确保知情权，及时公布辐射事故影响与损失；（4）细化管理，从生产到运输全方位监管；（5）再利用，放射性废物的回收与暂存有规可依；（6）以人为本，维护放射工作人员的健康权益。并规定，进入作业区应当配备并使用相应的个人防护用品，并对直接从事放射性工作的作业及管理人员的保健津贴及休假、休养等待遇进行了规定，同时要求进行个人剂量监测和职业健康检查，建立个人剂量和职业健康监护档案。

近现代工业文明的迅速发展促进科技日益进步，给人们生活工作带来极大方便的同时

①参见《陕西省通过地方立法加强非物质文化遗产保护》，http://news.xinhuanet.com/local/2014-01/10/c_118920391.htm，访问时间：2015年1月2日。

也对环境产生不利的影响。陕西省人大常委会从立法上对破坏环境的行为设以否定性法律后果，对保护环境的行为设以积极性法律后果，从而抑制破坏环境的行为，更好调整人与自然的关系，体现了科学立法的精神。

3. 颁行《陕西省果业条例》，为果业第一大省由大做强保驾护航

果业是陕西农村经济和农民增收的优势特色支柱产业。陕西是果业发展的天择之地，经过几代人的艰辛努力，全省水果种植面积达到1808万亩、产量1456万吨，建成全国水果生产第一大省，苹果、猕猴桃第一大省，浓缩果汁加工出口第一大省。目前，果业已成为陕西农村经济发展和农民增收的优势产业，成为农业中科技含量高、产业链条长、经济效益好、生态效益优的产业，成为统筹城乡发展的重要产业基础，特别是苹果产业成为我国农业结构调整的典范。[①]目前，陕西果业已呈现出产业规模大、从业人数多、经济贡献大、国际化步伐快、发展后劲足的产业特征，进入由大转强的重要发展阶段。但在产业发展当中，技术研发、资源保护、环境保护、产业投入等环节仍面临一些困难和问题，产业发展还没有走上法制化轨道。现行的《农业法》《农业技术推广法》《种子法》等仅对农业生产环节做了规定，对贮藏、加工、贸易等环节没有具体的规范，在果业工作的实践中操作性不强、规范不到位。

《陕西省果业条例》（以下简称《条例》）于2014年3月正式出台。果业条例的出台，在全国也是首次，更是陕西农业立法的一件大事，是推进现代果业发展的一件实事，是促进农民增收的一件喜事。该《条例》必将对陕西果业的规范管理和健康发展起到重要的保障作用，对陕西现代果业发展起到重要的引领作用。

《条例》从法律层面对产业发展、管理、保护进行规范，不仅有助于依法规范管理产业，而且有助于加大产业扶持力度，落实产业扶持政策，促进果业产业健康可持续发展；不仅有助于保护产业，而且有助于保护资源、环境，保护果农、企业、合作社等各方面利益。同时，《条例》既使陕西农业最具竞争力的优势特色产业有了法律保障，又使陕西农业法律法规体系进一步健全。

随着各相关部门的宣传推动，各从业者的贯彻落实，执法部门的监督管理，《条例》必将为陕西优势特色产业发展起到保驾护航作用。

4. 创新完善立法机制，引入专家和机构参与立法，引入第三方评估机制

陕西省人大常委会坚持科学立法、民主立法，防止和克服部门利益法律化。首次委托西安交通大学、西北政法大学及省法学会，对法规清理和2015年立法项目进行论证。同时，陕西省人大常委会还委托西北政法大学、省律师协会等机构，对审议中分歧较大的条例草案进行立法论证。还积极开展立法后评估，决定将《渭河流域管理条例》列入2015年立法修订项目。

①参见《全面实施果业条例　推进现代果业发展》，http://www.sxdaily.com.cn/n/2014/0808/c266-5487416.html，访问时间：2015年3月2日。

（二）地方政府立法中的特色和亮点

1．及时开展法律清理活动，运用“包裹立法”提高规章成效

陕西省人民政府一直坚持定期清理政府规章，而且充分利用“打包”立法的方式，通过一个政府决定对相关规章作出修改或者废止。2014年陕西省人民政府就通过一个决定一次性废止了10件政府规章、同时宣告失效1件、修改6件政府规章。[①]西安市人民政府也同样采用了这样的立法技术和方法。

2．关注民生，及时制定实施细则

在2014年陕西省人民政府制定的4件规章中，均为单行规章，均是法律或行政法规的实施细则，涉及农村五保供养、服务机构管理、水产种苗管理、气象设施和气象探测环境保护、机关事务管理等事务。这为陕西省具体实施相关法律法规打下了良好基础。

3．关注农村老人

中国农村的养老问题一直为政府所关注，特别是改革开放以来，许多家庭的年轻人甚至中年人外出打工，家里留下老人和未成年孩子。而那些没有子女或失去子女的五保户的养老问题，更成为一大问题。《陕西省农村五保供养服务机构管理办法》的出台，对陕西五保老人的老年安置事宜有了更加具体和实际的规定，对农村五保老人权益的保障具有重要的意义。

该办法明确规定了各级养老服务机构的规模，如县级农村五保供养服务机构建设规模一般在300张床位左右，乡、镇区域农村五保供养服务机构建设规模一般在150张床位左右，乡、镇农村五保供养服务机构建设规模应当达到50张床位以上。还明确规定在满足农村五保供养对象集中供养需求的基础上，县级农村五保供养服务机构可以开展社会养老服务，但要求社会养老床位不得超过床位总数的25%。有条件的乡、镇区域农村五保供养服务机构和乡、镇农村五保供养服务机构，在满足农村五保供养对象集中供养需求的基础上，可以面向社会养老对象开展日间照料服务。

4．重视水产种苗的健康发展

近些年，我国食品安全和假冒种子问题层出不穷，严重影响了我国农业、林业和水产业等行业和企业的健康发展。为了保证水产业的快速发展，陕西省出台了《陕西省水产种苗管理办法》，全面加强对水产业的管理。该办法强化了现代生态、环保、安全的理念，在注重产量的同时也要注重生态安全、生物安全、水产品质量安全，明确了从国外、省外引进水产种苗的程序和要求。为保证苗种生产质量，该办法明确了原种场、良种场、苗种场实行亲本定期更换制度。禁止将可育的杂交个体和通过生物工程改变了遗传性的个体及其后代投放河流、湖泊等天然水域或者人工形成的水域。同时，在政府职责中，增加了生

①参见《陕西省人民政府关于废止、宣布失效和修改部分省政府规章的决定》，http://www.shaanxi.gov.cn/0/103/10374.htm，访问时间：2015年2月10日。

态环境保护和政府扶持水产种业发展的措施。

三、陕西省2014年度地方立法的不足与未来展望

（一）陕西省2014年度地方立法的不足

陕西省地方立法在2014年度尽管取得了一些成绩，但是我们也应当认识到仍然存在一些不足和差距，这些不足和差距也迫使陕西省地方立法机关在以后的工作中要不断改进工作方式，提高立法质量和水平。存在的不足主要有：

1. 立法中的地方特色不够明显

2014年，陕西省各立法主体虽然制定、修改或废止了一些地方性法规和规章，但重复国家法、上位法的情况时有出现，特别是省政府制定的规章中，具有当地特色的地方立法比例不够高。陕西省人民政府在2014年制定、修改的规章中，大多是实施细则，这对具有相当多地方资源，也具有相当多地方问题的陕西来说，对立法资源的利用不足，是一种很大的资源浪费。西安，不仅是陕西的省会城市，更是西北各省的政治、经济、文化中心，有着各个层次的机构和人才，充分利用这些机构和人才，对陕西的地方立法的制定和修改来说是一件非常容易做到的事情。

2. 地方立法积极性、主动性有待进一步加强

地方立法的主要功能之一是对法律、行政法规的细化、具体化、拾缺补漏。一方面，随着中国特色社会主义法律体系的形成和完善，这在客观上使得地方立法的空间越来越小。另一方面，中国各地区经济社会发展水平差距较大，各地情况也存在较大差异，针对矛盾的特殊性以及具体问题，要解决相关问题，如家暴、老年人权益保障等，需要有针对性。但如果上位法规定得过死，那么下位法的发挥空间就变得很小。地方立法要么“突破”法律规定，要么难以作为。显然突破法律规定则不为法律所允许，而难以作为也与我们的立法宗旨相违背。因此，我们必须重视的一个问题是：如何在法制统一的前提下，充分调动和发挥地方立法的积极性？上文谈及的陕西省政府立法大多制定的是实施细则，是否也与地方立法积极性不足有关？

3. 重复上位法

与其他地方一样，陕西省2014年的政府立法中对上位法的重复率比较高。尽管对上位法制定出实施细则是必要甚至必须的，但在保证上位法的基本精神和基本原则的基础上，地方是需要将自己的特殊要求写进去的，而不能一味地照抄照搬上位法。

4. 网站建设需要加强

在当今的电子政务时代，几乎所有的政府信息应该能够在网站上查询到。但是，有些政府网站甚至查询不到自己起草或制定的法规规章，还查询不到本地的人大常委会工作报告或政府工作报告。立法是法治的前提和基础，如果连自己起草、制定的法律规范都无法

在自己的网站上查询到的话，如何让人相信其建设法治政府的信心和决心。

（二）陕西省地方立法的未来展望

1．继续加强对社会热点问题的立法回应，实现立法的引领作用

目前，我国正处于体制创新和社会变革时期。社会生活瞬息多变，利益格局广泛调整，社会热点问题层出不穷，有些问题不仅仅面广量大，涉及社会生活方方面面，而且复杂多变。当前的社会热点呈现以下发展趋势：一是社会热点问题越来越与经济利益层面相关，更加关注经济社会协调问题和人本问题；二是社会热点问题不断趋向理性化和深层次化；三是社会热点问题的表现空间不断拓展，不确定性和复杂多变性明显增强。这要求我们的立法机关认真研究社会热点问题及其规律，努力为全面深化改革、促进社会主义民主法治建设提供有力保障。全面深化改革是一场攻坚战也是一场持久战，改革所要面对的困难和解决的问题众多，在这一过程中，要将依法治国整体方略和全面深化改革战略部署有机结合起来，才能从根本上确保改革不断取得新的进展和突破。立法引领是改革成功的关键。这是因为，改革要突破旧有制度藩篱、打破既得利益格局，同时也要让改革取得的成果及时通过立法形式巩固下来，惠及广大人民群众。这两方面工作都不能偏离法治轨道，都需要通过立法为其保驾护航。全面深化改革的总目标是完善和发展中国特色社会主义制度，推进国家治理体系和治理能力现代化。以立法为引领，构筑并完善中国特色社会主义法律体系，无疑是完善和发展中国特色社会主义制度的核心所在。通过完善立法，回应与人民群众切身利益相关的热点问题，进一步保障人民群众各项权益。要加强大气污染防治、食品安全等重点领域立法和修法工作。大力提高人民群众生活水平，让人民群众生活得更加幸福，是全面深化改革的题中应有之意。以立法这一最为有效可靠的形式解决与群众息息相关的各类问题，是十分必要的，也必将得到人民群众的大力拥护，进一步凝聚全面深化改革的共识和整体合力。继续加强对陕西省社会热点问题的立法回应，发挥立法的引领和推动作用，其积极影响将进一步显现。

2．继续重视社会公众的立法参与，落实民主立法

改革开放以来，我国基本上是遵循以下理论逻辑进行社会主义民主法治建设的：没有民主，就没有社会主义，就没有社会主义现代化。因此，建设富强、民主、文明的社会主义现代化国家，必须矢志不渝地发展社会主义民主，使民主制度化、法律化，做到有法可依，有法必依，执法必严，违法必究。加强立法是健全社会主义法治的基本前提。而加强和推进民主立法，则既是保障人民当家做主、发展社会主义民主的重要方面，也是使民主制度化法律化、健全社会主义法治的重要环节。可以说，民主立法是人民民主与依法治国的重要结合点，民主立法坚持和实行得好坏，直接关系到中国特色社会主义民主法治建设的成败。

在民主立法中，人民最大限度地有序参与立法过程，通过多种形式、渠道和程序充分

有效地表达自己的意志和愿望。从宏观上来看，这是民主立法的内在要求，是立法实现人民当家做主、确保党的主张和人民意志相统一的重要体现；从微观上来看，这是不同利益群体、不同阶层代表、不同意志诉求、不同期望值表达的各种声音，需要在立法过程中加以汇集，成为立法决策者做出决断的重要依据。一般来讲，如果民众通过法律制度和程序使自己的意志在立法上表达得越具体充分、汇集得越科学完整，立法就越能够充分体现人民当家做主的民主价值，那么，民众也越愿意选择通过法律制度和法定程序的方式来表达自己的意志、追求合理的利益，而更少地采用非法的、非理性的、有可能付出极大代价的极端方式来寻求自己利益的最大化实现。唤起和激发人民参与立法的热情，落实立法程序民主，立法内容民主，对提高立法质量，保证法律的民主性具有十分重要的作用。陕西省应当在以后的立法中继续重视和鼓励社会公众参与立法，切实贯彻民主立法精神，确保所立之法能够反映人民心声，符合人民利益。

3. 继续加强历史文化遗产保护的立法，确保陕西历史文化遗产得到有效保护

陕西是中华文明的重要发祥地之一，省会西安市是世界四大古都之一。陕西现有三项九处世界遗产，我国文化遗产蕴含着中华民族特有的精神价值、思维方式、想象力，体现着中华民族的生命力和创造力，是各民族智慧的结晶，也是全人类文明的瑰宝。保护历史文化遗产，保持民族文化的传承，是连接民族情感纽带、增进民族团结和维护国家统一及社会稳定的重要文化基础，也是维护世界文化多样性和创造性，促进人类共同发展的前提。加强文化遗产保护，是建设社会主义先进文化，贯彻落实科学发展观和构建社会主义和谐社会的必然要求。当前我国正处在城市历史文化遗产保护的关键时期。加强城市历史文化遗产保护，大力实施可持续发展战略，陕西应当继续加强历史文化遗产保护的立法，确保陕西境内的历史文化遗产得到切实有效的保护。这既是时代赋予我们的职责，也是我们义不容辞的义务。

第二十九章 甘肃省2014年度立法发展报告

潘高峰[1]

摘 要： 2014年，甘肃省的地方立法做了大量工作，取得了较好成效。甘肃省人大和政府加强了重点领域法制建设，制定、修改地方性法规8件，制定政府规章2件。甘肃省抓住“丝绸之路”建设契机，创新立法机制，提高立法公众参与度，使公众参与立法有法可依。甘肃省立法工作存在一些不足，需要在立法的整体规划和创新性等方面加强和改进。

关键词： 甘肃省 立法发展报告 立法机制创新

一、甘肃省2014年度立法发展状况

（一）甘肃省2014年度立法状况总体评述

甘肃省共有省人大、省政府两个省级立法主体，兰州市一个省会城市立法主体，临夏州、甘南州两个民族自治地方立法主体。

2014年，甘肃省尽力将立法工作与地方经济发展结合起来，充分发挥立法的引领和推动作用。特别是省人大常委会2014年积极探索和总结立法经验，尝试在立法的更多环节发挥人大常委会的功能和作用。

在科学立法、民主立法精神的指引下，2014年，甘肃省人大及其常委会共制定、修改地方性法规8件，分别是《甘肃省预防职务犯罪工作条例》《甘肃省河道管理条例》《甘肃省农村能源条例》《甘肃省道路运输条例》《甘肃省民兵预备役工作条例》《甘肃省风景名胜区条例》《甘肃省辐射污染防治条例》《甘肃省人口与计划生育条例》。整体而言，甘肃省人大注重重点领域立法，如《甘肃省民兵预备役工作条例》为国防后备力量建设提供了强有力的立法支持，填补了甘肃省在民兵预备役工作中的立法空白，为加强民兵预备役工作起到了重要作用；《甘肃省河道管理条例》的出台，为依法进行河道管理、促进河

①潘高峰，法学博士，广东外语外贸大学广东省地方立法研究评估与咨询服务基地研究员，副教授。研究方向：行政法、地方立法。

道资源可持续利用发挥了重要作用；《甘肃省风景名胜区条例》为加强、保护和利用风景名胜资源，更好地促进甘肃的文化和旅游业发展与建设具有重要意义；《甘肃省辐射污染防治条例》对规范辐射环境监管，促进社会经济可持续发展将产生重要影响。

甘肃省人民政府共制定2件政府规章①，分别是《甘肃省石羊河流域地下水资源管理办法》《甘肃省取水许可和水资源费征收管理办法》，这两件规章都引起了较大的社会关注和反响。

在地方性法规的制定上，兰州市人大及其常委会制定了《兰州市爱国卫生条例》《兰州市供热用热条例》《兰州市南北两山绿化管理条例》3件地方性法规，其中《兰州市供热用热条例》《兰州市南北两山绿化管理条例》特别引起民众的极大关注。

兰州市人民政府修订了《兰州市消火栓管理办法》《兰州市大气污染防治示范区管理规定》2件政府规章。

在民族自治地方立法上，2014年，临夏回族自治州和肃南裕固族自治县分别修改了《甘肃省临夏回族自治州教育条例》和《甘肃省肃南裕固族自治县草原条例》2件单行条例。

总体而言，2014年是甘肃省积极推进科学立法、民主立法，不断提高立法质量的一年，各级立法机关围绕着民生保障、民族团结和生态屏障等重点内容开展立法工作，既突出了基本民生问题的解决，也触及了地方发展瓶颈，较好地发挥了地方立法在促进全面深化改革和经济社会发展中的引领和推动作用。

（二）甘肃省2014年度地方性法规发展状况

在省人大立法方面，2014年，甘肃省人大常委会共制定、修改地方性法规8件。省人大常委会特别重视《甘肃省非物质文化遗产条例》的制定工作，为了制定好该条例，从2014年初开始，省人大教科文卫委员会同政府职能部门、高校及相关科研机构，多方收集资料，认真调研，细化程序，精心起草草案文本，广泛征求各方意见、建议后，最终形成了《甘肃省非物质文化遗产条例（草案）》，于2014年11月25日提请省十二届人大常委会第十二次会议进行了一审。2015年3月27日，甘肃省十二届人大常委会第十五次会议最终审议通过了《甘肃省非物质文化遗产条例》。该条例对非物质文化遗产代表性项目名录、非物质文化遗产代表性项目的代表传承人、非物质文化遗产的传承与传播、法律责任等进行了详细规定。

《甘肃省农村能源条例》出台的目的是为了促进农村能源合理开发、科学利用，加强

①在2015年1月28日召开的甘肃省第十二届人民代表大会第三次会议上由刘伟平省长所作的《甘肃省政府工作报告》强调：2014年甘肃省政府完成“提请省人大常委会审议地方性法规8件，制定政府规章6件”，而甘肃省政府法制办在2015年3月撰写的《甘肃省政府法制办2014年工作综述》中强调，2014年省政府法制办“共提请省人大常委会审议出台地方性法规8件，出台政府规章4件”，两者表述的内容有出现矛盾之处。经我们反复查找资料发现，甘肃省人民政府在2014年出台的政府规章只有2件可以确定，其他尚无准确资料能够确定。

农村能源建设和管理。这一条例对指导农村和农民科学合理使用能源具有重要意义。一般农村的能源主要是可再生能源，比如沼气、秸秆、薪柴等生物质能和用于农村生产生活的太阳能、风能、地热能、微水能等能源。合理利用好这类资源可以为农村发展提供良好的资源优势，《甘肃省农村能源条例》第十八条规定：农村居民利用太阳能供水供热或者购买高效低排节能炉具的，按照国家和本省有关规定享受优惠政策。利用沼气、秸秆气集中供气、发电以及应用固化、炭化、液化技术开发利用生物质能所购置的设备，可以享受农机具购置补贴。

与全国其他省市一样，2014年3月26日，甘肃省人大常委会修改通过了《甘肃省人口与计划生育条例》，将第十八条第一款“夫妻双方均系独生子女的，要求生育第二个子女的可安排生育”修改为“夫妻双方或一方为独生子女的，要求生育第二个子女的可安排生育”。面对中国逐步进入老龄化的社会现状，计划生育政策的修改有利于改变我国的人口结构。

为维护道路运输市场秩序，保障道路运输安全，保护道路运输有关各方当事人的合法权益，促进道路运输业健康发展，2014年3月26日，甘肃省人大常委会审议通过了《甘肃省道路运输条例》。该条例对规范全省交通运输秩序、保障人民生命安全、减少交通事故的发生奠定了良好的法律基础。此项立法的颁布实施引起了较大的社会反响。

2014年，兰州市人大及其常委会制定了《兰州市爱国卫生条例》《兰州市供热用热条例》《兰州市南北两山绿化管理条例》3件法规，引起社会反响较大的主要是《兰州市供热用热条例》《兰州市南北两山绿化管理条例》2件。

《兰州市供热用热条例》是2014年8月29日兰州市第十五届人大常委会第二十次会议修订，2014年11月28日经甘肃省第十二届人大常委会第十二次会议批准后实施。该条例明确规定，兰州市供热期为当年11月1日至次年3月31日，供热单位不得擅自推迟供热或者提前停止供热。因气候原因需提前或者推迟开始供热时间的、需提前或者推迟停止供热时间的，由市人民政府决定并向社会公布。《兰州市供热用热条例》还规定，因供热单位责任连续停止供热超过24小时的，应向用户退还当日采暖费。热用户不按规定缴纳采暖费的，由县（区）供热用热行政主管部门责令限期缴纳；拒不缴纳的，供热单位可依法提起诉讼，并通过社会诚信体系将其失信行为记入其诚信档案。

《兰州市南北两山绿化管理条例》是2014年4月28日兰州市第十五届人民代表大会常务委员会第十八次会议修订，2014年5月29日经甘肃省第十二届人民代表大会常务委员会第九次会议批准后实施。该条例明确了南北两山绿化投入主体及相关审批权限，明晰了林地流转、管理管护、法律责任等事项。强调南北两山绿化是公益事业，资金以政府投入为主，社会筹措为辅。市县区人民政府应当将南北两山绿化资金纳入年度财政预算，专款专用，不得挪作他用。任何个人和单位都有权利制止、投诉和举报损害南北两山绿化、破坏生态环境的行为。

（三）甘肃省2014年度地方政府规章发展状况

在省级政府规章制定方面，2014年，甘肃省人民政府制定了2件政府规章，分别是《甘肃省石羊河流域地下水资源管理办法》《甘肃省取水许可和水资源费征收管理办法》。

为保护石羊河流域的地下水资源，2014年1月3日，甘肃省人民政府第三十五次常务会议讨论通过了《甘肃省石羊河流域地下水资源管理办法》，该办法对加强石羊河流域地下水资源管理、保护生态环境、科学利用和有效保护地下水资源、巩固流域治理成果，打下了良好的法律基础。《甘肃省石羊河流域地下源管理办法》强调了资源的优化配置以及调整对象的地方性特点。针对石羊河流域地下水使用和管理的现状，以规章的形式，强调实行最严格的水资源管理制度，明确严格控制地下水开发利用，禁止非法取用地下水，在石羊河流域取用地下水，应当申请地下水取水许可，流域内使用地下水实行区域限批。

为加强水资源合理开发利用，2014年6月20日，甘肃省人民政府常务会议第五十次会议通过了《甘肃省取水许可和水资源征收管理办法》。该办法规范了水资源费的征收、使用和监管，强化了水资源费在水资源管理中的经济调节作用，完善了水资源节约保护和管理的财政保障机制。对促进全省计划用水、节约用水以及水资源的合理配置和可持续利用，建设资源节约型、环境友好型社会，保障经济社会又好又快发展，具有积极而深远的影响。

2014年，兰州市人民政府修订了《兰州市消火栓管理办法》和《兰州市大气污染防治示范区管理规定》2件政府规章。

其中《兰州市消火栓管理办法》规定，市建设行政主管部门负责市政消火栓的建设、维护和管理工作，定期对市政消火栓进行维护保养，对损坏和不能使用的市政消火栓及时修复，确保市政消火栓的完好和有效使用。该办法的出台，将从根本上解决兰州市市政消火栓新建、维保、使用职责不明、管理混乱导致的市政消火栓丢失损坏严重等问题，为消防部队迅速、准确地利用水源，开展灭火行动提供了有力的制度保障。

二、甘肃省2014年度地方立法的特色和亮点

（一）地方人大立法中的特色和亮点

2014年是全面深化改革的第一年，也是全面推进依法治国的开局之年，在中央精神的引领下，甘肃省人大及其常委会保持了良好的发展态势，其立法特色和亮点纷呈。主要体现为：

1．提高立法公众参与度，建立公众参与立法法律制度，使公众参与立法有法可依

为了完善民意采纳机制和立法咨询制度，增强立法的民意基础和认同基础，在起草地方性法规过程中，省人大常委会提高了立法的公众参与度。省人大常委会规定人大各相关专门委员会、工作机构和法规起草单位可以召开由专家学者、人大代表、政协委员、党派团体

代表、社会组织代表、人民群众以及其他利益相关方代表参加的论证会或者听证会，对法规草案涉及的社会热点难点问题进行专题讨论。如《甘肃省非物质文化遗产条例（草案）》是由省人大教科文卫委员会与政府职能部门、高校及科研机构积极配合，多方收集资料，认真调研，细化程序，精心起草草案文本，广泛征求各方面的意见和建议后最终形成的。

除此之外，甘肃省人大常委会要求地方性法规制定机关或者起草单位必须按照《甘肃省人大常委会立法听证规则》《甘肃省公众参与制定地方性法规办法》等相关制度的规定，将重要的法规草案在媒体上公布征求意见，实现法规草案公开征求意见常态化。例如，2013年8月29日，兰州市第十五届人大常委会第十三次会议听取审议了《兰州市城市供热管理条例（修订草案）》；2014年3月，兰州市人大常委会将《兰州市城市供热管理条例（修订草案）》（修改建议稿）全文放在网上面向全社会公开征集意见，征求意见长达四个多月；7月24日，兰州市人大常委会召集人大代表、政协委员、专家等各方代表，就修订《兰州市供热用热管理条例》召开立法听证会进行听证。可见，甘肃地方立法的程序越来越规范，立法的社会参与越来越受到重视，普通民众的立法参与热情也逐步得到提高，地方立法民主化程度越来越高。

2013年8月，《甘肃省公众参与制定地方性法规条例》出台，该条例经过三次审议后，在省十二届人大常委会第四次会议上获得通过，于2013年10月1日正式实施。这是国内首部引导、鼓励和规范公众参与立法活动的专门性地方性法规，标志着今后该省的公众参与地方性立法将有法可依。该条例规定："公众可以通过信函、传真、电子邮件、电话、面谈、参加相关会议等形式，表达立法意愿，提出具体意见和建议。""对公众意见和建议应当归类整理、分析研究，对科学、合理和可行的意见、建议，应当充分尊重并积极采纳，并在法规草案说明和审议结果的报告中予以说明。"此外，还明确规定："地方性法规制定机关应当建立激励制度，鼓励公众参与地方性法规制定活动，并对作出突出贡献的公众予以表彰和奖励。公民应邀参与地方性法规制定活动所支出的差旅费、误工费等费用，由地方性法规制定机关予以补偿。"

2. 推进开门立法、民主立法制度化建设，促使立法科学化水平不断提高

为保证立法科学化水平不断提高，甘肃省人大立法严格执行议事规则和审议制度，确保人大及其常委会组成人员充分审议。省人大常委会建立了立法顾问制度、法律草案的专家起草制度、立法后评估制度等开门立法、民主立法制度，逐渐形成一个上下有序、专业规范的坚强有力的立法运行机制和保障体系。同时，对本行政区域内经济社会发展的重大事项、直接公众利益重大事项以及法律关系复杂、分歧较大的法规草案，甘肃省人大常委会积极探索了"三审制""隔次审议"制度。

目前越来越多的立法调研、立法项目论证都开始由省人大常委会相关部门主持进行，不再是以前人大相关部门一般参与或简单依赖行政部门进行最后由常委会表决的立法路径。由人大及其常委会主导地方立法，避免了部门利益的法制化，是立法权的回归。

3. 在全国率先开展省级性别平等地方立法基础性工作

2014年初，中共甘肃省委、省政府联合下发了《甘肃省贯彻落实男女平等基本国策实施意见》的通知，决定从2014年起，将采取包括完善体现性别公正的法规政策体系和加大女干部配备力度等在内的20个具有可操作性的政策措施，建立并实施五大保障机制，以解决目前男女平等基本国策贯彻落实中存在的突出问题，尽快实现在参政、就业、教育、卫生、婚姻家庭等重点领域的性别平等。为从立法上实现性别平等，甘肃省人大常委会为此将《甘肃省性别平等条例》列为2014年的立法调研项目，在全国率先开展省级性别平等地方立法基础性工作，[①]同时在省人大立法顾问团增加性别平等问题专家，推进性别意识纳入决策。

（二）地方政府立法中的特色和亮点

1. 把好立法审议环节，健全意见采纳情况说明和反馈制度，确保立法科学高效

在省政府立法中，政府常务会把讨论审议法规、规章草案作为立法必经环节，同时省政府立法健全意见采纳情况说明和反馈制度，全面增强立法的科学性、严肃性。2014年，省政府共提请省人大常委会审议出台地方性法规8件，出台政府规章2件，修订了省政府工作规则，完善财政资金、政府投资、政府采购、公共资源交易等管理制度，健全办公用房、因公出国、公务接待等管理办法。省政府立法按照《甘肃省人大常委会立法听证规则》《甘肃省公众参与制定地方性法规办法》等相关制度规定，将重要的法规、规章草案放在媒体上公布征求意见，实现法规、规章草案公开征求意见常态化。同时省政府建立法律专家咨询委员会。对征集到的公众意见建议归类整理、分析研究，对科学合理的意见和建议，予以采纳并作出回应，进一步完善民意采纳机制和立法咨询制度，增强立法的民意基础和社会认同。

2. 强化规范性文件监管

对规范性文件进行严格审查和监管，具体体现在：（1）注重备案审查。对报备规章、规范性文件在法定时限内准确、有序、高效地审查办结，做到有件必备、有备必审、有错必纠。（2）注重通报督查。加大备案审查工作情况核查和通报力度，实行每年“两核查、两通报”，对政府规章、规范性文件备案审查工作情况进行通报，公布报备文件目录、备案审查结果和相关考核数据。（3）注重工作创新。通过“规范性文件管理”工作QQ群，加强对相关单位的“一对一”“点对点”指导，对省直部门和地方政府的200余件规章、规范性文件进行审核把关，有效提高了制度建设质量。同时创新规范性文件管理方式，在兰州、天水、酒泉、白银市开展规范性文件“统一登记、统一编号、统一公布”试点工作，保障公民知情权，推进政府信息公开。

① 参见《甘肃省政府法制办2014年工作综述》，http://gansu.gscn.com.cn/system/2015/03/18/010951816.shtml，访问时间：2015年2月10日。

3. 建立健全法律专家咨询顾问制度，强调专家在立法中的重要作用

2014年，甘肃省人民政府建立了全省首个政府法律专家人才库，遴选370名法律专家入库，聘请17名知名法学专家和律师组成省政府法律专家咨询委员会。省政府重新修订下发了《甘肃省人民政府工作规则》，对重大决策程序和决策终身责任追究制度及责任倒查机制作出明确规定。对省政府的重要行政行为、重大投资项目、行政合同和文件制定，省政府法制办和法律专家从合法性、适当性、可行性和法律后果等方面进行法律把关和咨询论证。

三、甘肃省2014年度地方立法的不足与未来展望

（一）甘肃省2014年度地方立法的不足

尽管2014年甘肃省地方立法取得了不错的成绩，但整体上还存在一些差距和不足。这些不足和差距也迫使甘肃省地方立法机关在以后工作中要不断改进工作方式，提高立法质量和水平。

1. 立法的引领作用发挥不够，生态文明建设、“丝绸之路”创新区建设相关立法滞后

甘肃省华夏文明传承创新区是我国首个国家级文化战略平台。平台的建设需要相关的法律制度予以保障。但目前有关华夏文明传承创新区立法相对较少，而且立法层次偏低，在一定程度上制约了甘肃华夏文明传承创新区建设的整体进程。因此，为了提升甘肃省华夏文明传承创新区建设法治化、规范化水平，甘肃地方立法应当有所作为，并且应当大有作为。党的十八届三中、四中全会强调要全面深化改革，全面推进依法治国，为地方立法发展提出了明确的奋斗目标和发展方向。甘肃省作为丝绸之路的重点区域，作为经济欠发达省份，其地方立法与经济、社会发展的应有需要还存在较大的不足和差距。特别与生态文明建设、“丝绸之路”创新区建设的配套立法还比较滞后，这就迫使甘肃全省在地方立法上要迎头赶上，加快传统产业改造升级立法，加强生态环境保护、节能环保、电子商务、科技服务、保险服务、养老服务等产业发展等方面立法，以地方立法的后来居上引领、推动经济欠发达地区实现各项事业的跨越式发展。

2. 立法的整体规划和研究相对缺乏

与江苏、浙江、广东、湖南等立法先进省市相比，甘肃省缺乏法治建设的整体规划和地方法治问题的专门研究。江苏省委、省政府早在2003年便提出建设社会主义“法治江苏”的战略目标，而广东也在2008年作出“全面推进依法治省，加快法治广东建设”的战略部署，2011年又制定出台《法治广东建设五年规划（2011—2015）》。而统计相关研究成果发现，研究江苏、浙江、湖南法治问题的论文和著作相对较多，而以甘肃省法治状况为研究对象的成果则比较少。今后，甘肃省应重点加强以下几方面的地方立法研究与建设。

首先，对文物和遗址保护进行立法。对文物、遗址保护制定有关保护与管理、奖励与处罚措施。其次，对非物质文化遗产保护进行立法。对非物质文化遗产代表性项目名录、非物质文化遗产代表性项目的代表性传承人、非物质文化遗产的传承与传播、法律责任等方面进行法律规制。再次，对历史文化名城以及民族文化进行保护性立法。最后，对有关文化品牌以及促进文化产业发展进行立法。

3. 地方立法的创新性、地方特色发挥不够

近些年，甘肃省地方立法存在立法审议程序比较简单，立法技术不够成熟，法规草案普遍存在照抄、照搬上位法或者外省同类法的现象。有些是将国家相关法律条文进行分解、合并、调整或作一些文字表述上的变换，反映事物发展现状、体现甘肃地方特色的内容较少。而近些年虽然甘肃地方立法已向不求多但求精转变，由模仿照抄向突出地方特色转变。如对祁连山、兴隆山、白水江等国家级自然保护区进行系列立法，对安西极旱荒漠、石油勘探开发、农村生态环境保护领域进行的立法，体现了较强的针对性、现实性和甘肃地域特征、环境脆弱特征[①]，但整体而言，甘肃省地方立法在立法的创新性上、突出地方特色上还不强，与立法发达地区相比存在不小差距。

（二）甘肃地方立法的未来展望

今后，甘肃省的地方立法可以在围绕保持甘肃经济社会发展大局稳定、保障和改善民生、推进文化强省建设、节约资源和保护环境等方面重点开展法律订制活动，以敢为天下先的创新精神和勇气搞好各种立法活动，真正发挥立法在地方经济和社会发展中的引领和推动作用，为实现经济发展弱省、文化大省向经济发展强省、文化强省转变奠定良好的法律制度基础。甘肃省地方立法应重点抓好以下几方面工作内容：

1. 坚持改革决策与立法决策密切结合，继续加强重点领域和关键环节改革配套立法，为各项改革实现提供制度保障

当前我国进行的改革是实现体制机制深刻变革的第二次革命。重大改革要于法有据，立法必须先行。因此，加强重点领域和关键环节改革立法必须先行，立法要主动适应改革和经济社会发展的需要，为各项改革实现提供制度保障。对甘肃省来讲，与经济发达地区省市相比，其除在经济发展上处于弱势外，在社会发展、人口素质、开发程度等方面往往也有不小的差距。而这种差距在短期内又很难缩小。然而，通过深化改革，通过立法领先，反而能够通过环境优化创造条件实现当地超常规的发展。今后甘肃省地方立法应当强调多制定一些先行性、创制性立法，少制定一些原则性、倡导性的一般化法规，力求在全国多出台几个有影响的特色品牌。以超前的立法精神、立法理念为各项改革的实现提供制度保障，以先进的立法意识、立法成效加快推进本省各项事业发展。

① 参见李高协：《甘肃立法路径、特征、经验与改革思路》，载《人大研究》2014年第5期。

2. 以“丝绸之路”建设为契机，不断创新立法工作机制

“丝绸之路”经济带建设既为甘肃地方立法带来了发展契机，也为地方立法带来了挑战。说是契机，是因为发展地方经济、参与国家重大战略实施必然需要有法律规范来保障，地方立法大有作为的时代已经来临；说是挑战，是因为地方立法的体制机制还没有发生重大变化与调整，立法者还更喜欢囿于传统的立法模式之中，不希望自己的一亩三分地有什么大的变动。但面对挑战、敢于应对就能使压力变成动力，挑战变成机遇。因此，甘肃省地方立法主体应主动抓住“丝绸之路”经济带建设以及中央全面推进依法治国带来的机遇和挑战，加快地方立法工作机制创新和法规规章的订制，通过更多的良法善治，推动当地各项事业的全面发展。当前甘肃省地方立法要把解决社会热点问题、民生问题以及生态环境保护、传统文化保护、“丝绸之路”经济带建设作为立法工作的重中之重，使应制定的法规规章能够尽早出台。对已经明确的立法项目要广泛进行调研，了解立法的必要性、可行性，对条件已经成熟的项目要优先列入立法计划、优先安排审议时间。在具体制度设计上，既要适度超前，对可能出现的问题进行设防和引导，又要精雕细刻，出良法、出精品，使法律制度能够充分反映经济社会的发展客观规律，及时回应人民群众的新期待。①

3. 加强立法人才培养，应对立法人才的缺失

立法人才缺失的问题是我国现阶段地方立法工作面临的一个重要问题。特别是中央赋予设区的市地方立法权后，地方立法人才的缺失状况更显得突出。因此，做好后续地方立法工作，必须重视对立法人才的培养，使能够通过各种培养方式让立法人员及时掌握相关立法专业技能和知识储备，胜任当前立法工作的需要。对甘肃省地方立法人才培养来讲，一方面要对现有立法人员进行培训，提升他们的工作能力和水平；另一方面要有步骤地培养后备力量。对现有立法人员培养，可以通过省内集中培训、高校轮训，到立法先进省市学习交流、挂职等方式进行；对新进立法人员除采取集训、轮训等学习方式外，还可以采取跟班学习、兼任立法助手等方式尽早掌握工作方法，熟悉工作内容；对后进人员培养可以采取与高校开展订单培养办法，让法学科学生在高校读书期间就能全面了解立法事务，增强立法专业知识和技能的学习，为未来能够胜任立法工作打下良好基础。

---

①参见李高协：《充分发挥地方立法的推动作用》，载《甘肃日报》2013年5月8日。

第三十章　青海省2014年度立法发展报告

潘高峰[①]

摘　要：2014年，青海省各级地方立法主体积极履行立法职能，完善立法体制机制，强化立法在各项工作中的引领和推动作用，取得了较好工作成效。发挥立法引领推动作用，加强重点领域立法和生态环境保护立法，推进科学民主立法等是人大立法的特色和亮点。立法计划性较强，重视立法的程序规制等是政府立法的特色和亮点。创制性立法相对较少、立法机制创新不足、立法社会参与度不够等是青海省地方立法存在的不足和问题。

关键词：青海省　立法发展报告　生态环境保护立法

一、青海省2014年度立法发展状况

（一）青海省2014年度立法状况总体评述

青海省共有省人大、省政府2个省级立法主体，西宁1个省会城市，海西、海南、海北、黄南、玉树、果洛6个自治州以及门源、互助、化隆、循化、河南、民和、大通7个自治县等14个地方立法主体。

2014年，在党的十八大和十八届三中、四中全会精神指引下，青海省各级地方立法主体积极履行立法职能，完善立法体制机制，强化立法在各项工作中的引领和推动作用，取得了较好工作成效。

青海省人大及其常委会发挥立法服务社会、推动改革的功能，审议了《青海省生态文明建设促进条例（草案）》《青海省企业工资集体协商条例》等地方性法规10件，其中通过6件，废止了《青海省人大常委会海东地区工作条例》，审查批准西宁市地方性法规和自治州县单行条例9件。

青海省人民政府提请省人大常委会审议《青海省村民委员会选举办法》《青海省扶贫开发条例》等4件地方性法规，制定《青海省人民政府规章制定办法》《青海省涉案财物价

①潘高峰，法学博士，广东外语外贸大学广东省地方立法研究评估与咨询服务基地研究员，副教授。研究方向：行政法、地方立法。

格认定管理办法》等5件政府规章，修订5件政府规章。

西宁市人大常委会修订2件、制定2件地方性法规；果洛藏族自治州、玉树藏族自治州等五州县制定了5件州县单行条例。

西宁市政府全年制定了《西宁北山美丽园永久性绿地管理办法》《西宁市宗教事务管理办法》等8件政府规章。

青海省2014年如期完成了地方立法工作，取得了较好成效，其中省人大常委审议制定的《青海省生态文明建设促进条例》，实现了当年立项、当年起草、当年审议的自主性、先行性、创制性立法。

（二）青海省2014年度地方性法规发展状况

2014年，在省人大的立法方面，青海省人大常委会注重加强重点领域立法。全年共审议通过了《青海省邮政条例》《青海湖景区管理条例》《青海省村民委员会选举办法》《青海省司法鉴定管理条例》《青海省企业工资集体协商条例》等5件地方性法规，修改了《青海省人大常委会工作条例》，废止了《青海省人大常委会海东地区工作条例》，初审了《青海省气象灾害防御条例》和《青海省物业管理条例》2件地方性法规，审查批准了《西宁市控制吸烟条例》《西宁市南北山绿化管理条例》《西宁市消防条例》《西宁市市容环境卫生条例》《果洛藏族自治州民族团结进步条例》《玉树藏族自治州义务教育条例》《海北藏族自治州民族团结进步条例》《互助土族自治县森林管护条例》《门源回族自治县人民代表大会关于修改〈门源回族自治县自治条例〉的决定》等9件地方性法规和自治州县单行条例。

为贯彻中央和省委“生态保护第一”的战略部署，在没有上位法可循的情况下，省人大常委会自主开展生态文明建设立法工作。经过半年多的调研论证、征求意见、反复修改等工作，最终形成《青海省生态文明建设促进条例》。该条例是省人大常委会当年立项、当年起草、当年审议的自主性、先行性、创制性立法，为全省生态文明建设提供了制度支撑，在2015年1月13日召开的青海省十二届人大常务委员会第十六次会议审议并通过。该条例是青海省第一部省级地方生态文明建设立法，也是除贵州省之外全国第二部省级层面有关生态文明的地方性法规。《青海省生态文明建设促进条例》共分7章76条，分别对生态文明建设的责任主体、规划与建设、保护与治理、保障机制、监督检查、法律责任等内容作了明确规定。

《青海省邮政条例》在2014年7月24日获得青海省十二届人大常委会第十二次会议通过。该条例是青海省第一部关于邮政业的地方性法规，共8章64条。它对邮政和快递设施的规划建设、邮政服务、快递服务、邮政业安全保障、监督管理等诸多事项作了具体规定。它的出台实施，对保障邮政普遍服务，加强对邮政市场的监督管理，保护通信与信息安全，提供了有力的法制保障。

《青海湖景区管理条例》在2014年9月26日获得青海省十二届人大常委会第十二次会议通过。该条例共有7章43条，明确规定了青海湖景区的规划、建设、保护、利用和管理工作等。它对于完善景区管理体制，规范群众有序参与旅游开发活动，有效保护和永续利用青海湖景区资源将起到积极的作用。

在地市州县立法上，2014年，西宁市人大常委会根据立法年度计划及建设法治西宁的工作要求，适应新形势、新任务的需要，对《西宁市市容环境卫生管理条例》《西宁市南北两山绿化管理条例》进行了修订，制定了《西宁市消防条例》《西宁市控制吸烟条例》，对加强西宁城市市容和环境卫生管理、公共场所禁烟、南北两山绿化、消防问题进行了详细的规定，为提升城市管理、构建法治西宁奠定了良好基础。

果洛、玉树、海北、互助、门源等五州县分别制定了《果洛藏族自治州民族团结进步条例》《玉树藏族自治州义务教育条例》《海北藏族自治州民族团结进步条例》《互助土族自治县森林管护条例》，修改了《门源回族自治县自治条例》。

其中，海北藏族自治州制定了全省首部民族团结进步单行条例——《海北藏族自治州民族团结进步条例》，该条例制定通过，实现了民族团结进步工作的法治化、规范化，把民族团结进步工作由过去主要以行政手段为主向以法治手段为主推进。

（三）青海省2014年度地方政府规章发展状况

在省级政府规章制定上，青海省政府非常重视政府立法工作，2014年2月，青海省人民政府第二十一次常务会议审议通过了《青海省人民政府2014年立法工作计划》，会议强调政府立法工作计划是省政府立法工作的重要遵循依据，编制好立法工作计划，对统筹全年的立法工作意义重大，要切实把实施政府立法计划的过程作为提升依法行政能力的过程、作为推进法治政府建设的过程、作为深化行政体制改革和转变政府职能的过程。

2014年，省政府完成了5件政府规章的立法工作，分别是《青海省人民政府规章制定办法》《青海省涉案财务价格认定管理办法》《青海省地方志工作规定》《青海省实施〈中华人民共和国国家通用语言文字法〉办法》《青海省节能监察办法》。同时，省政府修改《青海省木里焦煤资源开发利用与保护办法》《青海省事业单位登记管理办法》《青海省车船税实施办法》《青海省农业环境保护办法》《青海省实施〈工伤保险条例〉办法》等5件规章。

在委托立法方面，青海省人民政府法制办委托四个专家起草小组草拟《青海省三江源生态保护条例》，专家起草小组组成专题调研组实地调研，形成《青海省三江源生态保护条例立法调研报告》并完成《青海省三江源生态保护条例》草案初稿。

西宁市政府立法工作成效明显。市政府全年共审议通过了《西宁市市容环境卫生管理条例》《西宁市南北两山绿化条例》《西宁市消防条例》《西宁市公共场所禁止吸烟管理条例》4件地方性法规；完成了《西宁北山美丽园永久性绿地管理办法》《西宁市宗教事务管理办法》等8件市政府规章。西宁市政府积极探索推进市政府规章立法后评估工作，完成《西宁市建设工地文明施工管理规定》的立法后评估报告。

二、青海省2014年度地方立法的特色和亮点

（一）地方人大立法中的特色和亮点

2014年，青海省人大常委会特别重视地方立法与中央立法、中央方针、政策的衔接，注重把立法与深化改革结合起来，注重发挥立法对社会重大热点问题的引领和推动作用，积极主动回应相关问题，同时重视当前立法工作与长远立法工作的衔接，重视现有立法工作和未来立法对立法人才需求培养的衔接。人大立法的特色和亮点具体体现为：

1. 注重推进依法治省，发挥立法引领推动作用

青海省人大常委会主动适应全省改革发展稳定的需要，积极履行立法职能。按照省委全面深化改革领导小组的部署要求，常委会完成了人大领域的三项改革任务：一是制定了《健全立法机制提高立法质量的意见》；二是制定了《青海省人大常委会专题询问办法（试行）》；三是加强代表联络机构建设，密切代表同人民群众联系。

为贯彻以生态文明理念统领经济社会发展的要求，落实省委关于生态立法的重要指示，由常委会领导负责、相关专委会联办，在省内外广泛调研，及时起草审议通过了《青海省生态文明建设促进条例》，形成了当年立项、当年起草、当年审议的自主性、先行性、创制性立法，为维护国家重要生态安全屏障，推进生态文明先行区建设，实现经济社会全面协调可持续发展提供了制度支撑。

全国人大常委会作出了调整完善生育政策的重大决策后，省人大常委会根据全省人口与经济社会发展情况，作出了关于调整完善生育政策的决议，依法保障“单独二孩”政策在全省贯彻落实。

2. 重视加强重点领域立法

青海省人大常委会针对村民选举中出现的新情况、新问题和基层民主发展趋势，推进村民自治，常委会审议通过了《青海省村民委员会选举办法》来规范村民委员会选举，加强基层民主政治建设。同时为了保护好自然资源和生态环境，省人大常委会重点制定了《青海省生态文明建设促进条例》和《青海湖景区管理条例》，为保护好青海美丽生态环境打下了良好基础。

企业工资是劳动关系的核心问题，搞好企业工资集体协商有利于维护好企业和职工双方的合法权益，促进企业的稳定发展。2014年，省人大常委会针对企业工资集体协商审议通过了《青海省企业工资集体协商条例》，对搞好企业劳动关系，促进企业和谐稳定打下了良好基础。

3. 注重推进科学民主立法

青海省人大常委会注重推进科学立法、民主立法工作。在立法工作中，常委会首先坚持党对立法工作的领导，认真贯彻落实省委有关重要立法指示，推动实现省委重大决策部署法律化、制度化。如，2014年6月，青海省委书记、省人大常委会主任批示建议制定《青海省生态文明建设促进条例》。省人大常委会高度重视、立即成立由常委会党组书记和两位分管副主任组成的领导小组，由常委会分管副主任和法制委、环资委相关人员组成的起草班子，采取由省人大常委会主导的模式着手条例起草工作。其次，注重坚持人大主导立法，加强人大在立法工作中的组织协调作用。在法规制定过程中，人大常委会注意把握好立项关、起草关、论证关、审议关、表决关等各环节。再次，注重坚持以问题导向提高立法成效。常委会组织开展了《青海省科技进步条例》《青海省未成年人保护条例》立法后评估和《青海省实施〈中华人民共和国节约能源法〉办法》《青海省实施〈中华人民共和国水土保持法〉办法》立法"回头看"工作，深入调查研究，充分听取意见，不断提高立法的针对性和操作性。最后，为加强立法队伍建设，常委会持续举办了常委会会议专题讲座和法制讲座，集中培训了全省人大法制机构立法工作人员，提高常委会组成人员及立法工作者的立法审议能力和法律素养，有关专工委主动加强了对有立法权的州县人大立法工作的指导，帮助提高立法人员的政治水平、业务能力和综合素质。

4. 注重环境保护立法

青海省人大常委会提出，青海要坚定不移地、始终如一地坚持生态保护第一的根本原则，认为生态保护第一，对改善民生，实现绿色双赢具有重大意义。为了更好地保护好青海的生态环境，青海省人大常委会除了2013年专门制定了《青海省湿地保护条例》加强对湿地保护外，2014年，又制定了《青海省生态文明建设促进条例》和《青海湖景区管理条例》。2014年12月，省人大常委会又把《青海省可可西里自然遗产地保护条例》列入2015年的立法计划。这种用法治的手段保护生态环境的做法与建设法治中国的美好愿景一脉相承，必将使青海的生态环境保护发生重大的改变，为实现"大美中国"建设将作出新的贡献。

5. 民族立法有新的发展

作为位居青藏高原的多民族地区，青海省的自治州和自治县比较多，其地方立法一个较为鲜明的特色就是民族自治地方立法较多。2014年，全省的民族自治地方立法有了新的发展。果洛藏族自治州和海北藏族自治州分别制定了《果洛藏族自治州民族团结进步条例》和《海北藏族自治州民族团结进步条例》，并获得了青海省人大常委会的批准通过。条例的通过为促进两地民族团结进步，巩固和发展平等、团结、互助、和谐的社会主义民族关系奠定了良好的法律基础。此外，玉树藏族自治州修订了《玉树藏族自治州义务教育条例》，门源回族自治县修订了《门源回族自治县自治条例》，互助土族自治县修订了《互助土族自治县森林管护条例》，为实现民族自治和地方自治，促进地方各项事业发展有着良好推动作用。

（二）地方政府立法中的特色和亮点

1. 立法计划性较强

青海省政府立法一直都比较重视立法计划的执行。每年度的立法计划由省法制办起草后交省政府常务会议讨论通过。省长亲自主持常务会议，要求政府立法工作要体现高标准、高质量，全面落实依法行政和建设法治政府的要求，不论是立法质量还是立法过程都要高标准、严要求，让立法为更好地实现经济社会发展、保护生态环境、改善民生、保持社会稳定提供重要制度保障。会议要求政府各部门一定要把立法工作抓紧抓实抓好，切实把实施政府立法计划的过程作为提升依法行政能力的过程、作为推进法治政府建设的过程、作为深化行政体制改革和转变政府职能的过程。2014年，青海省政府立法计划完成提请省人大常委会审议的地方性法规4件，制定通过政府规章5件，实际完成提请审议地方性法规4件，制定政府规章5件，按照计划圆满完成了立法任务。

2. 重视立法的程序规制

为了规范省政府规章的制定工作，提高立法效率，保证立法质量，2014年8月，青海省政府制定通过了《青海省人民政府规章制定办法》。这是继2013年10月省政府制定通过《青海省行政规范性文件制定和备案办法》之后，又一重要的政府自我行为规制的规范性文件。《青海省人民政府规章制定办法》对省政府规章的立项、起草、审查、决定、公布解释以及立法后评估进行了详细的规定。强调："省政府对规章制定工作实行统一领导。省政府法制机构具体负责立法工作计划的组织、指导、协调和实施工作。""起草规章应当深入调查研究，广泛听取有关部门、组织和公民的意见建议，合理的应当予以采纳。涉及重大法律、专业技术问题的，责任单位应当举行论证会，听取有关方面的意见建议。""省政府法制机构审查规章送审稿，应当通过青海省政府法制信息网或者新闻媒体公开征求社会各界的意见，并以书面形式向省政府有关部门、省以下各级人民政府、社团组织、人大代表、政协委员、行政管理相对人、省政府法律顾问委员会成员和行业专家广泛征求意见。"为深入推进依法行政、加快法治政府建设，2014年12月，省政府发布了《青海省人民政府关于深入推进依法行政加快建设法治政府的实施意见》。该实施意见强调在政府规章制定上要完善政府立法机制，加强重点领域立法，严格行政规范性文件监督管理，提高政府立法质量。

3. 重视发挥法律顾问在立法中的作用

法律顾问是推动政府依法行政的好参谋、好帮手。早在2003年青海省政府就成立了立法咨询专家组，2011年在立法咨询专家组的基础上，通过调整工作思路、整合人才资源、拓展服务方式，成立了省人民政府法律顾问委员会。2013年进一步完善工作制度，明晰了管理部门，加强了顾问队伍建设，增聘了国内知名专家学者和律师为省政府法律顾问。截至2014年底，全省两市六州政府已全部建立法律顾问制度，使法律顾问制度走在了全国的前列。[1]青海省政府法律顾问制度成立以来，省政府法律顾问委员会成员在政府立法、执法监督、行政复议、重大决策事项、重要合同审查等方面发挥着积极重要的作用。一些重要的地方性法规和政府规章的调研、起草、论证、评估都由顾问和相关专家参与其中。

三、青海省2014年度地方立法的不足与未来展望

（一）青海省2014年度地方立法的不足

2014年青海省地方立法在取得不错成绩的同时也存在着一些不足和差距。这些不足和差距表现为：

1．创制性立法相对较少

创制性立法是一个地方能否充分利用立法自主权开展立法工作的重要标志。在我国各项事业大发展和社会矛盾凸显急需法律规制的今天，因时制宜地独立开展创制性立法活动对一个地方立法工作的发展是非常必要的，也是发挥立法引领和推动作用的必然要求。2014年，青海省人大常委会起草制定的《青海省生态文明建设促进条例》，是全国第二个关于生态文明建设的省级地方性法规，其他法规如《青海省邮政条例》《青海湖景区管理条例》《青海省村民委员会选举办法》等，在全国都不是首创，有不少样本可以参考。省政府制定的《青海省人民政府规章制定办法》《青海省涉案财务价格认定管理办法》等规章也没有太多创新性，规章在其他省市都有先例。创制性立法较少不利于发挥地方立法在经济和社会发展中的引领和推动作用。

2．立法机制创新不足

立法机制的创新是立法有活力和生命力的重要源泉。在立法的机制创新上，青海省人大和政府立法还需要走较长的路。在立法起草方式上，还是依循以前习惯做法，地方性法规主要由政府负责组织起草。我们看到在2014年人大常委会审议的10件地方性法规中，有5件是由省政府提交的，人大主动开展立法拟制活动较少。对委托第三方参与立法的起草、论证、评估工作，尚未形成良好的工作机制。在政府立法上，主要是由政府法制部门负责组织、协调，没有形成政府部门、社会组织、专家学者、人民群众多方参与的局面。

3．立法社会参与度不够

不断提高立法质量、保证立法的科学性、民主性，关键在于立法的社会参与。尽管早在2003年青海省政府就成立了立法咨询专家组，十几年间已经建成稳定的法律专家顾问咨询队伍，但我们也要看到，光有专家的参与指导，没有社会大众的全民参与，立法机关所立之法也就很难保证其科学性、民主性。因此，利用各种网站、立法联系点、立法协商会、座谈会、听证会等形式和途径要求社会公众参与到法规规章的制定中去，才能使所立

①参见堰祥：《青海省市州政府已全部建立法律顾问制度　走在全国前列》，载《青海日报》2015年2月2日。

之法能够保持其应有活力和生命力。从2014年青海省全年法规、规章制定的情况来看，我们没有看到更多立法起草、论证、公示等信息，立法的社会参与明显不够。

4．立法的地方特色有待进一步挖掘

随着新修订的《立法法》的实施，青海两市（西宁市、海东市）和六州都有地方立法权。对青海省人大和政府而言，由于全省所辖行政区少、各地经济社会发展差异不大以及所辖地级市州都有立法权的缘故，省级人大和政府立法机关就比其他省市有更多优势结合本地特色和社会实际开展针对性立法活动。此外，青海全省有6个自治州和7个自治县，享有立法权的自治地方特别多。可以说，这些自治地方根据本地特色制定自治条例和单行条例有着得天独厚的条件和优势，它们可以充分利用自治地方立法权在山林保护、农田建设、社会管理、经济发展、社会互助、科教文卫等方面主动推进地方法治建设。但令人遗憾的是，我们还没有看到全省有更多富有地方特色的立法项目出现。全省立法的地方特色有待进一步挖掘和加强。

（二）青海省地方立法的未来展望

展望未来，青海全省的地方立法有望在以下方面得到丰富和加强：

1．继续加强生态环境保护立法，为实现“大美青海”奠定良好立法基础

我国经过多年的经济高速发展，在获得经济收益的同时，我们也为环境污染问题付出了较重的代价。建设一个生态文明、自然和谐的大美中国已经成为社会普遍共识，而对经济相对欠发达的青海省来讲，美丽的生态环境是其最宝贵的资源和财富。在生态保护第一理念的指导下，可以预见青海全省地方立法将会把加强生态环境保护的法律建设作为立法工作的重中之重。除了加强自然保护区、湿地、大气、河流等自然环境的立法保护外，加强环境保护和参与意识教育立法将是青海全省地方立法继续保持和努力的方向。

2．加强立法机制创新，推进立法更好为社会和现实服务

立法机制创新是我国全面推进依法治国的大背景下，立法不断发展和变革的时代潮流。立法机制创新就是要求立法主体敢于打破固有思维方式和传统认识，实现立法方式方法的新变革。对青海全省地方立法而言，加强立法机制创新就是要求青海各级地方立法机关要敢于冲破传统观念和思维方式的束缚，主动向立法先进地区学习，充分运用自身立法权上的优势，大力开展法律制定活动，努力发挥立法在社会发展中的引领和推动作用，以超前的立法理念和立法成就引领、推动地方经济和社会发展实现后来居上。

3．重视立法的社会参与

立法的社会参与是立法赢得理解和尊重的最好方式。只有社会主体参与到立法过程中去，才能够更好地认识到立法的价值和意义，才能够更好地理解它、尊重它、支持它。作为一个多民族聚居的省份，人们思想意识里既会有国家制定法的概念，也可能会有民族习惯法的概念。对少数民族群众而言，如何在国家法和民族习惯法之间找到一个平衡点，

让他们认识到国家法是可信和能够尊重的，一个最好的方式就是力争让少数民族群众参与到立法活动中去，让他们通过自身的切身感受建立对国家制定法的信任，进而使他们在日常生活中养成主动适用国家制定法的习惯。同样，对汉族群众而言，让他们参与到法律的创制活动中去，也能使他们增强对法律的认识和理解，有利于推动地方法治建设和社会发展。今后青海省地方立法应注意通过网络、电话、广播电视等传媒手段，通过设立立法联系点、开展立法宣讲、邀请参与立法起草、论证、评估、旁听等途径和方式加强公众立法参与。

4．加强立法高层次人才队伍建设

加强立法人才培养和队伍建设是地方立法今后一定时期的重要工作任务和内容。随着国家全面推进依法治国以及地方立法主体的扩大，地方立法人才特别是高层次人才的缺乏已经成为不容忽视的事实。对青海全省而言，尽管省份不大、人口不多，但全省立法主体较多，对立法人才特别是高层次人才的需求也会较大。当前，我国立法人才主要是来自于高校法学专业毕业生，立法工作的大发展需要更多毕业生一离开校门就走上立法工作岗位。但这种科班培养出来的毕业生能否立即适应立法工作需要，我们尚待观察。不过对青海如此众多的民族自治地方立法主体而言，这些新近毕业的法律工作者能否适应本州或本县民族立法工作实际要求，想必答案是否定的，因为，开展民族立法不但需要具有一定的立法知识和立法技巧，而且还需要更加了解民族地区、少数民族的风土人情、生活习惯等方面；既要了解这个民族的特点，又要了解那个民族的特点，可以说，能胜任地方民族立法工作的人员，不仅是个多面手，而且也应是个百科全书式的人物。因此，加强立法人才尤其是高层次人才培养和队伍建设应是接下来青海省地方立法工作的一个重要工作内容。不过我们注意到了青海省人大常委会为加强立法队伍建设，已经持续举办了常委会会议专题讲座和法制讲座，集中培训了全省人大法制机构立法工作人员。可以想象，在立法人员的培训方面以后只能加强，不能削弱。

第三十一章　宁夏回族自治区2014年度立法发展报告

潘高峰　李当杰①

摘　要：2014年，宁夏回族自治区及银川市两级人大、政府立法机关，充分运用地方立法权，制定了多件地方性法规和政府规章。在取得较好成绩的同时，宁夏地方立法存在人大立法主动性不强、立法权运用不充分等不足。未来宁夏地方立法应在加强立法主体建设、强化人大立法主导、注重立法的地方特色和可执行性等方面有新突破和发展。

关键词：宁夏回族自治区　地方立法　机制创新　引领推动

一、宁夏回族自治区2014年度立法发展状况

（一）宁夏回族自治区2014年度立法状况总体评述

宁夏回族自治区共有自治区人民代表大会及其常务委员会、自治区人民政府两个省级立法主体，分别可以制定地方性法规、自治条例、单行条例和地方政府规章。同时包括银川市人民代表大会及其常务委员会、银川市人民政府两个省会城市立法主体，可以分别制定地方性法规和地方政府规章。

2014年，宁夏回族自治区及银川市人大、政府深入贯彻落实党的十八大和十八届三中、四中全会精神，根据全面推进依法治国的部署，结合地方实际，发挥地方立法在各项事业发展中的引领和推动作用，结出了丰硕的法制成果。

宁夏回族自治区人大常委会制定、修改了《宁夏回族自治区空间发展战略规划条例》《宁夏回族自治区污染物排放管理条例》《宁夏回族自治区政府非税收入管理条例》《宁夏回族自治区实施〈中华人民共和国城乡规划法〉办法》《宁夏回族自治区泾河水源保护区条例》《宁夏回族自治区实施〈中华人民共和国村民委员会组织法〉办法》《宁夏回族自治区人口与计划生育条例》等8件地方性法规；废止了《宁夏回族自治区经纪人管理条例》《宁夏回族自治区公路养路费征收管理条例》《宁夏回族自治区义务教育条例》《宁

①潘高峰，法学博士，广东外语外贸大学广东省地方立法研究评估与咨询服务基地研究员，副教授。研究方向：行政法、地方立法。李当杰，广东外语外贸大学法学院硕士研究生。

夏回族自治区预算外资金管理条例》等4件地方性法规，批准了银川市4件地方性法规。

自治区政府全年制定10件政府规章，分别是《宁夏回族自治区企业工资集体协商办法》《宁夏回族自治区安全生产行政责任规定》《宁夏回族自治区发展规划管理办法》《宁夏回族自治区电信设施建设与保护办法》《宁夏回族自治区药品流通监督管理办法》《宁夏回族自治区宗教活动安全管理暂行办法》《宁夏回族自治区农村饮水安全工程管理办法》《宁夏回族自治区法治政府建设指标体系（试行）》《宁夏回族自治区行政程序规定》《宁夏回族自治区重大行政决策规》。其中，《宁夏回族自治区法治政府建设指标体系（试行）》《宁夏回族自治区行政程序规定》《宁夏回族自治区重大行政决策规》3件规章是2015年1月8日由自治区人民政府第38次常务会议讨论通过。此外，在2014年5月27日自治区人民政府第24次常务会议讨论决定一次性废止了《宁夏回族自治区育林费征收及管理办法》等7件政府规章，对《宁夏回族自治区按比例安排残疾人就业规定》等6件政府规章的部分条款予以修改。

作为省会城市的银川市，2014年，银川市人大常委会共召开8次会议，审议通过了《银川市城市供水节水条例》《银川市公园管理条例》《银川市新建商品房配套设施交付使用管理条例》《银川市旅游促进条例》《银川市政公用事业特许经营管理条例》5件地方性法规，其中前4件地方性法规在2014年获得了自治区人大常委会批准通过。

银川市人民政府全年共制定《银川市停车场规划建设和车辆停放管理条例实施办法》《银川市预拌混凝土预拌砂浆管理办法》《银川市门前“三包”责任制管理办法》3件政府规章。

总体而言，2014年宁夏回族自治区的地方立法呈现法规规章相得益彰、各有侧重的良好局面，立法主体都积极主动地开展了立法工作，经济建设、生态资源保护、城市建设与管理、民生问题等方面得到了立法的重点关注。

（二）宁夏回族自治区2014年度地方性法规发展状况

宁夏回族自治区人大在立法过程中坚持立、改、废相结合，科学立法、民主立法，努力将改革决策与立法决策相结合。2014年，宁夏回族自治区人大常委会把提高立法质量作为工作中的重中之重，认真研究地方立法的特点和规律，制定了进一步加强和改进立法工作的意见，同时把2014年作为“立法质量年”并举办了系列活动。自治区人大常委会十分注重立法的科学性和民主性，在对地方性法规的制定和修改以及对银川市地方性法规批准审议过程中，组织部分人大代表参与审议，并组织部分人大代表参加重点立法项目调研。同时，扩大公民有序参与立法活动的途径，对一些涉及全局、关系复杂的法规草案，通过《宁夏日报》、人大网站广泛征求人大代表和社会各界意见建议，并实行隔次审议和两审三通过制度。立法当中，面对关系百姓切身利益、社会舆论反应比较强烈时，更加注重立法的利益协调和统筹兼顾。2014年，自治区人大常委会首次召开了法规草案论辩会，达到

“以辩促论、凝聚共识”的目的。

在地方性法规制定上，宁夏回族自治区人大常委会在2014年4月9日审议通过了《宁夏回族自治区泾河水源保护区条例》。该条例立足宁夏，就泾河保护区范围、保护机制进行明确，充分保障了中南部地区群众用水安全。

2014年5月28日，自治区人大常委会审议通过了《宁夏回族自治区实施〈中华人民共和国城乡规划法〉办法》，就建立公众参与规划编制制度、规划的编制、审批权限及程序等作出规定，适应了自治区推进新型城镇化的需要。

2014年7月23日，自治区人大常委会通过了《宁夏回族自治区政府非税收入管理条例》，废止《宁夏回族自治区预算外资金管理条例》，确保非税收入管理有法可依。

2014年9月29日，自治区人大常委会通过了《宁夏回族自治区污染物排放管理条例》，该条例是“美丽宁夏”战略的重要组成部分，通过制定地方性法规实行重点污染物排放总量控制、排污权有偿使用和交易制度，努力破解污染减排和经济发展之间的现实问题，发挥立法在维护青山绿水，推进美丽宁夏建设中的重要作用。

2014年11月25日，自治区人大常委会通过了《宁夏回族自治区空间发展战略规划条例》，为宁夏回族自治区空间战略规划的编制、实施、修改和监督管理提供了法律依据。

在地方性法规的修改上，2014年7月23日，自治区人大常委会审议通过了修订的《宁夏回族自治区实施〈中华人民共和国村民委员会组织法〉办法》，该实施办法对规范村民会议和村民代表会议的职权，为发展基层民主、促进新农村建设提供了法治保障。2014年9月29日自治区人大常委会审议通过了《宁夏回族自治区人口与计划生育条例》的修改决定，这次修订对地方性法规的部分条文进行了修正，以地方性法规的形式保障了单独家庭生育二孩的权利，并取消了原有的生育间隔期。

在废止法规方面，2014年4月9日，自治区人大常委会召开第十一届人民代表大会常务委员会第九次会议废止了《宁夏回族自治区经纪人管理条例》《宁夏回族自治区公路养路费征收管理条例》《宁夏回族自治区义务教育条例》等3件地方性法规。

2014年，银川市人大常委会共审议通过了5件地方性法规。具体是，2014年3月27日，银川市人大常委会审议通过了《银川市旅游促进条例》，该条例2014年7月23日获得了自治区第十一届人民代表大会常务委员会第十一次会议批准，于2014年10月1日起施行。银川市是宁夏回族自治区首府，是我国西部极具地域风情，拥有壮丽的天然景色和厚重的历史人文积淀的重要城市，其旅游资源十分丰富。条例的出台是为落实新修订的旅游法，对规范、推动银川市旅游业发展具有重要意义。该条例规定市、县（区）政府应设立旅游发展专项资金，配套建设旅游交通和公共服务设施，建立旅游信息网络管理系统，加快银川市旅游产业发展。

2014年8月27日，银川市人大常委会审议通过了《银川市新建商品房配套设施交付使用管理条例》和《银川市城市供水节水条例》，两个条例均于2014年11月25日获得了自治区第十一届人民代表大会常务委员会第十三次会议批准，2015年1月1日起实施。条例的出台为保障业主入住和使用商品房的基本条件、维护业主合法权益以及加强城市供水节水、提高水资源利用率进行了详细具体规定。

2014年10月29日，银川市人大常委会审议通过了《银川市公园管理条例》，该条例于2014年11月25日经自治区第十一届人民代表大会常务委员会第十三次会议批准，2015年1月1日起开始施行。《银川市公园管理条例》对加强公园建设与管理，应对公园建设管理中出现的新情况、新问题，确保公园的公益性进行了详细规定和明确。

值得一提的是，银川市人大常委会还在2014年审议通过了《银川市政公用事业特许经营管理条例》。该条例根据市政公用事业市场化改革的需要制定，明确了市政公用事业特许经营的范围、形式、期限及协议内容，对特许经营者的权利、义务、禁止行为及政府主管部门的监管职责作出了规定。

（三）宁夏回族自治区2014年度地方政府规章发展状况

2014年，宁夏回族自治区人民政府制定了《宁夏回族自治区安全生产行政责任规定》《宁夏回族自治区农村饮水安全工程管理办法》《宁夏回族自治区发展规划管理办法》《宁夏回族自治区电信设施建设与保护办法》《宁夏回族自治区药品流通监督管理办法》等10件地方政府规章。废止了《宁夏回族自治区育林费征收及管理办法》《宁夏回族自治区水利工程水费计收、使用和管理办法》《宁夏回族自治区旅馆业治安管理实施细则》《宁夏回族自治区中等职业技术教育规定》《宁夏回族自治区土地增值税征收管理办法》《宁夏回族自治区饮用天然矿泉水资源管理办法》《宁夏回族自治区外商投资勘查开采矿产资源规定》等7件规章，并对《宁夏回族自治区按比例安排残疾人就业规定》等6件地方政府规章的部分条文进行了修改。自治区政府制定的规章始终站在群众的立场上，维护民众的合法权益，着力解决宁夏发展中的突出问题，推进地方事业进步，增进民生福祉。例如，宁夏立足于农业人口占总人口比例大多数，农村地区占自治区面积绝大部分的这一基本现实，制定了《宁夏回族自治区农村饮水工程管理办法》。办法首次在城乡饮用水安全方面提出了推进城乡供水一体化，实现城乡公共服务均等化发展的思路和措施，鼓励和完善农村供水体系，填补了自治区农村供水的法律制度空白，在全国走在前列。

银川市人民政府制定了《银川市门前“三包”责任制管理办法》《银川市预拌混凝土预拌砂浆管理办法》《银川市停车场规划建设和车辆停放管理条例实施办法》等3件地方政府规章。三件规章的出台，是根据银川市及周边地区快速的城市化进程为背景制定的，目的均在于解决城市化过程中出现的“城市病”等问题。三件规章的亮点频发，新意迭出，例如《银川市门前“三包”责任制管理办法》规定，城市管理部门作为制度的主要执行者，负责全市门前“三包”责任制的执法监督工作。县（市）区城市管理部门要与责任人签订《门前“三包”责任书》，将责任人的责任范围、内容和标准在责任书中加以明确。

《银川市门前“三包”责任制管理办法》的出台将有利于强化公民、法人和其他组织的法律责任，促使城市环境卫生工作由“自扫门前雪”向“必扫门前雪”转变。

二、宁夏回族自治区2014年度地方立法的特色和亮点

（一）地方人大立法中的特色和亮点

1. 围绕“美丽宁夏”中心目标，注重生态环境保护立法

2014年，宁夏回族自治区和银川市两级人大常委会的立法工作，围绕“美丽宁夏”中心目标和贯彻自治区委关于宁夏可持续发展的战略，制定了《宁夏回族自治区泾河水源保护区条例》《宁夏回族自治区实施〈中华人民共和国城乡规划法〉办法》《宁夏回族自治区污染物排放管理条例》《银川市城市供水节水条例》《银川市公园管理条例》5件地方性法规，占自治区全年合计制定的12件地方性法规数量的41.67%，具有相当大的比重。内容主要涉及水资源的开发利用和保护，跨区域污染的协同治理，生态环境的保护以及绿地、森林资源的保护与开发等方面，这对处于西北内陆丘陵地区的宁夏来讲，具有十分重要的战略和现实意义。

这五件地方性法规中，以与百姓生产、生活息息相关的《银川市城市供水节水条例》获得了最大的社会关注。如此受到关注，与宁夏的地理环境是分不开的：银川是一个水资源贫乏的城市，人均水资源拥有量仅为全国人均水资源的九分之一，水资源短缺问题已经成为制约银川市经济社会发展的重要因素，而且银川市工业及商业用水量大，但用水重复率低，中水使用少。加上企业自备井过度开采等因素，造成银川市地下水沉降漏斗面积不断扩大，导致水质被污染，影响水源安全。①基于这种情况，《银川市城市供水节水条例》便被提上了2014年的立法规划日程，在条例的制定过程中和颁布之后都备受社会关注，赢得了市民的好评。

2. 增进人民福祉，强调民生立法优先

“民生立法区别于‘效率优先’的经济立法和‘义务本位’的管理立法，它以保障和改善民生为根本的出发点和落脚点，更加注重社会公平和弱势群体的权益保障，体现了公平正义的价值取向。”②自治区人大常委会修改的《宁夏回族自治区实施〈中华人民共和国村民委员会组织法〉办法》和《宁夏回族自治区人口与计划生育条例》，以及银川市人大常委会制定的《银川市新建商品房配套设施交付使用管理条例》和《银川市公园管理条例》都是与市民生活息息相关的地方性法规。例如《宁夏回族自治区实施〈中华人民共和

①参见申东：《银川拟重新制定城市供水节水条例　用水大户应建循环用水设施》，http://www.legaldaily.com.cn/bm/content/2014-05/20/content_5532363.htm?node=20731，访问时间：2015年2月20日。

②左权：《地方民生立法的建构路径及其基本框架》，载《法政探索》2013年第4期。

国村民委员会组织法〉办法》中规定了农村妇女参与村级事务管理的新内容，在《中华人民共和国村民委员会组织法》已明确规定“村民委员会成员中，应当有妇女成员”“妇女村民代表应当占村民代表会议组成人员的三分之一以上”的基础上，明确规定了“村民监督委员会应当有妇女成员”，为更全面地保障农村妇女参与村级管理提供了法律依据。这些都是宁夏在制定地方性法规中所体现的关注民生的价值取向。

3．重视立法观点碰撞，在地方立法中首次引入立法论辩会

2014年3月18日上午，宁夏回族自治区人大常委会法制工作委员会召开首次立法辩论会，对《宁夏回族自治区实施〈中华人民共和国城乡规划法〉办法（草案）》进行论辩。这是自治区人大常委会在地方立法的过程中首次引入立法辩论会的形式征集各方意见，对法规草案进行激烈的探讨和论证。本次辩论在辩手的人员结构上下功夫，注重对不同视野和角度下对法规意见建议的征集。既有来自自治区人大法工委的同志，也有来自自治区政府法制部门和相关业务部门的工作人员，还包括自治区人大法制委员会专家咨询委员会的委员和宁夏大学的专家学者。“本次立法论辩会，旨在探索创新地方立法工作机制，提高地方立法服务质量，推进科学立法、民主立法。通过立法论辩，以辩促论，理清法规草案中的焦点、难点问题，达到深化认识、凝聚共识的目的。”[①]

（二）地方政府立法中的特色和亮点

1．着力保障地方法制的统一性，坚持立改废并行

2014年，宁夏回族自治区人民政府将维护地方立法的统一性作为重要任务来抓，一方面新制定了《宁夏回族自治区安全生产行政责任规定》等7件地方政府规章，另一方面十分重视对原有政府规章的更新和对不合时宜的规章的废止。废止了《宁夏回族自治区育林费征收及管理办法》等9件地方政府规章，并对《宁夏回族自治区村庄和集镇规划建设管理实施办法》等6件地方政府规章的部分条文进行了修改。这一年，宁夏地方政府制定、废止、修改规章的数量相当多，这在省级政府层面是不多见的。这种工作成效可以有效地提高地方法制的统一性，减少法制之间的冲突，增强法制的适用性和及时性。

同时，宁夏回族自治区人民政府善于以修改和废止地方规范性文件的方式“简政放权”“推动改革”。除了地方立法之外，十分注重以往的以“红头文件”进行“法外设权”问题的处理。2014年，宁夏回族自治区人民政府“废止规范性文件25件，修改规范性文件10件，废止‘红头文件’1300余件，从源头上杜绝了地方性法规、政府规章和‘红头文件’与法律法规不一致的现象发生，维护法制的统一”[②]。

①南海生：《宁夏人大常委会法制工作委员会召开首次立法论辩会》，http://www.nxrd.gov.cn/cwhgz/lfdt/201403/t20140319_1716341.html，访问时间：2015年2月20日。

②《宁夏回族自治区政府2014年法制工作综述》，http://www.chinalaw.gov.cn/article/dfxx/dffzxx/nx/201502/20150200398239.shtml，访问时间：2015年2月10日。

2. 强调创新、契合实际，善于以立法推动地方各项事业进步

自治区及银川市政府在2014年制定的地方政府规章，亮点频发，凸显了强调创新和契合实际的特点。例如自治区政府制定的《宁夏回族自治区安全生产行政责任规定》就是在全国率先以地方政府规章的形式实现安全生产责任法定化、规范化。因为这一创制性的立法鲜明地体现出了地方立法的积极性和灵活性，获得了国务院安委会办公室专门下发通知建议各地学习。①

宁夏还有不少地方政府规章在创新性方面走在全国前列。为了配合和保障国内首个以自治区单位制定和实施的空间规划——《宁夏回族自治区空间发展战略规划》，自治区专门出台了该条例，这可以实现宁夏的空间发展战略规划的编制、实施和管理“规范化、制度化和法制化”的“三化提高”。地方政府规章的出台也十分注重地方实际，强调民生优先。针对宁夏位处西北内陆，土地沙化严重，水资源严重不足的现状，自治区政府出台的《宁夏回族自治区农村饮水工程管理办法》首次提出推进城乡供水的一体化，部署了城乡公共服务均等化发展的措施和思路，以法制促进农村供水体系的完善。

三、宁夏回族自治区2014年度地方立法的不足与未来展望

（一）宁夏回族自治区地方立法存在的不足

1. 人大在地方立法中的主导性作用不强

宁夏回族自治区人大常委会2014年审议通过的8件地方性法规当中，由自治区政府起草并提请审议的有5件，占62.5%。而银川市人大常委会去年审议通过的5件地方性法规中有4件是由银川市政府提请审议的，占80%。可以看出，权力机关对地方立法的主导权把握不紧，一定程度上有行政主导权力机关立法的问题。无可置疑，行政机关直接从事社会管理的各项具体事务，有着非常丰富的实践经验，相对于人大也有更多的资源来承担立法工作。因此，实践当中各个地方的地方性法规的制定确实存在着相当一部分是由行政机关起草后再由权力机关审议通过的做法。但是，从法理的角度讲，人民代表大会及常务委员会作为立法机关，拥有立法的法定权力和职责，理所当然应将人民的意志及时通过法定程序上升为法律。同时，权力机关还是行政机关的监督机关，监督行政机关依法行政，依法用权。如果是行政主导了立法，则有违国家宪政制度的设计原理，权力机关对行政机关的监督力度大大减弱，容易导致行政机关既是规则的制定者，又是规则的执行者乃至监督者，这与现代法治的要求是不符的。

2. 民族自治地方立法权运用不充分

宁夏是回族自治区，除拥有一般省级行政区划单位的地方性法规和地方政府规章制定

①参见《国务院安委办要求借鉴宁夏安全生产行政责任规定》，http://news.xinhuanet.com/talking/2015-01/14/c_1113995129.htm，访问时间：2015年2月10日。

权力之外，还拥有宪法直接赋予的制定自治条例和单行条例的权力。同时，宪法除赋予民族自治地方有自主开展民族自治立法权力外，同时还赋予民族自治地方有根据地方实际情况变通执行相关法律、法规和政策的权力。民族自治地方拥有广泛的立法自主权，其理应把立法自主权运用好、发挥好。

民族自治地方可以根据本地方实际对上位法作变通规定，但是要求立法主体是地方人民代表大会。众所周知，地方人民代表大会每年只召开一次，制定自治条例、单行条例的精力确实不多。但是，民族自治地方立法权作为我国《宪法》和《立法法》、《民族区域自治法》赋予的神圣权力，地方不应当仅针对地方性法规进行立法，而应当有所侧重，从保护少数民族文化、政治、经济、生态的角度运用好、发挥好法律赋予的民族立法自主权。

3. 部分法规规章条文的可执行性不强

部分立法条文偏向原则性、宣言性，可执行性不强。以《银川市旅游促进条例》为例，第四条规定："发展旅游业应当符合银川市旅游总体规划，坚持统一规划、合理开发、可持续发展的原则，突出民族文化特色，发挥塞上湖城、回乡风情、西夏古都资源优势，推进生态旅游、休闲度假旅游、民族文化旅游、红色旅游等旅游产品的开发。"第九条规定："旅游资源的开发应当突出民族、民俗风情，地域特点等具有民族传统文化的项目。经银川市人民政府批准，经营者可以经营具有地方特色的有奖旅游项目。"还有条文粗略性地规定政府应当"培育跨地区的旅游市场""开发旅游资源和旅游客源市场""实现旅游资源共享"，实际上这对旅游事业的促进作用并不明显，更多是方向性引导。地方立法应当以贯彻上位法的规定，根据地方实际细化落实各项责任，从而保障百姓权利，这样宣言性质的规定应当少之又少。

（二）宁夏回族自治区地方立法的未来展望

1. 加强立法主体建设

要不断加强宁夏回族自治区、银川市人大及政府自身建设，为《立法法》修改后设区市逐步获得地方立法探索经验奠定基础。立法主体要牢固树立起依法治国、建设法治国家的理念，将地方立法作为国家治理的重要手段和推动地方各项事业发展的助推器来认识。要不断培育和引导领导干部树立法治观念，加强对人大代表、人大常委会组成人员、政府法制工作人员法治思维、法治意识和立法能力的培养，打造一支业务精、能力强的立法工作队伍，充分发挥人大法工委和政府法制办专业人员在立法工作中的重要作用。要扩大专家学者参与立法工作的路径，健全专家咨询制度，进一步增强立法专家咨询库的整体实力。

2. 强化人大对立法工作的主导作用

要进一步发挥人民代表大会及其常委会作为权力机关在地方立法工作中的主导作用，适时改变由行政机关主导起草地方性法规的模式。地方性法规的制定，常常由相关的行政机构负责调研和起草，难免会有“既当裁判者，又当运动员”的嫌疑，权力机关应当在地方性法规的制定上发挥更强的主导作用，当好行政机关的监督者。要严格按照宪法法律规定，合理划分人大立法机关和政府立法机关行使立法权的权限，确保两个立法主体都能合理使用权力，避免越权和权力滥用。

3．重视地方立法特色和立法的可执行性

“上下一般粗”是地方立法中常常出现的问题，这使得地方立法优势作用难以发挥。其实，一方面，宁夏作为民族自治地方，拥有宪法法律授予的民族自治地方立法权，可以充分利用这个权力，开展针对回族民族特点的单行条例制定，推动回族民族文化传承、青少年教育、民族产业等方面发展，增强立法的地方特色。另一方面，在执行性立法方面，应当充分调查研究，摸清宁夏实际，开展更具有针对性、执行性、民族性的地方立法，落实上位法的规定，发挥好中央立法和地方立法的两个积极性，使得行政机关和司法机关在执法过程中更能有效地适用地方立法。同时，还要更加强调地方立法与中央立法之间，各地方立法之间的统一性、衔接性问题，减少各级立法之间的相互冲突。

4．完善地方立法相关程序及机制

根据我国《立法法》的规定，地方性法规的制定程序，由本级人民代表大会确定；地方政府规章的制定程序由国务院规定。完善地方立法的程序设计，有利于以程序正义促进实体正义。要完善法规规章草案的立项程序，“科学编制地方立法规划、计划，将一定时期的地方立法目标、方向、任务、决策明确下来，使地方立法工作安排更加科学、合理，有助于地方立法工作有序推进，避免和防止重复立法，有利于克服立法中的部门利益倾向，提高地方立法的质量”[①]。同时，还要在我国《立法法》规定的基础上进一步细化、完善人民代表大会及其常委会立法的审议程序和相关机制，落实好重要条款逐条审议的制度，保证涉及公民切身利益且争议较大条文经过充分的意见征集。应当更加注重立法过程当中民意征集机制的建立，将科学立法和民主立法原则贯穿到地方立法的各个环节中去。

①曹胜亮：《论地方立法的科学化》，载《法学论坛》2009年第5期。

第三十二章　新疆维吾尔自治区2014年度立法发展报告

叶昌富　周新军[①]

摘　要： 新疆维吾尔自治区2014年度地方立法适应法治新疆建设需要，紧紧围绕平安新疆建设、法治环境建设、法治社会建设，统筹推进立法，进一步加强重点领域立法，着力完善科学立法、民主立法工作机制，增强法规规章的针对性和可操作性，立法质量有了新的提高，为维护新疆社会稳定和长治久安、推动改革创新、推进治理体系和治理能力现代化提供强有力的法治保障。

关键词： 新疆维吾尔自治区　地方立法　发展报告

一、新疆维吾尔自治区2014年度立法发展状况

（一）新疆维吾尔自治区2014年度立法状况总体评述

新疆维吾尔自治区地方立法有自治区人大及其常委会、自治区政府2个省级立法主体，乌鲁木齐市人大及其常委会、市政府2个省会城市立法主体，有昌吉回族自治州、博尔塔拉蒙古自治州、巴音郭楞蒙古自治州、克孜勒苏柯尔克孜自治州、伊犁哈萨克自治州5个自治州，察布查尔锡伯自治县、和布克赛尔蒙古自治县、木垒哈萨克自治县、巴里坤哈萨克自治县、焉耆回族自治县、塔什库尔干塔吉克自治县6个自治县共11个民族自治地方立法主体。

2014年，在新疆维吾尔自治区党委的统一领导和部署下，新疆维吾尔自治区人大常委会、政府和乌鲁木齐市人大常委会、政府等地方立法主体高举中国特色社会主义伟大旗帜，以邓小平理论、“三个代表”重要思想、科学发展观为指导，贯彻落实党的十八大和十八届三中、四中全会精神以及第二次中央新疆工作会议精神，以改革创新精神，推进科学立法、民主立法，加强重点领域立法，突出地方特色，提高立法质量，切实增强法规的针对性和可执行性，为维护新疆社会稳定和长治久安、生态环境保护、社会经济发展等提

---

①叶昌富，广东外语外贸大学副教授，硕士生导师。研究方向：中国法制史、地方立法。周新军，广东外语外贸大学教授，硕士生导师。研究方向：国际经济法、地方立法。

供强有力的法治保障。

2014年，新疆维吾尔自治区人大常委会制定了《新疆维吾尔自治区职工劳动权益保障条例》《新疆维吾尔自治区煤炭石油天然气开发环境保护条例》《新疆维吾尔自治区村民委员会选举办法》等3件地方性法规，修改了《新疆维吾尔自治区宗教事务条例》《新疆维吾尔自治区塔里木河流域水资源管理条例》《新疆维吾尔自治区道路运输条例》《新疆维吾尔自治区城镇国有土地使用权出让和转让暂行办法》等4件地方性法规。批准通过《乌鲁木齐市消防安全管理条例》《乌鲁木齐市大气污染防治条例》《乌鲁木齐市人民代表大会议事规则》《新疆玛纳斯国家湿地公园保护条例》《克孜勒苏柯尔克孜自治州喀拉库勒湖风景区保护管理条例》《昌吉回族自治州硅化木保护管理条例》等8件地方性法规和单行条例。

2014年，新疆维吾尔自治区人民政府制定了《新疆维吾尔自治区电动自行车管理办法》《新疆维吾尔自治区取水许可管理办法》《新疆维吾尔自治区公共安全视频信息系统管理办法》3件政府规章，修改了《新疆维吾尔自治区城镇国有土地使用权出让和转让暂行办法》。

乌鲁木齐市人大常委会制定了《乌鲁木齐市消防安全管理条例》《乌鲁木齐市燃气管理条例》《乌鲁木齐市公共场所禁止穿戴蒙面罩袍的规定》等3件地方性法规，修改了《乌鲁木齐市人民代表大会议事规则》。

乌鲁木齐市人民政府制定了《乌鲁木齐市政府投资建设项目审计监督办法》《乌鲁木齐市发展规划管理办法》《乌鲁木齐市社区（村）文化室管理办法》《乌鲁木齐市测绘地理信息管理办法》等4件政府规章。

在民族自治地方立法方面，2014年只有昌吉回族自治州制定了《新疆玛纳斯国家湿地公园保护条例》，废止了《昌吉回族自治州硅化木保护管理条例》。其他民族自治地方没有新的自治条例和单行条例出台。克孜勒苏柯尔克孜自治州2013年1月制定的《克孜勒苏柯尔克孜自治州喀拉库勒湖风景区保护管理条例》2014年5月获得自治区人大常委会批准。

总体而言，新疆维吾尔自治区地方立法虽然主体数量较多，但在2014年制定出台的地方性法规规章和自治条例、单行条例总体数量上并不算太多。除了新疆维吾尔自治区人大常委会、自治区政府、乌鲁木齐市人大常委会、市政府制定相对较多地方法规规章以外，民族自治地方的立法数量则非常少。这与民族自治立法权的行使不相匹配。

（二）新疆维吾尔自治区2014年度地方性法规发展状况

新疆维吾尔自治区人大常委会适应法治新疆建设需要，进一步加强重点领域立法，着力完善科学立法、民主立法工作机制，增强法规的针对性和可操作性，立法质量有了新的提高。2014年，共审议通过和批准法规与法规性决定15件，完成了全国人大常委会下发的8

件法律草案征求意见工作。①

依法维护社会稳定，促进民族团结，打击“三股势力”，是新疆维吾尔自治区地方立法当前面临的紧迫任务，《新疆维吾尔自治区宗教事务条例》的修订完成和《乌鲁木齐市公共场所禁止穿戴蒙面罩袍的规定》的出台，是将新疆宗教工作纳入法治化管理的重大举措，对规范宗教事务管理，维护信教群众的合法权益，制止非法宗教活动、“去极端化”，促进宗教和睦和社会和谐，推进新疆社会稳定和长治久安具有十分重要的意义。

新疆维吾尔自治区地域辽阔，生态环境自然优美，为了贯彻“环保优先、生态立区”发展理念，新疆维吾尔自治区加大生态环保立法的力度，制定了《新疆维吾尔自治区煤炭石油天然气开发环境保护条例》《新疆维吾尔自治区塔里木河流域水资源管理条例》等地方性法规。

2014年，乌鲁木齐市人大常委会紧紧围绕社会稳定和长治久安的总目标，全面深化改革、全面推进依法治市，以提高立法质量为着眼点，以乌鲁木齐市民主法治领域改革部署为动力，开展地方立法工作。乌鲁木齐市人大常委会制定了《乌鲁木齐市消防安全管理条例》《乌鲁木齐市燃气管理条例》《乌鲁木齐市公共场所禁止穿戴蒙面罩袍的规定》3件地方性法规，修订了《乌鲁木齐市人民代表大会议事规则》。

2014年，新疆维吾尔自治区人大常委会批准的民族自治地方单行条例有2件：《克孜勒苏柯尔克孜自治州喀拉库勒湖风景区保护管理条例》，该条例在2013年1月经克孜勒苏柯尔克孜自治州第十三届人民代表大会常务委员会第二次会议审议通过，2014年5月经新疆维吾尔自治区第十二届人民代表大会常务委员会第八次会议批准；《新疆玛纳斯国家湿地公园保护条例》，该条例在2014年1月经昌吉回族自治州第十四届人民代表大会第三次会议审议通过，2014年7月新疆维吾尔自治区第十二届人民代表大会常务委员会第九次会议审议批准。除此以外，2014年1月，昌吉回族自治州第十四届人民代表大会第三次会议通过决议，废止了《昌吉回族自治州硅化木保护管理条例》。

（三）新疆维吾尔自治区2014年度地方政府规章发展状况

2014年，新疆维吾尔自治区地方政府立法工作紧紧围绕着自治区党委、政府中心工作，以建设法治政府、提高制度建设质量、规范行政权力运行、深化行政管理体制改革、促进经济发展为重点，制定和修改地方政府规章。

2014年，新疆维吾尔自治区人民政府制定了《新疆维吾尔自治区电动自行车管理办法》《新疆维吾尔自治区取水许可管理办法》《新疆维吾尔自治区公共安全视频信息系统管理办法》3件政府规章，修改了《新疆维吾尔自治区城镇国有土地使用权出让和转让暂

①参见王永明：《自治区人大常委会工作报告》（2015年1月22日在新疆维吾尔自治区第十二届人民代表大会第三次会议上），http://news.iyaxin.com/content/2015-01/27/content_4777454_3.htm，访问时间：2015年2月20日。

行办法》。“打包”修改了《新疆维吾尔自治区暂住人口治安管理办法》《新疆维吾尔自治区人工影响大气工作管理办法》《新疆维吾尔自治区实施〈殡葬管理条例〉若干规定》《新疆维吾尔自治区实施〈饲料和饲料添加剂管理条例〉办法》等规章。另外，着手起草《新疆维吾尔自治区无线电管理办法》《新疆维吾尔自治区辐射污染防治办法》《新疆维吾尔自治区居住房屋改变用途规定》《新疆维吾尔自治区再生资源回收利用办法》《新疆维吾尔自治区生产安全事故报告和调查处理办法》等规章草案。

乌鲁木齐市人民政府2014年制定了《乌鲁木齐市政府投资建设项目审计监督办法》《乌鲁木齐市发展规划管理办法》《乌鲁木齐市社区（村）文化室管理办法》《乌鲁木齐市测绘地理信息管理办法》等4件政府规章。这4件规章中侧重于发展规划和测绘地理信息管理的2件，强化了政府对这两方面工作的管理。

二、新疆维吾尔自治区2014年度地方立法的特色和亮点

（一）地方人大立法的特色和亮点

2014年，新疆维吾尔自治区人大及其常委会根据实事求是、与时俱进的要求，一方面学习中央精神和政策，使自治区的地方立法与中央立法相互衔接；另一方面又充分考虑自治区的社会现状，找寻群众关心的社会热点问题，将立法与维护新疆稳定和改善新疆地区经济状况、提高人民生活水平相互衔接，积极构建法治新疆。新疆维吾尔自治区人大立法中的特色和亮点具体表现为：

1. 立法去除宗教极端化，坚定不移地维护新疆社会稳定和长治久安

针对新疆维吾尔自治区宗教极端思想渗透蔓延，反分裂斗争形势严峻复杂、暴力恐怖犯罪频发的实际，为保障正常宗教秩序、遏制极端思想渗透，深入推进“去极端化”，新疆维吾尔自治区人大常委会把修订《新疆维吾尔自治区宗教事务条例》作为立法工作重点，坚持顶层设计，注重立法民主，广泛征求各方面意见，在二审基础上召开各层次座谈会、论证会、专题讨论会60余次，反复修改40余稿。《新疆维吾尔自治区宗教事务条例》坚持“保护合法、制止非法、遏制极端、抵御渗透、打击犯罪”的原则，凝聚和提炼了自治区依法管理宗教事务的政策和成功经验，对宗教活动、宗教活动场所、宗教教职人员、宗教出版物管理、互联网管控等问题作出了明确规定，突出强化了宗教“去极端化”方面的内容，保障正常宗教活动。

为维护社会稳定，遏制宗教极端思想渗透，保障各族群众正常生产生活秩序，2014年底，乌鲁木齐市人大常委会制定《乌鲁木齐市公共场所禁止穿戴蒙面罩袍的规定》，规定在乌鲁木齐市的机关、团体、事业单位的办公场所、企业生产经营场所、公共交通工具、交通站点、学校、医院、幼儿园、街道、道路及社区公共区域、休闲娱乐等公共场所禁止穿戴蒙面罩袍，禁止在公共场所穿戴其他宣扬宗教极端思想的服饰，佩戴或者使用徽章、

器物、纪念品和标识、标志。

《新疆维吾尔自治区宗教事务条例》的修订完成和《乌鲁木齐市公共场所禁止穿戴蒙面罩袍的规定》的出台，是贯彻落实中央治疆方略、推进法治新疆建设、推进新疆社会治理能力和治理体系现代化的重大法治实践，是将宗教工作纳入法治化管理的重大举措，对制止非法宗教活动、促进宗教和睦和社会和谐，推进新疆社会稳定和长治久安具有重大意义。

2. 加强经济立法，推进新疆创新驱动发展

为全面实施科教兴国战略和人才强国战略，深入贯彻第二次中央新疆工作座谈会精神，充分发挥科技在加速新型工业化、农牧业现代化、新型城镇化、信息化和基础设施现代化进程中的支撑引领作用，推进新疆社会稳定和长治久安，新疆维吾尔自治区人大常委会作出了《关于强化实施科技兴新推进创新驱动发展的决定》。该决定从深化思想认识，提升实施科技兴新战略的自觉性、强化创新驱动，支撑区域现代产业体系发展、坚持以人为本，推进科技惠民和创业富民、增强创新能力，构建以企业为主体的技术创新体系、优化人才发展环境，调动科技人员创新创业积极性、扩大科技合作，加快创新能力建设和产业技术转移、加大科技投入，完善多元化科技投融资体系、加强组织领导，推进创新型新疆建设等八个方面对新阶段科技兴新战略强化实施进行了部署。立足服务于实现新疆社会稳定和长治久安这一总目标，提出把强化实施科技兴新、加快创新型新疆建设作为实施创新驱动战略的关键举措，使之成为各行各业的自觉行动，更好地凝聚全社会智慧和释放科技创新潜力，推动自治区新型工业化、农牧业现代化、新型城镇化、信息化和基础设施现代化等“五化”建设的同步发展。

随着近年来新疆维吾尔自治区经济社会的快速发展，新疆道路运输在社会组织化程度、服务能力和服务水平、市场管理秩序规范化及行政管理体制改革等方面还存在着许多与经济发展不相适应的问题，这些问题迫切需要行业管理部门通过加强制度建设，建立科学完善的管理制度，依法依规予以解决。为此，新疆维吾尔自治区人大常委会对1998年颁布的《新疆维吾尔自治区道路运输管理条例》中部分内容加以修改。该条例的修订出台最大限度地弥补了《中华人民共和国道路运输条例》和部委规章在新疆维吾尔自治区具体实施中存在的不足，立法定位更高、更准，调整范围更全面、内容更丰富、方式更科学，更具备可操作性。《新疆维吾尔自治区道路运输管理条例》共7章58条，新增了城市客运许可、货运代理和汽车租赁备案管理等内容，强化了对道路运输的安全监管，能够适应自治区经济社会发展和长治久安的新形势，为新疆维吾尔自治区道路运输管理提供了强有力的制度保障，对保障道路运输安全、促进道路运输业可持续发展发挥重要作用。

3. 贯彻“环保优先、生态立区”的发展理念，强化生态环保立法

新疆煤炭、石油、天然气蕴藏丰富，随着资源开发强度的增大，对环境造成破坏和污染的情况不断出现，为预防和治理煤炭、石油、天然气开发造成的生态破坏和环境污染，正确处理环境保护与资源开发的关系，切实保护和改善生态环境，促进生态文明建设，自

治区人大常委会制定了《新疆维吾尔自治区煤炭石油天然气开发环境保护条例》，该条例实行全面规划、保护优先、预防为主、污染防治与生态保护相结合的方针，坚持谁开发谁保护，谁受益谁补偿，谁破坏谁恢复，谁污染谁治理的原则，在自治区建立生态保护补偿制度。

新疆维吾尔自治区人大常委会1997年制定的《新疆维吾尔自治区塔里木河流域水资源管理条例》是我国第一部流域水资源管理地方性法规，条例的施行，对加强塔里木河流域水资源管理、保证综合项目顺利实施、遏制生态环境恶化发挥了十分重要的作用。但随着流域内经济社会快速发展，用水矛盾日益突出，已严重影响了水资源的合理开发利用。为解决实际存在的问题，自治区于2011年建立了塔里木河流域水资源统一管理新体制。为了适应这一新体制的需要，加强对塔里木河流域水资源统一管理，新疆维吾尔自治区人大常委会对《新疆维吾尔自治区塔里木河流域水资源管理条例》作出重大修订，要求合理利用和节约、保护、管理塔里木河流域水资源，维护生态平衡，确保塔里木河流域综合治理目标的实现和流域内国民经济和社会的可持续发展。规定塔里木河流域水资源管理严格执行用水总量控制红线、用水效率控制红线和水功能区限制纳污能力红线的要求，实行水资源管理责任和考核制度；塔里木河流域内经济发展应当根据水资源的承载能力，按照以供定需的原则，进行经济结构调整；塔里木河流域内城市和工业发展要坚持节水优先、治污为本的原则，严格控制兴建耗水量大和污染严重的建设项目，保护生态环境；塔里木河流域内农业生产应当调整种植业结构，采用节水栽培技术，实行节水灌溉，提高用水效率和效益，推行供水到户，组织农民用水协会，建立节水管理制度，发展节水型农业。

新疆维吾尔自治区旅游资源丰富，自然风景区众多。为了加强喀拉库勒湖风景区的管理，合理保护和科学利用风景区资源，维护喀拉库勒湖生态环境，促进喀拉库勒湖风景区科学发展，克孜勒苏柯尔克孜自治州人大常委会2013年制定《克孜勒苏柯尔克孜自治州喀拉库勒湖风景区保护管理条例》，2014年获得了自治区人大常委会的批准通过。为了加强玛纳斯国家湿地公园保护，维护玛纳斯国家湿地公园的生态环境，促进经济的可持续发展，昌吉回族自治州人大常委会制定了《新疆玛纳斯国家湿地公园保护条例》。《克孜勒苏柯尔克孜自治州喀拉库勒湖风景区保护管理条例》和《新疆玛纳斯国家湿地公园保护条例》的制定，使得新疆风景区、湿地公园的管理和保护实现科学化和法治化，更加有利于发挥新疆地区旅游资源的优势，带动新疆地区经济的发展。

4. 重视社会领域立法，促进新疆和谐社会建设

新疆维吾尔自治区人大常委会在社会领域立法方面，以实现好和维护好最广大人民群众的根本利益为出发点，抓住改善民生这一重点，把解决人民群众最关心、最直接、最现实的利益问题放在突出位置。为完善村民委员会直接选举制度，保障村民依法行使民主选举权利，促进村民委员会组织建设，新疆维吾尔自治区人大常委会制定了《新疆维吾尔自治区村民委员会选举办法》，该办法规定村民委员会的选举，应当按照公平、公正、公开

的原则，严格依照法定程序进行；村民委员会选举工作由自治区人民政府统一部署，州、市人民政府、地区行政公署进行安排，由县级和乡级人民政府组织实施；并规定不得利用宗教等破坏村民委员会的选举，参与民族分裂、暴力恐怖、宗教极端活动或者包庇、纵容民族分裂、暴力恐怖、宗教极端行为的村委会成员职务将自行终止。

针对用人单位与职工订立劳动合同不规范或不订立劳动合同，随意克扣、拖欠职工工资，职工因病或者因工伤残得不到保护，滥用劳务派遣等一些新情况、新问题，新疆维吾尔自治区人大常委会制定了《新疆维吾尔自治区职工劳动权益保障条例》，突出职工劳动权益的保障、监督和救济，多方面、多角度调整用人单位与职工之间的劳动关系。该条例的出台，对于保障职工劳动权益、维护和谐稳定的劳动关系，促进企业健康发展，构建和谐稳定的新疆具有重要的意义。

为了预防火灾和减少火灾危害，加强消防安全管理和应急救援工作，保护人身、财产安全，维护公共安全，根据《中华人民共和国消防法》《新疆维吾尔自治区消防条例》等有关法律法规，乌鲁木齐市人大常委会制定了《乌鲁木齐市消防安全管理条例》。为加强燃气管理，维护用户和经营者的合法权益，促进燃气事业发展，保障人民生命财产安全和社会公共安全，根据国家有关法律法规，乌鲁木齐市人大常委会制定了《乌鲁木齐市燃气管理条例》。这两部条例对保护公民人身、财产安全，保障社会公共安全，促进民生发展，维护社会和谐都具有重大的意义。

（二）地方政府立法中的特色和亮点

1. 通过制定规章，进一步规范政府权力行使

加强行政立法，是实现依法行政的前提。为了规范发展规划编制行为，完善发展规划体系，保障发展规划实施，发挥发展规划在经济社会发展中的指导和调控作用，根据《新疆维吾尔自治区发展规划条例》及有关法律法规，乌鲁木齐市政府制定了《乌鲁木齐市发展规划管理办法》。市、区（县）人民政府及其有关部门组织编制了对一定时期、范围内国民经济和社会发展的战略谋划与总体部署。包括国民经济和社会发展总体规划、专项规划、区域规划和国民经济和社会发展年度计划的编制、实施和相关管理工作，全都纳入法制管理的轨道。

为了加强对政府投资建设项目的审计监督，规范政府投资行为，提高政府投资效益，根据《中华人民共和国审计法》和《新疆维吾尔自治区国家建设项目审计监督条例》等法律法规，乌鲁木齐市政府制定了《乌鲁木齐市政府投资建设项目审计监督办法》，对使用政府资金占概算总投资比例50%以上的，或者投资比例虽不足总投资比例的50%，但政府拥有项目建设、运营实际控制权的建设项目等政府投资建设项目实行审计监督。

2. 关注社会民生，维护公共安全

随着绿色交通工具电动自行车在全国的盛行，新疆地区的电动自行车也迅猛增加。

据统计，新疆地区电动自行车数量已达300多万辆，95%以上属于超标电动车，而且驾驶人的道路交通安全法律法规知识匮乏，安全意识淡薄，既扰乱了正常的交通秩序，同时也引发了许多交通事故，给老百姓的生命、财产安全造成很大损失。为了加强新疆维吾尔自治区电动自行车的管理，维护道路交通秩序的正常运行，减少和预防交通事故的发生，新疆维吾尔自治区政府结合本地区的实际情况制定了《新疆维吾尔自治区电动自行车管理办法》，目的是为了规范电动自行车的使用和管理，鼓励生产、销售、使用符合绿色环保标准的电动自行车，从源头上卡住超标电动自行车的生产和销售，并对已购买使用的超标电动自行车实行临时注册登记管理，确保人民群众的生命、财产安全，预防、减少道路交通事故的发生。

为规范公共安全视频信息系统建设和管理，维护公共安全，提高公共服务和管理水平，保障公民、法人和其他组织的合法权益，新疆维吾尔自治区政府制定《新疆维吾尔自治区公共安全视频信息系统管理办法》，该办法所称公共安全视频信息系统，是指利用图像采集设备和其他相关设备，对涉及公共安全的区域进行信息记录的视频系统。该办法规定公共视频系统建设和应用应当遵循政府主导、社会参与、统一规划、统一标准、资源共享、合法利用的原则，不得泄露国家秘密和商业秘密，不得侵犯公民个人隐私及其他合法权益。该办法明确规定公共视频系统建设和管理工作应当纳入社会管理综合治理目标，县（市）以上公安机关负责编制本行政区域公共视频系统建设规划，对公共视频系统的建设、管理、应用进行指导和监督。

为严格水资源管理，促进水资源节约与保护，保障水资源可持续利用，根据国务院《取水许可和水资源费征收管理条例》和有关法律法规，新疆维吾尔自治区政府制定了《新疆维吾尔自治区取水许可管理办法》，实行严格的取水许可管理制度，实施取水许可应当符合水资源开发利用控制红线、用水效率控制红线和水功能区限制纳污能力红线的要求，实行总量控制与定额管理相结合，坚持统筹兼顾，优先保障城乡居民生活用水，合理配置生产、生态用水。规定自治区的取用水总量不得超过国家下达的控制指标，县（市）以上水行政主管部门或者有关流域管理机构批准的地表水和地下水取用水总量，不得超过自治区人民政府下达给本行政区域或者流域的取用水总量控制指标。

3．重视基础文化建设

为了加强基层文化建设，促进社区（村）文化室工作规范化、制度化，充分发挥公共文化服务体系的网络作用，更好地满足群众的文化需求，乌鲁木齐市政府制定了《乌鲁木齐市社区（村）文化室管理办法》，规定社区（村）文化室的建设和管理工作，坚持政府主导、社会参与、因地制宜、惠及群众的原则，明确要求社区（村）文化室应当设立书刊阅览室、教育培训室、文体活动室等活动场所，根据需要配置图书、报刊、电脑、宣传栏（橱窗）、文化体育健身器材等设施设备。

三、新疆维吾尔自治区2014年度地方立法的不足与未来展望

（一）新疆维吾尔自治区2014年度地方立法的不足

新疆维吾尔自治区地方立法在2014年度取得了一定的发展和进步，但也仍然存在一些不足之处，新疆各个地方立法主体应该不断改进工作方式，逐步克服不足，提高立法质量和水平。存在的不足主要有：

1. 立法工作计划完成得不够理想

新疆维吾尔自治区2014年制定和修改的地方性法规规章虽然数量不少，但从自治区2014年度立法工作计划完成情况来看，自治区人大常委会计划修订《新疆维吾尔自治区实施〈中华人民共和国村民委员会组织法〉办法》《新疆维吾尔自治区实施〈中华人民共和国城乡规划法〉办法》《新疆维吾尔自治区人口计划生育条例》没有在年内完成，自治区人民政府计划2014年制定《新疆维吾尔自治区无线电管理办法》《新疆维吾尔自治区辐射污染防治办法》《新疆维吾尔自治区居住房屋改变用途规定》《新疆维吾尔自治区再生能源回收利用办法》，修改《新疆维吾尔自治区教育督导办法》等也没有在年内如期完成。当然，这些地方性法规、规章关系到新疆维吾尔自治区的村民自治、城乡规划、节能环保、社会民生、教育文化等重要领域，既然已经列入立法工作计划，完成制定修改工作只是时间早晚的事了。

2. 经济立法不能完全适应社会发展的需求

在中央优惠政策的扶持下，在全国人民的大力支援下，通过新疆各族人民的共同努力，新疆经济发展越来越快，社会越来越稳定。新疆虽然地处中国西北，但自然资源非常丰富，又与8个国家接壤，对外开放的优势明显，还有着与中亚国家人文相近、经济相融这一独特优势，可以说新疆是丝绸之路经济带中天然的核心区。新疆拥有17个国家级一类口岸、喀什和霍尔果斯两个国家级经济开发区。经济的快速发展迫切需求法律的保驾护航。从2014年度新疆维吾尔自治区地方立法来看，经济立法的成就不够突出，不能完全适应社会经济发展的需求。新疆维吾尔自治区地方立法应该在经济立法方面做足文章，紧紧抓住国家实施“一带一路”战略的机遇，充分发挥新疆处于丝绸之路经济带核心区的优势，更好地适应社会经济发展的需求，推动社会经济更快发展。

3. 地方立法的主动性有待进一步提高

新疆维吾尔自治区地方立法的主体类型齐全、数量较多，但制定出台的地方性法规规章总体上数量并不太多，这说明新疆维吾尔自治区地方立法的主动性还有待进一步提高。除了新疆维吾尔自治区人大常委会、自治区政府、乌鲁木齐市人大常委会、市政府立法的主动性较高外，其他5个自治州和6个自治县地方立法的主动性明显不够，2014年，除了昌吉回族自治州制定了单行条例外，其他民族自治地方都没有出台自治条例和单行条例。根据我国宪法、立法法和民族区域自治法的规定，新疆维吾尔自治区除了与省市县

有相同的地方性法规的立法权外，还可以根据本地政治、经济、文化和其他方面的特殊情况，以自治条例和单行条例的形式自主立法和变通立法。因此，新疆维吾尔自治区应该用好用足国家法律的授权，更加积极主动地开展地方立法工作，健全新疆法制，推动新疆的建设发展。

4．人大、政府网站法制栏目信息资料不全，查询地方性法规规章较为困难

新疆维吾尔自治区人大常委会、自治区政府，乌鲁木齐市人大常委会、市政府都有自己的门户网站，并且开辟《法律法规》《地方法规》《政府规章》等栏目，但相关网页信息内容更新缓慢，资料不全，使得地方性法规、规章的查询较为困难。其他5个自治州和6个自治县的门户网站的建设状况更差，自治条例和单行条例的查询更加困难。地方性法规规章不能完整、及时公布查询，既不能很好地满足群众的知情权，也严重影响地方立法的效果和作用。

（二）新疆维吾尔自治区地方立法的未来展望

中共中央十八届四中全会、新疆维吾尔自治区党委八届八次全委（扩大）会议，开启了全面推进依法治国、依法治疆的新征程，新疆维吾尔自治区地方立法在全面推进依宪治疆、依法治疆、建设法治新疆方面肩负着重要责任和神圣使命，新疆维吾尔自治区地方立法将紧紧围绕平安新疆建设、法治环境建设、法治社会建设，统筹推进立法工作，为维护新疆社会稳定和长治久安、推动改革创新、推进治理体系和治理能力现代化提供强有力的法治保障。

1．紧紧围绕打击“三股势力”，反对分裂，促进民族团结开展立法

在“4•30”“5•22”“7•28”等暴恐案件发生后，为有效应对新疆正处于暴力恐怖活动活跃期、反分裂斗争激烈期、干预治疗阵痛期“三期叠加”的严峻形势，新疆维吾尔自治区地方立法要站在人民的立场上，忠实代表人民的意愿，坚决维护各族人民群众的根本利益，充分认清“三股势力”的反动本质，共同防范和打击暴恐分子的犯罪活动，全力维护新疆社会大局稳定。新疆维吾尔自治区人大常委会坚持法治思维，针对暴力恐怖犯罪的极端主义特征，积极向全国人大常委会呼吁出台反恐法，并对反恐法草案提出建设性意见和建议，及时启动自治区实施反恐法意见的立法准备工作，着手制定预防恐怖活动条例和去极端化条例。

《中华人民共和国》第五十二条明确规定：“中华人民共和国公民有维护国家统一和全国各民族团结的义务。”团结稳定是福，分裂动乱是祸。新疆维吾尔自治区是一个多民族的地区，在中国共产党的领导下，新疆维吾尔自治区已经形成了各民族共同团结奋斗、共同繁荣发展的大好局面，各民族都应该倍加珍惜来之不易的发展成果。为了巩固和发展平等、团结、互助、和谐的社会主义民族关系，促进各民族共同团结奋斗、共同繁荣发展，新疆维吾尔自治区人大常委会已于2009年制定《新疆维吾尔自治区民族团结教育条

例》。为了促进民族团结进步，新疆维吾尔自治区人大常委会在制定《新疆维吾尔自治区民族团结教育条例》之后，已经启动立法工作，着手制定《新疆维吾尔自治区促进民族团结进步条例》，为维护新疆团结稳定大局服务。

2．着眼于保护生态环境、改善民生、促进经济社会发展，研究制定和修订相关法规规章

新疆维吾尔自治区地方人大和政府坚决贯彻落实“环保优先、生态立区”“民生优先、群众第一、基层重要”的重要理念，着眼于保护生态环境、改善民生、促进经济社会发展，继续开展重点领域立法。预计新疆维吾尔自治区人大常委会即将制定或修订的此类地方性法规有农田废旧地膜污染防治条例、实施《清洁生产促进法》办法、水能资源开发利用条例、生态补偿条例、实施《煤炭法》办法（修订）、民用建筑供热计量管理条例、森林公园管理条例、物业管理条例、中医民族医药发展条例、语言文字工作条例（修订）等。预计新疆维吾尔自治区政府即将制定或修订的此类政府规章有水路交通运输办法、草原承包及经营权流转管理办法、促进发展乡村旅游办法、实施《自然灾害救助条例》办法、水资源应急调度办法、再生资源回收利用办法、辐射污染防治办法、排污许可证管理办法、商品条码管理办法、纤维及纤维制品质量监督管理办法、高层建筑消防安全管理办法、生产安全事故报告和调查处理办法等。这些地方性法规规章的制定出台，必将为新疆维吾尔自治区保护生态环境、改善民生、促进经济社会发展发挥巨大作用。

3．推进科学立法、民主立法，完善立法工作机制，提高立法质量

在今后的地方立法工作中，新疆维吾尔自治区的各级立法主体将进一步推进科学立法、民主立法，健全在党委领导下人大主导立法工作体制机制，把改革决策与立法决策衔接起来，完善立法工作机制，健全完善地方立法起草、论证、协调、审议机制和立法意见征询机制，拓宽公民有序参与立法的途径，广泛凝聚社会共识。着力突出法规规章的地方特色，增强法规规章的针对性、实用性和可操作性。坚持立、改、废、释相结合，加强规范性文件的备案审查，维护法制统一和政令畅通。

4．积极发挥民族自治地方的优势，增强地方立法主动性

新疆维吾尔自治区是我国最大的少数民族自治区，自治区辖区还有5个自治州和6个自治县。根据《中华人民共和国宪法》《中华人民共和国民族区域自治法》和《中华人民共和国立法法》的规定，自治区、自治州、自治县都有地方立法权，与其他省份相比，新疆维吾尔自治区是我国拥有地方立法权的主体数量较多的省份。新疆民族自治地方在政治、经济、文化等方面的特殊性，使得新疆维吾尔自治区地方立法具有明显的民族自治地方优势。在全面推进依宪治疆、依法治疆、建设法治新疆的进程中，新疆维吾尔自治区地方立法今后应该更加积极发挥民族自治地方的优势，增强地方立法的主动性，充分发挥地方立法工作的引导和推动作用。

5．注重立法人才的培养，满足地方立法对人才的需求

立法工作是一项理论性、实践性和专业性都非常强的重大工作，地方立法离不开专门的立法人才。当前，新疆维吾尔自治区的地方立法人才相当缺乏，自治州、自治县的地方立法人才尤其缺少，严重制约着地方立法工作的开展和立法质量的提高。当前新疆维吾尔自治区地方立法机关已经充分认识到地方立法人才培养的重要性和紧迫性，注重立法人才的培养和人才队伍的建设，以适应推进科学立法、民主立法的要求，满足地方立法权对立法人才的需要，保证地方立法工作的有序开展和立法质量不断提高。

参考文献

1. 李培传：《中国社会主义立法的理论与实践》，北京：中国法制出版社，1991年。

2. 吴大英、任允正等著：《比较立法制度》，北京：群众出版社，1992年。

3. 郭道晖等主编：《立法：原则•制度•技术》，北京：北京大学出版社，1994年。

4. 李步云、汪永清主编：《中国立法的基本理论和制度》，北京：中国法制出版社，1998年。

5. 徐向华：《中国立法关系论》，杭州：浙江人民出版社，1999年。

6. 吴大英、吕锡伟：《法规草案的设计与研究》，北京：中国法制出版社，1999年。

7. 苗连营：《立法程序论》，北京：中国检察出版社，2001年。

8. 李步云主编：《法理学》，北京：经济科学出版社，2001年。

9. 沈宗灵：《比较宪法——对八国宪法的比较研究》，北京：北京大学出版社，2002年。

10. 李林著：《走向宪政的立法》，北京：法律出版社，2003年。

11. 汪全胜：《立法听证研究》，北京：北京大学出版社，2003年。

12. 李林：《立法理论与制度》，北京：中国法制出版社，2005年。

13. 李林：《法治与宪政的变迁》，北京：中国社会科学出版社，2005年。

14. 马怀德：《行政程序立法研究》，北京：法律出版社，2005年。

15. 周旺生主编：《立法研究》第5卷，北京：北京大学出版社，2005年。

16. 刘作翔：《法理学》，北京：社会科学文献出版社，2005年。

17. 万其刚：《立法理念与实践》，北京：北京大学出版社，2006年。

18. 周旺生主编：《立法学教程》，北京：北京大学出版社，2006年。

19. 崔卓兰、赫然主编：《中国地方立法研究》，长春：东北师范大学出版社，2006年。

20. 强世功：《立法者的法理学》，北京：生活•读书•新知三联书店，2007年。

21. 杨斐：《法律修改研究——原则•模式•技术》，北京：法律出版社，2008年。

22. 范兴元：《湖北省人大常委会理论研究课题集》，北京：中国民主法制出版社，2008年。

23. 朱力宇、张曙光主编：《立法学》（第3版），北京：中国人民大学出版社，2009年。

24. 李林：《立法过程中的公众参与》，北京：中国社会科学出版社，2009年。

25. 孙政：《地方立法框架下——立法技术研究》，沈阳：沈阳出版社，2009年。

26. 周旺生主编：《立法学》，北京：法律出版社，2009年。

27. 中国国务院法制办公室：《政府立法中的法律责任设定研究论文集》，北京：中国法制出版社，2010年。

28．徐向华主编：《立法学教程》，上海：上海交通大学出版社，2011年。

29．徐向华主编：《我国立法制度实践观察》，北京：法律出版社，2011年。

30．周实：《地方立法权限与立法程序研究》，长春：东北大学出版社，2011年。

31．阮荣祥主编：《地方立法的理论与实践》，北京：社会科学文献出版社，2011年。

32．朱力宇主编：《地方立法的民主化与科学化问题研究——以北京市为主要例证》，北京：中国人民大学出版社，2011年。

33．石佑启、朱最新主编：《区域合作与软法研究》，广州：广东教育出版社，2011年。

34．莫于川：《地方行政立法后评估制度研究》，广州：广东人民出版社，2012年。

35．陈军：《地方政府立法权研究》，北京：中国法制出版社，2012年。

36．汪全胜：《立法后评估研究》，北京：人民出版社，2012年。

37．史建三：《地方立法后评估的理论与实践》，北京：法律出版社，2012年。

38．刘作翔：《立法后评估的理论与实践》，北京：社会科学文献出版社，2013年。

39．李培传：《论立法》，北京：中国法制出版社，2013年。

40．潘伟杰：《当代中国立法制度研究》，上海：上海人民出版社，2013年。

41．谢永志：《个人数据保护法立法研究》，北京：人民法院出版社，2013年。

42．袁曙宏主编：《立法后评估工作指南》，北京：中国法制出版社，2013年。

43．俞荣根主编：《地方立法质量评价指标体系研究》，北京：法律出版社，2013年。

44．中国立法学研究会：《地方立法理论与实践》，北京：法律出版社，2013年。

45．陈俊：《地方立法的理论与实践》，北京：法律出版社，2013年。

46．陈俊：《区域一体化进程中的地方立法协调机制研究》，北京：法律出版社，2013年。

47．傅平：《地方立法三十年》，北京：中国法制出版社，2014年。

48．王春业：《区域合作背景下地方联合立法研究》，北京：中国经济出版社，2014年。

49．阎锐：《地方立法参与主体研究》，上海：上海人民出版社，2014年。

50．刘莘：《行政立法原理与实务》，北京：中国法制出版社，2014年。

51．陈光：《区域立法协调机制的理论建构》，北京：人民出版社，2014年。

52．葛洪义主编：《地方法制评论》，北京：法律出版社，2014年。

53．王崟屾：《地方立法权之研究——基于纵向分权所进行的解读》，杭州：浙江工商大学出版社，2014年。

54．侯东德：《我国地方立法协商的理论与实践》，北京：法律出版社，2015年。

55．肖巧平：《地方人大与其常委会立法权限划分研究》，北京：法律出版社，2015年。

56．杨景宇：《加强地方立法工作，提高地方立法质量》，载《求是》2005年第14期。

57．李高协：《地方立法资源的配置与利用研究》，载《人大研究》2005年第4期。

58．王斐弘：《地方立法特色论》，载《人大研究》2005年第5期。

59．任刚军：《论地方政府立法人才队伍建设》，载《政府法制》2005年第7期。

60．穆中杰：《地方立法立项机制的实然回顾及反思》，载《法治研究》2007年第6期。

61．秦前红、曾德军：《地方立法的主要问题及其反思——以湖北省为例》，载《江汉大学学报》2007年第6期。

62．汪全胜：《立法后评估概念阐释》，载《重庆工学院学报》2008年第6期。

63．肖安民、赵炜：《扎实推进武汉城市圈“两型社会”试验区建设》，载《政策》2008年第1期。

64．曹胜亮：《论地方立法的科学化》，载《法学论坛》2009年第3期。

65．易有禄：《改革开放以来江西地方立法的发展》，载《江西财经大学学报》2009年第1期。

66．何辉利：《环渤海区域经济一体化与地方性法规冲突的解决机制》，载《河北理工大学学报》2009年第5期。

67．李阳：《走在立法为民的大道上——河南人大立法工作30年回眸》，载《人大建设》2009年第8期。

68．林开华：《地方立法审次分工制度初探》，载《人大研究》2010年第8期。

69．张冰：《我国地方行政立法质量评价——以河南省为例》，载《郑州航空工业管理学院学报》2011年第4期。

70．康佳宁：《预案研究：民主立法与科学立法有机结合的新探索》，载《北京人大》2012年第3期。

71．蒋传华：《地方政府立法公众参与研究——基于安徽省立法实践的分析》，载《安徽大学法律评论》2012年第2期。

72．吴天昊：《社会主义法律体系形成后的地方立法创新》，载《政治与法律》2012年第3期。

73．王晓东：《创新政府立法工作机制方法　全面推进科学立法民主立法》，载《楚天主人》2013年第7期。

74．吴兴国：《论我国公众参与地方立法的完善路径》，载《江西社会科学》2013年第7期。

75．左权：《地方民生立法的建构路径及其基本框架》，载《理论月刊》2013年第4期。

76．周伟：《论自主性地方立法的良法标准》，载《学术论坛》2013年第12期。

77．赵志东：《立法跟进的一次重大尝试——写在〈海南省人大常委会关于停止实施部分行政审批的决定〉通过之际》，载《海南人大》2013年第12期。

78．肖萍、周娟、辛振宇：《论地方立法起草主体法律规制的完善》，载《江西社会科学》2013年第12期。

79．王继军、王士亨：《地方立法科学化研究》，载《山西大学学报》（哲学社会科学版）2014年第3期。

80．蒋银华：《国家治理视阈中的助推型地方立法》，载《湖南社会科学》2014年第4期。

81．王玉：《地方立法质量跟踪评估制度研究》，载《学术交流》2014年第5期。

82．刘伯安：《完善立法立项机制　提高地方立法质量》，载《学习论坛》2014年第10期。

83．陈宜：《民族自治地方立法若干法律问题研究》，载《西南民族大学学报》（人文社会科学版）2014年第5期。

84．马承祖：《法制江西建设调研报告》，载《中国司法》2014年第11期。

85．刘永亮：《试析江西地方立法工作存在的问题和解决之道》，载《时代主人》2014年第10期。

86．强卫：《在全省立法工作会议上的讲话》，载《时代主人》2014年第1期。

87．李小健：《福建："涉台立法"试验田》，载《中国人大》2014年第15期。

88．刘志锋：《砥砺前行——福建省人民代表大会设立常委会35年回眸》，载《人民政坛》2014年第9期。

89．梁海燕：《立法式改革背景下，甘肃立法与地方立法特色提升》，载《法制视点》2014年第10期。

90．陆洲、李少龙：《论我国地方立法公众参与的价值意蕴》，载《社会博览》2014年第9期。

91．靳英桃：《中国特色社会主义法律体系形成后地方立法特色及实现路径——以河南省为例》，载《法制博览》2014年第10期。

92．王仰文：《地方人大委托"第三方"参与立法的理论诠释与实践思考》，载《河北法学》2014年第10期。

93．王志坤：《关于加快民族地方立法工作的思考》，载《黑龙江民族丛刊》2014年第1期。

94．杨俊瑞：《安徽省文化产业立法研究》，载《北华大学学报》（社会科学版）2014年第2期。

95．韦志明：《论民族自治地方"法律变通"的规范认识》，载《学术论坛》2014年第12期。

96．周少青：《云南民族区域自治实践中的协商民主》，载《民族研究》2014年第3期。

97．杨倩：《云南省生态旅游法律制度研究》，载《东方企业文化》2014第18期。

98．黎尔平：《加强"自治"还是走向"三个分不清"？——对云南大学有关民族政策研究的评析》，载《云南民族大学学报》（哲学社会科学版）2014年第1期。

99. 次旺：《刍议西藏宗教立法》，载《西藏发展论坛》2014年第1期。

100. 王丽：《加强西藏地方法制建设的思考》，载《西藏发展论坛》2014年第4期。

101. 连成国：《走向依法治藏的民族区域自治——中国共产党民族立法政策的西藏实践》，载《西藏研究》2014年第5期。

102. 刘振磊：《治理视野下地方立法的发展方向与路径选择》，载《山东青年政治学院学报》2014年第4期。

103. 汤善鹏、严海良：《地方立法不必要重复的认定与应对——以七个地方性法规文本为例》，载《法制与社会发展》2014年第4期。

104. 李芳、李东红：《河南立法凸显地方特色》，载《河南日报》2008年11月19日。

105. 邓红阳：《河南地方立法突出民生保护》，载《法制日报》2011年7月7日。

106. 朱宁宁：《走精细化路线　立出真管用地方性法规》，载《法制日报》2014年12月15日。

107. 呼尔查：《内蒙古自治区人民代表大会常务委员会工作报告》，载《内蒙古日报（汉）》2014年1月22日。

108. 刘江：《自治区十二届人大二次会议举行第二次全体会议》，载《内蒙古日报（汉）》2014年1月18日。

109. 刘江：《传达学习贯彻党的十八届四中全会精神　发挥人大在全面推进依法治区中的作用》，载《内蒙古日报（汉）》2014年10月31日。

110. 张德江：《全国人民代表大会常务委员会工作报告（摘录）》，载《人民日报》2014年3月10日。

111. 孙佳薇：《“单独两孩”新政将“呱呱坠地”》，载《黑龙江日报》2014年4月22日。

112. 毕晓哲：《妥善保护黑土地时不我待》，载《上海金融报》2014年12月12日。

113. 陈兆东：《关于整合资金支持“两大平原”现代农业综合配套改革试验的调研报告》，载《当代农村财经》2014年8月10日。

114. 呼尔查：《发挥好地方立法在全面推进依法治区中的引领和推动作用》，载《内蒙古日报（汉）》2014年11月21日。

115. 耿联等：《省委召开全省人大工作会议，罗志军讲话，李学勇石泰峰出席》，载《扬子晚报》2014年12月5日。

116. 苏仁轩：《奋发有为争一流　与时俱进谱新篇——换届以来全省人大工作改革创新述评》，载《新华日报》2014年12月4日。

117. 顾敏：《创新，让人民代表大会制度永葆活力——江苏推进人大领域各项改革》，载《新华日报》2014年12月5日。

118. 曹远剑等：《2014：江苏省人大工作十大亮点》，载《新华日报》2015年1月29日。

119. 廖小清、盛相良：《我省首开立法协商会》，载《浙江日报》2014年12月10日。

120. 廖小清等：《民主立法，彰显人民意志——从代表联络站看社会各方有序参与立法》，载《浙江日报》2014年11月28日。

121. 叶文建：《〈厦门经济特区生态文明建设条例〉明年1月1日起施行：划定红线守屏障　修复溪流赏风景》，载《中国环境报》2014年12月3日。

122. 刘文韬：《省人大常委会公布今明两年立法计划人口计生条例等20件项目将提请审议》，载《湖南日报》2014年4月3日。

123. 谭旭燕：《湖南如何防治大气污染请你来听证》，载《潇湘晨报》2014年10月9日。

124. 李广军：《房屋征收前应进行社会稳定风险评估》，载《星沙时报》2014年3月13日。

125. 刘璋景：《湖南"新工伤保险条例"4月1日起施行　医生教师等必须参险　用人单位不举证仍可认定工伤》，载《三湘都市报》2014年3月18日。

126. 方春英：《贵州省政府取消和调整一批行政审批项目》，载《贵州日报》2014年7月30日。

127. 沈仁达：《依法治省立法先行》，载《贵州日报》2014年10月22日。

128. 杨清云：《黔东南制定单行条例推动民族自治地方非公有制经济发展》，载《贵州民族报》2014年3月20日。

129. 杜颖：《以立法引领推动保障国际旅游岛建设——访省人大常委会副主任、省人大法制委员会主任委员毕志强》，载《海南日报》2014年2月7日。

130. 杨冰：《发挥立法引领作用　推动经济社会改革发展》，载《重庆日报》2015年1月14日。

131. 袁艳：《依法履职见真章　务实监督不缺位——2014年省人大常委会工作回眸》，载《浙江日报》2015年1月19日。

132. 袁艳、邓蔚霞：《浙江制定社会养老服务条例》，载《浙江日报》2015年1月27日。

133. 张进中：《让地方性法规质量更高——宁波市人大常委会科学立法纪实》，载《光明日报》2015年2月5日。

134. 丁伟：《充分发挥人大对立法的主导作用》，载《文汇报》2015年1月8日。

135. 全国各省市人大常委会、人民政府2015年工作报告。

136. 2014年9月在上海召开的第二十次全国地方立法研讨会会议交流材料。

137. 【日】平冈久著，宇芳译：《行政立法与行政基准》，北京：中国政法大学出版社，2014年。